hänssler

Joni Eareckson Tada

Der Gott, den ich liebe

Meine Lebensgeschichte

Hänssler-Paperback
Bestell-Nr. 394.678
ISBN (10) 3-7751-4678-4
ISBN (13) 978-3-7751-4678-4

Originally published in the U.S.A. under the title: THE GOD I LOVE
Copyright © 2003 by Joni Eareckson Tada
Grand Rapids, Michigan
Übersetzung: Sieglinde Denzel, Susanne Naumann

© Copyright der deutschen Ausgabe 2004 und 2007 by Hänssler Verlag,
D-71087 Holzgerlingen
Internet: www.haenssler.de
E-Mail: info@haenssler.de
Dieses Buch erschien zuvor als Hardcover mit der ISBN 3-7751-4179-0.
Umschlaggestaltung: Mehrblick Grafik & Design, Pforzheim
Titelbilder: Porträt: Mit freundlicher Genehmigung von Zondervan
           Hintergrund: PhotoDisc Nr NA008583 (Grand Teton National Park)
Satz: Vaihinger Satz & Druck, Vaihingen/Enz
Druck und Bindung: Ebner & Spiegel, Ulm
Printed in Germany

Zitat S. 37/38: Anna Sewell (1820-1877). Black Beauty. Abenteuer eines Pferdes.

Zitat S. 368: Lewis, C. S.: Der König von Narnia
(Bd. 2 »Die Chroniken von Narnia«)
© C. S. Lewis Pte Ltd 1950
© der deutschsprachigen Ausgabe 2002 by Verlag Carl Ueberreuter, Wien
Original title in English »The Lion, the Witch and the Wardrobe«
published by HarperCollins Publishers UK
© C. S. Lewis Pte Ltd 1950
»Narnia« and »The Chronicles of Narnia« are trademarks of C. S. Lewis Pte Ltd

Die Bibelstellen des Alten Testaments sind in der Regel nach Lutherbibel,
revidierter Text 1984, durchgesehene Ausgabe in neuer Rechtschreibung,
© 1999 Deutsche Bibelgesellschaft, Stuttgart, die Bibelstellen des
Neuen Testaments, Psalmen und Sprüche nach »Neues Leben.
Die Bibelübersetzung«, © Hänssler Verlag 2002, zitiert.

Teil I

Kapitel 1

Mein Sohn, verliere die Weisheit nie aus den Augen und handle stets umsichtig und besonnen. Dies wird dein Leben erfüllen und dir Ehre und Ansehen schenken. Dann wirst du deinen Weg sicher gehen und deinen Fuß nicht anstoßen. Du kannst dich ohne Angst schlafen legen und dein Schlaf wird erholsam sein.

Sprüche 3,21-24

Ich grub meine Zehen in den Sand am Ufer des Delaware, schlang die Arme um die Knie und rückte so nah wie möglich ans Feuer. Die Flammen wärmten unsere Gesichter, aber am Rücken froren wir in der kalten Nachtluft. Ich saß eng zusammengedrängt mit meinen Schwestern und meinem Cousin, roch die brennenden Scheite und atmete die Hitze des Feuers ein. Ehrfürchtig blickten wir zu meinem Vater auf. Hoch aufragend stand er vor dem Lagerfeuer, der Umriss seiner Gestalt verschwamm in der aufsteigenden Hitze und dem Rauch, sein Gesicht wurde von den Flammen erhellt. Er sah aus wie ein Prophet auf dem Sinai. Wir klammerten uns aneinander, während er seine Geschichte erzählte, und wagten nicht ein einziges Mal, uns zum Ozean hinter uns umzudrehen, denn dann hätten wir ihn erblickt –

»Den Fliegenden Holländer!«.

Die Augen meines Vaters weiteten sich, während er uns ansah. »Da stand er, wenige Meter vor uns, am Bug seines Schiffes, so nah, dass ich das Glühen seiner Pfeife sehen konnte!«

Das Holz des Lagerfeuers krachte und knallte, die Funken sprühten hoch in den Rauch. Eine weitere Welle rollte heran und spie weißen Schaum an den Strand. Mit jeder Welle kam der Ozean unserem Lagerfeuer ein bisschen näher. Ich sah mich kurz um und fragte mich, ob irgendwo dort draußen auf dem dunklen Ozean das Phantomschiff des Fliegenden Holländers kreuzte.

»Meine Kameraden an Bord hatten sich aufgegeben«, fuhr mein Vater fort. »Unser Schiff lag seit fünf Tagen im Sargassomeer. Der Tang hatte sich um unser Steuerruder gelegt und hielt uns in tödlichem Griff. Wir hatten kein Trinkwasser mehr, unsere Zungen waren dick geschwollen und klebten uns am Gaumen. Und dann wussten wir, dass all unser Hoffen vergebens war, denn wir sahen –«

»Den Holländer«, flüsterte meine Schwester.

»Du bist ein kluges Mädchen«, sagte Vater.

Wir kannten die Erzählung auswendig. Sie begann in einer windgepeitschten, stürmischen Nacht im 16. Jahrhundert, als ein holländischer Kapitän beim Kap der Guten Hoffnung mit seinem Schiff in einen Sturm geriet. Die Wellen schlugen das Schiff leck und es begann zu sinken. Als das tosende Wasser das Deck überflutete, hob der Kapitän seine Faust zum Himmel und rief: »Ich werde das Kap umrunden, und wenn ich bis zum Jüngsten Tag übers Meer fahre!«

Genau das, so die Legende, tat er denn auch. Und jeder, der das Unglück hatte, den alten Fliegenden Holländer zu Gesicht zu bekommen, war einem schrecklichen Tod geweiht. Deshalb hüte dich, wenn du die dunklen Wolken eines heraufziehenden Gewitters am Horizont erblickst. Du könntest den alten holländischen Kapitän sehen, wie er an seiner Pfeife zieht, und damit ist dein Schicksal besiegelt.

»Aber wenn du den Fliegenden Holländer gesehen hast, als du im Sargassomeer festsaßt, warum bist du dann nicht gestorben?«, fragte einer aus unserer Reihe.

Wir kannten die Antwort. Aber wir wollten sie noch einmal hören.

»Euer Vater fürchtet sich nicht vor einem alten Fluch«, erklärte unser Vater. »Ich sah hinüber zum Bug unseres Schiffes und mein Blick fiel auf einen großen Teufelsfisch. Da kam mir eine Idee.«

Ich wusste nicht, was ein Teufelsfisch war. Doch als Vater seine Hände spreizte und mit den Armen schlug, wusste ich, dass es etwas Großes und Starkes sein musste, wie ein riesiger

Rochen. »Ich rief nach einer Harpune«, erzählte er mit weit ausholender Geste, »und wartete, bis der riesige Teufelsfisch an unserem Schiff vorübertrieb. Dann zielte ich sorgfältig – und schleuderte ihm den Speer in den Rücken!«

Ich verzog das Gesicht.

»Der große Fisch kämpfte mit aller Macht gegen das Seil, aber ich hielt es fest umklammert und rief nach meinen Gefährten. ›Du, Angus Budreau, und du, Georgy Banks! Befestigt das Ende des Taus am Anker!‹ Sie beeilten sich, während der Fisch immer stärker zog. ›Hoch mit Focksegel, Großsegel und Besansegel! Setzt den Klüver!‹, schrie ich.

Langsam, unter Ächzen und Knarren, setzte sich unser Schiff in Bewegung, gezogen von dem zwei Tonnen schweren Fisch, der seine flügelähnlichen Flossen mit aller Kraft gebrauchte. Ich spürte, wie der Tang gegen den Schiffsrumpf schlug –«

Unsere eigenen Muskeln verhärteten sich bei der Vorstellung, wie sich der mächtige Fisch anstrengte –

»– und plötzlich kamen wir mit einem Ruck frei. Die Segel füllten sich mit Wind und begannen zu flattern. Ein Windstoß packte das Großsegel. Die Besatzung brach in Jubel aus. Unser Schiff war frei! Und als der müde alte Teufelsfisch erschöpft in die schlammigen Tiefen hinabsank, winkten wir ihm zum Abschied mit unseren Mützen. Dann nahmen wir Kurs auf die hohe See.«

Es machte mich traurig, dass der Teufelsfisch sterben musste. Aber ich war froh, dass mein Vater am Leben war, um die Geschichte zu erzählen. Mutter ging es genauso – das merkte ich an dem Blick, mit dem sie ihn ansah. Immer, wenn mein Vater eine Geschichte zu Ende erzählt hatte, sah ich zu ihr hinüber, um festzustellen, ob sie wahr war. Doch ihr Mienenspiel verriet nie etwas. Sie stand nur auf und warf ein weiteres Holzscheit aufs Feuer. Wenn einer von uns fragte: »Mama, ist das wahr? Ist das wirklich passiert?«, dann lächelte sie nur. Vielleicht glaubte sie Vaters Geschichten ebenso wenig wie wir, aber sie ließ es sich nie anmerken. Immer gab sie uns mit ihrem Kommentar »Eine gute Geschichte, Käpt'n John!« das Gefühl, es könnte doch ein Fünkchen Wahrheit an seiner Erzählung sein.

Wieder sprühte das Feuer Funken, die ein Windhauch in der Nacht verwehte.

»Da ist die Pfeife«, rief jemand, »ich sehe die Funken!«
»Nein, siehst du nicht.«
»Seh ich doch!«
»Nein!«
»Doch!«
So ging es weiter: Nein-doch, nein-doch, bis Mutter einschritt, indem sie leise sagte: »Still, Mädchen.«
»Und was geschah nun mit dem Fliegenden Holländer?«
Mein Vater stand lange Zeit ruhig da. Es war ganz still, nur die Wellen rauschten. Rauch und Flammen tanzten im Wind und warfen Schatten in alle Richtungen. Vater trat langsam ein paar Schritte nach vorn in die Dunkelheit von Ozean, Sternen und Nacht. Ich wurde unruhig, als er sich aus der von den Flammen erhellten Sicherheit unseres Lagerfeuers entfernte. Er blieb stehen, legte die Hände an die Hüften und starrte in die Ferne, als suche er jemanden.

»Ich entkam dem Holländer«, sagte er leise. »Das gelingt nicht vielen, aber ich gehörte zu den Gesegneten.« Meine drei Schwestern und unser Cousin, der kleine Eddie, lehnten sich nach vorn, der Dunkelheit entgegen.

»Sucht nicht nach dem alten Seemann«, warnte Vater, »ihr könntet weniger Glück haben als ich.« Seine Stimme klang geheimnisvoll: »Vielleicht hört ihr eines Tages sein ›Heh-heh-heh‹!« Und damit drehte er sich abrupt um, rieb seine Hände aneinander und kicherte in unheilvoller Heiterkeit.

Aufquietschend drängten wir uns zusammen und wirbelten den Sand mit den Füßen auf, um uns den Geist vom Leib zu halten. Aber für heute war unser Geschichtenerzähler zu Ende. Er verbeugte sich schwungvoll, und wir sparten nicht mit Applaus.

»Bitte, bitte, noch eine Geschichte!«, riefen wir.
Aber jetzt war Schluss. Mein Vater war immer darauf bedacht, genau dann aufzuhören, wenn es am schönsten war. Ich war froh darüber, denn dadurch wurde das, was wir als Nächstes taten, egal, was es war, nur umso schöner. Singen zum Beispiel. Wenn die Geschichten zu Ende waren, pflegten wir zu singen. Lagerlieder, Pfadfinderlieder, Seemannslieder, Cowboylieder.

Meine Mutter und mein Vater legten noch Holz nach, was erneut einen wilden Funkenflug zur Folge hatte, und wir Kinder zogen unsere Decken ein Stück vom Feuer weg. Wir hatten den ganzen Tag auf der anderen Seite der Sandbank nach Muscheln gegraben. In dem flachen, klaren Wasser der Bucht des Indian River verbargen sich hunderte von Muscheln nur wenige Zentimeter unter dem Sand. Unsere Mühe war reich belohnt worden, und jetzt waren unsere Segeltucheimer vor dem Feuer aufgereiht, um zu trocknen. Der beste Freund meines Vaters – unser Onkel Eddie – kam herübergeschlendert und stellte zwei Körbe mit Eisstückchen neben seinen Sohn, Little Eddie. Auf dem Eis lagen Muscheln.

Jeder nahm sich eine. Wir kniffen die Augen gegen die Hitze des Lagerfeuers zusammen und legten die Muscheln sorgsam auf das Ende eines Holzscheits, möglichst nah an den Flammen, um sie zu rösten. Rasch warfen sie an den Rändern Blasen, und eine nach der anderen sprang auf. Mit Daumen und Zeigefinger packten wir vorsichtig eine heiße, halb offene Muschel und schwenkten sie leise jammernd hin und her, bis sie abgekühlt war. Wir konnten es kaum erwarten, das Muschelfleisch – nass und salzig, heiß und weich – in den Mund gleiten zu lassen.

Vater rückte seine Seemannsmütze schief und tanzte einen albernen kleinen Jig. Er stimmte ein Lied dazu an, das eins seiner Liebchen aus seiner Zeit bei der Handelsmarine Anfang des 20. Jahrhunderts für ihn gedichtet hatte. Es war ein Lied, wie geschaffen zum Muschelessen.

Nie heirate ich einen Muschelfischer,
und ich sag euch auch, warum:
Seine Stiefel sind immer schlammverschmiert,
seine Schuhe sind vom Salzwasser braun,
nein, nein, nein!
Ein Seemann, Seemann, Seemann muss es sein.
Ich will eine Seemannsbraut sein!

Wir gruben unsere Hände tief in das Eis, vorbei an der obersten Muschelschicht, und zogen frische Muscheln heraus. Es war die Aufgabe von Onkel George, Vaters Bruder, sie zu öffnen. Das war eine der legendären Fertigkeiten der Einwohner Marylands, von denen wir hofften, dass wir sie eines Tages genauso perfekt beherrschen würden wie er. Man muss dabei Schale, Herz und Muskel der Muschel so durchstechen, dass die Muschel selbst unversehrt bleibt.

Onkel George reichte die geöffneten Muscheln an uns weiter, und ich hielt meine hoch und verglich sie mit der meiner Schwester. Es war eine Art Wettstreit zwischen uns, wer die größte und saftigste erwischte. Ich hielt meine hoch, schob die Unterlippe vor, drückte die Schale sanft dagegen, kippte die Muschel ein wenig und schlürfte. Ich hatte gesehen, dass manche Leute sie am Stück herunterschluckten, aber ich wollte es machen wie mein Vater: Wir kauten sie. So schmeckte sie noch besser. Es war ein etwas modriger, salziger Geschmack. Als Kind kam mir dieses Ritual keineswegs befremdlich vor, doch später begriff ich, warum manche Leute meinen, Geschmack habe etwas mit Gewöhnung zu tun.

Allmählich gingen die Seemannslieder in Cowboysongs über, und am Schluss, wenn Vater sicher war, dass wir aus diesem Abend alles herausgeholt hatten, sangen wir Kirchenlieder. Plötzlich wandelte sich die Szenerie um das Lagerfeuer von einer Muscheln schlürfenden, mit Sand schmeißenden und herumalbernden Bande in ein Heiligtum unter den Sternen. Die glühenden Funken, die von Zeit zu Zeit aufstoben, stammten jetzt nicht mehr aus einer Seemannspfeife, und der Atlantische Ozean barg nicht mehr das Geheimnis von Davy Jones' Spind. Selbst das Zischen der Gischt klang sanfter. Es gab kein schöneres Gefühl, als sich auf der Decke auszustrecken, die Hände unter dem Kopf zu falten und in den sternenübersäten Dom hinaufzusehen, während man ein Kirchenlied sang. Wärme und Liebe meines Vaters waren es, die uns durch diesen Abend führten und die uns alle Gespenstergeschichten vergessen ließen.

On a hill far away stood an old rugged cross,
The emblem of suff'ring and shame.
And I love that old cross where the dearest and best
For a world of lost sinners was slain.
(Auf einem fernen Hügel stand einst ein verwittertes Kreuz,
das Zeichen von Leid und Schande.

Ich liebe dieses Kreuz, an dem der reinste und gütigste Mensch um einer Welt voller verlorener Sünder willen hing.)

Wir alle fielen in den Refrain ein. Ich fand es wunderbar, in die Melodie einzustimmen und meine Stimme mit denen meiner Eltern zusammenklingen zu lassen. Beim ersten Teil schwoll der Gesang an wie die nahende Flut, den zweiten Teil ließen wir leise verklingen wie das Wasser, das sich bei Ebbe zurückzieht.

So I'll cherish the old rugged cross,
Till my trophies at last I lay down;
I will cling to the old rugged cross;
And exchange it some day for a crown.
(Ja, ich will dies verwitterte Kreuz lieben,
bis ich einst meinen Ehrenpreis ablege;
ich will mich an das Kreuz klammern
und es eines Tages gegen eine Krone eintauschen.)

Der Rest der Familie fuhr mit der zweiten Strophe fort, doch ich hörte auf zu singen. Ich lauschte einem herrlicheren Gesang – dem Gesang des sternenübersäten Firmaments. Ich spürte an meinen Beinen die Hitze des Lagerfeuers. Mein übriger Körper lag im tiefen, kalten Schatten. So lauschte ich auf das Universum. Kleine und große Sternenbilder funkelten in der Nacht, die Brandung dröhnte gleichmäßig. Der Atlantik war wie ein zweites Universum voller geheimnisvoller Strömungen, er umspülte die Zehen von Irland und England, Orte, die für mich zu fern waren, um wirklich existieren zu können. Und hier waren wir, um ein kleines Feuer zusammengeschart, dieses winzige Gluthäufchen an einem Strand, der sich meilenweit nach Norden und Süden erstreckte, ohne andere menschliche Spuren zu tragen. Wir waren ein einsames Lichtpünktchen unter Tausenden in dieser Nacht an der Ostküste, einer Küste an einem von vielen Kontinenten, auf einem zwergenhaften Planeten in den unendlichen Galaxien um uns herum.

Nie hatte ich mich so klein gefühlt. Und nie so sicher.

Sicher, geborgen und aufgehoben. Ich konnte mir in jener Nacht kein anderes Kind auf diesem Planeten vorstellen – und noch viel weniger in den Sanddünen am Ufer des Delaware –, das sich so geborgen fühlte wie ich – ein Gefühl, das zum Teil von den Geschichten herrührte, zum größeren Teil aber von den geistlichen Liedern. Als irgendjemand anstimmte: »I come to the garden alone, while the dew is still on the roses« (»Ich trete allein in den Garten, wenn der Tau noch auf den Rosen liegt«), hatte ich das Gefühl, Gott selbst sei mitten unter uns, erhellt vom Feuer, atmend mit jeder Welle.

Meine frühesten Erinnerungen an ein Berührtsein durch den Heiligen Geist sind mit Kirchenliedern verbunden. Sanfte, bezaubernde alte Lieder, wie meine Tante Kitty sie sang, wenn sie und Onkel George uns am Freitagabend besuchten, um Vaters Geschäftsbücher durchzusehen. Oder wie die, die wir in unserer kleinen Kirche in Catonsville sangen. Oder die, die wir in dem Lastwagen sangen, mit dem wir über die Chesapeake Bay Bridge an die Ostküste fuhren, den Highway 1 quer durch Queen Anne's County, über die Brücke zur Sandbank und zu unserer Lagerstätte. All diese Lieder, deren Worte ich auswendig kannte, ohne sie zu verstehen.

> *I know whom I have believed and am persuaded*
> *That he is able to keep that which I've committed*
> *Unto him against that day.*
> *(Ich weiß, wem ich geglaubt habe, und ich bin überzeugt,*
> *dass er im Stande ist zu halten, was ich versprach,*
> *bis zu jenem Tag.)*

Ich liebte diese Familienhymne, obwohl ich keine Ahnung hatte, was der Text bedeutete. Das kümmerte mich aber nicht. Fünfjährige können Wörter in einem Kämmerchen ihres Herzens speichern wie geheime Notizen, die dort für graue Regentage aufbewahrt werden. Alles, worauf es mir jetzt ankam, war, dass diese Lieder mich in einer Melodie mit meinen Eltern und Schwestern vereinten. Sie hatten mit Gott, meinem Vater und meiner Familie zu tun, und so wurde in diesem Herzenskämmerchen die erste zarte Saat des Glaubens gelegt.

»Und jetzt alle zusammen!« Vater klatschte in die Hände und scheuchte uns von unseren Decken hoch. »Auf die Füße; jetzt versuchen wir mal dieses.«

Climb, climb up sunshine mountain, heavenly breezes blow

Wir hoben die Hände wie beim Hula-Tanz,

Climb, climb up sunshine mountain, faces all aglow –

wir machten Blumengesichter und lächelten,

Turn, turn from sin and sadness, look up to the sky –

wir runzelten die Stirn bei dem Wort *Sünde* und erhoben die Gesichter bei dem Wort *sky*,

Climb, climb up sunshine mountain, you and I.

wir deuteten auf die Herzen der anderen,
dann auf unser eigenes.

Ein Kirchen- oder Sonntagsschullied, das passende Handbewegungen erforderte, musste genauso sorgsam ausgeführt werden wie ein geheimes Verabredungszeichen. Wer es versäumte, ein Gesicht wie eine Blume zu machen oder bei dem Wort *Sünde* traurig dreinzuschauen, rutschte sofort auf den letzten Platz und wartete deshalb sehnsüchtig auf das nächste Lied, das ihm Gelegenheit gab, in der Rangfolge wieder aufzusteigen. Man musste also beim Mitmachen gut aufpassen.

Die Stunden am Lagerfeuer vergingen nur allzu rasch. Mutter hatte seit geraumer Zeit kein Holz mehr nachgelegt, und es glühte nur noch schwach. Wir schlossen mit dem Lieblingslied meines Vaters. Es war ein Lied vom Meer:

> *Brightly beams our Father's mercy*
> *From his lighthouse evermore;*
> *But to us he gives the keeping*
>   *Of the lights along the shore.*
> *Dark the night of sin has settled,*
>   *Loud the angry billows roar;*
> *Eager eyes are watching, longing*

For the lights along the shore.
Trim your feeble lamp, my brother!
Some poor seaman, tempest tossed –
Trying now to make the harbour,
In the darkness may be lost.
Let the lower lights be burning,
Send a beam across the waves!
Some poor fainting struggling seaman,
You may rescue, you may save.

Als der Nebel sich vom Meer über unser Lagerfeuer legte, rollten wir unsere Decken zusammen und wanderten über die Dünen zu unseren Zelten zurück. Das Leuchtturmlicht wies uns den Weg zur Düne zwischen dem Strand und den kleinen Sandhügeln, an die sich unsere Zelte schmiegten. Ich, die Jüngste der Earecksons, stapfte hinter meinem Vater her, meine Decke hinter mir durch den Sand schleifend.

Oben auf dem fast berghohen Dünenkamm hielten wir an. Im Süden konnte ich den Leuchtturm von Fenwick Island ausmachen. Weit im Norden schimmerten die Lichter von Rehoboth Beach. Wir waren hoch genug, um das Sternenlicht auf der mehrere hundert Meter westlich gelegenen Bucht des Indian River schimmern zu sehen. Der Sandberg, auf dem wir standen, war der einzige Wall zwischen dem dunklen, gefährlichen Ozean und unserem Heimatkontinent. Ich griff nach der Hand meines Vaters.

»Vater, was heißt das ›Let the lower lights be burning‹?«

Mein Vater blickte über die Bucht. Er hob eine Hand und deutete nach vorn, in die Nacht. »Siehst du das?«, fragte er.

Ich spähte ins Dunkel. In der Bucht blinkte ein rotes Licht – an, aus, an. Auch ein grünes Fahrtrinnenlicht blinkte.

»Das sind die ›lower lights‹, die Leitlichter«, sagte er.

Das überraschte mich. Ich war immer verblüfft, wenn ein bedeutungsträchtiges Wort oder eine Zeile aus einem Lied eine Entsprechung in meiner Welt fanden. Wenn ich ein Kreuz auf einem Hügel sah. Oder wenn ich allein in einen Garten ging, in dem der Tau noch auf den Rosen lag. Als ich zum ersten Mal einen Wettbewerb im Kuchenbacken gewann, hielt ich den Siegerpreis fest umklammert, bis ich ihn abends auf den Küchentisch stellte, wie es in dem Lied hieß. Ich war erstaunt und fasziniert, dass es im Himmel anscheinend auch einen Richter gab, der Preise verteilte. Und nun gab es hier tatsächlich »lower lights«, »Leitlichter«.

»Diese Lichter zeigen an, wo das Wasser tief genug ist für Schiffe«, erklärte Vater. »Wenn sie erlöschen, wissen die Seeleute nicht, wo die Sandbank liegt. An vielen Küsten sind schon Schiffe gestrandet, weil es keine Fahrtrinnenmarkierung gab.«

»Und warum heißen sie in dem Lied ›untere Lichter‹?«

»Gott ist der Leuchtturm, und wir sind seine unteren Lichter. Wir weisen den Menschen den Weg, wir zeigen ihnen, wo man sicher gehen kann«, erklärte er. »Du auch.«

»Ich?«

»Ja, du«, sagte er. Er teilte es mir mit wie eine Tatsache, eine Tatsache, von der ich wusste, dass ich sie noch nicht begriff. »So hast du es vom Herrn gelernt«, fuhr er fort. Sein Ton wurde feierlich. »Lass dein Licht leuchten vor den Menschen.«

Ich kannte die Bibel noch kaum. Doch der Ton, in dem mein Vater sprach, ließ seine Worte klingen, als habe einer der Reformatoren, wenn nicht Gott selbst, sie gesprochen oder als seien sie aus einer von Vaters Geschichten. Auf jeden Fall erwartete mein Vater von mir, dass ich mein Licht vor den Menschen leuchten ließ. Ich wusste zwar nicht genau, was mein Licht war oder wie es vor den Menschen leuchten sollte. Aber das machte nichts. Ich verstand nie so recht, wovon die Rede war, wenn es um Biblisches ging oder um Aussprüche meines Vaters. Das mochte daran liegen, wie seine Stimme sich veränderte, als spräche er *ex cathedra*, wie ein Prophet, der eine Botschaft vom Himmel überbrachte. Oder vielleicht lag es auch daran, wie er das Wort »Herr« aussprach, mit seinem irischen Akzent. Er tat das bei keinem anderen wichtigen Wort, das mit »L« begann – nur bei *Lord*, als wäre er Spencer Tracy in seiner Rolle als irischer Priester in *Teufelskerle*. In meiner Vorstellung kam dieser Akzent von meiner irisch-schottischen Großmutter, Anna Verona Cacy, die ich nie gekannt hatte. Wie Vater war auch sie eine große Erzählerin von Abenteuergeschichten gewesen. Beide, mein Vater und meine Großmutter, sprachen mit weichem Zungenschlag und gedehnt vom *Laard*.

Mein Vater, John King Eareckson, geboren im Jahr 1900, hätte eigentlich als Kabinensteward auf einem Klipper zur Welt kommen müssen. Vielleicht war es ja auch so. Einer seiner ersten Jobs war der eines Botenjungen für eine Crew von Zimmerleuten und Schiffsbauern, die auf den Trockendocks von Baltimore arbeiteten. Die Namen dieser Männer waren Angus Budreau und Georgy Banks – die also, die in Vaters Geschichten auftauchten – sowie Joe Dowsit und Pete DeVeau, die mit ihm das Sargassomeer befuhren oder im Wind River Canyon Gold schürften. Sie waren allesamt Meister im Umgang mit der Axt, wilde Raufbolde, die tranken und fluchten. Doch wenn sie versuchten, meinen Vater ebenfalls zum Trinken zu bewegen, lehnte er stets ab, wie er uns oft voller Stolz erzählte. Stattdessen schwärmte er für Eiskrem aus der Pratt Street, in der Nähe des Hafens. Natürlich hatte er bald den Namen »Eiskrem-Johnny« weg. Ich war überzeugt, der Reim »I scream, you scream, we all scream for ice cream« stammte von meinem Vater. Dass dem nicht so war, fand ich erst sehr viel später heraus.

Als Johnny Eareckson alt genug war, Pferde aufzuzäumen, stand er jeden Tag vor Morgengrauen auf, spannte an und fuhr für das Geschäft seines Vaters Kohlelieferungen aus. Einen Schulabschluss hat er nie gemacht – warum, weiß ich nicht genau. Mit neunzehn gründete er ein eigenes Geschäft für Fußbodenbeläge. Sein Firmenfahrzeug war ein Fahrrad, auf dem er ständig unterwegs war. Er musste sich sehr anstrengen, um mit seinen drei gebildeteren Brüdern Schritt zu halten: Onkel George, dem Buchhalter, Onkel Vince, dem Architekten, und Onkel Milt, dem Prediger.

John kam abends gewöhnlich sehr spät heim in das kleine Haus der Familie, ein Backsteinreihenhaus mit marmornen Eingangsstufen in der Stricker Street. Er war todmüde von der harten Arbeit des Tages – einer anderen Art von Arbeit als die, die seine Brüder am Schreibtisch oder Zeichentisch oder auf der Kanzel leisteten. Und fast immer stieß Johnny, wenn er die knarrende Hintertür öffnete, auf seine Mutter, Anna Verona, die in der Küche am Kohlenherd saß, eine Strickdecke auf dem Schoß und die Bibel in der Hand. Sie las und betete für ihre Jungen, vor allem für Johnny, den Sohn, der so ganz anders war als seine Brüder, dessen Herz zärtlicher und verletzlicher und dabei voller Begeisterungsfähigkeit und Abenteuerlust war. Wie sehr Anna Eareckson ihren Johnny liebte, das sagte sie ihm in singendem, irischem Tonfall.

Und er, er liebte sie ebenso.

»Ich werde nie vergessen«, erzählte er kopfschüttelnd, »wie ich von einer Versammlung beim CVJM und meine Brüder aus der Schule und von der Arbeit heimkamen und Mutter zu uns sagte: ›Wir brauchen Kohlen für den Ofen. Vince, du bist an der Reihe mit Holen.‹ Meine Brüder und ich alberten am Spülstein herum, schlugen spielerisch mit Handtüchern nacheinander, und Vince meinte, George sei an der Reihe. ›Nein, nein, Milton ist dran‹, und Milt deutete auf mich, und ich schubste Vince ... und bevor wir wussten, was geschah, sahen wir Mutter, mit Kohlenstaub bedeckt, in ihren langen Röcken die Kellertreppe heraufstapfen, den schweren Kohlenkorb mit ihren zarten Händen schleppend. Es drehte mir fast das Herz um.«

Die Mutter meines Vaters starb jung. Man kann sagen, dass sie sich totarbeitete – etwas, was Vater sich offenbar nie vergeben konnte, weil eine Familie mit vier kräftigen, gesunden Jungen ihrer Mutter die Arbeit hätte erleichtern können – ja, müssen. Das erklärte, warum mein Vater ihren Mädchennamen – Anna Verona Cacy – mit solch besonderer Zärtlichkeit und diesem weichen irischen Singsang aussprach. Und es erklärte mir auch, warum er so gern das Lied »Let the Lower Lights Be Burning« sang, eines der Lieblingslieder meiner Großmutter.

Let the lower lights be burning,
  Send a beam across the waves!
Some poor fainting, struggling seaman
  You may rescue, you may save.

Als Vater und ich im Lager ankamen, ließen wir unsere Sachen neben dem Picknicktisch auf den Boden fallen. Onkel George hantierte noch am Herd. Er hatte seine berühmten weichschaligen Krebse zum Abendessen gebraten. Ganz in der Nähe räumten meine Mutter und ein paar Tanten Sachen in die Kühlbehälter. Mutter nahm die Laterne und führte meine Schwestern und mich zu dem kleinen Zelt vor dem Lager, das uns als provisorische Latrine diente. Von dort leuchtete sie uns zurück zu dem großen Armeezelt, in dem wir schliefen. Wir zogen unsere sandigen Shorts aus und streiften Sweatshirts über unsere feuchte Unterwäsche. Das gefiel mir so an unseren Strandausflügen – wir durften in den seltsamsten, lustigsten Aufzügen schlafen.

Wir rubbelten uns den Sand von den Füßen, krochen unter das Moskitonetz und kletterten in unsere Feldbetten. Meines stand in der Ecke, und ich mochte es besonders, wenn das Wetter gut genug war, um die Seitenwände des Zeltes aufgerollt zu lassen. Dann konnte ich das Flüstern der Erwachsenen und das Zischen der Laternen hören. Wenn der Nachtwind die Zeltplane bewegte, schmiegte ich mich ins Kissen, griff nach meinem Stoffhasen und kämpfte, so lange ich konnte, gegen den Schlaf an. Ich wollte den Geschmack der salzigen Luft so lange wie möglich auskosten und den Duft des Kaffees einatmen, der bereits für morgen früh gekocht wurde. Ich wollte die leisen Gespräche meines Vaters, meiner Mutter und meiner Verwandten hören und mich genüsslich in meinen warmen Daunenschlafsack kuscheln. Ich wusste, dass keine der über mir summenden Mücken durch das Netz dringen konnte. Unter seinem Schutz war ich sicher. So sicher wie unter der Bettdecke meines Schlafzimmers zu Hause, von wo ich auf das Bild von dem kleinen Mädchen im Boot schauen konnte, das die Füllung der Schranktür schmückte und unter dem zu lesen stand:

Dear God, my little boat and I
are on your open sea.
Please guide us safely through the waves
my little boat and me.

Ich fragte mich, welche Abenteuer der morgige Tag wohl bringen würde. Hoffentlich würde ich von dem Geruch brutzelnden Specks geweckt werden. Vielleicht briet Vater ja sogar seine Spezialeier – ein Ei wird in der heißen Pfanne gebraten, in letzter Minute gießt man einen Becher Wasser darüber, deckt die Pfanne zu und würzt nachher mit Salz und Pfeffer. Hoffentlich hatte Onkel George das Eis in den großen Milchkrug getan, sodass das Wasser aus der Schöpfkelle eiskalt war. Ich fragte mich, ob mein Cousin, Little Eddie, und meine Schwester Kathy und ich in den Gezeitentümpeln Krabben oder Muscheln finden würden. Oder ob wir Pferdchen spielen und die Sanddünen hinauf und hinunter galoppieren würden, die sich zu beiden Seiten unseres Zeltes meilenweit erstreckten. Ich hoffte, der Tag würde strahlend und warm beginnen, sodass ich, wenn ich im Sand lag, die Wange auf den Arm gedrückt, den süßen Duft der Sonnenmilch riechen konnte.

Ich hoffte, wir würden mit Tante Lee und Onkel Eddie Sandburgen bauen, nach Krabben buddeln, zusehen, wie die Wellen unsere Fußabdrücke verwischten, duschen, wenn die Sonne unterging und unsere von der Sonne gerötete Haut dick mit Noxzema eincremen. Am Abend, nach den Krabbenpfannkuchen, würden wir Mutter helfen, die Pfannen und Töpfe im Ozean zu spülen. Dann würden wir nach Rehoboth Beach fahren, die Strandpromenade entlangspazieren und Eis oder Pommes frites mit Essig essen. Vor allem aber hoffte ich, wir würden wieder ein Feuer am Strand machen und Vater würde wieder eine Geschichte erzählen. Oder Onkel George würde »Ramona« singen, während er seine Zigarre hochhielt und uns alle wie ein Impresario dirigierte.

Was immer ich auch erhoffte, ich wurde nicht enttäuscht. Das Wehen des Moskitonetzes schläferte uns alle ein. »Gute Nacht, Mädchen«, hörte ich Vater flüstern. Oder vielleicht – so hoffte ich – war es ja Gottes Stimme.

Ich weiß nicht, ob es viele Väter wie meinen gibt. Ich glaube nicht. Wie viele Väter haben schon das Flugzeug der Brüder Wright über das Meer fliegen oder einen der ersten T-Fords die Howard Street hinunterfahren sehen? Wie viele Väter haben ihre Kinder durch unzählige Geschichten, die sie aus dem Stegreif erzählten, in eine Welt der Abenteuer mitgenommen? Mein Vater trieb Handel mit den Indianern in British Columbia und kämpfte mit Bären am Yukon – ja, ich bin sicher, er kämpfte mit diesem Bär mit bloßen Händen, und es war nicht nur eine Geschichte. Wirklich. Aber selbst wenn die Geschichte mit dem Bären nicht wahr war, so wusste ich doch, dass die Zärtlichkeit meines Vaters, sein edler Charakter und seine Liebe zum *Laard* echt waren.

Am nächsten Abend kehrten wir, wie ich gehofft hatte, früh genug von Rehoboth Beach ins Lager zurück, um noch ein Feuer zu machen. Schon bald knisterte das Treibholz, das meine Schwestern Linda, Jay und Kathy und ich am Tag gesammelt hatten, und an dem weiten Firmament über uns funkelten die Sterne, dicht an dicht, wie Puderzuckerkörnchen. Das Kräuseln der Wellen erstrahlte fluoreszierend im letzten Restchen Abendrot, und mein Onkel Eddie hatte gerade das Lied *You Are My Sunshine* beendet.

»Sag dein Gedicht auf, Vater«, bettelte ich, »das von der Schranke.« Als große Realistin, die ich war, hatte ich erst kürzlich herausgefunden, dass dieses klassische Gedicht keineswegs von den hölzernen Bar-Schranken eines Saloons handelte.

Vater steckte die Hände in die Taschen seiner weiten Hose und starrte ins Feuer. Dann begann er seine Rezitation, allerdings mehr im Eareckson'schen als im Tennyson'schen Stil. Das Gedicht kam von irgendwo tief aus meines Vaters Brust. Während er die unvergesslichen Verse sprach, hoffte ich inbrünstig, dass jemand aufstehen und ihn festhalten möge, damit er sich nicht zu den Wellen umdrehte und die Schranke ohne mich durchschritt.

> *Sunset and evening star,*
> *And one clear call for me,*
> *And may there be no moaning of the bar,*
> *When I put out to sea.*
> *But such a tide as moving seems asleep,*
> *Too full for sound and foam,*
> *When that which drew from out the boundless deep*
> *Turns again home.*
> *Twilight and evening bell,*
> *And after that the dark!*
> *And may there be no sadness of farewell,*
> *When I embark;*
> *For tho' from out our bourne of time and place*
> *The flood may bear me far,*
> *I hope to see my Pilot face to face*
> *When I have crossed the bar.*

Keiner brach je die Stille, die den Vorträgen meines Vaters folgte. Wir lauschten den Zeilen, wie man der zurückrollenden Brandung lauscht, bevor sich die nächste große Welle bricht. Ich verstand das Gedicht nicht, bis auf den Teil über den Steuermann – ich nahm an, dass von Gott die Rede war. Aber das Herz wollte mir brechen bei dem Gedanken, dass mein Vater ein Gedicht über den Tod liebte.

Ich erinnere mich, dass ich nach Kathys Hand griff. Ich wusste, sie würde meine Angst verstehen. Zu Hause schliefen wir in einem Bett. Oft, wenn Vater uns eine Gute-Nacht-Geschichte erzählt hatte und wir ihn die Treppe hinuntergehen hörten, lagen wir im Dunkeln und lauschten eine auf den Atem der anderen. Auch dann griff ich immer nach ihrer Hand und murmelte: »Was, wenn etwas Schreckliches passiert?« – Ich wollte »Vater« hinzufügen, aber ich brachte das Wort nicht heraus.

»Ich weiß, was du meinst«, flüsterte sie zurück. »Ich weiß, was du meinst mit Vater.« Dann hielt sie meine Hand, und sie hielt auch jetzt meine Hand, in den tanzenden Schatten, die das Feuer warf.

Vater schloss das Gedicht mit demselben schönen Lied, das wir gestern Abend gesungen hatten. Bei der Zeile

Some poor fainting, struggling seaman,
You may rescue, you may save.

fielen meine Schwestern und ich ein.
Alles war wieder gut.

Ganz bestimmt rettete mein Vater arme, geschwächte, um ihr Leben kämpfende Seeleute. Wenn nicht im Sargassomeer, dann sicherlich während seiner Zeit in der Handelsmarine. Doch ich hätte mir nie träumen lassen, dass in nicht allzu ferner Zukunft ich selbst die Arme, Schwache, Kämpfende sein würde, die immer wieder versank, ertrank in den Wellen eines Kummers, mächtiger als jede Brandung. Schrecklicher als der Fluch des Holländers.

Und dass nicht einmal Vater mir würde helfen können.

Kapitel 2

Meine Söhne, hört mir zu und folgt den Ratschlägen eures Vaters. Beachtet meine Worte, damit ihr klug werdet.

Sprüche 4,1

Erinnerung bedeutet mir alles. Als Kind konnte ich ein afrikanisches Veilchen auf einer Fensterbank anschauen und mir später das Blaugrün der Staubgefäße, die krausen Blätter und die blassroten Blüten ins Gedächtnis zurückrufen, wenn andere schon vergessen hatten, dass da überhaupt ein Fensterbrett war.

Im Jahr 1967 wurde meine Erinnerung lebenswichtig für mich. Es war das Jahr, in dem ich durch einen Tauchunfall gelähmt wurde.

Ich war fast zwei Jahre im Krankenhaus. Die meiste Zeit verbrachte ich in einem so genannten Strykerrahmen auf dem Rücken, sodass ich die Zimmerdecke anstarren, oder umgedreht, sodass ich den Fußboden betrachten konnte. Mit einem Körper, der nicht mehr in der Lage war, sich zu bewegen oder irgendetwas zu empfinden, rief ich mir jeden einzelnen Ausflug an den Strand, jeden Ritt, jedes Tennisspiel, jedes Lied, kurz, alles ins Gedächtnis, drehte und wendete es wie einen Diamanten und kostete seine Farbe und Leuchtkraft voll aus. Wenn ich meine Hände nicht mehr gebrauchen konnte, musste ich alles daran setzen, mich zu erinnern, wie es sich anfühlte, eine Flasche Coca-Cola in der Hand zu halten und zu spüren, wie die eiskalten Tropfen am Glas hinab und über meine Finger rannen. Wenn ich nie mehr gehen konnte, musste ich jede Einzelheit des Gefühls, wie meine Zehen sich bewegten, wie sie sich streckten, krümmten oder wackelten, heraufbeschwören.

Meine Erinnerungen waren alles, was ich noch hatte. Sie wurden so beruhigend für mich wie der Blick von unserem nächtlichen Lagerfeuer am Strand hinauf an den Himmel, um sich zu vergewissern, wie weit ein Sternbild sich bewegt hatte. Oder wie das Unter-die-Bettdecke-Kriechen, wenn wir wieder zu Hause waren, und das Aufschauen zu den Sternen, die mein Vater an die Decke meines Schlafzimmers gemalt hatte.

Damals, im Jahr 1955, war ich wohl das einzige Kind in meiner Umgebung – ja vielleicht in der ganzen Stadt –, das jede Nacht unter Sternen schlafen ging, auch wenn diese Sterne nur gemalt waren. Vater schien zu wissen, dass Kinder es über alles lieben, unter einem nächtlichen Sternenhimmel zu schlafen, und weil wir nicht immer im Ferienlager bleiben konnten, holte er das Ferienlager zu uns. Da Vater Bauunternehmer war, baute er unser weitläufiges und verschachteltes, rustikales Haus aus Stein und Holz mit seinen Winkeln, Ecken, Bögen und Geländern, Giebeln und Gauben aus warmer Eiche und Douglastanne und den massiven, von Elchgeweihen gekrönten Steinkaminen, die allesamt nur auf Kinder gewartet zu haben schienen. Das Wohnen in diesem Haus war wie das Leben in einem Ferienlager. Es machte einfach Spaß.

Aus jedem Raum hörte man den Ruf: »Ich komme!«, denn unser Haus eignete sich wunderbar zum Versteckspielen. Panisch und freudig zugleich rannten wir in Windeseile los, um das ideale Versteck zu finden. Da war zum Beispiel der Balkon im zweiten Stock. Oder man verbarg sich hinter der großen Holztruhe auf dem Treppenabsatz oben auf der Hintertreppe. Oder hinter dem riesigen ausziehbaren Tisch im Esszimmer. Oder man wickelte sich in Mutters Waschbärmantel im Schrank – wenn man den Geruch der Mottenkugeln ertragen konnte. Es kümmerte mich nicht, dass mein keuchendes Atmen oder mein unterdrücktes Kichern mich verrieten; unser riesiges Heim umfing uns und spielte jedes Spiel mit.

Doch es gab noch mehr Zimmer. Das Wohnzimmer mit dem Tigerfellvorleger in der Ecke, dem Bärenfell in der Mitte und den Elchgeweihen an den Wänden stellte an einem Tag einen Dschungel vor, am nächsten die Northwest Territories. »Die hat Vater erbeutet, als er mit den Indianern am Yukon Handel trieb«, behauptete ich von den Geweihen. Ich hatte keine Ahnung, was der Yukon war, aber es klang fern und weit, wild und exotisch – ein Ort, an dem mein Vater sehr wohl auf so riesige Elchgeweihe stoßen konnte. Linda spielte das Spiel mit und beharrte darauf, dass die dicken Balken, die die Decke stützten, »von Captain Hooks Schiff stammen – ehrlich«.

Jahrelang war unser Wohnzimmer unser Gefährte, der unsere Geheimnisse sicher hütete. Ich hielt unser Haus nie für ungewöhnlich, bis ich zum Spielen zu anderen Kindern nach Hause kam. Da lernte ich Häuser mit Teppichen, niedrigen Decken, silbernem Besteck – »nicht anfassen!« – auf polierten Buffets und Marie-Antoinette-Figuren aus Porzellan auf Kaminumrandungen kennen. Sogar die Sofas waren mit durchsichtigem, steifem Plastik überzogen. In diesen Häusern gab es Stores an den Fenstern, Vitrinen aus Glas und absolut keinen Ort, an dem man sich verstecken konnte. Ich gewann damals eine Erkenntnis, die mich jahrelang begleiten sollte: Die Earecksons waren anders, vielleicht sogar ein wenig seltsam.

Das war eine der Tatsachen, über die ich unter meiner sternenbesetzten Zimmerdecke nachdachte. Eigentlich war es gar nicht mein Zimmer, sondern Kathys. Sie war ein wenig älter als ich, und ihr hatte das Zimmer zuerst allein gehört. Das bedeutete, dass sie ein Anrecht auf die geräumigsten Schubladen, die breitere Seite des Schranks und die bessere Seite des Bettes hatte – neben der Tür. Vor dem Lichtauslöschen kniete Kathy sich auf das Bett, zog eine imaginäre Linie in der Mitte und sagte: »Siehst du das?« Vom Kopfteil bis zum Fußteil markierte ihr Finger die entmilitarisierte Zone zwischen uns. »Das ist meine Seite des Bettes, und wehe, du überschreitest diese Linie!«

Ich war damals fünf Jahre alt, das jüngste von vier Mädchen. Nie im Leben hätte ich es gewagt, ihr in die Quere zu kommen oder ihre Linie zu überschreiten.

Im Grunde war das gemeinsame Zimmer mit meiner Schwester aber gar nicht so schlecht, auch wenn ich ständig gemahnt wurde, nach dem Duschen die Badezimmertür zu schließen, damit ihr Kleiderschrank sich nicht durch die Feuchtigkeit verzog. Sie hatte adrett zusammengebundene Baumwollpolster in alle vier Ecken des Schranks gelegt, um das Holz vor mir und meinem Spielzeug zu schützen. Ich konnte nicht verstehen, warum sie ein solches Getue um den Schrank machte – schließlich würde sie wohl kaum mit neun Jahren heiraten wollen.

Aber egal. Es war schön, neben ihr im Bett zu liegen, ihre Wärme zu spüren, gemeinsam auf das leise Reden unserer Eltern unten zu lauschen und in dem matten Lichtschein, der durch die Flurtür hereinfiel, die Engel an unseren Schlafzimmerwänden zu betrachten.

Ja, Engel. Es waren drei. Ein brünetter, ein blonder und ein rothaariger.

Unser Schlafzimmer befand sich direkt unter dem Dach, und Vater hatte die Engel auf die schräge Wand zu unserer Linken gemalt. *Einen Vater wie unseren gibt es nicht noch einmal*, sagte ich mir stolz. *Er kann singen, Geschichten erzählen und Engel malen*. Und nicht nur das, Vater hatte die ganze Wand hinter dem Kopfteil unseres Bettes bemalt. Da waren Jack auf der Bohnenstange, die alte Frau, die in einem Schuh wohnte, Rock-a-bye-Baby im Baumwipfel, der Rattenfänger von Hameln mit allen Kindern im Schlepptau, eine Kuh, die über einen Mond sprang, und Humpty-Dumpty oben auf dem Türpfosten. Inmitten dieser bunten Menagerie hing ein schlichtes Bild von einem Hund und einem Jungen, der im Gebet vor seinem Bett kniete.

Manchmal drehte ich mich auf den Bauch, stützte mich auf die Ellbogen und sah zu all den Gestalten aus Kinderreimen und Märchen oder dem Bild von dem Hund und dem Jungen hinauf. Aber meistens galt meine Aufmerksamkeit den Engeln.

Die drei Gestalten füllten die schräge Wand fast ganz aus. Sie sangen von Liedblättern, die Münder zu großen O's geöffnet, die Füße fest in die Wolken gestemmt. Der erste Engel sah aus wie meine älteste Schwester Linda. Das brachte mich immer zum Kichern. Linda war alles andere als ein Engel. Sie war fast zehn Jahre älter als ich, schwärmte für James Dean, glättete ihr Haar mit Vaseline, krempelte ihre Jeans hoch und rollte ihre Socken herunter. Sie trug Blusen in Übergröße, den Kragen aufgestellt. In der Schule zog sie zu enge Pullover und Bleistiftröcke an. Elvis war der King und Pat Boone ein Trottel – Milchbärte waren nicht ihr Fall. Dabei schlug Linda nicht etwa wirklich über die Stränge; sie tat nur so. Einmal, als ich in dem Zimmer schlafen musste, das sie mit Jay Kay teilte, knipste sie das Licht aus, kletterte zu mir ins Bett, und nach ein paar Minuten in der schweigenden Dunkelheit drehte sie sich zu mir um und flüsterte mir ins Ohr: »Willst du den Werwolf sehen, der in meinem Schrank lebt?«

Von Linda lernte ich die inoffizielle Hymne der Milford Mill High School:

Ich gehe auf die Milford Mill, hab Mitleid mit mir,
denn es gibt partout keine Jungen hier.
Um neun Uhr abends heißt's: Lichter aus,
warum nur, warum bin ich fort von zu Haus?
Und wenn ich in den Ferien nach Hause geh,
hoff ich, dass ich die Schule nie wieder seh.
Dann will ich rauchen, trinken und küssen
und nichts mehr müssen
und nie mehr Drill,
zum Teufel, ich geh auf die Milford Mill.

In diesem Jahr hatten meine Eltern sie auf einer reinen Mädchenschule angemeldet.

Der Engel in der Mitte hatte blaue Augen und einen blonden Lockenkopf. Meiner Vermutung nach war es Jay Kay, nur dass meine Schwester braune Augen hatte. Jay war mein Lieblingsengel. Sie war etwas jünger als Linda und nicht ganz so wild. Auch sie mochte Elvis, allerdings weniger »Jail House Rock« als »Let Me Be Your Teddy Bear«. Jay sah genau aus wie Betty, das blonde Mädchen mit dem Pferdeschwanz in den Archie-Comics. Sie behandelte mich auch nicht ständig als lästiges Anhängsel. Sie mochte mich. »Jonathan Grundy« nannte sie mich liebevoll. Wenn Jay auf unserem Klavier »Sentimental Journey« spielte, versuchte ich immer, sie nachzuahmen. Wenn sie nähte, versuchte ich es auch. Wenn sie sich eine komplizierte Frisur machte, nestelte ich auch mein Haar hoch. Ich verstand nicht, warum Bob Parker Jay nicht als Miss Maryland haben wollte, wenn alljährlich im September der Miss-Maryland-Umzug stattfand.

Wer der rothaarige Engel war, war nie so ganz klar. Kathy und ich waren noch nicht geboren, als Vater die Engel malte; vielleicht hatte er deshalb Lindas Freundin Audrey Espey, die kastanienfarbenes Haar hatte, als Vorlage genommen. Das ärgerte mich. Ich prüfte die Wand daraufhin, ob mein Vater nicht auch mich darauf abbilden konnte. Da könnte ich stehen, der flachshaarige Engel mit den haselnussbraunen Augen und kurzen Rattenschwänzen, die hochstanden wie die Ohren eines Yorkshire Terriers. Ich war Rocket J. Squirrels Nichte.

Aber vielleicht sollte ja Kathy als Nächste gemalt werden. Kath-Kath, wie ich sie nannte, verdiente es. Sie war – nun ja, anders als wir anderen. Ihr rundes, sommersprossiges, lächelndes Gesicht war die ständige Zielscheibe von Lindas und manchmal auch von Jays Spott: »Streuselkuchen«, hänselten sie sie. Manchmal nachts, wenn sie neben mir lag, hörte ich, wie sie weinte.

Doch es war auch nicht leicht, die Jüngste zu sein. Ich wurde zwar nicht gehänselt wie Kathy, aber ich kam immer zuletzt. Ich hatte kein Anrecht auf den Knochen von Vaters T-Bone-Steak. Ich trug abgelegte Jeans, Kleider und Unterwäsche und bekam die gebrauchten Fahrräder, abgenutzten Rollschuhe und muffigen Schlafsäcke. Aber das Schlimmste war, dass ich am Samstagmorgen in Großmutters Haus zurückbleiben musste, wenn Vater und meine Schwestern in den Pferdestall fuhren.

»Du kannst nicht mit uns reiten gehen. Du bist eine Niete. Du hältst bloß alle auf«, sagte Linda.

Und als wäre das noch nicht schlimm genug, musste ich nun den ganzen Tag zusehen, wie meine Mutter das Haus meiner Großmutter schrubbte. Deshalb entwand ich mich, sobald Vaters Auto meinem Blick entschwunden war, dem Griff meiner Mutter, jammerte laut vor mich hin und stieß mit dem Fuß gegen die Bordsteinkante, bis sie streng sagte: »Das reicht!« Da sie diejenige war, die für Zucht und Ordnung in der Familie sorgte, und ihr durchaus gelegentlich die Hand ausrutschte, war ich danach meistens still.

Doch innerlich brodelte mein Kampfgeist. Und mein Zorn. Ich würde nicht kampflos aufgeben oder mir sagen lassen, dass ich noch zu klein zum Fahrradfahren sei. Oder dass ich nicht vor nächstem Jahr reiten lernen dürfte. Nein, ich würde auch dafür sorgen, dass meine Schwestern meinen Hinweis »Dieser Stuhl ist besetzt!« respektierten, wenn ich mir während der Red Skelton Show etwas zu naschen holte. Ich wollte nicht nur mithalten, ich wollte besser sein. Ich würde einfach besser Klavier spielen lernen als Jay, mehr Elvis-Texte auswendig können als

Linda, Kathys dumme Linie im Bett ignorieren, wann ich wollte, so geschickt mit dem Tennisschläger umgehen wie Mutter und – ja – *was war mit meinem Vater?*

Vater zu übertreffen war undenkbar. Wenn ich im Bett lag und über die Engel nachdachte, fragte ich mich, ob ich malen konnte. Vielleicht so gut wie Vater. *Ich fühlte mich bei diesem Gedanken schuldig.* Aber ich konnte es nicht leugnen. Wenn ich mir die gemalten Hände der Engel näher ansah, kam es mir vor, als sähen sie irgendwie komisch aus. *Hmmm, er hat die Hände nicht richtig hingekriegt ... Ich könnte es besser.*

Das Leben war ein ständiger Wettkampf, der Versuch, mit meinen älteren, sportlicheren Schwestern und mit einem Vater und einer Mutter, die beide ebenfalls ihre Preise im Schwimmen, Tauchen und im Tennis eingeheimst hatten, Schritt zu halten. Es blieb keine Zeit, darüber zu jammern, dass Gott mir nun einmal die niedrigste Stufe auf der Eareckson-Leiter zugewiesen hatte. Keine Chance zu heulen oder jemand an den Rockschößen zu hängen. Ich musste mit den anderen mithalten, koste es, was es wolle, oder ich wurde hoffnungslos abgehängt.

Doch neben dem Wettstreit war immer noch Platz – mehr als genug – für Dankbarkeit. Ich weiß nicht, wie es meinen Eltern gelang, den Geist der Dankbarkeit in uns zu wecken, aber es war bei uns üblich, für alles zu danken, vom Essen bis zum Rollerskating am Freitagabend bei Vernon's Roller Rink. »Danke, Papa« oder »Mensch, Mami, schmeckt das gut!«. Vielleicht kam es daher, dass wir ständig hörten, wie Vater zu Mutter sagte: »Du bist etwas ganz Besonderes!« Ich weiß noch, dass mir beim Abendessen im Haus einer Freundin auffiel, dass niemand etwas sagte, als die Schüsseln mit dem Essen aufgetragen wurden. Ich empfand tiefes Mitleid mit der Mutter. An unserem Tisch wurde der Keim der Dankbarkeit schon früh gelegt, wenn unser Vater auf ein Nicken von Mutter hin begann:

Komm, Herr Jesus, sei unser Gast
und segne, was du uns bescheret hast.

Am Strand des Delaware hatte ich kennen gelernt, was Geborgenheit ist, und zu Hause erfuhr ich, was Frieden ist.

Natürlich wurde auch bei uns mit Türen geschlagen, und mehr als einmal hörte man den Aufschrei: »Du hast meine Bluse aus meinem Schrank genommen! Gib sie sofort zurück!« oder »*Was hast du zu meinem Freund gesagt?*«. Es gab Abende, an denen ich die unverrückbare Linie überschritt und nach Kathy trat – dann zwickte sie zurück, und ich schrie Mordio, bis unsere Mutter vom Ende der Treppe heraufdrohte: »Ich möchte keinen Mucks mehr von euch hören, Mädchen, oder ich komme rauf!«

Trotzdem herrschte in unserem Haus Frieden. Die Art Frieden, die ich spürte, wenn ich im Bett lag und auf den Nachtwind in den Kronen der großen Eichen vor meinem Zimmer lauschte. Oder wenn der Wind in dem gläsernen Glockenspiel an der Hintertür spielte. Oder wenn die Grillen zirpten und der Wind einschlief. Oder der Frieden, der mich erfüllte, wenn ich einfach nur wusste, dass die Engel an der Wand wachten. Und vor allem der Frieden bei dem Gedanken, dass meine Eltern unten waren, sich leise unterhielten, Eiskrem aßen und *Mitch Miller* und seine Männer im Fernsehen singen hörten. All das bedeutete Frieden. All das ließ mich glauben, dass der Herr Jesus wirklich gekommen und unser Gast gewesen war.

An besonderen Abenden holte Vater nach dem Essen seine Malsachen hervor. Er bewahrte seinen großen hölzernen Malkasten unter seinem Schreibtisch auf, einen Kasten, den ich nicht anfassen, geschweige denn öffnen durfte. Mein Herz klopfte und ich war aus dem Häuschen vor Begeisterung, während ich mich an der Tischkante festhielt. »Mensch, toll! Wir malen!«

»Nein«, sagte mein Vater, »ich male.«

Malen war ganz allein das Hobby meines Vaters. Ich hielt Abstand, sah aber genau zu. Er richtete seine Tuben auf der linken Seite in einer Reihe aus – er war Linkshänder – und goss dann Terpentin und Leinöl in kleine Metallbecher, wischte die Kanten mit seinem Lappen sauber und legte das Tuch fort. Der durchdringende Geruch der Farben erfüllte das Zimmer.

Vater nahm jeden Pinsel einzeln auf und bog vorsichtig die steifen Borsten hin und her. Dabei behielt er mich genau im Auge. »Möchtest du diese Tube Blau für mich aufmachen?«

Eifrig drehte ich den kleinen Deckel der zerknüllten, angebrochenen Tube ab und reichte sie ihm. Er drückte einen großen

Klecks glänzender dunkelblauer Farbe auf die Palette. Dann Rot, dann Gelb und noch ein Klecks Zinkweiß. Die Farben hatten faszinierende Namen wie Kobaltblau, Umbra, Purpurrot und Payne's Grau, und sie leuchteten auf der Palette wie nasse Juwelen. Dann lehnte Vater eine große weiße Holzfaserplatte gegen das Buchregal hinter seinem Schreibtisch. Er rückte seine Schreibtischlampe zurecht, nahm einen dicken Zimmermannsbleistift zur Hand und begann mit dem Entwurf.

»Was malst du?«

»Du wirst schon sehen.«

Ich stützte mich auf die Ellbogen und sah zu, wie er hier und da die weiße Fläche berührte und breite, lange Linien zog. Rechts neben ihm bemerkte ich eine Ausgabe des *National Geographic*, aufgeschlagen bei dem Bild eines Indianers auf einem Pferd. Zuerst dachte ich, das sei seine Vorlage, aber die Linien, die er auf der Leinwand zog, ähnelten ganz und gar nicht einem Pferd. Mir fielen die seltsamen Hände der Engel auf dem Wandgemälde in meinem Zimmer ein, und ich dachte, ich sollte ihn daran erinnern.

»Das sieht aber nicht aus wie ein Pferd.«

»Ich weiß. Das wird schon noch.« Schweigend arbeitete er weiter.

»Wann sieht es denn wie ein Pferd aus?«

»Wenn die Komposition fertig ist.«

»Was ist eine Kompo-o-o-?«

»Komposition. Das ist das, was dem Bild zugrunde liegt«, sagte er und sah mich über den Rand seiner Brille hinweg an.

Was auch immer diese Kompo-si-sowieso sein mochte, mir war noch immer nicht klar, warum Vater nicht einfach anfing, das Pferd zu malen oder wenigstens zu skizzieren. Das Zeug, das dem Bild angeblich zugrunde lag, konnte doch nicht so wichtig sein. Nach vielen langen Pausen, nach vielem Ausradieren und vielen Korrekturen legte er den Stift weg und trat zurück, um sein Werk zu begutachten. Es stellte eine interessante, aber mir völlig unverständliche Kombination von Quadraten und Kreisen dar, die nicht die geringste Ähnlichkeit mit einem Pferd oder einem Indianer aufwies.

Ich lehnte mich vor. »Hmmm.« Es war mir peinlich seinetwegen.

»Das ist meine Komposition.«

Jetzt war ich wirklich enttäuscht. So viel Arbeit, und *das* war dabei herausgekommen?

»Joni, die Komposition ist der wichtigste Teil eines Gemäldes. Wenn sie nicht stimmt«, sagte er und deutete mit dem Stift auf die Skizze, »dann wird auch daraus nichts«, und er klopfte auf die Ausgabe des *National Geographic*.

Ich blickte auf die Anordnung von Quadraten, Linien und Kreisen. »Aber so was will doch keiner sehen«, sagte ich.

»Eben deshalb ist es so wichtig. Eine Komposition ist wie die Knochen unter deiner Haut. Wie das Fundament dieses Hauses. Mein Indianer und sein Pferd würden nicht richtig aussehen, wenn ich keine ausgewogene Grundlage aus diesen Quadraten und Zirkeln schaffen würde.« Er schwieg längere Zeit und fügte dann hinzu: »Das ist das Gleiche, wie wenn du Jesus im Herzen hast. Niemand kann ihn dort sehen«, sagte er und deutete auf meine Brust, »aber er macht, dass außen alles richtig ist.«

Der Herr war in meinem Herzen – das war eine Aussage, die schwierige Fragen aufwarf. Wie kam er da hinein? Ich stellte mir eine winzige Jesusgestalt vor, die in meinem Herzen lebte und dafür sorgte, dass da drin alles reibungslos lief, wie ein Verkehrspolizist. Oft war ich ganz und gar nicht überzeugt, dass er da drin war, aber Vater schien es zu glauben. Ich glaube, er war überzeugt, wenn wir das folgende Lied nur oft genug sangen, würde sein Inhalt irgendwie auf uns abfärben.

Since Jesus came into my heart,
Since Jesus came into my heart,
Floods of joy over my soul
Like the sea billows roll,
Since Jesus came into my heart.

Ich fühlte meine Seele zwar wirklich überfließen vor Freude, wie es im Lied hieß, wenn wir die letzte Note, in der die Wogen des Meeres rollten, lange aushielten. Doch eine Stunde später, wenn ich mit Streichhölzern spielte oder die kleinen weißen Fliesen im Badezimmer anmalte oder heimlich Vaters Kommode ausräumte, wusste ich ganz genau, dass Jesus nicht in meinem

Herzen war. Oder wenn doch, dann hatte ich vielleicht eine nasse Decke über ihn geworfen. Ich fragte mich, ob in meinem Innern wirklich eine wohl überlegte Anordnung frommer Quadrate und Kreise zu sehen war.

Vater ging zurück zu seinen Quadraten und Kreisen, ich hockte mich auf den Boden und zog mein Roy Rogers-Malbuch heraus. Ich schlug die bereits ausgemalte Seite mit Rogers Pferd Trigger auf. »Guck mal, Papa.« Er lächelte und schlug vor, dass ich eine weitere Seite in Angriff nehmen sollte.

Mutter gefiel am besten ein zerknittertes Kirchenblatt, auf dem ich gekritzelt hatte. Wenn wir in die Kirche gingen, fand ich die Predigt immer sehr langweilig, deshalb gab man mir das Kirchenblatt und einen Stift, um mich ruhig zu halten. Ich war fasziniert von dem Foto der Kirche auf der Vorderseite – sie hatte viele Giebel, einen Kirchturm und einen Glockenturm, ein Seitenschiff, steile Stufen, die zum Portal hinaufführten, und war mit Büschen umpflanzt. Unter dem eintönigen Redefluss des Redners saß ich zusammengesackt da, baumelte mit den Beinen und studierte das Foto. Auf einmal kam mir eine Idee. Ich nahm den Stift und malte auf den Seitenweg einen kleinen Teufel, der im Begriff war, seinen Dreizack durch das Buntglasfenster zu stoßen. Hinter den Büschen tauchten weitere Teufel auf. Ihnen stellten sich größere und stärkere Engel in den Weg, ausgerüstet mit Pistolen und Schwertern. Sie schwebten vor der Kirche, bereit, die Teufel abzuwehren. Einer der Engel, die ich malte, rutschte gerade das steile Dach herunter, im Begriff, sich auf einen Teufel zu stürzen, der das Willkommensschild über dem Eingang der Kirche mit Graffitis verunzierte.

Während Vater weiterarbeitete, malte ich mein Bild farbig aus. Der pädagogischen Theorie zufolge ist es ein Zeichen für künstlerisches Talent, wenn ein Kind sich irgendwelcher Farben bemächtigt und diese willkürlich über die Seite schmiert, das heißt, wenn es mutig genug ist, die vorgezeichneten Linien zu überschreiten, wie es ein künftiger Picasso oder Andy Warhol tun würden. Ich bin anderer Ansicht. Und ich wäre auch als Kind anderer Ansicht gewesen, wenn es mir damals jemand so erklärt hätte. Für mich waren die vorgemalten Linien in meinem Malbuch »Komposition«. Irgendjemand, der es besser wusste als ich, hatte diese Linien vorgezeichnet, und ich gehorchte ihnen, ohne darüber nachzudenken, und sparte mir meinen Mut für das Fell des Pferdes auf, wo ich Hellbraun, Mittelbraun und Dunkelbraun einsetzte, um den Halsmuskeln und Beinen Konturen zu verleihen. Das Gesicht von Roy Rogers erforderte mindestens vier Schattierungen von Rosa und Pfirsich. Für Bullet, den Deutschen Schäferhund, brauchte ich die Farben Grau, Braun und Schwarz.

Schließlich hatte ich ein weiteres Bild von Trigger fertig – auf diesem war sogar noch Buttermilk, das Pferd von Dale Evans, zu sehen. Ich stand auf und zeigte es meinem Vater.

»O, das ist gut.« Er war beeindruckt.

Nichts beflügelte mich mehr als seine Billigung. Ein paar Worte, ein Blick, ein Lächeln oder ein Kopfnicken können ein Zündholz an die Kreativität eines Kindes halten, und ich frage mich, wie viele Väter die Macht kennen, die in einer Vision liegt, die wie eine Angelschnur weit ausgeworfen wird. Es ist wie beim Hochseefischen, wenn man sich zurücklehnt und die Leine so weit auswirft, wie man nur kann. Man möchte um jeden Preis, dass einer anbeißt. Mein Vater warf die Leine weit aus. Er wusste wohl, dass ich entschlossen war, der Kunst an den Haken zu gehen.

»Komm mal zu mir«, sagte Vater. Ich stand auf, und er setzte mich auf seine Knie und drehte mich um. Da saß ich, zwischen ihm und dem Bild, in Augenhöhe mit seiner Leinwand. Er nahm einen Pinsel und drückte meine kurzen Finger darum, als wäre er ein Tenniscoach, der einen Griff am Tennisschläger erklärt. Dann legte er seine Linke über meine Rechte. Gemeinsam tauchten wir den Pinsel in die blaue Farbe und strichen sie auf der Palette, fügten einen Spritzer Gelb hinzu und mischten gut durch. So stellten wir vor meinen erstaunten Augen Grün her. Ein sehr viel weicheres, lebendigeres Grün, als wenn man Stifte benutzte.

»Halt ihn gut fest«, sagte er und führte meine Hand mit dem in die Farbe getauchten Pinsel zur Leinwand. Ich war wie hypnotisiert, als wir gemeinsam unseren Weg in den Wald hinter den Quadraten und Kreisen tupften. Wir arbeiteten zügig, fügten hier ein wenig Braun und dort einen Hauch Blau ein. Ich versuchte, seine Pinselstriche nachzumalen, aber immer, wenn ich Kraft anwenden wollte, hörte ich: »Lass ganz locker.« So versuchte ich, in seinem Griff schlaff zu werden, aber wir bewegten uns zu schnell. Keiner dieser Pinselstriche hatte irgendeinen Sinn für mich, aber die Euphorie angesichts der Tatsache, dass ich gemeinsam mit meinem Vater etwas Großes und Schönes schuf, machte mich ganz atemlos. Ich konnte kaum erwarten zu sehen, was dabei herauskam.

Die Zeit verging nur zu rasch, und ich war enttäuscht, als Vater unseren Griff um den Pinsel lockerte. Er legte ihn hin, deutete auf das Bild und sagte: »Das hast du ziemlich gut gemacht.«

Zu meiner Überraschung sah ich die Gestalt eines Indianers auf einem Pferd vor dem Hintergrund eines Waldes und einiger Hügel. Wie im *National Geographic*. Es war verblüffend. »Aber das war nicht ich«, stellte ich richtig.

»Doch, das warst du.«

Das war wieder so ganz mein Vater, der mir etwas zutraute, von dem ich wohl wusste, dass ich es nicht gemacht hatte, ja, gar nicht machen konnte. Eigenschaften, von denen ich wusste, dass ich sie nicht besaß, zum Beispiel ein Leitlicht zu sein, das den Verlorenen den Weg weist, oder ein Herz zu haben, in dem Jesus lebt, oder die Fähigkeit, Meisterstücke zu schaffen, die es wert sind, gerahmt zu werden. Doch wenn ich mir überlegte, wie ich mich vor der Leinwand einfach zu Hause gefühlt hatte, lag mein Vater vielleicht gar nicht so falsch. Vielleicht konnten sich meine Triggers und Buttermilks tatsächlich in herrliche Rösser verwandeln, auf denen Indianer mit Pfeil und Bogen saßen, die mit einer Hand die Augen vor der westlichen Sonne schützten, während sie den Blick suchend auf den weiten Horizont gerichtet hatten. Vielleicht besaß ich ja doch Kompo-was-auch-immer. In meinem Leben und auf der Leinwand.

»Mann, hast du ein Glück gehabt!«, flüsterte Kathy an diesem Abend im Bett.

Ein breites Grinsen lief im Dunkeln über mein Gesicht. Unser Vater pflegte seine kleinen Mädchen nicht ständig in den Arm zu nehmen oder hochzuheben und auf die Wange zu küssen. Ich erinnere mich kaum, dass er mich jemals in den Arm nahm – vielleicht war das zu seiner Zeit einfach noch nicht so üblich.

Aber wie eine Prinzessin auf den Knien des Königs unseres wunderbaren Hauses zu sitzen, aufgefordert zu werden, mit ihm das Steckenpferd zu pflegen, das ganz allein seins war, seine verbotenen Farben zu berühren und gemeinsam mit ihm eine Szene zu schaffen, die dem echten Trigger ebenbürtig war, das war …

Die Engel müssen in dieser Nacht über mich gelächelt haben. Ganz sicher taten sie das. Blonde, Brünette und Rothaarige.

Kapitel 3

Kannst du dem Ross Kräfte geben oder seinen Hals zieren mit einer Mähne? Kannst du es springen lassen wie die Heuschrecken? Schrecklich ist sein prächtiges Schnauben. Es stampft auf den Boden und freut sich, mit Kraft zieht es aus, den Geharnischten entgegen. Es spottet der Furcht und erschrickt nicht und flieht nicht vor dem Schwert. Auf ihm klirrt der Köcher und glänzen Spieß und Lanze. Mit Donnern und Tosen fliegt es über die Erde dahin und lässt sich nicht halten beim Schall der Trompete.

Hiob 39,19-24

Von einem gebrochenen Genick hörte ich zum ersten Mal aus dem Munde eines Pferdes. Genauer gesagt, aus dem Mund von Black Beauty. Er war ein Pferd, und Pferde sind von Natur aus ehrlich und ohne Falsch. Warum sollte er mich belügen, wenn es um Glück und Unglück im Leben ging?

Mein Wissen verdankte ich den Büchern *Blitz, der schwarze Hengst, Blitz schickt seinen Sohn* und *die Rache des Roten Hengstes.* Manche Leute mögen der Ansicht sein, dass Dinge wie ein gebrochenes Genick im Verstand eines Pferdes keinen Platz haben, aber Black Beauty berichtet darüber in seinem Buch. Ich war felsenfest überzeugt, dass er selbst seine Biografie geschrieben hatte – und nicht Anna Sewell. Für mich waren Pferde nicht nur fähig, tief zu empfinden, ja zu lieben, sie konnten auch kommunizieren. Und das konnte niemand besser als Black Beauty.

Ich lernte ihn eines Abends kennen, als unser Babysitter meine Schwester Kathy und mich zu Bett brachte. Wir kuschelten uns unter die Decken, und sie schlug Black Beautys Buch auf. Dann fing sie im Schein der Nachttischlampe an zu lesen. Ihre gleichmäßige Stimme wirkte einschläfernd, aber ich kämpfte mit aller Kraft gegen den Schlaf an, vor allem, weil sie oft innehielt und uns die Zeichnungen anschauen ließ. Es waren Skizzen von Black Beauty als Fohlen, mit seiner Mutter und beim Spielen mit anderen Fohlen auf der Weide.

Vor allem die Zeichnung einer Jagdszene entsetzte mich. Ich werde nie die Worte von Black Beauty auf der gegenüberliegenden Seite vergessen.

»Ich war zwei Jahre alt, als sich etwas ereignete, das ich gewiss nie vergessen werde. Es war im Vorfrühling. In der Nacht hatte es etwas Frost gegeben, und leichter Raureif lag noch über Wald und Wiesen. Die anderen Fohlen und ich grasten am unteren Ende der Weide, als wir aus der Ferne ein Geräusch vernahmen, das sich wie Hundegebell anhörte. Das älteste Fohlen hob den Kopf, spitzte die Ohren und sagte: ›Da sind die Jagdhunde!‹, und galoppierte zum oberen Teil der Wiese, wir alle hinterher. Von dort aus konnten wir über die Hecke gucken und mehrere Felder überblicken. Meine Mutter und ein altes Reitpferd unseres Herrn standen auch in der Nähe. Sie schienen genau zu wissen, was vor sich ging ...

›Gleich werden wir den Hasen sehen‹, sagte meine Mutter.

Und tatsächlich: In diesem Augenblick rannte der Hase, außer sich vor Angst, an uns vorbei auf den Wald zu. Die Hunde hetzten zum Ufer hinunter, setzten über den Bach und stürmten übers Feld, hinter ihnen her sechs bis acht Jäger. Die Pferde der Männer sprangen über den Bach und blieben den Hunden dicht auf den Fersen. Der Hase versuchte, durch den Zaun zu schlüpfen, aber der war zu dicht. Da schlug er einen Haken, raste in Richtung Straße ... Zu spät! Schon waren die Hunde mit wildem Gekläff über ihm. Wir hörten noch einen spitzen Schrei, dann war es mit ihm aus. Einer der Jäger ritt hin und scheuchte die Hunde weg, damit sie die Beute nicht in Stücke rissen. Triumphierend hielt er den Hasen an seinen zerfetzten Läufen hoch. Seine Gefährten schienen sich mit ihm zu freuen.

Ich war so erstaunt, dass ich zuerst gar nicht darauf achtete, was sich inzwischen am Bach abspielte. Als ich dann hinunterspähte, bot sich mir ein trauriger Anblick. Zwei schöne Pferde waren gestürzt: Eines kämpfte sich durch den Strom, das andere lag stöhnend am Boden. Der eine Reiter stieg schlammbedeckt aus dem Wasser, der zweite lag ganz still.

›Er hat sich den Hals gebrochen‹, sagte meine Mutter.

›Das geschieht ihm recht‹, meinte eines der Fohlen.

Ich war der gleichen Meinung, aber meine Mutter stimmte uns nicht zu … Viele Jäger waren zu dem jungen Mann geritten. Unser Herr, der gesehen hatte, was geschehen war, hob ihn auf. Der Kopf des Verunglückten fiel nach hinten und seine Arme hingen herunter. Alle machten sehr ernste Gesichter. Kein Laut war zu hören; sogar die Hunde schienen zu wissen, dass etwas nicht in Ordnung war, und gaben keinen Ton von sich. Die Jäger trugen den Mann ins Haus. Später hörte ich, dass es der junge George Gordon war, der einzige Sohn des Gutsbesitzers, der Stolz seiner Familie.

Jetzt trennten sich die Männer und ritten in verschiedene Richtungen davon: zum Arzt, zum Hufschmied, zum Pferdedoktor und sicher zum Gutsherrn, um ihn von dem tödlichen Unfall seines Sohnes zu unterrichten.

Herr Bond, der Tierarzt, sah sich den Rappen an, der stöhnend im Gras lag. Nachdem er ihn von oben bis unten abgetastet hatte, schüttelte er den Kopf. ›Ein Bein ist gebrochen‹, sagte er. Gleich darauf rannte einer der Männer ins Haus unseres Herrn und kam mit einem Gewehr zurück. Eine Sekunde später erscholl ein lauter Knall. Es folgte ein entsetzlicher Schrei, dann war alles still. Der Rappe regte sich nicht mehr …

Einige Tage darauf hörten wir die Kirchenglocken läuten. Als wir über die Pforte guckten, sahen wir eine lange, seltsame Kutsche, die mit einem schwarzen Tuch bedeckt war und von schwarzen Pferden gezogen wurde. Dahinter rollten viele weitere schwarze Kutschen. Unter lange anhaltendem Glockengeläut fuhren die Leute vom Gut und ihre Freunde den jungen Gordon zum Friedhof, um ihn zu begraben. Er würde nie wieder reiten.

Was aus dem toten Rob Roy geworden ist, habe ich nie erfahren. So viel Leid um eines einzigen kleinen Hasens willen!«

Es war nicht gerade eine Gute-Nacht-Geschichte.

In den folgenden Wochen nahm ich das Buch mehrmals aus dem Regal und sah mir die Jagdszene an. Das Bild zeigte einen

Mann, der ausgestreckt in einem Bach lag, den Kopf in einem entsetzlichen Winkel verdreht. Ich fühlte mich seltsam angezogen von diesem Bild und wiederholte im Geist die Worte: »Er hat sich den Hals gebrochen.«

Vom Verstand her stimmte ich dem Fohlen zu: »Das geschieht ihm recht.« Aber mein Herz schlug für den Mann mit dem gebrochenen Genick. Er war jung, schön und groß gewesen, der Stolz seiner Familie. Ich fühlte tiefes Mitleid mit ihm und den Seinen.

Und natürlich war ich auch zutiefst entsetzt. Ich war damals fünf und durfte selbst schon reiten – sogar Großpferde.

Seit Herbst 1954 durfte ich nämlich endlich mit meinem Vater und meinen Schwestern mit zu den Pferden. Meine ersten Reiterfahrungen machte ich hinter Vaters Sattel. Wir saßen beide auf seinem über eins sechzig großen Palomino namens Cherokee. Vater stieg auf, hob mich hoch, setzte mich hinter sich und sagte: »Halt dich an meinem Gürtel fest, Joni.« Dann berührte er Cherokee mit den Fersen, und los ging's im Galopp, neben Linda auf ihrem Pferd Bobcat, Jay auf Monica und Kathy auf Cactus her. Hinter uns stand eine Staubwolke in der Luft. »Halt dich gut fest!« Vaters Stimme wurde vom Wind fortgeweht.

Mit feuchten Händen und mit Todesverachtung im Herzen klammerte ich mich an den Ledergürtel meines Vaters. Cherokees Rücken war breit, meine kurzen Beine standen fast waagerecht von seinem Bauch ab, und ich wurde fürchterlich durchgerüttelt. Aber ich war mit der Familie zusammen, war nicht mehr ausgeschlossen. Den Pferdepflegern auf Wakefield Farm, wo unsere Pferde untergestellt waren, machte es Spaß, uns an den Wochenenden beim Satteln zu helfen. Keiner reite schneller und tollkühner als wir Mädchen, lobten sie uns.

Aber nun schrieben wir den Sommer 1955. Dieses Jahr würde es anders sein. Mein Vater fand, es würde allmählich Zeit, dass ich ein eigenes Pferd bekäme. Kein Pony – Ponys konnten nicht mit Cherokee und den anderen mithalten. Deshalb gab man mir mit dem Einverständnis meiner Mutter – sie zog es vor, sich unter den Kastanienbaum zu setzen, solange wir ausritten – die Zügel von Thunder in die Hand.

Thunder war das Familienpferd. Auf ihr hatten alle reiten gelernt, und einer nach dem anderen war ihr entwachsen. Jetzt war die Reihe an mir, die fügsame alte Appaloosastute mit der kurzen, mottenzerfressenen Mähne zu reiten. Es gab kein gütigeres, freundlicheres Pferd als Thunder. Sie schien genau zu wissen, dass das Fliegengewicht, das da auf ihr thronte, sich kaum am Sattelhorn festhalten konnte. Ich war zwar mutig, aber zwei Zügel zu handhaben und das Sattelhorn festzuhalten, überforderte mich eigentlich noch. Und Thunder war groß, sie war kein Karussellpferdchen im Gwynn Oak-Vergnügungspark, und sie war auch keines der Ponys, auf denen man für zehn Cent pro Runde am anderen Ende des Parks herumjuckeln konnte. Auf Thunder zu sitzen, war nicht zu vergleichen mit dem bevorzugten Platz hinter dem Sattel meines Vaters. Jetzt saß ich ganz allein auf einem großen Pferd, auch wenn es alt und brav war.

Es gab viele große Koppeln, auf denen man die Pferde laufen lassen konnte – und damit meine ich wirklich laufen. Wakefield war eine weitläufige Farm, auf der nicht nur Pferde wie unsere eingestellt waren. Hier wurden Maryland-Vollblüter für Rennen und die Jagd gezüchtet. Jedes Mal, wenn wir durch das Tor von Wakefield fuhren, stellte ich mir vor, dass Black Beauty auf den Weiden graste. Am Ende der Zufahrt stand ein großer weißer Stall, rechts davon lagen das Vereinshaus und das Wohnhaus mit seinen weißen Säulen. Ein herrlicher Kastanienbaum überschattete den Paddock-Bereich, und am Bach standen riesige Trauerweiden, unter denen die Stuten und Fohlen grasten. Die vielen Weiden am Rand von Leakin Park waren durch weiße Zäune unterteilt. Es war kaum zu glauben, dass nur fünf Meilen von unserem Haus am Poplar Drive entfernt ein so stattliches Anwesen lag.

Der erste Tag, an dem ich Thunder selbstständig ritt, war ein Meilenstein in der Familiengeschichte. Vater legte ihr einen Kindersattel auf, und als er den Gurt anzog, schüttelte Thunder den Kopf. Ich sah, dass ich die Steigbügel niemals erreichen konnte, auch wenn ich die Aufsteighilfe am Paddock benutzte. Also fasste Vater mich um die Taille und hob mich in den Sattel. Ich schüttelte die Zügel und setzte meine kurzen Beine wie Dreschflegel ein, um die Stute in Gang zu bringen. Als sie gemächlich mit mir zum Wassertrog trottete, wandte ich mich um und lächelte meinen Eltern voller Stolz zu.

Von diesem Tag an konnte ich den Samstagmorgen immer kaum erwarten. Kathy und ich sprangen als Erste aus den Betten und zogen unsere Cowboystiefel über unsere Schlafanzughosen. Wir holten die Milch herein, die vor der Hintertür stand, schlürften die Sahne ab, prosteten uns zu und setzten uns im Schneidersitz vor den kleinen Schwarzweißfernseher in Vaters Arbeitszimmer. Jetzt hieß es warten, bis der Rest der Familie endlich aus den Federn fand. In der Regel sahen wir uns zuerst *Flicka* an, danach *Fury*. Dann kamen *Hopalong Cassidy* mit seinem breitkrempigen schwarzen Hut mit den Silverconchas und die *Roy Rogers Show* mit Roy auf Trigger und Dale Evans auf Buttermilk, die meiner Schwester und mir »glückliche Trails« wünschten.

Der absolute Höhepunkt des Samstagmorgen-Pferde-Programms aber war für mich *The Lone Ranger*. Es war immer wieder unglaublich spannend. Mein Herz raste, wenn der maskierte Reiter mit Silver einen Hügel hinaufgaloppierte und ihn, oben angelangt, herumwarf, das Gesicht zu mir gewandt, die ich mit großen Augen am Fuß des Trails saß. »Hey-ho, Silver«, rief er, und der herrliche weiße Hengst mit der fliegenden Mähne schnaubte, schüttelte den Kopf, bäumte sich auf und schlug mit den Vorderhufen durch die Luft. Ich fragte mich, ob ich Thunder dieses Kunststück auch beibringen könnte.

Danach stellten wir unsere Milchflaschen in den Spülstein, liefen nach oben, zogen unsere Jeans an und luden unsere Kinderpistolen für ein Duell im Hof. Nichts klang schöner als das Peng-peng eines erfolgreich zerschmetterten Schießpulver-Käpselchens, dem sogleich der charakteristische, herrlich beißende Geruch entstieg. Wenn der Rest der Familie dann endlich fertig war, quetschten wir uns alle zusammen in den alten grünen Dodge meines Vaters mit der überdachten, an den Seiten offenen Ladefläche, die mein Vater angeschweißt hatte. Das Gefährt nahm sich wohl ebenso seltsam aus wie wir Earecksons. Jahre später schnappte ich nach Luft, als ich zum ersten Mal den Vorspann von *The Beverly Hillbillies* sah, und rief aus: »Das ist ja unser Auto!«

Es war nur eine kurze Fahrt nach Wakefield, und sobald wir geparkt hatten, rannten meine Schwestern und ich in den Stall, um nach unseren Pferden zu sehen. Die Stallburschen ließen sie wochentags fast immer auf die Weide, aber am Samstagmorgen standen sie in den Boxen und warteten darauf, dass sie gesattelt wurden.

Hinter dieser Samstagmorgen-Verrücktheit meines Vaters steckte Methode. Ich hatte gehört, dass wir irgendwann in ferner Zukunft meinen Onkel Ted auf der Two-Bars Seven Ranch in Tie Siding, Wyoming, besuchen würden. Ted war ein alter Freund von Vater, aber ich war zu klein, um mich noch an ihn zu erinnern. Ich wusste nur, dass er eine Dreitausend-Hektar-Ranch besaß und – war es möglich? – dass wir Onkel Ted helfen sollten, von seinen Pferden aus das Vieh zu hüten. Ich stellte mir vor, wie wir »Yippieh-yo!« schreiend zu den Viehpferchen galoppierten. Unsere Samstagmorgen-Ausritte durch die Wiesen von Wakefield und die Trails von Leakin Park hatten also einen ganz konkreten Zweck: Wir mussten ausgezeichnete Reiterinnen werden.

Reiten war gleichsam meine zweite Natur. Zwischen einem Pferd und einem Mädchen vollzieht sich etwas Magisches, wenn zarte junge Hände den Willen eines starken, körperlich weit überlegenen Tieres unterwerfen. Auf einem so großen, kräftigen, lebendigen und atmenden Tier zu sitzen, das mit einer so feinen Intelligenz und einer so tiefen Empfindsamkeit ausgestattet ist, es dazu zu bringen, seinen Kopf zu neigen, damit es den Menschen zärtlich beschnuppern kann – das ist einfach unbeschreiblich. Für eine Fünfjährige kommt es wohl dem Gefühl, auf Wolken zu gehen, am nächsten. Ob es nun das erschütternde Bewusstsein der absoluten Macht über dieses gütige Tier ist, gepaart mit dem Wissen um die alleinige Verantwortung für das ihm anvertraute Lebewesen, oder das Staunen über die Anmut und die Kraft, die sich da unter ihr bewegen – ein Mädchen kann nicht anders: Ein schönes Pferd wird es immer in Entzücken versetzen. Nichts kommt dem euphorischen Empfinden von Schicksalhaftigkeit und Zauber gleich, das sich einstellt, wenn die Mähne eines Pferdes im Rhythmus mit dem Haar eines Mädchens fliegt, während die beiden, zu einer vollkommenen Einheit verschmolzen, über den Erdboden dahinjagen. Jungen mögen von Lastwagen und deren unpersönlichen, mechanisch sich bewegenden Teilen hingerissen sein, kleine Mädchen können nur von Pferden auf diese Art verzaubert werden.

Und ich war verzaubert, ich war diesen Tieren restlos verfallen. Von nun an gehörte auch das Reiten zu den himmlischen Dingen. Auf einem Pferd zu sitzen war genau so, wie am Strand auf dem Rücken zu liegen, zum Himmel aufzublicken, die Sterne zu sehen und das Gefühl zu haben, dass ich das gesamte Universum mit meiner kleinen Seele aufnehmen könnte. In der Reihenfolge von Gottes Schöpfung kam ein Pferd für mich gleich nach dem Universum. Ich konnte ihm ins Auge sehen – ein Zeitvertreib, der mich immer wieder aufs Neue faszinierte – und sah darin Licht und Leben. Woher kamen dieses Licht und dieses Leben? Wer hatte sie geschaffen?

Ein Pferd konnte einem zwar keine Geheimnisse ins Ohr flüstern, aber irgendwie besaß es Persönlichkeit. Cherokee zum Beispiel war der John Wayne unter den anderen auf der Weide. Monica war drall und frech wie Tante Jemima auf den Sirupflaschen. Bobcat war ein Gangster und Cactus mit seiner lustigen Stehmähne sah aus wie eine Figur aus *Spanky and Our Gang*. Wie konnte etwas, das kein Mensch war, so … *menschlich* sein?

Das Schönste aber war, dass ich die Botschaften »hören« konnte, die die Pferde zu übermitteln schienen. Es war dasselbe, wie dem Nachthimmel am Strand zu lauschen. Hörten – oder vielmehr *fühlten* – andere Kinder diese Sprache ebenfalls? Ich hatte das Empfinden, als stünde hinter den Pferden und den Sternen etwas Größeres, ein universales Prinzip, das in den Geschöpfen und Dingen nach Ausdruck drängte und stets dieselbe Botschaft zu vermitteln suchte, die mich so tief berührte. Und was so eng mit Gott verbunden war, musste ganz einfach sicher sein, das schien mir auch klar.

Den Beweis für diese Theorie erhielt ich eines Samstagmorgens, als ich auf Thunder über die Weide zum Showring von Wakefield's trabte. Es war ein windiger, sonniger, strahlender Tag, und ich balancierte voller Selbstvertrauen oben auf Thunder. Vielleicht hatte ich zu viel Vertrauen. Eine Schlange oder irgendetwas anderes erschreckte sie, und sie machte einen gewaltigen Sprung zur Seite. Ich verlor die Steigbügel, und da ich das Horn nicht mehr rechtzeitig packen konnte, rutschte ich langsam seitlich aus dem Sattel. Zum Glück hatte ich die Zügel noch in der Hand; dadurch wurde mein Fall erst einmal gebremst, dann rutschte ich langsam noch ein Stück weiter und fiel erst ganz zum Schluss wie ein Plumpsack zu Boden.

Ich hatte die Zügel nicht losgelassen und zog Thunders Kopf jetzt nach unten und zur Seite, sodass sie mit dem Maul mein Haar streifte. Als mir meine missliche Lage bewusst wurde, verwandelten sich meine Tränen rasch in Sturzbäche.

Thunder befreite sich aus meinem Griff, richtete die Ohren auf und wieherte laut. Mit hängenden Zügeln umkreiste sie mich ein oder zwei Mal und stellte dann beide Vorderbeine fest auf den Boden rechts und links von meinem Körper. Ich konnte ihre Brust und ihren Bauch von unten sehen. Wieder wieherte sie.

Binnen weniger Minuten kam Vater quer über die Wiese gerannt und sah mich im hohen Gras unter Thunders Bauch liegen. Nervös und außer Atem schob er das Pferd zurück. »Gutes Mädchen«, sagte er – ich war nicht sicher, ob er mich oder das Pferd meinte, aber beides war mir recht. Ich war zwar unverletzt, aber es tat trotzdem gut, Vaters Arme um mich zu spüren.

»Hast du dir etwas getan?«, fragte er und tastete meine Arme und Beine ab. Ich rieb mir die Augen und nickte.

»Der gute Herrgott hat dich beschützt«, flüsterte er, noch immer furchtbar erschrocken.

»Und Thunder«, schniefte ich.

Vater verstand, was ich meinte, und streichelte der alten Stute die Nase. Für einen Augenblick war das unwissende Tier erleuchtet gewesen wie ein Engel, ein Bote Gottes. Von diesem Tag an sprach meine Familie oft und mit großer Zuneigung von dem Pferd, das um Hilfe rief und sich schützend über mich stellte wie eine Mutter, die ihr Junges beschützt. Die Tatsache, dass ich in großer Gefahr gewesen war und schwer verletzt hätte werden können, wurde nicht erwähnt. Ich merkte schnell, warum.

»Joni, du musst wieder in den Sattel.«

Ich stand neben meinem Vater, den Finger im Mund, seine Hand fest umklammernd, und starrte zum leeren Sattel hoch. Thunder stampfte auf und schlug mit dem Schweif nach einer Fliege. Sie bog den Kopf herum, richtete die Ohren zu ein paar Pferden auf der anderen Weide hin und wieherte so laut, dass ihr ganzer Körper bebte. Das Besondere, das sie sonst ausstrahlte, ihre sanfte Rücksicht waren verschwunden. Sie war nur noch ein ganz gewöhnliches Pferd.

»Papa, nei-ei-ein, bitte nicht«, weinte ich.

»Sieh mich an«, sagte er ernst. »Du musst wieder auf dieses Pferd, oder du wirst den Rest deines Lebens Angst haben.«

Ich wusste, dass ich nicht wieder auf dieses Pferd zu steigen brauchte, um zu beweisen, dass ich kein Jammerlappen war. Aber ich begriff, worum es Vater ging. Es war eine Frage des Stolzes und des Anstands. Es ging darum, dass ich eine Eareckson war. Earecksons standen auf, klopften sich den Dreck von den Kleidern und versuchten es noch einmal.

In meinem Magen war ein dicker Knoten. Als Vater mich auf Thunder hob, versteifte sich mein ganzer Körper. Vater gab mir die Zügel in die Hand und trat zurück. Unsere Augen trafen sich. Ein Gedanke schoss mir durch den Kopf, verstohlen zwar, aber ganz klar: *Väter sollten nicht verlangen, dass ihre Kinder solche Sachen tun. Vor allem nicht auf großen Pferden.*

Aber ich wusste, dass mein Vater nicht wie andere Väter war. Es wäre mir nie in den Sinn gekommen, mich gegen die überlegene Klugheit meines Vaters aufzulehnen. Wenn er darauf bestand, dass ich Thunder wieder bestieg, dann war das in Ordnung. Dann war es sicher.

»Und?«, fragte er.

Schmollend hob ich Thunders Zügel, und sie setzte sich in Gang und marschierte langsam auf den Stall zu. Vater ging neben uns her, seine Hand lag auf Thunders Kruppe. Mit jedem Schritt, jedem Klappern der Hufe verließ ein Stückchen Angst meinen Körper und machte der Verlegenheit Platz. Wie hatte ich mich nur weigern können, Thunder wieder zu besteigen? Schließlich war ich doch *Vaters* Tochter.

Es war weniger ein Test meiner Befähigung zum Reiten als vielmehr eine Initiation in den Clan der Earecksons. Als wir den Stall erreichten, war ich älter geworden. Ich hatte meinen Mut wiedergefunden und etwas ganz Großes besiegt: die Angst. Indem ich meinem Vater gehorchte, hatte ich die seltsame Empfindung des Zusammenhangs von Schicksal und Freiheit kennen gelernt: Schicksal in dem Sinn, dass ich anfing, der Mensch zu sein, als den mein Vater mich sehen wollte. Freiheit in dem Sinn, dass ich mich nie stärker als Ich, als Joni gefühlt hatte.

Ich hatte die Erwartungen meines Vaters erfüllt. Ich hatte ihn nicht enttäuscht.

Zumindest in dieser Hinsicht. Es gab andere Bereiche, in denen ich immer die Befürchtung hatte, Vater zu enttäuschen, zumindest ein bisschen. Mein Vater war Ersatzmann im olympischen Ringerteam von 1932, nationaler AAUC-Champion und Coach und Kapitän der Boy's Brigade. Und er wünschte sich einen männlichen Erben.

Nach der Geburt meiner drei älteren Schwestern beschlossen meine Mutter und mein Vater, einen letzten Versuch zu unternehmen, doch noch einen Jungen zu bekommen. Was auch immer daraus werden sollte – ob Junge oder Mädchen –, das Kind sollte den Namen »Johnny« erhalten, nach meinem Vater. Am 15. Oktober 1949 hielten sie beide im Entbindungszimmer den Atem an, als meine Mutter vom Schmerz der letzten heftigen Wehe überflutet wurde. Ich glitt heraus – und o! ...

Sie würden den Namen »Joni« schreiben müssen.

Meine »Ringeronkel« und Vaters Geschäftsfreunde hänselten meinen Vater erbarmungslos. Viele ihrer Scherze zielten unter die Gürtellinie. Ich war jedes Mal außer mir vor Wut. Hatten sie vergessen, dass Vater im olympischen Team gewesen war? Ich trat Onkel Eddie mit dem Cowboystiefel gegen das Schienbein, weil er nicht aufhörte, Vater wegen uns Mädchen aufzuziehen.

Und ich war wild entschlossen, meinem Vater Grund zum Stolz zu geben. Unermüdlich korrigierte ich die Leute, wenn sie mich »Joanie« statt »Johnny« nannten. Und ich beschloss, mindestens ebenso gut reiten zu lernen wie jeder Junge. Ich würde lernen, den Sattelgurt anzuziehen, den Stall zu misten, Heuballen zu schleppen und einem Pferd die Sporen zu geben – alles Dinge, die meine Schwestern auch schon beherrschten. Ich würde ringen, wandern, schwimmen in den hohen Wellen von Rehoboth Beach, Lagerfeuer anzünden, die Axt schwingen, alles, was nötig war, um mit den anderen Schritt zu halten.

Und das tat ich denn auch. Mein Platz, wenn wir alle in einer Reihe ausritten, war immer direkt hinter Vater auf Cherokee.

Der Sommer ging in den Herbst über, aber das kalte Wetter

hinderte uns nicht am Reiten. Jeder Weg, den Vater uns führte, wurde zu einer Lektion. Dies war eine Ulme und das eine Pappel. So sahen Ahornblätter aus und so Eichenblätter. Wenn das Moos auf dieser Seite eines Baumes wuchs, war dort Norden. Jener Vogelruf klang wie eine Spottdrossel, dieser wie eine Wachtel. Dieser Fluss fließt in den Patapsco, der wiederum in die Chesapeake Bay fließt, die in den Ozean mündet, der den größten Teil der Erde bedeckt.

Solche Lektionen auf dem Pferderücken wurden uns auch bei Nacht erteilt. So manchen Abend füllten wir unsere Thermoskannen, fuhren nach Wakefield hinaus, packten alles in die Satteltaschen und ritten im Licht des Vollmonds über das Land. Die Koppeln der vornehmen alten Farm wirkten wie eine Fotografie von Ansel Adams, durch den Nebel gedämpft, zart silbern und stahlgrau getönt, die Äste und Zweige von Mutters Kastanienbaum ein metallisch schimmerndes Spitzengewebe vor dem schwarzen Himmel. Wir ritten darunter durch und blickten auf, um die Zweige zu bewundern, die diamantene Sterne trugen. Grillen zirpten, und vom Fluss herauf tönte das Quaken der Frösche. Die Trauerweiden waren schlafende Riesen, der Fluss ein irisierendes Band aus bleichem Mondlicht. Glühwürmchen tanzten neben uns auf der Wiese, wenn wir in den Wald ritten; sie leuchteten geheimnisvoll hinter den Bäumen hervor, als wollten sie uns immer tiefer hineinlocken. Eulen riefen, und durch die schwarzsamtene Stille von Leakin Park klangen die Rufe der anderen Nachtvögel.

»Seid ihr so weit?«, fragte die Silhouette meines Vaters ruhig. Wenn wir alle nickten, schlug Vater mit Cherokee einen leichten Galopp an, und in dieser Gangart ging es über eines der Felder einen Pfad hinunter. So galoppierten wir durch die Nacht, neben mir der Schatten eines Pferdes und eines Mädchens. Die dunkle Gestalt, die unbeirrt mit mir Schritt hielt, wirkte wie ein mythischer Zentaur, halb Pferd, halb Mensch – es war wie Zauberei. Auf den Flügeln eines Pferdes über den Boden zu fliegen bedeutete blindes Vertrauen – Vertrauen in das Pferd, Vertrauen in Vater und Vertrauen in diese herrliche mondhelle Sommernacht. Ein Märchenbuch konnte nicht zauberhafter sein.

Aber auch im Winter sorgte der Pioniergeist meines Vaters

dafür, dass wir in den Sattel kamen. Eines Nachts, bei heftigem Schneetreiben, mussten wir uns alle an der Hintertür aufstellen, und unsere Eltern packten uns in Mäntel und Schals.

»Papa, fahren wir etwa *jetzt* nach Wakefield?«, fragte meine Schwester Jay. »Es ist nicht einmal Vollmond. Wir können jetzt nicht reiten.«

»Du wirst schon sehen«, antwortete mein Vater, ein Funkeln in den Augen.

Unser Auto rumpelte durch die stillen Straßen der Stadt zu den Ställen hinaus. Die Scheibenwischer schoben unermüdlich nassen Schnee hin und her, und der Motor keuchte, wenn unsere Reifen ins Rutschen gerieten. Es war kurz vor Weihnachten, und die Häuser in der Nachbarschaft waren in weiße Decken gehüllt, nur an Simsen, Fenstern und Türen leuchteten Lichtstreifen.

Eine Stunde später waren wir wieder da – aber diesmal nicht im Auto, sondern zu Pferd. Thermoskannen voll heißen Kakao in den Satteltaschen, lenkten wir unsere Pferde den Poplar Drive hinauf und Birch hinunter und hielten unter jeder einzelnen Laterne, um Weihnachtslieder zu singen. Es war ein seltsames, fast unwirkliches Gefühl, auf meinem Pferd zu sitzen und auf die Gehsteige hinunterzusehen, auf denen ich im Sommer Fahrrad fuhr. Und es war herrlich, unseren Nachbarn zuzuwinken, die ihre Türen öffneten und einstimmten, wenn wir »Stille Nacht« sangen.

Ich wusste damals nicht, was Transzendenz ist, aber wenn ich danach gefragt worden wäre, hätte ich wahrscheinlich auf meinen Vater gedeutet und die Wärme und den Zauber in meinem Herzen ihm zugeschrieben. Ich saß auf dem Rücken meines Pferdes, während im Licht der Straßenlaterne die Schneeflocken tanzten, und hatte das Gefühl, als drehe das Weihnachtslied, das wir sangen, den Schlüssel zu einem der Geheimzimmer meines Herzens im Schloss herum: »Stille Nacht, heilige Nacht, alles schläft, einsam wacht …«

Während wir nach Wakefield zurückritten, dachte ich über die Worte nach, die wir eben gesungen hatten: »Round yon virgin, mother and child« – das war für mich die Beschreibung eines Bildes, das ein dralles junges Mädchen aus Virginia neben einer Mutter und einem Kind zeigte. Ich verstand nicht viel von dem Text, aber ich wusste, dass er eine friedliche, warme Szene beschrieb, deren Mittelpunkt das Jesuskind bildete. Wenn ich hochblickte, war ich mir nicht ganz sicher, wo genau Jesus und Gott in himmlischem Frieden schliefen, aber ich war überzeugt, dass sie beide irgendwo da oben waren. Und überhaupt, die Sterne! Die herrlichen Sternbilder konnte nur Gott geschaffen haben. Ganz gleich, welche Jahreszeit wir hatten, ob ich am Strand lag oder auf dem Pferd saß, immer fühlte ich mich unwiderstehlich zum Himmel hingezogen, zu einem Universum, so ungeheuerlich, dass Orion jetzt dort im Süden stand statt drüben im Norden. Während lautlos der Schnee fiel und die warmen Lichter von Wakefield in Sicht kamen, wurde mir klar, dass dies keine Geschichte aus einem Märchenbuch war. Es war Realität.

Als in diesem Jahr der Winter in den Frühling überging, der mein erstes Schuljahr brachte, Brownies und vieles andere, was mir neu war, fuhren wir immer noch jeden Samstagmorgen nach Wakefield und ritten aus. Nun kennt wohl jeder Mensch solche Frühlingsmorgen, an denen ihm klar wird, dass er soeben einen ganz persönlichen Meilenstein passiert hat. Die Umwelt registriert es eventuell nicht einmal, und wenn es jemandem auffällt, wird er es wahrscheinlich schnell wieder vergessen, aber man selber weiß ganz genau, dass man eine Wegmarkierung im Leben hinter sich gelassen hat. Es ist, als ob sich mit einem Ruck ein Riegel geöffnet hätte, der eine bestimmte Kammer der Seele bisher verschloss. Genau das geschah mit mir an dem Morgen, als Thunder krank war.

Mein Vater war der Ansicht, dass meine Fähigkeiten als Reiterin sich sehr verbessert hatten, und gab mir Monica, Jays Pferd. Ich weiß nicht mehr, wen Jay an diesem Morgen ritt; ich weiß nur noch, dass die ganze Familie ein gutes Stück vor mir dahingaloppierte. Plötzlich fing Monica an zu tänzeln. Ich nahm die Zügel mit aller Kraft in die Hand, aber Monica war sehr viel eigenwilliger als Thunder. Sie setzte ihre Kraft gegen meine und schoss vorwärts in dem blinden Bestreben, die anderen einzuholen. Mir stockte der Atem vor Angst. Jays Pferd kannte mich nicht – oder wenn doch, dann wusste es, dass ich sehr viel schwächer war als meine ältere Schwester. Mein Herz raste, doch dann sah ich, wie Vater das Tempo verlangsamte und sich nach mir umdrehte.

Monica war jetzt völlig außer Kontrolle und jagte dahin. Ich konnte nichts tun, als mich verzweifelt am Sattelhorn festzuklammern. Das Pferd spürte die Freiheit, nahm den Kopf zwischen die Vorderbeine und begann zu buckeln. Plötzlich geriet alles in zeitlupenartige Bewegung: Der Horizont legte sich schräg, meine Hände glitten vom Sattelhorn, mein Körper flog durch die Luft, der Boden kam in rasender Geschwindigkeit auf mich zu und traf – ein Schlag! – meinen Kopf.

Um mich herum wurde es schwarz, Sterne tanzten. Dann spürte ich einen dumpfen, klopfenden Schmerz im Kopf. Schmutz und Gras drückten sich an meine Wange, und als ich versuchte, mich zu bewegen, wurde ich von Übelkeit überwältigt. Seltsamerweise hörte ich ganz deutlich, wie Monica weglief, während die Hufe eines anderen Pferdes – des Pferdes meines Vaters – herangaloppierten. Ich lag bewegungslos da und fragte mich, was geschehen war.

Vater lief zu mir herüber, Reue und Angst in der Stimme: »Nein, o nein, was hab ich getan?«, rief er und wiegte mich in den Armen.

In meinem Kopf drehte sich alles. Ich konnte weder sprechen noch weinen. Aber ich wollte nicht, dass mein Vater sich solche Sorgen um mich machte. Ich strampelte in seinen Armen, um auf die Füße zu kommen. Vater strich mir die Haare zurück – auf der Suche nach Blut, Prellungen oder dergleichen –, aber wunderbarerweise war ich nicht ernsthaft verletzt. Mehrere lange Minuten standen wir nur da, bis mein Schwindel nachließ. Schließlich tat ich ein paar wacklige Schritte.

»Warum habe ich dich nur auf dieses Pferd gesetzt?«, machte Vater sich Vorwürfe.

Ich blieb noch einen Augenblick stehen und hielt mich an seiner Hand fest. Dann hörte das Drehen auf, und unser beider Atem beruhigte sich. Vater nahm mein Gesicht in seine Hände, um meine Augen zu prüfen, und sagte halb zu sich selbst: »Ich muss dich in den Stall zurückbringen.«

Ich ging langsam zu Cherokee hinüber, der immer noch da stand, wo mein Vater die Zügel hatte fallen lassen, drehte mich um und fragte: »Darf ich hinter dir reiten, Papa?«

Mein Vater schob verwirrt seinen Hut zurück. »Du willst *rei-*

ten? Willst du nicht lieber zu Fuß gehen? Oder soll ich dich zurücktragen?«

Eine warme Brise hob seinen Hut hoch und strich mir liebkosend durchs Haar. Vater und seine Jüngste standen dicht beisammen und sahen sich an. Beide wussten, dass sich etwas geändert hatte. Ich freute mich über seine Fürsorge, aber ich hatte mich anders entschieden. Ich wiederholte: »Ich kann hinter dir auf Cherokee sitzen.«

Ich hatte diesen Entschluss nicht gefasst, damit er stolz auf mich sein konnte. Es war ganz einfach mein Entschluss. Er zögerte. Dann stieg er auf Cherokee, nahm die Zügel auf und lehnte sich hinunter, um mir hochzuhelfen. »Hier, nimm meine Hand«, sagte er so zärtlich, als trüge ich ein Verwundetenabzeichen. Ich ergriff sie, und Vater zog mich hinter sich aufs Pferd.

Mit schweren Schritten stapften wir zurück zum Stall. Mein Vater tat sein Bestes, um für mich die Tragödie in einen Triumph zu verwandeln. Er tätschelte mein Bein und sagte: »Das ist mein Mädchen.« Ich schwieg. Der unsichtbare Ruck hatte etwas in mir gelöst, und das hatte mich einen großen Schritt vorangebracht. Wenn Erwachsenwerden bedeutet, dass man irgendwann im Lauf des Tages plötzlich selbstständiger ist als am Morgen, als man seine Cowboystiefel anzog, dann war ich ein Stück erwachsener geworden. Und mit dieser neuen Selbstbestimmtheit ging ein Gefühl der Unverwundbarkeit einher.

Für Thunder galt dieses Gefühl nicht. Etwas später im gleichen Jahr haben wir sie töten lassen. Es kam jemand mit einem Gewehr – ein lauter Schuss und ein furchtbarer Schrei. Dann war alles still; das Pferd bewegte sich nicht mehr.

Was mich anging – ich war nicht der Sohn von Squire Gordon. Für mich läuteten keine Kirchenglocken, niemand begrub mich. Ich war noch immer jung und lebendig und fähig zu reiten – sogar Black Beauty. Ein gebrochenes Genick, so beschloss ich, war etwas, das nur andere traf.

Kapitel 4

Deine Augen werden den König sehen in seiner Schönheit; du wirst ein weites Land sehen.

Jesaja 33,17

1957 verlief die amerikanische Grenze im Weltraum. Der Beweis dafür war der Sputnik.

Das ganze Land schien in Aufruhr über den kleinen Metallball mit seiner lustigen Antenne, der sich an der Schwelle zu den unendlichen Weiten um die Erde drehte. Auf Zeitungsfotos hatte er die Größe eines Basketballs – und in meinen Augen sah er ganz harmlos aus. Aber alle sagten, dass die Russen uns jetzt ausspionieren könnten. Es war *das* Thema an der Woodlawn Elementary School: »Die Kommunisten wissen jetzt, wo sie ihre Bomben abwerfen müssen.«

»Wenn es zur Invasion kommt, dann holen sie sich auch unsere Gewehre«, merkte mein Vater an und schlug die Seite seiner Zeitung um.

Würden wirklich Männer in grauen Uniformen unsere Türen eintreten und sich unsere Gewehre herausgeben lassen?, fragte ich mich. Ich starrte auf Vaters kleinkalibrige Flinte, die über der Esszimmertür hing, und dachte an mein eigenes Luftgewehr. Würden die Kommunisten auch mein Roy Rogers-Pistolenhalfterset mit dem Sprungfeder-Abzug und den Zündkäpselchen rauben?

Ich muss dieses Jahr als einsame Außenseiterin verbracht haben. Wenn die Schüler der Woodlawn Elementary School sich allesamt auf den Boden warfen und unter die Tische krochen, wenn die Feuerwehr beim Heulen der Sirene zu einer Luftschutzübung ausrückte, kam mir das Ganze irgendwie irreal vor. Warum sollten die Russen uns hassen? Sie konnten doch wohl kaum Angst vor uns haben – dazu waren wir einfach viel zu nett.

Ich hatte gehört, dass manche Leute – wenn auch zum Glück nicht bei uns in Woodlawn – sich Bunker bauten, aber auch das konnte mich nicht davon überzeugen, dass Nikita Chruschtschow tatsächlich seine Raketen auf uns abschießen würde.

»Du glaubst das nicht?«, fragte Linda entrüstet und zog eine Karte aus dem Regal über Vaters Schreibtisch. »Schau, hier ist Woodlawn«, sagte sie und deutete auf einen winzigen Fleck westlich von Baltimore. »Und hier ist Washington, D.C.«, fügte sie unheilschwanger hinzu und bewegte ihren Finger eine Spur nach Südwesten. »Mann, bist du blöd.«

Doch so nah wir auch an der Hauptstadt unseres Volkes – dem Ziel erster Priorität für die nuklearbesessenen Kommunisten – wohnen mochten, ich glaubte es einfach nicht. Ich fühlte mich unverwundbar. Wenn mir Stürze von großen, galoppierenden Pferden nichts anhaben konnten, wie konnte mir dann etwas so Fernes wie eine Atombombe gefährlich werden? Für mich bestand der Schutz vor der Atombombe in einem riesigen, unsichtbaren Schild der Unschuld, der Wakefield Farm, den Gwynn Oak Vergnügungspark, Leakin Park, Woodlawn Pond mit seinen Schwänen und unsere ganze schöne Gegend, unser Zuhause, umgab.

Und so stellten Kathy und ich weiter unsere Cowboy-und-Indianer-Figuren auf, während meine Eltern in den Abendnachrichten das Neueste über Sputnik erfuhren, und vergnügten uns weiter damit, uns gegenseitig unter Schreien, Stöhnen und Tot-Zusammenbrechen mit unseren Zündkapsel-Pistolen umzulegen. Unser Krieg war ein edler Krieg, und irgendwie, auf geheimnisvolle Weise, stärkten unsere Spiele unsere Immunität gegen die internationale Bedrohung durch Raketen und Nuklearsprengköpfe.

Während wir schliefen, mochte der Sputnik über unsere Köpfe hinwegpiepsen und uns genau im Auge behalten. Aber als der russische Satellit neue Grenzen setzte, tat mein Vater es ihm nach.

»Packt zusammen, wir fahren nach Westen.«
»Wohin?«, fragten meine Schwestern und ich erstaunt.
»Auf die Two-Bars Seven Ranch.«
»Wirklich? Wo liegt die?«

»Virgina Dale, Colorado – «
»Mensch«, staunten wir unisono.
» – und Tie Siding, Wyoming.«
»Eine Ranch, die in zwei Staaten liegt?« Wir konnten es nicht fassen.

Die Vorstellung von einer Viehranch, die sich über dreitausend Hektar erstreckte, war für mich genauso unfassbar wie die kommunistischen Bomben: Wie konnte es so etwas geben? Jay versuchte es mir zu erklären, indem sie sagte, es sei wie eine Million Leakin Parks. Aber ihre Worte waren an mich verschwendet. Mir war nur wichtig, dass ich jetzt mein Können als Reiterin auf einem echten Westernpferd beweisen durfte.

Einige Tage später schleiften wir unsere Schlafsäcke und Matchbeutel in die Einfahrt und verstauten sie und uns selbst in Mutters großem, weißem Buick, der danach wirklich bis unters Dach voll gestopft war. Drei Schwestern saßen hinten, eine vorn zwischen Mutter und Vater, und bei jedem Halt wurde getauscht.

Als Kleinste bekam ich nie einen Fensterplatz. Ich saß immer in der Mitte.

»Du bist die Einzige, die hier noch reinpasst, neben dieses unförmige Ding«, bestimmte Jay und zeigte auf den sich türmenden Gepäckberg.

Es war einfach ungerecht. Ich war ohnehin so klein. Wie sollte ich etwas sehen, wenn ich immer in der Mitte sitzen musste?

Da kam mir eine Idee. Ich drehte mich um und kniete mich auf den Rücksitz, das Gesicht zur Heckscheibe gewandt. Nun hatte ich das breite Fenster ganz für mich. Es war gar nicht so übel. Ich sah die Welt vorüberziehen, wenn auch von hinten. Ich konnte sogar auf die Hutablage krabbeln und mich längs vor das Fenster legen. Dort war ich ganz für mich, und mein Purpurkaninchen mit dem lächelnden Plastikgesicht genoss mit mir die großartige Aussicht.

Bevor mein Vater den Motor anließ, mussten wir alle den Kopf senken.

»Herr«, sagte er, »führe uns auf der Reise und geh vor uns her.«

Ja – das war mein Gott, das war mein Vater. Immer gingen sie vor uns her und führten uns in ein abenteuerliches Leben voller

Höhen und Tiefen, auf Seitenwege, durch Flüsse und Schluchten und wieder hinauf auf den Kamm.

Wir nahmen die alte Route 40 nach Westen in die Appalachen. *Berge!* Schon der Gedanke daran versetzte mich in Aufregung. Ich fragte mich, ob ich auf dem Gipfel eines Berges das Gleiche empfinden würde wie am Strand des endlosen Meeres.

Ich musste nicht lange warten. Als der Anstieg des Piedmont Plateau begann und gleich hinter Fredereck, Maryland, der Blue Rigde in Sicht kam, folgten die Schilder in immer kürzeren Abständen: Aussichtspunkt – zwei Meilen. Ich glaube nicht, dass wir auch nur einen einzigen ausließen. Jedenfalls nicht, solange mein Vater am Steuer saß. Wir rollten die Straße entlang, bis jemand eines der bekannten braun-weißen Schilder entdeckte, und plötzlich nahm unsere Reise eine neue Wendung. *Faszination und Entzücken erwarten uns*, dachte ich mit den Worten eines meiner Lieblingsbücher, drückte mein Purpurkaninchen ans Fenster, presste mein Gesicht an seines und fragte leise: »Was liegt hinter dem Berg? Wie wird es sein?«

An jedem der Aussichtspunkte an der alten Pennsylvania Turnpike kletterten wir einer nach dem anderen aus dem Auto, und jede einzelne der Aussichten präsentierte sich uns als riesenhaftes Gemälde mit grünen Tälern und einer Patchworkdecke aus goldenen Feldern. Meine Eltern, doppelt erfreut, weil sie alles mit unseren Augen sehen konnten, riefen ständig: »Mädchen, seht nur!« – eine Aufforderung, der wir immer wieder freudig Folge leisteten. Wir aßen auf der Motorhaube belegte Brötchen und atmeten den würzigen Pinienduft und die dünne, klare Luft ein. Wir berührten Steine, deren Namen ich mir nicht merken konnte, und versuchten, Hänge zu erklimmen, die hoch und drohend auftragten. Ich nahm jeden Anblick und jede Erfahrung tief in mich auf und fragte mich die ganze Zeit: *Wie können die Rockies und die Two-Bars Seven Ranch je so herrlich sein wie die Appalachen?*

Woher sollte ich wissen, dass ich viel zu leicht zufrieden zu stellen war?

In den nächsten Tagen glitt unser stattlicher alter Buick an wogenden Weizenfeldern vorüber. Wir winkten jedem Menschen, den wir sahen, zu, von den Maschinisten auf den Eisenbahnwaggons bis zu den Bauern, die mit ihren Traktoren an endlosen Meilen weißer Zäune entlangfuhren. Wir rumpelten über Holzbrücken und johlten beim Anblick barfüßiger Jungen in Overalls, die in den Flüssen wateten; sie schienen direkt aus *Tom Sawyer* und *Little House on the Prairie* zu stammen. Mein Lehrer hatte Recht gehabt: Es gab wirklich einen Fluss namens Mississippi, es gab Banjos und Paddelboote. Und der Horizont schien hier tatsächlich auf den Kopf gestellt: der Himmel dunkelgrau, die Felder hellgolden.

Schließlich mündeten die endlosen grünen Täler in die karge Prärie. In immer kürzeren Abständen verließen wir den Highway, um eine Cola zu kaufen. Gewöhnlich hielten wir in einer kleinen Stadt, deren ruhige Hauptstraße von Backsteinhäusern gesäumt wurde. Ein ganzes Stück weiter westlich fuhren wir dann vom Highway ab und nahmen die Straße nach Dodge City, Kansas. Meine Schwestern und ich hielten Ausschau nach *Outlaws* (Banditen, Geächteten) und sangen *Rawhide, Sugarfoot, Gunsmoke, The Rifleman* und meinen Lieblingssong, *Death Valley Days*. Ich rechnete jeden Augenblick damit, dass unser Buick den Twenty-Mule Team Wagon aus dem Borax-Werbespot passierte. Aber Dodge City war ja ebenso sehr die Stadt von Bat Masterson und Wyatt Earp, und so sangen wir auch ihre Songs.

Dodge war genau die kleine, staubige Westernstadt, wie ich sie mir vorgestellt hatte. Sie sah aus wie im Fernsehen, nur dass die Straße in der Mitte gepflastert war. Als der Wind den Staub der Front Street aufwirbelte und ich ein paar Fensterläden klappern hörte, wünschte ich mir plötzlich, ich hätte mein Luftgewehr mitgenommen. Kathy und ich hätten hier eine herrliche Schießerei veranstalten können.

Doch die historische Stadt, in der wir uns befanden, war Abenteuer genug. Wir schauten kurz in den Long Branch Saloon und gingen dann hinauf nach Boot Hill. Dort sahen wir uns ein paar Grabsteine an, und ich konnte nicht widerstehen: Ich duckte mich hinter einen von ihnen, formte die Hand zur Pistole, zielte auf Kathy und machte laut: »Peng!« Sie »pengte« ein paar Mal zurück, und dann gingen wir hinunter zum General Store – einem großen, von Touristen überlaufenen Laden, in dem echter indianischer Federkopfschmuck an den Deckenbalken und ein riesiger Büffelschädel an der Wand hing. Wir durften unseren Vorrat an Lakritzstangen, Plombenkillern und Postkarten auffüllen, und Vater erstand ein Paar lange Stierhörner, die er mit einem Seil am Kühlergrill befestigte. Als wir Dogde City den Rücken kehrten, streckten wir unsere Finger-Pistolen aus dem Fenster und zielten und schossen auf unsichtbare Banditen, die uns aus der Stadt jagten.

Die Weizenfelder begleiteten uns nur noch bis Westkansas. Als wir uns der Staatsgrenze von Colorado näherten, gingen sie allmählich in trockenes Weideland über. Jetzt waren wir wirklich im Grenzland. Ich drückte mein Kaninchen auf die Lehne des Vordersitzes, damit es alles sehen konnte.

Ist das immer noch Amerika?, hörte ich es fragen. Ich stützte mein Kinn neben ihm auf.

In der Mitte zu sitzen ist doch nicht so schlecht, dachte ich. Meine Sicht auf das, was vor uns lag, war klar und unverstellt.

Während wir Meile um Meile zurücklegten und der gleißende Sonnenschein sich allmählich in mildes Spätnachmittagslicht verwandelte, erschien weit vorn am Horizont eine seltsame, purpurn gezackte Linie.

»Da sind sie«, strahlte Vater.

Wir reckten die Hälse, um zu sehen, was da war.

»Die Vorläufer der Rockies«, erklärte er uns, »*the purple mountains' majesty.*«

Und während sich, noch Meilen entfernt, langsam Gipfel vor uns erhoben, streckte unser Vater die Arme durch, drückte die Hände gegen das Lenkrad, lehnte sich zurück und schmetterte – mit wild im Wind flatternden Haaren – ein neues Lied:

O beautiful for spacious skies
   for amber waves of grain –

Wir kurbelten die Fenster herunter und fielen aus vollem Halse ein:

For purple mountain majesties
   above the fruited plain.
America, America, God shed his grace on thee.

And crown thy good with brotherhood,
from sea to shining sea.

Nach einer Weile gelangten wir auf einen hohen Bergkamm. Vater verlangsamte das Tempo und lenkte den Wagen auf einen kiesbestreuten Parkplatz. Wir stiegen aus, um uns zu recken und zu strecken und die Stadt Colorado Springs zu unseren Füßen zu bewundern. Sie schmiegte sich an den Fuß einer eindrucksvollen Kette von Gipfeln, die wie schweigende, in Schnee gehüllte weiße Riesen dalagen. Die Luft war kühl, und es herrschte eine fast greifbare Stille, ja Lautlosigkeit – bis auf das Dröhnen der Lastwagen, die weiter unten über den Highway donnerten. Es fiel mir schwer, mich überhaupt noch an die Appalachen zu erinnern.

»Seht ihr den Großen in der Mitte?«, fragte mein Vater und deutete auf den höchsten Gipfel. »Das ist Pikes Peak. Ihr wisst ja, was ich auf diesem Berg erlebt habe, oder?«

Das war keine Geschichte wie die vom Fliegenden Holländer. Wir hatten sie viele Male gehört und nie daran gezweifelt, dass sie wahr war.

Es war 1933, und mein Vater hatte ein Gruppe seiner CVJM-Ringerfreunde und einige andere junge Leute aus der Sonntagsschule, die er leitete, zu einer Besteigung des Pikes Peak eingeladen. Sie kletterten allesamt in sein altes grünes Auto und fuhren gen Westen. Einige Tage später erreichten sie den Fuß des Berges. Am nächsten Morgen standen sie früh auf, machten sich bergfertig und begannen mit dem Anstieg über den vorderen Grat.

Am späten Vormittag hatte der Himmel sich zugezogen, Wind war aufgekommen, und mehrere Teilnehmer machten sich auf den Rückweg. Vater und seine Ringerfreunde stiegen weiter auf. Kurz darauf setzte ein leichter Regen ein. Nun machten auch Vaters Freunde Halt, um zu beratschlagen, ob der Aufstieg unter diesen Bedingungen fortgesetzt werden sollte. Da der Regen nicht aufhörte, beschlossen sie umzukehren.

Doch mein Vater, der wusste, dass er kurz vor dem Ziel war, rief durch den Wind zu ihnen hinüber: »Ich versuche, zum Gipfel durchzukommen.«

»Tu das nicht. Du bist ja verrückt!«, schrien sie zurück.

»Nein, mit mir ist alles in Ordnung. Macht euch ruhig schon an den Abstieg, ich hole euch dann ein.«

Und er stapfte weiter. Als er höher kam, verwandelte sich der Regen in Schnee. Vater zog die Kragenenden seiner Jacke enger zusammen. Es schneite in immer dichteren Flocken, aber er war ganz sicher, dass er in den nächsten Minuten den künstlichen Steinhügel erreichen würde, der den Gipfel von Pikes Peak krönte.

Als er auf ein Hochplateau zu gelangen schien, dachte er schon, er hätte es geschafft. Doch in dem dichten Schneetreiben konnte er den Steinhügel nicht finden. Der eisige Wind peitschte ihm ins Gesicht. Er tastete weiter, aber er fand keine Steine; um ihn herum war alles weiß. Schließlich beschloss er, ebenfalls aufzugeben und umzukehren.

Er wandte sich um und spähte nach seinen Fußstapfen aus, denen er den Berg hinunter folgen wollte. Aber sie waren fort. Sie waren hinter ihm verschwunden, so schnell, wie sie entstanden waren, verborgen unter einer Schneedecke, die mit jeder Sekunde höher wurde. Als er aufblickte, merkte er, dass er sich mitten in einem Schneesturm befand. Und er hatte den Weg verloren.

Um Vater herum verschwamm alles in Grau und Weiß. Als er merkte, dass das Grau immer dunkler wurde, bekam er es mit der Angst zu tun. *Der Tag geht*, dachte er, *die Nacht kommt.*

»Ich muss weitergehen, ich muss weitergehen«, murmelte er vor sich hin in der Hoffnung, den Weg mit den Füßen erspüren zu können. Aber schon wurde es dunkel, und seine müden Muskeln schmerzten. An seinen Brauen und Wimpern bildeten sich kleine Eisklümpchen. Er sehnte sich danach, sich hinzusetzen, um einen Augenblick ausruhen, oder sich wenigstens für kurze Zeit an einen Felsen zu lehnen. Aber er wusste, das das Selbstmord gewesen wäre. *Ich muss weitergehn ... weitergehn ...*

Er marschierte die ganze Nacht durch. Als die Dunkelheit sich wieder in Grauweiß zu verwandeln begann, wusste er, dass es dämmerte. Er blinzelte und sah, weit vor sich, ein paar kleine Kiefern. *Da muss eine kleinere Erhebung sein,* dachte er. Als er näher gekommen war, brach plötzlich der Schnee unter ihm ein. Stolpernd rutschte er etwas hinunter, das er für einen Hang gehalten hatte, bis er von einem riesigen Baumstumpf aufgehalten wurde.

Die kleinen Kiefern, die er gesehen hatte, waren Baumspitzen gewesen, die aus einem Schneebrett herausguckten!

Fast drei Tage quälte sich mein Vater durch den peitschenden Wind. Unermüdlich stolperte er vor sich hin, immer wieder bis zu den Knien in den Schnee einbrechend, verzweifelt auf der Suche nach einem Weg ins Tal, und die ganze Zeit über sang und keuchte und flüsterte er vor sich hin: »Some poor fainting, struggling seaman, you may rescue, you may save.« Er hörte nicht auf zu singen, bis er auf einmal über Eisenbahnschienen stolperte. Er tastete sich daran entlang bis zur Blockhütte eines Minenarbeiters in Cripple Creek, einem Goldgräberstädtchen auf der Rückseite des Pikes Peak. Als der Minenarbeiter jemanden an seine Tür hämmern hörte, drückte er sie mühsam gegen den Sturm auf und sah einen fast erfrorenen Mann im Schnee. »Was in aller ...! Herein mit Ihnen – schnell!«, rief er.

In jener Nacht setzte Vater sich zum ersten Mal seit achtundvierzig Stunden hin.

Der Minenarbeiter bot ihm einen Teller Bohnen und einen Whisky an, aber als er ihm die Flasche geben wollte, wickelte Vater sich fester in seine Decke und fragte mit heiserer Stimme: »Haben Sie auch etwas Nichtalkoholisches?«

Der Minenarbeiter schaute ihn an, als hätte er den Verstand verloren.

»Das war das erste *und das letzte Mal*, dass ich einen Becher Whisky trank!« Vater lachte und lehnte sich auf die Motorhaube unseres Buick. Wir schwiegen, noch ganz im Banne der Geschichte, und Mutter sagte, was sie immer an dieser Stelle sagte: »Das ist keine von Vaters Geschichten. Erinnert ihr euch an die Schlagzeilen in der Zeitung?«

Wir alle kannten die Schlagzeilen auf der Titelseite der *Evening Sun*: »Athlet aus Baltimore auf dem Peak gefunden!« Weil John King Ereckson der Lieblingssohn seiner Heimatstadt bei der Olympiade von 1932 gewesen war, wurde der Zwischenfall auf dem Berg für sie zur wichtigsten Story des Jahres 1933. Und nun stand eben dieser Berg vor uns – real, bedrohlich, ein Gigant, der unseren Vater fast das Leben gekostet hätte. Ich hob mein Kaninchen für einen langen, feierlichen Rundblick hoch und ließ es langsam vom südlichen Ende der Gipfelkette nach

Norden schauen, wo die Berge unserem Blick entschwanden. Keiner sprach, es brummten auch keine Autos mehr über die Straße. Schweigen legte sich auf uns, während wir ehrfürchtig dastanden. Doch dieses Schweigen drängte danach, gebrochen zu werden, und Vater begann leise zu singen. Wir anderen stimmten ein:

> Rock of Ages, cleft for me,
> Let me hide myself in Thee;
> Let the water and the blood,
> From Thy wounded side which flowed,
> Be of sin the double cure,
> Save from wrath and make me pure.

Schweigend fuhren wir weiter. Uns fiel auf, dass der Pikes Peak sich veränderte, je näher wir ihm kamen. Als wir am Fuß des Berges angelangt waren, merkten wir, dass wohl erst vor kurzem eine kurvenreiche Straße angelegt worden war, die bis zum Gipfel hinaufführte. Unser großer V8 Buick konnte bis ganz oben hinauftuckern.

Als wir aus dem Wagen kletterten, war die Luft eisig kalt. Hastig durchwühlten wir unser Gepäck nach Pullovern. Als alle warm eingepackt waren, liefen Kathy und ich nach vorn und blieben in andächtigem Staunen stehen. Der Ausblick, der sich uns bot, überwältigte uns; es war, als könnten wir in die Unendlichkeit schauen. Wir waren höher, als wir je gewesen waren, und als wir uns umwandten und uns ansahen, zitterten wir vor Ergriffenheit.

Der Himmel war hell und durchsichtig, und als ich die Hand schützend über die Augen legte, sah ich unter uns Wolkenbänke. Im Süden lag Sawtooth Range in Nordmexiko, im Norden Denver. Als ich tiefer einatmete, merkte ich, dass nicht nur die dünne Luft mich so atemlos gemacht hatte. *Das ist kein Aussichtspunkt in Pennsylvanien*, dachte ich seufzend.

»Das ist er«, verkündete Vater hinter uns.

Kathy und ich drehten uns um und sahen meinen Vater neben dem Steinhügel stehen, den er vor so vielen Jahren verfehlt hatte. Nur einen guten Meter entfernt verlief der Weg, den er damals gegangen war.

Wir betraten einen kleinen Laden, aber ich lief bald wieder hinaus und versuchte, mir den Ehrfurcht gebietenden Anblick so genau wie möglich einzuprägen. Ich hatte das seltsame Gefühl, als sei ich schon einmal hier gewesen; es war, als stützte ich mich in meinem Bett auf die Ellbogen und guckte die Wattewolken an, die Vater auf die Wand hinter den Engeln gemalt hatte. *War das der Himmel? Oder wenigstens der Vorraum zum Himmel?*

Wir fuhren den Pikes Peak wieder hinunter und weiter nach Norden. Jetzt näherten wir uns unserem eigentlichen Ziel: Virginia Dale und der Two-Bars Seven Ranch. Vater schaute immer wieder in den Rückspiegel und beobachtete, wie sein Berg kleiner und kleiner wurde, bis er schließlich kaum noch zu erkennen war. »Ich hätte nie gedacht, dass ich diesen Gipfel je wieder sehen würde«, murmelte er.

Auf dieser Reise wurden alle meine Träume wahr. Irgendwann fuhren wir vor dem Ranchhaus vor, und während meine Eltern abluden, rannten meine Schwestern und ich zum Korral, um uns die Pferde anzusehen. Als ich hörte, dass Onkel Ted uns aus dem Haus heraus rief, blieb ich stehen. Er ließ die Fliegentür zuschnappen und schlenderte zu uns herüber, um Vater auf die Schulter zu klopfen und Mutter zu umarmen. Ich konnte meine Augen nicht von seinem Cowboyhut wenden. Er hatte nicht das Geringste mit meiner Dale Evans-Version aus rotem Filz mit weißem Kinnband zu tun. Seiner war groß, abgetragen, staubig und *echt*.

In der ersten Woche ritt ich ein Pferd, das so groß war wie Thunder, und schaute zu, wie Onkel Ted mit dem Lasso Kälber einfing. Ich lernte mit dem Brandeisen umzugehen und den Squaredance zu tanzen. Dann sattelten wir und machten uns auf einen Drei-Tages-Ritt zum Frontier Days Rodeo in Cheyenne, Wyoming. Die Rockies zur Linken, die hügeligen Plains zur Rechten, ritten wir nach Norden. Bei Sonnenuntergang schlugen wir unsere Zelte direkt neben dem Küchenwagen auf. Wir sahen zu, wie Mutter dem Koch half, Brandteiggebäck zu machen. (Mutter war die ganze Zeit über kaum einmal auf einem Pferd zu sehen; in einem Sattel fühlte sie sich weit weniger wohl als bei Töpfen und Pfannen.) Morgens tranken wir aus murmelnden Bächen und versuchten, Präriehunde zu fangen.

Als wir beim Rodeo ankamen, erhielt ich ein Frontiersman-

Zertifikat. Wie sich herausstellte, war ich die jüngste Reiterin, die den Hundertmeilenritt bewältigt hatte. Meine Eltern kauften mir zur Belohnung ein Paar rote, handgearbeitete Cowboystiefel aus Laramie. Ich zog sie an und stolzierte in die Stadt hinein, die Hände in den Taschen meiner Jeans, den Cowboyhut tief in die Stirn gedrückt. *Das*, so dachte ich, *ist die echte Grenze, und ich habe sie erreicht.*

Auf dem Rückritt zur Two-Bars Seven Ranch war unser Tempo langsamer und die Stimmung besinnlicher. Manchmal sah ich etwas so Schönes, dass ich förmlich erschrak. Eines Abends saß ich im Zwielicht am Lagerfeuer und blickte über die Schulter nach hinten. Dort erhob sich Schicht um Schicht ein dunkel dräuender Bergrücken. Es war beinahe, als ob etwas mich ... *riefe*. Wie die Sirenen der griechischen Sage schien irgendetwas Geheimnisvolles dort hinten mich flüsternd zu drängen, die Geborgenheit des Feuers zu verlassen und in eine Welt hinauszugehen, die gewaltig, verlockend und vielleicht auch gefährlich war. Dieses Gefühl war regelrecht hypnotisierend, nicht unähnlich dem, das ich hatte, wenn ich am Strand lag und zusah, wie Vater ein paar Schritte in die Nacht hinaustrat, weg vom Lagerfeuer. Dann raste mein Herz vor Angst, dass er verschwinden könnte, und gleichzeitig war ich von dem brennenden Wunsch beseelt, ihm zu folgen.

Ich spürte tief in mir, dass ich in dieser überwältigenden Landschaft zu Hause war. Es war, als sei ich für genau diese Welt oder für etwas, das ihr glich, bestimmt. Einen Ort der Erhabenheit und Herrlichkeit, großartig, heilig, Ehrfurcht gebietend. Jahre später sollte ich dieses Gefühl ein zweites Mal erleben, als ich mit meiner Mutter am Grand Canyon stand – eine unfassbare Weite, eine gähnende Kluft, so tief und breit, so voller uralter Farbspiele und zeitloser Geheimnisse, so still und Furcht erregend, dass ich mich krampfhaft am Geländer festhielt aus Angst, ich würde fortfliegen, wenn ich es losließ, oder von der Tiefe verschlungen werden. *Damit können die Rockies nicht mithalten*, dachte ich damals. Ich musste erst noch lernen, dass die Seele allzu leicht zufrieden zu stellen ist, dass es immer eine noch höhere, herrlichere Erfahrungsebene gibt.

Als es schließlich Zeit war, wieder nach Hause zu fahren,

stand Onkel Ted mit dem Lasso in der Hand am Korral, lächelte und winkte uns zum Abschied nach. Und als wir uns auf die lange Fahrt nach Osten machten und die Berge langsam hinter uns verblassten, war ich traurig. Meine Euphorie schien mit jeder Meile mehr zu entschwinden.

Mehrere Tage, hunderte von Meilen und Dutzende von Landschaften später erreichten wir West-Maryland und bogen in eine Tankstelle am Cumberland Gap ein. Wir waren nicht mehr weit von zu Hause und hatten eine Pause dringend nötig. Da dies die letzte Möglichkeit war, eine Aussicht zu bewundern, die diesen Namen verdiente, nahm ich mein Purpurkaninchen vom Rücksitz und machte einen Rundgang mit ihm, um ihm den Fluss und die schroffen Hänge zu zeigen.

»Jetzt weiß ich, dass das hier nicht wie die Rockies ist«, flüsterte ich ihm ins Ohr, »aber du musst dir den Anblick merken, damit wir den anderen zu Hause davon erzählen können.« Damit meinte ich Kathys Stofftiere. Oder vielleicht wollte ich mich auch nur an etwas festhalten, das mit mir zusammen hier gewesen war, etwas, das das gleiche Entzücken erlebt hatte wie ich und das sich mit mir gemeinsam daran erinnern konnte.

Als ich zum Auto zurückschlenderte, kam ich an Linda vorbei, die an einem Baumstamm lehnte und eine Flasche Limonade trank. »Schwatzt du immer noch mit diesem dämlichen Kaninchen?«, fragte sie, nahm einen weiteren Schluck, wischte sich den Mund und setzte die Flasche ab. »Gib es mir mal.«

Bevor ich wusste, wie mir geschah, riss Linda mir das Stofftier aus der Hand. Dann holte sie aus und schmetterte ihm die Faust in sein Plastikgesicht.

Ich war sprachlos, starr vor Entsetzen. Als ich große Plastikstücke zu Boden fallen sah und die Risse im Lächeln und in den Augen meines Kaninchens bemerkte, verlor ich die Beherrschung. Ich warf mich auf meine Schwester und bearbeitete sie mit beiden Fäusten. Blindlings prügelte ich drauflos und stieß sie fluchend mit den Füßen, während mir heiße Tränen aus den Augen stürzten. Linda war sechzehn, es fiel ihr nicht schwer, mich auf Abstand zu halten. »Hi, hi«, lachte sie.

»Papa, Mama!«, schrien unsere Schwestern. »Linda und Joni hauen sich!«

Mein Vater und meine Mutter kamen angerannt. »Sofort aufhören, ihr zwei!«, rief mein Vater, aber ich versuchte weiter, Linda vors Schienbein zu treten.

»Ich sagte: aufhören!«, wiederholte Vater, diesmal lauter, mit seiner Ringerstimme. Er fasste nach unten und zog mich an meinem bestickten indianischen Gürtel von Linda weg.

Mit von Schluchzern erstickter Stimme versuchte ich ihm zu erklären, was Linda meinem Kaninchen angetan hatte. Er hob das abgewetzte alte Stofftier auf und fuhr ihm mit der Hand über das zerstörte Gesicht. Auf der Weiterfahrt musste Linda hinten sitzen und durfte keinen Mucks mehr von sich geben, bis wir zu Hause waren. Ich durfte vorn zwischen meinen Eltern sitzen. Ich umklammerte mein verletztes Kaninchen und schniefte den ganzen Weg bis nach Baltimore. Verbittert hörte ich, wie Linda hinten im Auto kicherte, als sei alles in Ordnung. *Irgendjemand sollte ihr das Gesicht einschlagen*, dachte ich.

Ich befand mich in einem Dilemma – einem sehr viel größeren, als es der ungleiche Kampf mit meiner Schwester gewesen war. Es war klar, dass ich die Ehrfurcht gebietende Schönheit, die ich auf dem Gipfel des Pikes Peak, am Lagerfeuer am Bach oder auf der Ranch mit den Pferden erlebt hatte, nicht mitnehmen konnte. Und auch die schönen Empfindungen, die ich an all diesen Orten gehabt hatte, konnte ich nicht bewahren. Meine Seele, die weit geworden war, war wieder geschrumpft. Zorn und Beschimpfung hatten sich nach vorn gedrängt. (Zum Glück hatten meine Eltern nicht gehört, wie ich geflucht hatte, und zum Glück hatte Linda nicht gepetzt.)

So schmorte ich unglückselig auf dem Vordersitz, während wir auf der Route 40 nach Osten fuhren und die Sonne hinter mir unterging. Ich war wieder ich selbst. *So eine Zimtzicke, so eine blöde Kuh*, wütete ich innerlich weiter, kauerte mich schmollend zusammen und streckte die Beine unter das Armaturenbrett. Es war das erste Mal, dass ich merkte, dass ich nicht gerne die war, die ich nun einmal war.

Wie der Sputnik hatte ich die letzte Grenze überschritten und war auf die Erde zurückgeplumpst.

Als wir abends zu Hause ankamen, half mir mein Vater, mein Purpurkaninchen in ein kleines Bett zu legen, das Tante Lee gemacht hatte – eine schwarz angemalte Zigarrenkiste mit Wäscheklammern als Bettpfosten. Das Kaninchen war eigentlich viel zu groß für das Bett, seine Arme und Beine hingen weit heraus. Trotzdem schien es mir ein guter Platz zu sein; hier konnte ich es verarzten, bis es ihm besser ging. Ich stellte das Bettchen unten in meinen Schrank, und dort blieb es lange Zeit, sodass ich es beobachten konnte wie eine Krankenschwester.

Ich betete für mein Kaninchen, aber es wurde nicht besser mit ihm. Das ärgerte mich. Manchmal schienen Gebete zu wirken und manchmal nicht. Mein Vater sagte, das Beten habe ihm damals auf dem Gipfel des Pikes Peak die Kraft gegeben, immer weiterzugehen. Und natürlich hatte er uns gelehrt, jeden Abend unser Nachtgebet zu sprechen. Trotzdem war ich ganz und gar nicht sicher, wie man beten musste, damit es half, und was die Voraussetzungen für richtiges Beten waren.

So viel ich auch betete, mein Kaninchen wurde nicht gesund. Vielleicht musste ich ja beten wie meine Klassenkameradin Kathy Carski. Das Haus der Carskis lag auf dem Hügel jenseits unserer bewaldeten Wohngegend, wo eine ganz neue Siedlung errichtet worden war. Ich besuchte sie oft, und wir spielten zusammen. Dabei faszinierten mich jedes Mal zwei kleine Kruzifixe an den Wänden. Die Carskis waren katholisch und gingen regelmäßig jeden Sonntag in den Gottesdienst (Kathy nannte ihn Messe).

Kathy war ein zartes Mädchen mit heller Haut und rabenschwarzem Haar, vollen Lippen und großen braunen Augen. Sie war Ballerina oder, wie sie mich berichtigte, Spitzentänzerin und bereits so weit fortgeschritten, dass sie keine gewöhnlichen Ballettschuhe mehr trug, sondern Spitzenschuhe. Bei den Carskis war es immer sehr ordentlich – es war eines jener Häuser mit Marie-Antoinette-Figurinen auf der weißen Kaminumrandung – und, da sie nur zwei Kinder hatten, in der Regel auch sehr ruhig. Wir spielten mit Kathys Puppen, blätterten in ihren Nancy-Drew-Büchern, und sie ließ mich ihre alten Ballettschuhe anprobieren. Sie war so ... *weiblich*.

Kathy Carski sprach nicht viel über das Beten, aber ich wusste, dass sie sich damit auskannte. Einmal, als ich mit ihr und ihren Eltern in ihre Kirche ging, sah ich sie knien. Alle knieten auf kleinen Bänken und hielten Rosenkränze in den Händen. Die Statuen, der üppig geschmückte Altar und die Priester in ihren Roben gefielen mir nicht besonders, aber ich fühlte mich angesprochen davon, wie Kathy und ihre Eltern sich hinknieten, den Kopf neigten und beteten. Auf eine feierliche Weise nahmen sie dabei Verbindung zu Gott auf, und ich stellte mir vor, dass er ihren frommen Ernst mit großem Wohlgefallen sah.

Nicht lange nach meinem Besuch in der katholischen Kirche wurde auch ich von religiösem Eifer ergriffen. Ich holte mir den kleinen Hocker aus dem Badezimmer und stellte ihn neben mein Bett. Meine Schwester Kathy sah zu.

»Was machst du da?«, wollte sie wissen, und der Ton ihrer Stimme ließ zweifelsfrei erkennen, dass sie diejenige war, die über das Aufstellen von Möbeln in unserem Zimmer bestimmte.

»Wirst du schon sehen.« Ich rückte den Hocker ein bisschen herum, bis er mir richtig zu stehen schien. Dann legte ich ein Spitzendeckchen darauf, das ich von unten geholt hatte, und stellte ein kleines gerahmtes Bild auf, das Jesus inmitten einer Kinderschar zeigte. Schließlich krönte ich das Ganze mit einer kleinen Kerze in einem Kristallhalter.

»Und was soll das sein?«

»Ein Altar«, erklärte ich beiläufig.

»Du wirst Ärger kriegen.«

Ich ignorierte ihre Warnung und trat einen Schritt zurück, um mein Arrangement zu bewundern.

»Schlafenszeit!«, hörten wir Mutter von unten rufen. Bald würde Vater heraufkommen, um uns eine Gute-Nacht-Geschichte zu erzählen, deshalb zogen Kathy und ich rasch unsere Schlafanzüge an und putzten uns die Zähne. Als wir Vaters Schritte auf der Treppe hörten, sprangen wir ins Bett. Er trat ein, griff nach dem großen roten Märchenbuch auf dem Schreibtisch und kam auf meine Seite des Zimmers.

Plötzlich stutzte er. »Was ist denn das?«

Voller Stolz wollte ich ihm meinen Gebetsaltar vorführen. Ich hüpfte aus dem Bett und kniete vor dem Hocker nieder. Als Nächstes wollte ich die Kerze anzünden, aber er unterbrach mich. »Was machst du da?«, fragte er.

»Ich bereite alles vor, damit ich beten kann, Papa. Das ist ein Altar.«

»Lass das. Räum das wieder weg«, befahl er.

Ich sah ihn an. Irgendetwas stimmte nicht. Als ich nicht sofort aufstand, legte er das rote Buch hin und nahm das gerahmte Bild, den Kerzenleuchter und das Spitzendeckchen. »Bring den Hocker zurück.«

»Aber ich brauche das zum Beten.«

»Tu, was dir gesagt wird«, mahnte Kathy.

Aber ich war verstört und blieb stehen. Mein Vater wartete nicht, bis ich den Hocker aufhob. Er nahm ihn und brachte ihn zurück ins Badezimmer.

»Aber Papa, Kathy Carski hat ...«

»Es ist mir egal, was Kathy Carski und ihre Familie tun. Du tust es nicht, und wir tun es nicht. So betest *du* nicht.«

Ich wusste, dass ich etwas falsch gemacht hatte, und wurde rot vor Verlegenheit. Mit knallroten Wangen und Tränen in den Augen kletterte ich wieder ins Bett. Mir dämmerte, dass es hier nicht nur um den Gebetsaltar ging. Es ging um den Katholizismus. Das war ungerecht. Kathy Carski war meine beste Freundin. Ich war wütend auf Vater, aber gleichzeitig tat es mir bitter Leid, dass ich ihn enttäuscht hatte. Und natürlich wurmte es mich, dass meine Schwester Kathy Recht gehabt hatte.

Vor allem aber war ich verwirrt.

In jener Nacht blieb ich auf meiner Seite des Bettes und dachte nach. Ich dachte über Kathy Carski und ihre Ballettschuhe und die Kruzifixe in ihrem Haus nach. Über ihr Zimmer, das sie ganz für sich allein hatte, und darüber, dass sie keine älteren Geschwister hatte, die sie dauernd gängelten. Ich dachte über ihr friedliches, ordentliches Zuhause nach und verglich es im Geiste mit unserem unruhigen, ständig von Lärm erfüllten Heim. Und ich dachte über mein krankes kleines Kaninchen nach, dessen Bett auf dem Boden des dunklen Schranks stand. Ich dachte über mein Zimmer nach, die Engel und die Gestalt des kleinen Mädchens, die auf der Schranktür prangte. Schließlich suchte ich Zuflucht bei etwas Altvertrautem und betete mit dem Mädchen:

Dear God, my little boat and I
 are on your open sea.
Please guide us safely through the waves
 my little boat and me.

Meine letzten Gedanken in jener Nacht galten unserer Reise ins Grenzland, den vielen herrlichen Orten, die mich verzaubert hatten, den Aussichtspunkten, an denen meine Seele weit geworden war. Und ich fand Ruhe in den Worten meines Vaters: »Gott ist größer ... viel größer.«

Kapitel 5

Schon ein Kind erkennt man an seinen Taten, daran, ob sein Verhalten ehrlich und richtig ist.

Sprüche 20,11

Du kommst jetzt sofort mit. Auf der Stelle!«
Dieser Satz kann einem Angst machen, vor allem wenn er in dermaßen scharfem, entschlossenem Ton ausgesprochen wird und man seine Hand dabei so fest umklammert fühlt, dass die Finger ganz weiß werden. In einem solchen Fall ist es besser, keinerlei Widerstand zu leisten. Aber man muss natürlich vor Freunden oder Geschwistern das Gesicht wahren – daher das obligatorische:
»Aber Mama!«
Diese Unverschämtheit bewirkt allerdings nur, dass der Griff sich noch verstärkt und man so heftig mitgerissen wird, dass man glaubt, das Schultergelenk werde gleich ausgekugelt. Aber das ist es wert. Nichts ist peinlicher als eine solche Demütigung vor den Augen von Freunden. Oder schlimmer noch, vor den Augen der Geschwister.
Ich war nicht mit Linda mit nach Hause gefahren, wie ich es eigentlich hätte tun sollen, und nun war meine Mutter – wütend wie eine Hornisse – nach Wakefield Farm gekommen und hatte mich dort gesucht. Der Klaviernachmittag im Konzertsaal der Woodlawn Elementary School hatte bereits begonnen. Die anderen Mädchen und Jungen saßen alle schon sauber und ordentlich in der ersten Reihe. Die Mädchen trugen Rüschenkleidchen und Lackschuhe, die Jungen gestärkte weiße Hemden mit kleinen Fliegen. Hier hätte auch ich sitzen sollen. Stattdessen hatte ich in Wakefield herumgetrödelt, weil ich den alljährlichen Pferdeumzug sehen wollte. Es war eine Art Kostümfest zu Pferde, bei dem man einen Preis gewinnen konnte,

wenn man als Kopfloser Reiter oder Paul Revere oder, wie ich, als Davy Crockett daherritt.

Es machte mir einfach viel mehr Spaß, in Waschbärfellmütze, Fransenlederjacke und Cowboystiefeln mein Pferd zu reiten und dabei das Luftgewehr zu schwingen. Vater hatte sogar einen Eichhörnchenpelz an meinem Gürtel und Töpfe und Pfannen an meinem Sattel befestigt. Der Gedanke, das Fest schon so früh zu verlassen und nach Hause zu fahren, um rasch zu duschen, ein Kleid anzuziehen und zum Klaviervortrag zu eilen, hatte mich irgendwie gelähmt. Deshalb hatte ich die schwesterliche Ermahnung »Wir müssen los!« überhört und war zum Hamburgerstand geritten. Vielleicht würde der Vortrag ja irgendwie an mir vorübergehen.

Dabei spielte ich gern Klavier. Aber das Klavierspiel war aus der Langeweile der Samstage erwachsen, an denen ich Mutter ins Haus meiner Großmutter begleiten musste, wo ich mir selbst überlassen blieb, während sie Staub wischte, Möbel polierte und den Fußboden schrubbte. Meine Großmutter, durch und durch deutsch und absolut unbeugsam, was ihre lutherischen Prinzipien betraf, war so steif wie ihr Haus – und das war ein hohes, schmales Gebäude mit schweren Brokatvorhängen in den Zimmern und noch schwereren Möbeln, die keinen Zentimeter von der Stelle zu rücken waren.

Nichts an Großmama oder ihrem Haus war weich, bis auf die üppige Weinlaube draußen. Während meine Mutter Schmierseife ins Wischwasser tat, ging ich entweder hinaus ins Freie, wo ich die Bienen zertrat, die um die heruntergefallenen Weintrauben schwirrten, oder ich beschäftigte mich mit dem alten mechanischen Klavier im Salon.

Ich durfte sonst kaum etwas von Großmutters Sachen auch nur berühren, aber seltsamerweise hatte sie nichts dagegen, dass ich auf ihrem Klavier herumklimperte. Es war ein uraltes Ding, ein Relikt aus den Dreißigerjahren, als Verwandte sich mit ihren Bierkrügen zuprosteten und es Strauß-Walzer spielen ließen. Neben dem Klavier stand ein Karton voller Walzen, bezogen mit dickem Wachspapier, in das unzählige kleine Löcher geprägt waren. Ich pflegte mich auf die Klavierbank zu setzen, die Tür des mittleren Fachs zu öffnen und eine der Walzen herauszunehmen wie eine Rolle Toilettenpapier. Dann setzte ich den kleinen Metallstift unten auf die Walze auf. Unter dem Klavier befanden sich anstelle von Pedalen zwei Platten zum Pumpen. Meine Beine waren eigentlich noch nicht lang genug, um an sie heranzureichen, aber sobald ich im Takt war, kamen die Rollen in Bewegung und die Luft begann das Papier anzusaugen. Irgendwann fingen die schwarzen und weißen Tasten plötzlich an zu tanzen, und die fröhliche Melodie von »Yosemite Falls« erfüllte den Salon. Um in den Takt des Liedes zu kommen, umklammerte ich mit aller Kraft die beiden Enden der Bank, damit ich einen guten Winkel zum Treten hatte. Es war mühselig, aber ich freute mich, wenn Mutter ein bisschen Musik beim Putzen hatte.

Bei uns zu Hause im Erdgeschoss stand ein ganz ähnlich aussehendes Klavier – kein mechanisches, aber es war genauso alt und sperrig. Jay bekam darauf Unterricht, und ich setzte mich oft davor und tat so, als ob ich spielte. Sie brachte mir die Begleitung von »Chopsticks« bei.

Eines Tages begann ich mit den Tönen herumzuprobieren. Plötzlich fiel mir auf, dass meine Mutter beim Putzen der Treppenstufen innegehalten hatte.

»Joni, spielst du das, woran ich jetzt denke?«

»Jawohl!« Ich wusste, dass sie »Yosemite Falls« erkannt hatte.

In der nächsten Woche wanderte Mutter mit mir die lange Asphaltstraße entlang zu einem dreistöckigen Apartmenthaus im französischen Landhausstil am Rand von Woodlawn. Hier wohnte Miss Merson, Jays Klavierlehrerin. Als wir die Eingangshalle betraten, war ich überwältigt von der Eleganz und Kultiviertheit, die uns empfingen. Eine Wendeltreppe führte an einem Kandelaber vorbei in den dritten Stock, und Mutter klopfte an Miss Mersons Tür.

Die Tür ging auf, und vor uns stand eine zarte ältere Frau in langem, schwarzem Rock. Sie hatte ein buntes Tuch um ihre zum Knoten aufgesteckten Haare geschlungen. Mit ihrer spitzen Nase sah sie ein bisschen wie die böse Westhexe aus. Aber weiter ging die Ähnlichkeit nicht. Ich mochte Miss Merson sofort.

»Du musst Joni sein«, sagte sie mit tiefer, voller Stimme – wie Tallulah Bankhead. Als sie uns hineinbat, atmete ich tief den Duft von Zimt und Lemonöl ein. Miss Merson und Mutter plauderten, und ich betrachtete die orientalischen Teppiche, das Chintzsofa und die vom Fußboden bis zur Decke reichenden Fenster mit den hauchdünnen Vorhängen, die sich in einer sanften Brise bewegten. In der Ecke stand das Klavier.

»Komm doch mal her«, forderte sie mich sanft auf und klopfte auf die Klavierbank. »Lege deinen Daumen da hin«, sagte sie dann und deutete auf eine Taste, die sie als mittleres C bezeichnete. »Jetzt versuch, eine Oktave zu greifen. Das sind acht Tasten.«

Das war ein Test, bei dem ich nicht versagen wollte, und wenn ich mir eine Zerrung dabei holte. Ich spreizte meinen Daumen und den kleinen Finger und griff die Oktave. Als ich die beiden Tasten drückte und damit bewies, dass ich alt genug war, um Klavierunterricht zu bekommen, lächelte Miss Merson zufrieden und verkündete: »Wir werden nächste Woche anfangen.«

Von nun an trug ich jeden Montagnachmittag nach der Schule meine Bücher – einschließlich der kleinen roten Klavierschule für Anfänger – an Balhoufs Bäckerei und der Equitable Trust Bank vorbei die Asphaltallee entlang, die zum Klavierunterricht führte. Irgendetwas an Miss Merson erinnerte mich an die seltsame Verzückung, die ich im Westen empfunden hatte, als die fernen, dunklen, drohenden Berge mich in ihren Bann schlugen. Ihre Gesellschaft faszinierte mich auf ganz ähnliche Weise. Sie war so ... künstlerisch. Und ungewöhnlich.

Ich begegnete Miss Merson niemals an einem anderen Ort als vor dem Klavier, aber wenn wir uns zufällig vor dem Sodabrunnen im Woodlawn Drugstore getroffen hätten, wäre ich wohl erstarrt. Miss Merson war nicht aus Woodlawn. Sie war aus einer anderen Welt, einer Welt europäischer Vornehmheit, einer Welt mit hohen Fenstern, durch die die Sonne schien, einer Welt, in der stets ein sanfter Finger unter meinem Ellbogen lag, der mich daran erinnerte, dass ich meine Gelenke beugen sollte, einer Welt, in der mich ein goldener Stern und zurückhaltender Beifall erwarteten, wenn ich meine Sache gut gemacht hatte, und in der ich zum Abschluss der Stunde, wenn ich wollte, eine Tasse Tee und Schokolade bekam. Sogar »Bruder Jakob, schläfst du noch?« klang bei Miss Merson geschmackvoll und distinguiert.

Das Üben zu Hause machte mir Freude, aber ich lernte schnell, »nach dem Gehör« zu spielen. Das war weniger mühsam und machte noch viel mehr Spaß. Ich spielte die Bassstimme von »You Give Me Fever« und tat so, als sei ich Peggy Lee, wobei ich mich auf der Klavierbank wand, mich mit schmollend aufgeworfenen Lippen durch die Melodie tastete und so albern und sexy herumgickste, wie ich nur konnte. Oder ich sang Doris-Day-Songs, charmant und naiv. Manchmal drückte ich auch einfach das dritte Pedal, das jedem Ton ein Echo verlieh, und schlug dann langsam eine Taste nach der anderen an, um den vollsten und vielstimmigsten Akkord hervorzubringen, den ich finden konnte. Ich hielt ihn, lange und süß, bis der letzte Ton verklungen war. Dabei füllten sich meine Augen stets mit Tränen.

Doch die größte Freude an meiner Liebe zum Klavier hatte meine Mutter. Es war ihr größter Wunsch, dass ihre Töchter etwas weiter reichende gesellschaftliche Fähigkeiten erwarben als den korrekten Umgang mit Messer und Gabel oder mit dem Telefon, und es war ihr ein ständiges Ärgernis, dass sich das Leben ihrer Mädchen einzig und allein um Pferde drehte. Sie hatte es satt, ständig Sägemehl aus unseren Kleidern zu klopfen und Hufnägel aus unseren Taschen zu holen. Ich erinnere mich nicht, dass meine Eltern je stritten, aber manchmal waren sie nahe daran, sich über unsere Erziehung in die Haare zu geraten. Dass es eine Auseinandersetzung gegeben hatte, merkte ich immer daran, dass meine Mutter uns ins Auto packte und zum Tennis- oder Badmintonunterricht im Mount Washington Country Club fuhr.

Ganz besonders freute sie sich, als ich eines Tages von einem Besuch bei Kathy Carski heimkam und fragte, ob ich Ballettunterricht nehmen dürfe. Von nun an stieg ich jeden Donnerstag bei Woodlawn Pond aus der Straßenbahn und marschierte nach Gwynn Oak Junction am Stadtrand. Miss Betty Lous Tanzstudio befand sich im zweiten Stock eines Lagerhauses, nur wenige Meter vom Ambassador Theatre entfernt. Obwohl die Musik, zu der wir tanzten, von einem verstimmten alten Klavier kam, das von einem korpulenten Mann gespielt wurde, der die ganze Zeit auf einer Zigarre herumkaute, war das Ganze für mich stets mit Anmut und Eleganz verbunden.

Anfangs fand ich es seltsam, ein Ballettkostüm zu tragen, schon beinahe peinlich. Aber schon bald fühlte ich mich wohl in meinen rosa Strumpfhosen und Slippern und dem schwarzen Trikot. Ich streckte Hals und Arme und wollte unbedingt sittsam und weiblich wirken, während ich in der langen Reihe kleiner Mädchen, die alle wie Prinzessinnen aussahen, langsam die erste, zweite und dritte Position einnahm (die fünfte war meine liebste). Ein paar Monate später, als ich im Lyric Theatre auftrat – und zwar als Apfel in Miss Betty Lous Tanzaufführung – und über das Parkett wirbelte, ein roter Fleck inmitten vieler anderer Äpfel, war niemand glücklicher als meine Mutter, die in der zehnten Reihe saß. Nach der Aufführung kamen meine Eltern in die Garderobe – eine Welt wie ein Degas-Gemälde –, um mir zu gratulieren. Mutig bahnten sie sich den Weg durch Scharen schnatternder, kichernder Mädchen, Bühnenrequisiten und die Theatertruppe zu ihrem Äpfelchen oder später zu ihrer Blume oder ihrem Vogel, um es zu umarmen und ihm zu sagen, dass es großartig gewesen war. Vater machte diese Stippvisite hinter der Bühne allerdings nur ein einziges Mal. Nach dem Tohuwabohu im Jahr des Apfels pflegte er im Vorraum zu warten.

Kein Wunder, dass mein Vater es lieber sah, wenn wir ritten. Klavierspielen billigte er, aber die Welt des Ballett mit ihren ausgemergelten Frauen, effeminierten Männern und französisch angehauchten Exzentrizitäten wie Pirouetten und Pliés war ihm, glaube ich, allzu fremd. Außerdem musste alles, was ein Kind ermutigte, sich zwei Stunden lang in einem Spiegel anzusehen, ganz einfach suspekt sein. Das Tennisspielen im Mount Washington war allerdings auch nicht viel besser. Die Countryclub-Welt mit ihrem Haute volée-Gehabe und ihren Gesellschaften war ebenfalls nicht sein Ding.

Wenn es zwischen meinen Eltern je zu einem ernsthaften Tauziehen um unsere Erziehung kam, so hat mein Vater es Mitte der Fünfzigerjahre gewonnen. Damals erwarb er eine alte, heruntergewirtschaftete Farm fünfundzwanzig Meilen westlich von Woodlawn. Sie war knapp dreihundert Hektar groß, grenzte an den Patapsco State Park und eignete sich perfekt dazu, dort unsere Pferde zu halten. Nun mussten wir sie nicht mehr in Wakefield Farm einstellen. Mit Zustimmung des CVJM machte mein Vater aus seiner Farm außerdem ein CVJM-Arbeits- und Ferienlager. Ein Freund der Familie zog zu uns, und wir züchteten Pferde, machten selbst Heu, bauten Getreide an und hielten sogar Vieh.

Vater taufte die Farm Circle X Ranch. Sie hatte natürlich keinerlei Ähnlichkeit mit Wakefield Farm mit seinem Kentucky Bluegrass und seinen weißen Zäunen, sondern war ein urigraues Cowboyquartier, inklusive Wochenendrodeo. Von nun an verbrachten wir unsere Wochenenden auf der Farm.

Nie waren die Sommer wunderbarer für mich als damals in den Fünfzigern. Wir packten unsere Koffer und richteten uns für den Sommer auf der Circle X ein, wo wir uns begeistert ins Landleben stürzten. Während Vater und seine Mannschaft den Stall und das alte Farmhaus renovierten, gingen meine Schwestern und ich auf Erkundungstour. Das Haus war von geißblattbewachsenen Hügeln umgeben; ein Weg führte hinunter zu einem steinernen Brunnenhaus, in dem wir Wassermelonen kühlten. Im alten Stall gab es Heuballen, aus denen wir Forts bauen konnten, und eine Sattelkammer, in der wir unsere Sättel putzten. Am anderen Ende der Koppel, nahe am Waldrand, bauten Kathy und ich uns ein Baumhaus. Oder wir schlenderten die alte, schmale, von Hecken mit süßen Brombeeren gesäumte Straße hinunter, die zu verborgenen Bächen und Wasserfällen und geheimnisvollen kleinen Tälern und Wiesen führte. Sie endete am Patapsco River, wo wir mit selbst geschnitzten Stöcken und mit Würmern, die wir auf Haken aus Sicherheitsnadeln gesteckt hatten, Fische fingen. Wir waren unsere eigenen Huckleberry Finns.

Dann gab es da noch die alte River Road, die nach Sykesville führte, wo man im Drugstore für zehn Cent eine riesige Eiswaffel bekam. Oder man schlug die entgegengesetzte Richtung ein, zum Marriottsville General Store, in dem man mit seinem Pferd zusammen eine Cola trinken konnte – dazu schob man den Kopf des Pferdes hoch, klemmte ihm die Flasche zwischen die Kiefer und ließ es das Zuckerwasser schlabbern. 1959 war ich groß genug für eine rassige braune Stute namens Tumbleweed, und wir beide lernten rasch, welcher Weg sie zur Cola und mich zum besten Eis führte.

Auf diesem Pferd lernte ich die Kunst der Entspannung.

Wenn es im Himmel so etwas wie eine Wiederbegegnung mit schönen Erfahrungen auf der Erde geben sollte, dann hoffe ich, dass ich mich wieder auf die Kruppe meiner Stute zurücklehnen werde, während sie gemächlich die River Road zur Farm zurücktrottet. Mit geneigtem Kopf spaziert sie locker vor sich hin, die Zügel hängen durch, und ich schlecke mein Eis und lasse die Zweige der Bäume über mir vorüberziehen, durchbrochen von Sonnenstrahlen, die hinter grünem Sommerlaub Verstecken spielen.

Wenn unsere Erinnerungen im Himmel noch existieren sollten, hoffe ich auch, wieder in Vaters altes Auto zu klettern und mich zwischen ihn und die Tür zu quetschen, während meine drei Schwestern den Vordersitz zu seiner Rechten belegen. Und dann singen wir den ganzen Weg von Woodlawn bis nach Sykesville aus vollem Hals:

Tell me the stories of Jesus I love to hear;
　　things I would ask Him to tell me if He were here:
Scenes by the wayside, tales of the sea,
　　stories of Jesus, tell them to me.

Wenn der Wagen die Route 32 verlässt und wir in die River Road einbiegen, hält Vater an, damit wir nach hinten laufen und auf die Ladeklappe klettern können. Dort lachen und kichern wir und lassen uns hochschleudern, wenn es über Bodensenken und Schlaglöcher geht, den ganzen Weg bis zur Farm, und klammern uns dabei um unseres lieben Lebens willen an den Halterungen für die Dachplane fest.

Wenn es im Himmel so etwas wie Klubs gibt, dann hoffe ich, zusammen mit Kathy den Klubraum wieder erstehen zu lassen, den wir uns unter dem Dach des Getreidespeichers eingerichtet hatten. Sie war Vizepräsidentin, eine Nachbarsfreundin war Präsidentin und ich war Sekretärin des Horse and Dog Club oder HD Club, wie wir ihn nannten. Wir legten feierlich die Hand aufs Herz und verpflichteten uns, alles zur Förderung von Hunden und Pferden zu tun.

Einmal veranstalteten wir sogar eine eigene Horseshow. Wir sammelten alte Hufeisen, malten sie mit Goldfarbe an und verwendeten sie als erste Preise. Außerdem malten wir Schilder, die wir auf der Route 32 und in Sykesville anbrachten. Eigentlich hatten wir nicht viele Besucher erwartet, doch am Morgen der Show rumpelten die Trucks und Pferdehänger von überall her die River Road herauf. Den Hängern entstiegen schimmernde Quarterhorses und schicke Vollblüter, und die Reiter zäumten ihre Pferde mit kostbarem Lederzaumzeug. Kathy und ich schauten einander betreten an und schluckten. Die Horseshow ging friedlich über die Bühne, aber Vater verbrachte ein paar peinliche Augenblicke mit einigen ernsthaften Wettbewerbern, die über die Preise wütend waren und wenig von Goldfarbe hielten.

Wenn im Himmel Musicals aufgeführt werden, dann hoffe ich auf eine Wiederholung von *Oklahoma!* mit Kathy, das wir für die CVJM-Kids und die Leute von der Farm aufführten. Ich hoffe, dass wir wieder den alten Pickup und den Bühnenvorhang, den wir uns aus einer Wäscheleine und einem alten zerrissenen Quilt gebastelt hatten, vorfinden, auf die Bühne hinaustreten und mit der ganzen Inbrunst von Gorden McRae »Oh What a Beautiful Morning« schmettern. Auf dem Plattenspieler hinter dem Vorhang werden wir die alte LP auflegen, unsere Tanzpositionen einnehmen, ein Squaredance-Ballett aufs Parkett legen, und am Ende werden alle einstimmen, wenn wir singen: »O-k-la-ho-m-a, Oklahoma…MAH!« Wir werden uns verneigen und im Applaus unseres Farmerpublikums baden, das auf Gartenstühlen sitzt, Limonade schlürft und nach der Zugabe schreit. Und sie sollen ihre Zugabe haben, aber nur, wenn sie weitere fünfundzwanzig Cent lockermachen.

Das Aufführen von Musicals war eine hübsche Sache. Doch 1957 widmeten Kathy und ich uns auch ernsthafteren Spielen. Ich war neun Jahre alt, als die Cowboy-und-Indianer-Spiele mit meiner Schwester eine neue Dimension bekamen.

»Hier«, sagte sie und drückte mir eine Flasche Enzianblau in die Hand. »Damit kannst du Tumbleweed anmalen wie ein indianisches Pferd.«

»Warum?«

»Weil wir jetzt gleich tun, was wir immer tun – Cowboy und Indianer spielen. Aber diesmal«, sagte sie geheimnistuerisch, »werden unsere Pferde mitspielen.«

Ich war hingerissen. Ich malte Tumbleweed einen blauvioletten Kreis ums Auge und ein Brandmal auf ihre Flanke, wie ich es in dem Film *Der Gebrochene Pfeil* bei den Indianern gesehen hatte. Dann warf ich ihr eine kleine Decke über den Rücken und sprang ohne Sattel hinauf. Wir folgten Kathy auf das große Feld, wo die Pferde für das Rodeo weideten. Es war eine richtige Herde, sogar ein Hengst war dabei. Der optimale Hintergrund für unser Spiel.

»Gut. Ich bin der Sheriff, du der Indianer«, rief Kathy mir von ihrem Pferd aus zu, das Luftgewehr in der Hand. »Du versuchst, die Herde zu stehlen und nach Mexiko zu treiben.«

»Wo liegt Mexiko?«, schrie ich zurück.

»Jenseits des Flusses, du Dummkopf!«

»Warum sagst du das nicht gleich, selber Dummkopf!«

Als ich die Pferde sah, die friedlich neben uns grasten, schoss mir ein Gedanke durch den Kopf: *Was würde Mutter wohl dazu sagen?* Aber sie war bei Großmutter und kam nur gelegentlich auf die Farm, wenn der CVJM etwas Besonderes vorhatte, manchmal auch zum Rodeo. Es machte sie nervös, Kathy und mir bei unseren Reitkunststückchen und Barrelracings zuzusehen. Meistens blieb sie in Woodlawn, wo sie wahrscheinlich für uns betete.

»Bist du fertig?«, rief Kathy. »Dann komm und hol dir die Herde!«

Ich trieb Tumbleweed in einen leichten Galopp und hielt auf den dichten Wald am Rand der Weide zu. Wie jeder gute Indianer schlich ich zwischen den Bäumen hindurch und suchte nach dem besten Platz, von dem aus ich die Herde aus dem Hinterhalt überfallen konnte. Mein Plan war, mit wildem Gebrüll aus dem Wald hervorzubrechen und die Pferde in einer Stampede zum Fluss und nach Mexiko zu jagen, bevor Kathy wusste, wie ihr geschah.

Ich versteckte mich also einige Minuten, dann lenkte ich die Stute aus dem Wald heraus und galoppierte schreiend und das Gewehr schwingend auf die Herde zu, wie Häuptling Crazy Horse persönlich. Der Hengst und seine Stuten rissen die Köpfe hoch. Ich feuerte einen Schuss ab, und die Pferde jagten in wildem Entsetzen den Hügel hinunter, genau in die Richtung, die ich mir vorgestellt hatte. Tumbleweed galoppierte dicht hinter der Herde, und ich warf einen Blick über die Schulter zurück, um zu sehen, wo Kathy blieb.

Peng! Das war ihr Gewehr. Diese Halunkin hatte sich in einem großen hohlen Baum versteckt und mich aus dem Hinterhalt überfallen. Ganz ins Spiel vertieft, warf ich die Arme hoch – schließlich war ich getroffen worden –, verlor die Zügel und ließ mich in vollem Galopp vom Pferd fallen. Mit einem dumpfen Schlag landete ich auf dem Boden.

Kathys Augen weiteten sich. Sie kam zu mir her galoppiert und fragte ängstlich: »Hast du – hast du dir wehgetan?«

Ich war zwar noch wie betäubt von dem Sturz, aber ich konnte aufstehen und fing an, mir den Staub abzuklopfen.

»Du hirnrissiger Hohlkopf«, sagte sie. »Warum hast du so etwas Verrücktes gemacht?«

»Ich weiß nicht – weiß nicht genau«, antwortete ich, immer noch etwas benommen. »Ich glaube, ich war zu sehr im Spiel drin.«

»Ich kann es nicht fassen«, schimpfte Kathy. »Ich kann es einfach nicht fassen, dass du die Zügel losgelassen hast!«

Ich war richtig gerührt von der Sorge meiner Schwester. Aber als ich ihr dafür danken wollte, sagte sie nur: »Mir danken? Du kannst mir danken, wenn wir dein blödes Pferd wieder gefunden haben. Das ist inzwischen wahrscheinlich mit dem Hengst über alle Berge. Danken, pah!« Und sie gab ihrem Pferd die Sporen und sprengte davon, um meins zu suchen, das in der Herde verschwunden war.

Im nächsten Frühjahr bekam Tumbleweed ein Fohlen.

Sollte das Leben nicht genau so sein? Ein Abenteuer, ein Spiel, eine Mischung aus Realität und Fantasie?

Das dachte ich jedenfalls bis zu einem ganz bestimmten Tag gegen Ende des Winters. Es hatte seit Tagen geschneit. Der Wind trieb riesige Schneewehen über die schmutzige Straße nach Sykesville. Wir waren eingeschneit. Zuerst schien alles wieder eines von Vaters herrlichen Abenteuern zu sein, etwas, das er und Gott gemeinsam geplant hatten, ein Erlebnis, wert, zu einer

Episode aus *Little House on the Prairie* verarbeitet zu werden. Die erste Nacht unserer Gefangenschaft mummelten Kathy und ich uns warm ein und wagten uns kurz vor das alte Farmhaus, um den kalten, bleichen Mond zu bewundern, der die schneebedeckten Koppeln in ein schimmerndes Silbermeer verwandelte.

Am nächsten Tag türmte der Wind den Schnee noch höher. Mein Vater rief die Rodeocowboys zusammen, die den Winter über in Wohnwagen kampierten. Er machte sich um das Vieh Sorgen. Hohe Schneewälle hatten an manchen Stellen den Zaun eingedrückt, und die Kühe waren ausgebrochen. Wir mussten sie unbedingt finden, um sie zurück in Sicherheit zu bringen, zu Futter und Wasser. Für die Suche brauchten wir jeden Mann – und jedes Kind.

Ich sattelte Tumbleweed und kam mir schrecklich wichtig vor, weil ich, eine Neunjährige, richtige Rancharbeit übernahm. Das war keines von Kathys Spielen. Unser Vieh war in Gefahr. Der Schnee fiel in dichten, lautlosen Flocken, als wir in unterschiedliche Richtungen ausschwärmten; ich sollte bei einem der Cowboys bleiben, einem netten Mann auf einem guten Pferd, der ausgezeichnet mit dem Lasso umgehen konnte.

Die Herde hatte sich bis in die hintersten Winkel der Farm und des State Park verteilt. Mehrere Stunden riefen wir uns in regelmäßigen Abständen durch den Wald unseren jeweiligen Standort zu, während wir die unseligen Ausbrecher langsam einkreisten. Der Nachmittag verging, der Schnee fiel immer dichter und die Temperatur fiel unaufhaltsam. Als der Cowboy und ich vom Patapsco hinaufritten und dabei rechts und links nach verirrtem Vieh Ausschau hielten, hörten wir plötzlich hinter einem schneebedeckten Strauch ein klagendes Brüllen.

Eine junge rot gefleckte Kuh lag auf der Seite. Ihr Bauch war dick von dem Kalb, das sie in etwa einem Monat bekommen sollte. In den dichten Schneeschwaden, die der eisige Wind vor sich her trieb, musste sie gestürzt sein, und daraufhin hatten die Wehen eingesetzt. Als wir unsere Pferde näher trieben, erkannte ich ein Paar kleine Hufe, die unter dem Schwanz des Tieres herausragten. Der Schnee um die Kuh herum war rot von Blut. Die Kuh versuchte, den Kopf zu heben, doch er fiel zurück, und sie brüllte erneut.

Meine Kehle wurde eng, als der Cowboy vom Pferd sprang und mir die Zügel seines Pferdes in die Hand drückte.

»Bitte, tu was«, bat ich ihn mit heiserer Stimme. Der scharfe Wind zerschnitt mir die Wangen.

Er stieß die Kuh in die Seite, um sie zum Aufstehen zu bewegen, aber sie war zu schwach. Nach mehreren Versuchen rollte er sie auf den Rücken, packte die Hufe des Kälbchens und zog mit aller Kraft. Nichts rührte sich.

»Es ist eine Steißgeburt«, sagte er. Schwer atmend kniete er nieder und fuhr sich mit der Hand über die Stirn.

Es wurde bereits dunkel und schneite immer noch. Ich war wie gelähmt von allen Gefühlen, die ein Tierfreund nur empfinden kann, wenn er ein Tier in Not sieht: Mitleid, Entsetzen, Hilflosigkeit. Es schmerzte mich, in die leidenden Augen des Tieres zu blicken. »Kannst du denn gar nichts tun? Soll ich Papa holen?«

Der Cowboy ignorierte mich völlig. Mit einer letzten, äußersten Anstrengung löste er das Lasso von seinem Sattel und wand die Schlinge um die Hufe des Kalbs. Dann schwang er sich in den Sattel seines Pferdes und richtete es langsam rückwärts, bis das Seil straff gespannt war. Die Kuh begann stoßweise zu atmen, aber auch jetzt konnte sie das Kalb nicht herauspressen.

»Musst du das tun?«, schrie ich durch den Wind. Tumbleweed schüttelte den Kopf und stampfte auf, weil sie nach Hause wollte.

Der Cowboy richtete sein Pferd noch ein Stückchen rückwärts, bis die Kuh über den Schnee zu gleiten begann. Das Kalb kam immer noch nicht. Er schüttelte den Kopf und ließ sein Pferd vorwärts treten, sodass das Seil wieder durchhing.

Die Kuh hörte auf zu schreien. Sie lag jetzt völlig still. Der Cowboy sagte, es täte ihm Leid, aber wir könnten nichts mehr für sie tun. Als er sein Lasso aufrollte, warf ich einen letzten Blick auf die auf der Seite liegende Kuh. Dann lenkten wir unsere Pferde Richtung Heimat.

Wir trafen als Letzte im Stall ein. Ich erzählte nicht viel, ich konnte fast nicht mehr sprechen. Wir hatten leidende Tiere – eine Mutter und ihr Kind – in der Dunkelheit zurücklassen müssen, in Kälte und Schnee, wo sie unweigerlich zum Tod verurteilt waren. So einfach war das. Ich war wie betäubt. Betäubt von der Kälte und vor Entsetzen.

Auch als ich wieder auftaute, hatte ich weiter das Gefühl, als hätte jemand einen Hammer genommen und etwas Wichtiges in mir zermalmt – vielleicht mein Gefühl, dass die ganze Welt eine große Verheißung sei. Die sorglose Leichtigkeit des Lebens auf der Farm wurde an jenem Tag von einem dumpfen Schmerz angesichts der Realität abgelöst. Ich konnte das Bild der Mutterkuh in Wehen nicht loswerden, ein hilfloses Tier, das erwartete, dass wir – Menschen, weise und gut – ihr und ihrem Kind helfen würden.

Mir wurde bewusst, dass ich, während ich dastand und zusah, entsetzt und atemlos, gelernt hatte, dass jedes lebendige Geschöpf eine schreckliche Seite hat und jeder schöne Augenblick eine scharfe Klinge. Es war der Anfang eines schrecklichen Erkenntnisprozesses: der Erkenntnis, dass jeder helle, leichte Tag ein Versuch ist, die Dunkelheit abzuwehren, und dass das Leben schwierig und gefährlich ist. In solchen Augenblicken scheinen alle Dinge Gott fern zu sein – oder vielleicht ist auch Gott in diesen Momenten den Dingen fern. Doch irgendwann geht das Leben wieder seinen normalen Gang. So war es auch damals, als der Schneesturm vorüber war. Dennoch: Eine winzige Ecke meiner Seele hatte zu viel gesehen, und ein Teil meines Herzens war hart geworden.

Vielleicht zog ich von nun an deshalb die Sicherheit unseres Hauses am Poplar Drive vor. Es war ein Haus, wie es sein sollte. Jetzt packte ich immer öfter, wenn wir Sonntagabend von der Circle X Ranch nach Woodlawn zurückgekehrt waren, erleichtert meinen Koffer aus. Ich klopfte die dreckigen Stiefel ab, zog die schmutzigen Jeans aus und duschte den Stallstaub ab, um dann sauber und sicher unter der Hut meiner Engel zu schlafen. Am Montagmorgen ging ich mit Kathy Carski und meinen Freundinnen in die Schule, kaufte Wohlfahrtsmarken, führte wissenschaftliche Experimente durch, ging in die Bibliothek und wartete, dass es halb vier wurde, um mich auf den Weg zu Miss Merson zu machen. Von der Straße aus sah ich, wie die Vorhänge an ihrem Fenster im dritten Stock sich leicht im Wind bewegten. Die Luft war von leiser Chopinmusik erfüllt. Mir kamen jedes Mal beinahe die Tränen. Es war genau so, wie wenn ich einen Akkord hielt und den Ton so langsam wie möglich verklingen ließ.

Deshalb war mein empörtes »Aber Mama!« an dem Tag des Pferde-Festzugs gar nicht so ernst gemeint. Deshalb ertrug ich den Druck auf meiner Schulter und das Weißwerden meiner Fingerspitzen. Ganz tief in mir wusste ich, wohin ich gehörte.

Ein paar Augenblicke später saß ich in der ersten Reihe des Konzertsaals der Woodlawn Elementary School neben fünfzehn anderen Mädchen und Jungen und wartete auf meinen Auftritt.

Im Saal wimmelte es von Eltern und Verwandten. Die Luft war vom Parfumduft der Frauen und vom Rascheln der gestärkten Kleider der Mädchen erfüllt. Ich war spät dran, aber es gelang mir gerade noch, hinter Abel Silberstein hineinzuschlüpfen, dessen Auftritt soeben beendet war. Ich warf einen Blick auf die Zuschauer. Meine Mutter saß ein paar Reihen weiter hinten und beobachtete jede meiner Bewegungen. Als Alan auf seinen Platz zurückgekehrt war, nickte Miss Merson mir zu, und ich stieg die Stufen zur Bühne hinauf. Als ich über die Holzbohlen in die Mitte der Bühne ging, wo das Klavier stand, spürte ich die Blicke der Leute im Rücken.

Ich setzte mich, schraubte den Sitz höher, hob die Ellenbogen und fing an »Swaying Daffodils« zu spielen, ein liebliches kleines Stück, zart und süß. Als die letzte Note verklang, holte ich tief Luft, erleichtert, es ohne Fehler geschafft zu haben. Ich stand auf und verbeugte mich unter dem Applaus der Zuhörer. Als ich über die Bühne zu den Stufen ging, die seitlich hinunterführten, spürte ich, dass immer noch alle Augen auf mir ruhten.

Es muss an meinen Cowboystiefeln gelegen haben, die auf dem Holzboden ziemlichen Krach machten. Vielleicht lag es aber auch an meiner Waschbärfellmütze oder an meiner Fransenlederjacke.

Kapitel 6

Dir gefällt ein Herz, das wahrhaftig ist.

Psalm 51,8

Am Ende aber siegten die Pferde über das Klavierspielen, das Malen und das Ballett.

Die Künste boten mir ein Medium, durch das ich meinem Staunen über das Leben Ausdruck geben konnte. Aber das Pferd *war* dieses Staunen. In Spitzenschuhen, auf der Leinwand, mit den Tasten eines Klaviers – mit all diesen Dingen tat ich etwas, aber das Pferd tat etwas für mich. Und es hatte eine Seele. Jedenfalls kam es mir, der Zehnjährigen, so vor.

Ich war fest überzeugt, dass alle Tiere eine Seele haben. Noch heute ist mir elend zumute, wenn ich daran denke, dass ich einmal mit den Füßen nach einem Welpen trat, der mir eine Süßigkeit gestohlen hatte. Ein Psychologe würde meinen Zornesausbruch sicherlich mit einer bestimmten familiären Konstellation erklären und so mein Verhalten entschuldigen, doch ich könnte ihm nicht glauben. Ich hätte es ihm auch damals nicht geglaubt. Als ich den wimmernden jungen Hund auf den Arm nahm, um ihn um Verzeihung zu bitten – die Angst in seinen Augen hatte mir mein Unrecht bewusst gemacht –, da quälte mich die Erkenntnis meiner Schuld. Ich wusste, dass ich die Stärkere und Klügere war, und ich hatte meine Größe und meine Kraft missbraucht, um ein lebendiges Wesen in Angst und Schrecken zu versetzen. Die Strafe, die dieses Geschöpf von mir erhalten hatte, stand in keinem Verhältnis zu seinem Vergehen.

Außer bei diesem Zwischenfall und ein oder zwei Gelegenheiten, bei denen Thunders Hinterteil mit meiner Peitsche Bekanntschaft machte, hatte ich das Gefühl, dass die meisten Tiere – vor allem Pferde – meine Seelengefährten waren. Und ich tat mein Bestes, um ihnen diese Überzeugung auch durch mein Verhalten zu vermitteln.

Ich erinnere mich noch an Weihnachten 1959. Tief hängende, graue Wolken bedeckten den Himmel, soweit das Auge reichte. Der Schnee fiel in leichten, trockenen Flocken, der Stall und das Brunnenhaus waren in dem grau-weißen Dunst kaum zu sehen. Ich stützte die Arme auf und schaute aus dem Fenster, während meine Mutter und meine Schwestern eifrig in der Küche werkelten, kochten und den Tisch deckten. Eine Tante und ein Onkel waren zu Besuch gekommen, und außerdem hatten wir einen Nachbarn und ein paar Freunde zu Gast. Das ganze Haus summte vor Geschäftigkeit, und im Wohnzimmer, wo ich meinen Fensterplatz hatte und hinausschaute, erklangen knisternd Weihnachtslieder aus dem Radio. Ich war noch ein Kind und trug keine besondere Verantwortung bei den Festvorbereitungen.

Manchmal am späten Nachmittag, wenn die Wolken dick wie Federbetten wirkten, zog ich Jacke und Stiefel an, steckte mir ein paar Karotten ein und schlüpfte hinaus. Meine Wangen brannten vor Kälte, während ich durch den Schnee zum Stall stapfte. Die Pferde dauerten mich. Unser Wohnhaus war warm und hell; ihr Stall war dunkel und kalt. Alle redeten über Weihnachtsgeschenke – da wollte ich nicht, dass die Tiere vergessen wurden.

Ich schob einen kleinen Schneehaufen vor der Stalltür zur Seite, zog die Tür auf und trat in den langen Gang, der auf beiden Seiten von Boxen gesäumt war. Es war ganz still. Ich atmete den Duft nach Leder und Heu und den vertrauten Geruch von trockenem Mist und Pferdefell ein. Ich blinzelte – das Licht im Stall hatte die gleiche altrosa Farbe wie einer meiner Lieblingsbuntstifte. Ich tat ein paar Schritte, und mehrere Pferde wieherten leise, als sie hörten, wie ich die Futtertonne öffnete. Ich wusste, dass sie bereits gefüttert worden waren, aber ich wollte jedem Pferd eine extra Hand voll Hafer und eine Karotte geben. Im Haus wurde ich nicht gebraucht, wohl aber hier.

Ich öffnete Tumbleweeds Box und streichelte ihre Mähne und ihren Schopf. Sie war eine ernste, höfliche, zurückhaltende Stute, die es nie wagte, sich energisch ihren Weg zum Futtertrog zu erkämpfen, indem sie andere beiseite stieß, wie Monica es tat. Weil sie so sanft und freundlich war, gab ich ihr eine extra Karotte. Ich dankte ihr für die vielen Ritte, drückte mein Gesicht an ihre Nase und wünschte ihr »Frohe Weihnachten«.

Dann ging ich zu Baby Huey, Monicas erwachsenem Fohlen. Baby Huey war riesig, schon so groß wie seine Mutter, und nach dem zu groß geratenen Entenküken in den Comics benannt. Ich gab ihm seine Karotte und streichelte ihm die Stirn. Er wusste es nicht, aber ich hatte dem Tierarzt geholfen, als er kastriert wurde. Ich wusste damals nicht einmal, was das Wort bedeutete. Dr. Loper, unser Tierarzt, brauchte Hilfe. Ich saß nicht weit entfernt und sah zu, wie ich es immer machte.

»Kannst du mir mit den Instrumenten helfen?«, fragte er und guckte mich über den Brillenrand hinweg an. Er war ein typischer Tierarzt – intelligent dreinschauend, mit Karoweste, Taschenuhr und Kette ausgestattet und gerade »Farmer« genug, um ein Gegengewicht zu seinem akademischen Beruf zu schaffen.

Ich war so verblüfft über die Bitte, dass ich mich umguckte, um zu sehen, ob wirklich ich gemeint war. Dann stand ich auf, glücklich, ihm helfen zu dürfen.

»Hier, halt mal die chirurgischen Löffel ... vorsichtig, nur am Griff anfassen«, unterwies er mich in geschäftsmäßigem Ton.

Ich konnte es nicht glauben – Dr. Loper brauchte wirklich meine Hilfe, als wäre ich eine Schwester in einem Operationssaal. Ich hielt meine Handflächen hin und bildete so eine flache Ablage für die chirurgischen Löffel; ich traute mich nicht, auch nur die Enden zu berühren aus Angst, sie mit Bakterien zu infizieren. Ich rückte näher an Baby Huey heran, der in Narkose versetzt worden war und auf der Seite lag. Dr. Loper beugte sich leicht nach vorn und berührte Baby Hueys Leistengegend – weiche, zarte, unbehaarte Haut. Dann griff er nach dem Skalpell und setzte vorsichtig zwei Schnitte. Blut begann zu fließen, und ich hielt den Atem an.

»Löffel, bitte«, sagte Dr. Loper ruhig. Auf der flachen Hand hielt ich ihm das Instrument hin.

Als er nun damit in den zwei Schnitten herumzuwühlen begann, musste ich mir mit Gewalt in Erinnerung rufen, dass das Ganze nur zu Baby Hueys Bestem war. Schließlich fand der

Arzt, wonach er suchte – zwei kleine, gelbe, eiförmige Organe. Er zog sie heraus und dann – schnipp, schnapp! – fielen die Eier in Dr. Lopers Hände.

»Nimmst du sie mir ab?«

Fünfzehn Minuten lang war ich der Inbegriff von Professionalität. Ich war genauso ruhig wie letztes Mal, als ich Dr. Loper half, ein Geschwür am Widerrist eines der Pferde aufzuschneiden. Damals hatte ich die Fassung noch nicht einmal verloren, als sich die stinkende, senffarbene Flüssigkeit über meine Jeans ergoss. Doch dies war etwas anderes. Diesmal bot ich Dr. Loper nicht meine Handfläche dar, sondern schob die blanke Auffangschale mit dem Fuß näher zu ihm hin.

»Bin ich froh, dass du dich nicht mehr daran erinnerst, Huey«, flüsterte ich jetzt, und er nickte und zerbiss krachend seine Karotten.

Ich ging von Box zu Box und achtete sorgfältig darauf, bei jedem Pferd gleich lange zu bleiben. Dabei erzählte ich ihnen meine Lieblingsgeschichten über ihre Streiche und flüsterte ihnen Botschaften von meinen Schwestern ins Ohr. Cherokee war erst kürzlich beschlagen worden, und ich bedauerte ihn, weil der Hufschmied ihn am Strahl zu stark ausgeschnitten hatte. »Ich hoffe, du hast nicht gespürt, wie die Nägel eingedrungen sind«, sagte ich und küsste den zarten, kratzigen Fleck auf der Pferdenase direkt über der Oberlippe.

Der Wind heulte, rüttelte an der Stalltür und blies einen Schwall eiskalter Luft den Gang hinunter. Ich kuschelte mich an Cherokees warmes, langhaariges Winterfell und legte ihm die Arme um den Hals. Urplötzlich schwieg der Wind und der Stall war wieder ganz ruhig. Ich lauschte in die Stille, als ob sie eine Stimme hätte. So stand ich lange Zeit da und war selbst ganz still. Irgendetwas an dem Frieden und der Stille wärmte mich durch und durch – wärmte mich, als säße ich drinnen im Haus am Feuer. Vielleicht, weil ich allein war. Vielleicht, weil ich mir Zeit nahm nachzudenken, während ich zusah, wie die Pferde ihre Gaben fraßen.

Aber ich glaube, eigentlich war es, weil ich ... weil ich in einem Stall war. Ich kannte die Weihnachtsgeschichte, ich wusste, was Maria und Josef und das Jesuskind durchgemacht hatten, und deshalb wusste ich auch, dass der Aufenthalt in einem Stall an diesem kalten Abend, umgeben von Tieren, irgendwie ... irgendwie richtig war. Und es war auch richtig, dass ich Gott für den Frieden und die Ruhe dankte. Ich mochte erst zehn Jahre alt sein, aber ich hatte doch schon ein Gespür dafür, dass der Wildfang Joni zu wenig Ruhe in seinem Leben hatte. Und vielleicht auch zu wenig Frieden.

Ginger, die braune Hundemutter des Welpen, den ich getreten hatte, kam mit hängender Zunge den Gang hinuntergelaufen. Der Atem stand ihr in kleinen Wolken vor dem Maul. Ich ging in die Hocke und strich ihr über den Kopf, sodass ihre Ohren flach anlagen, wie sie es gern hatte. Ich konnte mich nicht mehr erinnern, was aus ihrem Welpen geworden war, aber ich wünschte, er wäre hier gewesen, dann hätte ich meinen Fehler wieder gutmachen können. Plötzlich war ich sehr traurig – ich erkannte, dass ich nie mehr die Möglichkeit haben würde, dem Welpen zu beweisen, dass ich nicht der Mensch war, für den er mich hielt. Ich war nicht gemein.

Ich ließ den Blick über den Stall schweifen. All meine Zuwendung zu den Tieren konnte die Tatsache nicht aus der Welt schaffen, dass ich an einer herben Lektion zu kauen hatte: Auch ich war ein lebendiges Wesen, das eine schreckliche Seite hatte, und selbst dieser Augenblick sanfter Schönheit barg sein Körnchen Bitterkeit.

Als mir schließlich die Kälte in die Knochen kroch, sagte ich den Tieren auf Wiedersehen, schloss die Stalltür und drehte mich um, um zum Haus zurückzulaufen. Der Wind liebkoste die schneebedeckten Kiefern und blies einen weißen Wirbel von ihren Spitzen herunter. Aus der Winterlandschaft war fast alle Farbe verschwunden. Ich ging durch eine Dämmerwelt von Blau-, Schwarz- und Dunkelblautönen, bis auf zwei Glück verheißende Vierecke goldenen Lichts, die aus den Fenstern des Hauses schimmerten.

Die Nacht war hereingebrochen, und ich beeilte mich, in das Geplauder und die Geschäftigkeit des Hauses zurückzukehren.

Kapitel 7

Glücklich ist der Mensch, der nicht auf den Rat der Gottlosen hört, der sich am Leben der Sünder kein Beispiel nimmt und sich nicht mit Spöttern abgibt. Voller Freude tut er den Willen des Herrn und denkt über sein Gesetz Tag und Nacht nach. Er ist wie ein Baum, der am Flussufer wurzelt und Jahr für Jahr reiche Frucht trägt. Seine Blätter welken nicht, und alles, was er tut, gelingt ihm. Ganz anders aber ergeht es den gottlosen Menschen! Sie sind wie Spreu, die der Wind verweht. Vor dem Gericht Gottes bestehen sie nicht und finden keinen Platz unter den Gottesfürchtigen. Über die Wege der Gottesfürchtigen wacht der Herr, die Wege der Gottlosen aber führen ins Verderben.

Psalm 1,1-6

Gott war nur ein ganz klein wenig größer als mein Vater. Der Herr mochte das Universum erfüllen, aber mein Vater erfüllte mein Universum. Gott hielt die Planeten auf ihrer Umlaufbahn; mein Vater war der Mittelpunkt unserer Umlaufbahnen. Und wenn er uns je etwas abverlangte, so geschah das weniger durch Worte als allein durch die Macht seines gütigen Wesens.

Im Frühjahr 1961 oblag es Gott, dem jungen Präsidenten Kennedy zu zeigen, wie man ein Land regierte, wie man die Russen auf ihrer Seite des Globus hielt, wie man Adolf Eichmann vor Gericht stellte, wie man verhinderte, dass die Atombombe auf die Woodlawn Elementary School fiel, und wie man *Das Monster der schwarzen Lagune* in seinem Sumpf fest- und aus unserer Gegend fern hielt. Alles andere oblag meinem Vater.

Nein – es gab noch etwas, das zum Verantwortungsbereich Gottes gehörte: der Fünfzig-Meter-Lauf, der im Rahmen eines Leichtathletikwettbewerbs zwischen der Woodlawn, der Catonsville und der Pykesville Elementary School stattfinden und an dem ich teilnehmen würde. Ich konnte diesen alljährlichen Wettkampf zwischen den drei Schulen immer kaum erwarten. Laufen war für mich so natürlich wie Atmen, und während unserer Wettrennen in den Ferien hatte ich die meisten Mädchen immer weit hinter mir gelassen. Heute nun, am Wettkampftag, wollte ich mein gesamtes elfjähriges körperliches Vermögen unter Beweis stellen.

Ich wusste, dass mein Vater nichts zu meinem Sieg beitragen konnte – in dieser Sache musste ich mich an Gott wenden. Gott war ein ganz klein wenig größer als mein Vater und konnte das Schicksal eines Menschen beeinflussen. Er konnte mich zur Siegerin machen.

Aber ich wusste natürlich auch, dass ich selbst mein Teil dazu beitragen musste. Gott legte immerhin Wert auf eine gewisse Kooperation. Deshalb trainierte ich. Meine ganze freie Zeit, während die anderen Mädchen Seil sprangen und die Jungen Greek Dodge spielten, drehte ich unermüdlich um das Spielfeld herum Runde um Runde. Dabei lief ich jedoch nicht normal, sondern ich galoppierte wie ein Pferd. Ich war überzeugt, dass ich so schneller war. So liefen Pferde, und wenn es bei Pferden funktionierte, dann würde es auch bei Menschen funktionieren.

»He, Pferdegesicht«, rief Rocky Krien vom Dodge Ball-Feld herüber, »wir setzen unser ganzes Geld auf dich.«

Ich hasste es, wenn man mich Pferdegesicht nannte. Aber meine Wut war nicht so groß, dass ich aufhörte, zum Takt der Ouvertüre von *Wilhelm Tell* in meinem Kopf zu galoppieren.

Nach der Schule packte ich meine Roy-Rogers-Tasche fest mit einer Hand, klatschte mir mit der anderen auf die Hüfte, sah mich kurz um, um mich zu vergewissern, dass niemand mich hören konnte, rief: »Hey-ho, Silver, lauf«, und galoppierte den ganzen Weg von der Schule nach Hause: die Main Street hinunter, am Woodlawn Pond vorbei, am Gwynns Falls Creek entlang und den Poplar Drive hinauf bis zu unserem Haus. Unter normalen Umständen wäre ich heimgeschlendert, hätte vielleicht kurz am Teich Halt gemacht, um die Schwäne mit den Resten von meinem Pausenbrot zu füttern, oder ich hätte den Weg durch den Wald genommen. Aber nicht diese Woche. Diese Woche war ich im Training.

Neben dem Fünzig-Meter-Lauf war alles andere unwichtig. Nach dem Essen pflegte ich meinen Dauerlauf fortzusetzen, indem ich um unser Grundstück herumrannte. Ich startete an der Hintertür, sprang über den gefliesten Streifen im Eingangsbereich wie über einen Bach in einem Hindernisrennen, jagte die Frontseite entlang, rutschte die Hintertreppe hinunter, galoppierte den Seitenweg hinauf, in hohem Tempo am Schuppen im Hinterhof vorbei und sprang über die Bank hinter der Garage. Am Schluss mobilisierte ich mit zitternden Knien und berstenden Lungen noch einmal alle Kräfte und schwang mich über den Lattenzaun, dann klatschte ich mir erneut auf die Hüfte und galoppierte die letzten Meter zur Hintertür. Halb Pferd, halb Mensch, tänzelte ich und schüttelte den Kopf zum Applaus des begeisterten Publikums.

Viel schöner war es natürlich, wenn ich jemand hatte, gegen den ich antreten konnte. Manchmal gelang es mir, Joe, den kleinen Nachbarsjungen, zu einem Wettrennen zu überreden. Ich wusste: Wenn ich das Poplar Drive-Hindernisrennen gewann, war ich eine aussichtsreiche Kandidatin für den Fünfzig-Meter-Lauf.

Ich hoffte – nein, ich war mir sicher, dass Gott meine Bemühungen beobachtete. Allerdings hatte ich das Gefühl, dass ich mich noch einmal bei ihm blicken lassen sollte, um sicherzugehen, dass er auch wirklich wusste, wem er den Sieg zu geben hatte. Deshalb besuchte ich ihn, sobald ich ein paar Minuten vor dem Klavier- oder Ballettunterricht zu überbrücken hatte, in der St. Luke's Methodisten-Kirche. Sie lag direkt gegenüber von unserer Schule auf der anderen Straßenseite, und ich wusste, dass ich Gott dort finden würde. Jeder wusste, dass er in dieser schönen, mit weißen Schindeln verkleideten Kirche mit der Doppeltür und dem hohen Glockenturm Gehör bei Gott finden würde. In unserer Stadt gab es nur zwei Kirchen – St. Luke's und eine katholische Kirche; außerdem stand drei oder vier Kilometer weiter oben an der Windsor Mill Road noch eine Synagoge. Da es so wenige Gotteshäuser in Woodlawn gab, waren ihre Türen immer offen.

Die Stufen des Vordereingangs von St. Luke's waren nur ganz wenig vom Gehweg zurückgesetzt. Zu beiden Seiten des Eingangs standen Büsche, daneben breitete sich ein penibel getrimmter Rasen aus. Ich stieg die Stufen hinauf und drehte den Knauf der schweren Tür. Obwohl unsere Familie nicht in den Gottesdienst in St. Luke's ging, hatte ich nicht das Gefühl, etwas Verbotenes zu tun; schließlich fanden hier die Versammlungen der Pfadfinderinnen statt, an denen ich teilnahm, und ich war auch hier in den Kindergarten gegangen. Jetzt schlüpfte ich hinein, schloss die Tür hinter mir und trat voller Ehrfurcht vor den Altar. Jedenfalls nahm ich an, dass das der Name für den hohen weißen Tisch mit dem glänzenden goldenen Kreuz war. Neben einer der Kirchenbänke kniete ich nieder und bekreuzigte mich; allerdings wusste ich nicht genau, wie man die Hand dabei bewegte. Ich wusste nur, dass Kathy das Kreuzzeichen machte, wenn sie in ihre katholische Kirche ging.

Der Umgang mit Gott war ein bisschen wie der mit einem überlebensgroßen Elternteil. Man war sich seiner Gegenwart nicht immer deutlich bewusst, aber im Hinterkopf wusste man, dass jemand da war und auf einen aufpasste. Und weil er aufpasste, war einem auch klar, dass er – nicht immer, aber jedenfalls die meiste Zeit – wahrscheinlich vor einer großen Tafel stand, bewaffnet mit einem Stück Kreide, und alle guten und alle schlechten Taten aufschrieb.

Das war keine besonders angenehme Vorstellung, aber mir fiel keine Alternative ein. Nicht zu glauben, dass da oben ein Gott war, war schlechterdings unmöglich. Da waren zum einen die Zehn Gebote, die vorn in unserem Klassenzimmer, direkt unter der amerikanischen Flagge, zu lesen waren. In den Fünfziger- und Sechzigerjahren hatte jeder Tag in der Woodlawn Elementary School seine Rituale: einen Bogen Wohlfahrtsmarken verkaufen, um unser Land stark zu machen; das Fahnengelöbnis sprechen, das Freiheit und Gerechtigkeit für alle garantierte; den Beitrag für die Schulspeisung einsammeln (fünfunddreißig Cent für gegrilltes Käsesandwich, Tomatensuppe, eine Tüte Milch und einen Schokoriegel); und als Krönung die tägliche Bibellese.

Jeden Tag wurde ein anderes Kind ausgewählt, das vortreten, die große schwarze King James Bibel auf Mrs. Hunts Schreibtisch aufschlagen und einen Abschnitt daraus laut vorlesen musste. Den Strebern gab das Gelegenheit, sich zu produzieren, vor allem, wenn sie einen Abschnitt vorlesen mussten, in dem so schwierige Wörter wie »withersoever« und »vouchsafe« vorkamen. Die weniger Begabten hielten sich an den Rat:»Wenn du es schnell hinter dich bringen willst, nimm Psalm 117. Den kannst du in einem einzigen Atemzug vorlesen.« Die meisten versuchten, möglichst lässig zu wirken, als sei der Umgang mit der Bibel etwas völlig Alltägliches für sie. Sie hielten sich das Buch dicht vor die Augen und lasen:

Lobt den Herrn, all ihr Völker.
Lobt ihn, alle Menschen auf Erden.
Denn seine Gnade ist groß
und seine Treue besteht für alle Zeit.

Die jüdischen Mitschüler wie Arvin Solomon und Alan Silverstein wählten meistens die Zehn Gebote. Ich wusste nicht genau, warum, aber sie standen immer ein wenig aufrechter da als wir anderen, als sei es ihnen nichts Ungewohntes, vor vielen Menschen die Schrift zu rezitieren. So war es wohl auch. Vielleicht waren die Zehn Gebote und die Psalmen Alan und seinen Freunden von ihrer Bar Mitzwa oder vom Passafest her vertraut. Oder vielleicht hatte der Nachdruck, mit dem sie die Worte »Du sollst nicht töten« aussprachen, etwas mit den schrecklichen Dingen zu tun, die, wie wir im Unterricht lernten, die Nazis den Juden in Europa angetan hatten.

Ich wusste nicht viel über die Nazis und die Juden, bis auf die Tatsache, dass der Krieg in Europa eine historische Angelegenheit zwischen den Bösen und den Gottesfürchtigen gewesen war. Bei Tisch, wenn das Fleisch und die Kartoffeln herumgingen, wurde eigentlich nie darüber gesprochen. Meine Großmutter war Deutsche, und obwohl die Alliierten wahrscheinlich gute Gründe hatten, Deutschland in ein schlechtes Licht zu rücken, hasste Mutter derartige Berichte über die Heimat ihrer Eltern.

»Diese Nazis waren eigentlich gar keine richtigen Deutschen«, pflegte sie zu schimpfen.

Ihr Vater, Maximilian Landwehr, war aus Hamburg eingewandert, und ihre Mutter war im neunzehnten Jahrhundert als deutsche Waise nach Amerika verschifft worden. Großmutter hatte als junges Mädchen auf dem Fischmarkt im Hafen von Baltimore arbeiten müssen. Dort begegnete sie Max, den sie kurz darauf heiratete. Pop, wie meine Mutter ihn nannte, liebte Strauß-Walzer, harte Arbeit und starkes Bier. Im Großen Krieg, als der Hass auf die Deutschen auch die Baltimore Docks erreichte, fing Max Landwehr an zu trinken. Dann ging er weg. Er verschwand einfach und überließ seine sechsköpfige Familie sich selbst. Meine Mutter musste als kleines Mädchen an Straßenecken Blumen verkaufen, um zum Unterhalt der Familie beizutragen.

»Aber Mutter«, fragte ich einmal, als ich ihr half, im Loudon Park Friedhof Blumensträuße zu binden, »warum verkaufst du denn immer noch Blumen? Wir sind doch nicht arm.« Ich war damals noch sehr klein, merkte aber trotzdem, dass es eine dumme Frage war. Meine Mutter und ihre Schwestern hatten schon immer Blumen an der Straßenecke verkauft, wahrscheinlich seit sie so alt waren wie ich. Die Landwehr-Mädchen machten das einfach. Jedenfalls seit ihr Vater verschwunden war.

Meine Mutter sagte, Maximilian sei mit Hohn und Spott und Steinwürfen von seiner Arbeitsstelle vertrieben worden. Sie sprach nie viel über ihn oder über Deutschland, die Juden oder über den Krieg. Über die Zehn Gebote sagte sie allerdings auch nicht viel.

Meine jüdischen Freunde hatten etwas, was ich nicht hatte. Wenn Arvin Solomon an hohen Feiertagen seine Kippa auch im Unterricht trug, fiel mir auf, dass niemand ihn oder die anderen jüdischen Kinder deswegen aufzog. Nach den Schrecken des Zweiten Weltkriegs – Grausamkeiten, die wir alle in den Wochenschauen im Kino gesehen hatten –, waren sich die meisten von uns bewusst, dass unsere jüdischen Klassenkameraden ein besonderes Schicksal hatten. Wir begriffen ohnehin viel mehr, als unsere Eltern dachten. Als im Jahr zuvor, im Frühjahr 1960, Adolf Eichmann aufgespürt und verhaftet worden war, waren alle Kinder, die die Nachricht hörten, als sie gerade in der Schulkantine zu Mittag aßen, in lauten Jubel ausgebrochen. Es war, als sei der Teufel persönlich verhaftet worden, als hätte der Allmächtige selbst das Haupt der Schlange zertreten. Für die jüdischen Kinder aber musste diese Verhaftung natürlich noch viel bedeutsamer sein. Ich beneidete sie fast ein bisschen darum.

Weil ich genauso fromm sein wollte wie sie, wartete ich sehnlich darauf, dass ich an die Reihe kam, an Mrs. Hunts Schreibtisch zu treten, die Bibel auszuschlagen, mich aufrecht hinzustellen und mit bedeutungsschwerer Stimme einen langen, langen Psalm vorzulesen. Ich dachte, wenn ich so unter der amerikanischen Flagge stünde und den ersten Psalm vortrüge, dann bliebe Gott gar keine andere Wahl, als einen Strich auf der Liste mit meinen guten Taten zu machen. In Psalm 1 musste ich viele ungewohnte Wendungen mit schwierigen altertümlichen Wörtern bewältigen. Es war ein Psalm, der keinen Zweifel daran ließ, dass Gott die Guten bevorzugte. Und ich wünschte mir nichts mehr, als zu den Guten zu gehören.

Überhaupt ließen mir die Worte der Bibel keine Ruhe. Tief in mir brachten sie eine Saite zum Klingen. Dasselbe Gefühl hatte ich, wenn Alan Silverstein vorlas: »Du sollst keine anderen Götter neben mir haben!« Diese Worte trafen mich mitten ins Herz. Ich glaube nicht, dass meine geliebte Sammlung von Plastikpferden oder meine Schwärmerei für Michael Coleman Götzendienst waren, aber mein Gewissen erkannte die Warnung. Vielleicht wusste ich nicht, was mein Gewissen war oder welche Rolle es spielte, aber ich wusste, dass es, wie Gott, existierte. Es war einfach … da. Und ich wusste auch, dass ich es nicht ignorieren konnte, so wie es mir unmöglich war, nicht zu glauben, dass es Gott gab.

Ja, Gott war da. Das war eine unbestreitbare Tatsache. Ich hatte ständig das Gefühl, dass Gott etwas sagte, aber nicht mit lauten, vernehmlichen Worten, sondern unhörbar. Es war, als spräche er auf einer anderen Wellenlänge. So empfand ich es vor allem in einer atemberaubend schönen Nacht, als Kassiopeia den Mond wie eine strahlende Diamantentiara umringte. Dieses Wissen war so unerschütterlich wie die Sternbilder, so sicher wie der Große Bär, der auf den Polarstern deutete, so unumstößlich wie Orion im Sommer: Es musste einen Schöpfer geben, der den Tanz der Sterne und Sonnen lenkte. Und als einer meiner Klassenkameraden Psalm 19 vorlas, hörte ich dieses Gefühl sogar in Worte gefasst:

*Der Himmel verkündet die Herrlichkeit Gottes
und das Firmament bezeugt seine wunderbaren Werke.
Ein Tag erzählt es dem anderen,
und eine Nacht teilt es der anderen mit.
Ohne Sprache und ohne Worte, lautlos ist ihre Stimme.*

Es bestand kein Zweifel: Irgendetwas, irgendjemand brachte sich auf der Erde und am Himmel zum Ausdruck, zur Entfaltung. Dieser Eindruck bestätigte sich auf einer Klassenfahrt zur Maryland Academy of Sciences, wo man uns ein Modell des Sonnensystems zeigte.

»Das hier sind Merkur, Venus, Erde und Mars«, sagte der Direktor und deutete mit einem Zeigestock auf die hölzernen Nachbildungen kleiner Planeten, die ihre Bahnen zogen.

»Wo ist der Jupiter?«

»Dort drüben. An der Wand.«

»Und der Saturn?«

»Wenn man im Maßstab bleiben wollte, wäre er dort drüben im nächsten Straßenzug« – er deutete aus dem Fenster.

»Junge, Junge«, staunten wir.

Doch der Direktor setzte noch eins drauf: »Wenn man weiter im Maßstab bleiben wollte, dann befände sich Pluto irgendwo jenseits von Ohio.«

Das überstieg unser Vorstellungsvermögen. Ich war restlos überwältigt, fasziniert und in Bann geschlagen vom Himmel. Und von der Erde nicht weniger. All das zeugte von Gott. So wie der Erntemond, der jedes Jahr zu seiner Zeit auf die Minute pünktlich am östlichen Himmel aufging, wenn die Sonne im Westen unterging. Oder wie die leichte Brise, die eine Silberspur durch die Unterseite der Blätter zog. Oder wie das Licht und die Wärme im Auge eines Pferdes. Ein lebendiges Herz musste die Botschaft ganz einfach vernehmen: »Ich bin da ... du bist nicht allein ... die Welt ist größer als das, was du von ihr siehst.« Es war die gleiche Verzauberung, die ich in Colorado empfunden hatte, dasselbe Entzücken, das mich bei den herrlichen Akkorden auf dem Klavier ergriff.

Aber da war noch mehr als nur diese Erfahrungen. Ich hatte das Gefühl, dass hinter diesen Erscheinungen Gott selbst flüsterte. Man vernahm dieses Flüstern, wenn man eine Krabbe an Rehoboth Beach umdrehte und über das verschlungene Muster der Schale und der Membranen staunte, über die Scheren und winzigen Beine, die da ruderten und zappelten. Zu denken, dass dieses Geschöpf aus der Tiefe an den Strand gespült worden war und man selbst der einzige Mensch auf Erden war, der seine Unterseite freilegte und ans Tageslicht holte – für mich glich das fast einem Schöpfungsakt. Ich vernahm das Flüstern Gottes in der Freude, mit der ich heimlich ein Döschen Kondensmilch an die hungrigen Stallkatzen auf der Circle X Ranch verfütterte und ihrem dankbaren Miauen lauschte. Das Wissen, dass ich einem Tier eine Freude bereitete, erfüllte mich mit einem hehren Gefühl. Und ich erinnere mich noch gut, wie meine Mutter mir einmal am Spülstein ein frisches Kohlblatt zeigte. »Sieh nur die wunderschönen Farben«, rief sie. Sie hatte Recht. Dieses Blatt hätte es verdient, gerahmt und im Baltimore Museum of Art ausgestellt zu werden. Ich drehte und wendete es und bewunderte die zarten Adern, die in allen Schattierungen von Grün über Blau und Purpur bis Rosa leuchteten. Es konnte nicht einfach so entstanden sein – ich war ganz sicher, dass jemand diese geniale Farbgebung entworfen hatte.

All dies – die Psalmen, die Gebote, der Balanceakt der Sterne, Arvin Solomons Frömmigkeit – stand nun in höchst kritischer Weise für mich auf dem Spiel. Gott befand sich auf dem Prüfstand, während ich mich in diesem Augenblick hier in der St. Luke's Methodist Church aufhielt.

Denn jetzt ging es nicht um Wissenschaft, Nazis oder Juden, Astronomie oder die Welt der Kunst. Jetzt ging es um den Fünfzig-Meter-Lauf.

Ich versuchte, während ich mich gegen die harte Bank lehnte, nichts als reine, aufrichtige Gedanken zu hegen, damit Gott mich hörte. Als Einleitung wollte ich zunächst ein Loblied singen. Andächtig stimmte ich an:

Praise God from whom all blessings flow,
Praise him all creatures here below;
Praise him above, ye heavenly hosts;
Praise Father, Son and Holy Ghost.

Das *Amen* hielt ich besonders lange aus. Ich war überzeugt, dass Gott mit meinem Vortrag zufrieden war. Als auch das letzte Echo verhallt war, betete ich: »O Gott, ich weiß, dass ich nicht oft zu dir spreche, du weißt schon, so richtig. Und ich bitte dich auch nicht oft um etwas, aber – «

Du kommst nicht oft, meldete sich plötzlich mein Gewissen.

»Gott, jetzt brauche ich deine Hilfe, damit ich den Fünfzig-Meter-Lauf nächste Woche gewinne.«

Joni, unterbrach mein Gewissen mich erneut, *mit Gott zu reden ist nicht anders, als mit Tante Kitty zu reden. Du solltest nicht gleich mit der Tür ins Haus fallen.*

»Du bist groß und mächtig.«

Schon besser.

»Um ehrlich zu sein ... ich wollte dich nur fragen, ob du so nett wärst, mir zu helfen zu gewinnen. Ich verspreche, ich werde allen erzählen, dass du beteiligt warst, das verspreche ich ganz fest. Ich verspreche, allen zu sagen, dass ich es nur dir verdanke.«

Ich legte meine Hand wie zum Schwur aufs Herz.

»Ich verspreche dir, du wirst stolz auf mich sein – wenn du machst, dass ich gewinne. Amen.«

Damit wollte ich aufstehen, aber dann erinnerte ich mich an etwas, das die Leute immer in der Kirche sagten, nachdem sie gebetet hatten.

»Ich meine«, fügte ich hinzu, »im Namen Jesu, Amen.«

Gut. Du hast dein Bestes getan. Du kannst stolz auf dich sein.

Ich nahm meine Büchertasche auf und verließ die Kirche, zufrieden, die Grundvoraussetzung für meinen Erfolg geschaffen zu haben. Auf dem Heimweg verfiel ich wieder in meinen Pferdegalopp.

Nun kam es auf mich und auf Gott an. In der Schule wussten alle, dass ich die schnellste Schülerin der sechsten Klasse war, es gab auch keinen Jungen, der schneller war als ich. Die anderen stellten bereits Vermutungen an, welche Jungen und Mädchen in ihrer Disziplin gewinnen und den ersten Preis für unsere Schule einheimsen würden. Von mir war dabei nicht die Rede. Mein Sieg wurde als feststehende Tatsache betrachtet.

In der letzten Woche vor dem Freitag, an dem der Wettkampf stattfinden sollte, ging ich noch einmal in St. Luke's, um zu beten.

Am Freitagmorgen borgte ich mir Kathy Carskis St. Christopher-Medaille und band sie mir um den Hals. Als es Zeit war, den Bus zu besteigen, der uns in die Catonsville Elementary School bringen sollte, wo die Spiele stattfanden, fühlte ich mich sehr fromm, fromm genug für Gott. Ich hatte alle geistlichen Erfordernisse, die eine Zehnjährige kennen konnte, erfüllt, lediglich einen Ablass hatte ich nicht bezahlt. Die Waage der Gerechtigkeit neigte sich entschieden zu meinen Gunsten, doch das wagte ich nicht laut zu sagen, weder zu mir selbst noch zu Gott. Ich hatte einfach mein Training und meine Kirchenbesuche auf meine Seite der Waage gelegt, und jetzt vertraute ich darauf, dass Gott, der immer gerecht und unparteiisch war, seine Augenbinde heben, meine Anstrengungen ansehen und sich glücklich schätzen würde, die Waage in meine Richtung zu senken – durfte man doch stets darauf vertrauen, dass Gott denen half, die sich selbst halfen.

Als wir in Catonsville ankamen, ergossen sich ganze Kinderströme aus den Bussen. Unter fröhlichem Rufen und Schreien schwangen sie ihre Fahnen und Bündel. Es war ziemlich heiß. Ich blickte mich um, erstaunt darüber, wie viele gekommen waren. Die Wettbewerbe begannen schon bald, und ich wartete – stundenlang, so schien es mir –, bis meine Nummer und mein Name aufgerufen wurden. Endlich kam die ersehnte Durchsage, und ich lief zum Start.

Über der Rennbahn waberte die Hitze. Ich schaute nach rechts und links und lächelte über die anderen Teilnehmer aus den sechsten Klassen. Ich kannte keinen von ihnen. Hoch gewachsene, langbeinige Mädchen stellten sich voller Selbstvertrauen an der Startlinie auf. Mehrere von ihnen waren Schwarze aus Catonsville, da die Schule schon zum Einzugsgebiet von Baltimore gehörte. Sie trugen Shorts aus glänzendem Stoff. Ihre Laufschuhe waren imponierend.

Der Bahnaufseher rief uns an den Start. Ich befingerte meine Medaille und sprach ein Stoßgebet: »Gott, jetzt gilt's.«

»Auf die Plätze ...«

Ich warf einen raschen Blick nach rechts und sah, dass eines der Mädchen aus Catonsville die Wilma-Rudolph-Haltung einnahm: die Beine gebeugt, den Rücken gekrümmt, die Schultern perfekt ausbalanciert über den Fingern, die auf der Startlinie ruhten. Ihre Muskeln waren gestreckt, bereit zum Durchstarten. Sie war völlig auf das rote Band konzentriert, das fünfzig Meter weiter vorn über die Bahn gespannt war.

»Fertig ...«

Ich hockte mich unbeholfen hin und zog die Schultern hoch.

»Los!«

Ich bin in meinem Leben viele Rennen gelaufen, im wörtlichen wie im übertragenen Sinn, doch nur von jenem Wettlauf spüre ich noch heute den bitteren Stachel der Niederlage und den peinlichen Nachgeschmack der Verlegenheit genauso stark wie damals. Keuchend und schnaufend kämpfte ich nach der Hälfte der Strecke – nicht kurz vor dem Ziel, sondern auf der Hälfte! – mit aller mir verbliebener Kraft gegen einen untersetzten Jungen aus Pikesville und eine Bohnenstange in sackartigen Shorts.

Unsere Schule wurde Dritte. Auf der Rückfahrt im Bus sprach ich nicht viel.

»Pech gehabt, Pferdegesicht«, johlte Rocky und warf mir ein Papierknäuel an den Kopf.

Ich hatte diesen Spitznamen schon immer gehasst, aber jetzt trieb er mir Tränen in die Augen und weckte brennenden Hass. Ein paar Kinder zeigten stolz ihre Medaillen. Die ganze Zeit hatte ich das Gefühl, dass sich aller Augen bohrend auf mich hefteten. Als wir auf den Parkplatz unserer Schule einbogen, dachten die meisten wahrscheinlich schon darüber nach, was sie am Wochenende unternehmen wollten. Ich nicht. Ich wusste ganz genau, was ich tun würde, sobald ich aus dem Bus ausstieg.

Ich wartete, bis die meisten meiner Freunde mit ihren Eltern weggefahren waren. Dann, als das letzte Auto den Parkplatz verlassen hatte, schob ich die Hände in die Taschen meiner Shorts und kickte den ganzen Weg vom Parkplatz bis zur Straßenkreuzung vor der Schule einen Stein vor mir her. Dann blieb ich einen Augenblick am Bordstein stehen und starrte zu der mit weißen Schindeln verkleideten Kirche auf der anderen Straßenseite hinüber.

Etwas war anders geworden. Von Grund auf anders. Die Stadt sah noch gleich aus. Auf der einen Seite der Kirche lag Monaghan's Bar mit ihrem baumbestandenen Parkplatz, auf der anderen waren die Schaufenster von Balhof's Bäckerei, der Eisenwarenladen, der Friseur und die Equitable Trust Bank. Die Hauptstraße war immer noch von Bäumen gesäumt, und ich spürte noch immer die glückliche Sicherheit, in dieses Landstädtchen zu gehören, in dem ich selbst und meine Familie genauso bekannt waren wie die Balhofs und ihre berühmten süßen Brötchen. Doch etwas Größeres als all das war anders geworden. Etwas an der Kirche hatte sich geändert. Ich hatte geglaubt, ihrem Bewohner vertrauen zu können, und jetzt war ich mir dessen nicht mehr so sicher.

An diesem Spätnachmittag war kein Schülerlotse da, der mich sicher auf die andere Seite geleitet hätte, deshalb sah ich aufmerksam in beide Richtungen, ehe ich vom Bordstein herunter trat, die Straße überquerte und die Treppe von St. Luke's hinaufstieg. Diesmal ging ich, nachdem ich die Tür geöffnet hatte, nicht nach vorn. Ich kniete nicht nieder und bekreuzigte mich auch nicht. Ich setzte mich einfach lange Zeit in eine Kirchenbank, bis ich spürte, dass meine brennenden Wangen allmählich abkühlten.

Die letzten Sonnenstrahlen fielen durch die Buntglasfenster und ließen den Staub in der Luft tanzen. Es war ganz still, eine Stille, die zum Nachdenken anregte. Draußen bellte ein Hund, im Kellergeschoss hörte ich Leute sprechen. Die Stimmen erinnerten mich daran, wie gut ich diese Kirche kannte und dass ich dort unten in den Kindergarten gegangen war. Hier hatte ich Kathy Carski, Rocky Krien und Michael Coleman kennen gelernt. Wir hatten zusammen Marinesoldaten gespielt und große Holzblöcke als Gefechtstürme aufgestellt, die die Koreaner in Schach halten sollten. Rocky war großartig als General Eisenhower, obwohl er ständig seine Kriege durcheinander brachte.

Der Gedanke an Rocky brachte mich zurück zum Grund meines Hierseins. Ich hasste es, wenn sie mich Pferdegesicht nannten. Ich war zutiefst empört, dass mein Laufstil – der Pferdegalopp – mir nichts gebracht hatte, absolut nichts, außer dass ich mir dumm vorgekommen war. Aber das Schlimmste war, dass ich meine Klassenkameraden im Stich gelassen hatte. Ich war nicht mehr »die Beste«. Ich war sicher, dass Vater damit gerechnet hatte, dass ich gewinnen würde. Wie sollte ich ihm noch ins

Gesicht sehen, wenn ich jetzt nach Hause kam? Ich hatte Angst, dass sein Kamerad ihn enttäuscht hatte.

Am allermeisten aber schmerzten mich schlicht und einfach die Demütigung und die totale Niederlage, die ich erlitten hatte. Sie waren der Grund dafür, dass ich von Gott enttäuscht war.

Der Gott, der in dieser Kirche wohnte, war angeblich derselbe Gott, den ich an den Ufern des Delaware und auf den Reitwegen am Patapsco River erlebt hatte. Der Gott, den ich kannte, war der, dem ich auf dem Pferderücken sitzend Weihnachtslieder und in der Kirche Kirchenlieder sang. Es war derselbe, der die Wolkenfetzen unter dem Pikes Peak glättete. Er war wild und frei, er sprach durch die Augen der Pferde, tanzte mit den Glühwürmchen und sang mit den Spottdrosseln in den Wäldern. Es war der Gott, der die Möwen einlud, sich von seinem Wind tragen zu lassen, der herrliche Sonnenuntergänge über der Chesapeake Bay entwarf und der Freude daran hatte, von seinem Himmel aus zuzusehen, wie seine Kinder bei Ebbe an seinen Tümpeln spielten und Krabben fingen. Der Gott, den ich kannte, sprach zu mir durch seine Ehrfurcht gebietende Schöpfung und war vollkommen in seiner Harmonie. Er musste meine Anstrengungen ganz einfach zur Kenntnis genommen haben. Er musste einfach gewusst haben, wie viel dieser Wettkampf mir bedeutete. Meine Bitte war so klein gewesen; ich hatte wahrlich nicht viel verlangt. Warum hatte er nicht den kleinen Finger gerührt und mich vor den anderen über die Ziellinie getragen?

Ich blickte zu den hölzernen Dachbalken auf. Dort hingen ein paar Spinnweben, und plötzlich schoss mir ein seltsamer Gedanke durch den Kopf: *Wann hier wohl zum letzten Mal Staub gewischt wurde?* Dass das Haus Gottes verstauben konnte, schien mir ein zutiefst spöttischer Gedanke zu sein. Ich wollte etwas sagen, das Gott kränkte, aber ich konnte nicht. Ich konnte ihn nicht lästern, deshalb hielt ich es für das Beste, still zu schmollen. Ich wartete noch ein paar Minuten, dann stand ich auf, um zu gehen. Ich kam zu der Überzeugung, dass die mit weißen Schindeln verkleidete Kirche Gott zu sehr gezähmt hatte.

Es war spät geworden. Mutter würde schon bald die Glocke zum Abendessen läuten. Ich lief nach Hause und ließ die Kirche hinter mir. Und mit ihr einen Teil meiner Kindheit.

Teil II

Kapitel 8

Überall werden Kriege ausbrechen. Aber habt keine Angst – diese Dinge müssen geschehen, doch das Ende wird noch nicht unmittelbar darauf folgen.

Matthäus 24,6

Am 22. Oktober 1962 erklärte Präsident Kennedy in einer Fernsehansprache an die Nation: »Wir wollen den Krieg mit der Sowjetunion nicht, denn wir sind ein friedliches Volk, das mit den anderen Völkern in Frieden leben will ... Der Preis der Freiheit ist immer hoch, aber die Amerikaner haben ihn stets bezahlt. Doch einen Weg werden wir niemals wählen, und das ist der Weg des Aufgebens oder der Unterwerfung.«

Ich war damals gerade dreizehn geworden. Jetzt drängten wir uns alle um den Fernseher. Ich hockte auf dem Fußboden und hatte meine Knie fest umfasst. NBC hatte eine Werbesendung unterbrochen, um eine Rede von Präsident Kennedy zu übertragen, in der er die Entdeckung sowjetischer Raketenstützpunkte auf Kuba mitteilte. Der Präsident ließ keinen Zweifel daran, dass jeder Angriff aus Kuba einen Großangriff der Amerikaner auf die Sowjetunion zur Folge haben würde.

Wie sollte eine Achtklässlerin wie ich begreifen, welch schreckliche Gefahr die Drohung eines bevorstehenden Atomkrieges darstellte? Sowjetische Schiffe – die höchstwahrscheinlich weitere Atomraketen an Bord hatten – nahmen über den Atlantik Kurs auf Kuba, doch die U.S. Navy hatte eine Blockade gebildet. In Florida wurden zweihunderttausend Soldaten zusammengezogen – die größte Invasionsarmee, die je in den Vereinigten Staaten aufgestellt worden war.

Meine ganze Welt konnte im Bruchteil einer einzigen Sekunde ausgelöscht werden. Innerhalb von zwölf Minuten konnte eine Atombombe unser Land treffen. Doch diese Schreckensnachricht hatte kaum Aussicht auf eine durchschlagende Wirkung, denn sobald Präsident Kennedy vom Bildschirm verschwunden war, wurden wir mit einem albernen Werbeslogan in den Alltag zurückgeholt: »You'll wonder where the yellow went, when you brush your teeth with Pepsodent.«

Dennoch hatte sich mit einem Mal alles geändert, alles befand sich in Auflösung. Im ganzen Land beteten die Menschen für eine friedliche Lösung des Konflikts zwischen den Vereinigten Staaten und Russland. In den Kirchen wurden mitten in der Woche Gottesdienste abgehalten. Auch die Glocken von St. Luke's riefen die Menschen zu ungewohnten Zeiten zum Gebet. Hatte Gott wirklich die Macht, eine Horde Atheisten auf der anderen Seite des Globus zum Umdenken zu bewegen?

Es war wie ein gigantisches Schachspiel. Ich hatte auf einer Klassenfahrt nach New York City Schach gelernt und war voller Bewunderung für die älteren Kinder, die schon drei Züge vorausdenken konnten. Jetzt hatte ich das unheimliche Gefühl, dass die Sowjets genau das taten – sie saßen uns Amerikanern gegenüber und dachten immer drei Züge voraus. Würden sie sich von Recht und Wahrheit lenken lassen? Würde Gott die Gebete der Menschen erhören? Konnte er das Unausweichliche abwenden?

Manchmal wagte ich es sogar, die noch näher liegende Frage zu denken: Was war, wenn es Gott war, der Schach spielte, und wir und die Sowjets waren seine Schachfiguren?

Aus dem Verhalten meiner Eltern gewann ich den Eindruck, dass Dreizehnjährige sich keine Sorgen wegen der Kubakrise, des Kalten Krieges und der Berliner Mauer machen sollten. Wenn sie nicht gerade Nachrichten hörten, versuchten meine Mutter und mein Vater, die Krise herunterzuspielen. Dennoch zweifelte ich nicht daran, dass das sowjetisch-amerikanisch-kubanische Schachspiel schuld daran war, dass in den Fluren der Woodlawn Junior High eine solche Nervosität und Gereiztheit herrschten. Andererseits schienen meine Klassenkameraden zu Hause wenig über die Gefahr eines Atomkriegs nachzudenken. Sie befassten sich lieber mit »The Loco-Motion« oder »The Monster Mash« als mit der Kubakrise.

Hatten die Jungen und Mädchen in meinem Alter den Slogan »duck and cover« (duck dich und bedeck dich) vergessen? Hatten sie die Angst vergessen, die uns gepackt hatte, wenn die Sirene ertönte und wir alles stehen und liegen lassen und uns, die Hände hinter dem Kopf gefaltet, unter den Schulbänken verkriechen mussten? »Du brauchst nicht zu glauben, dass die Russen wirklich eine Bombe über uns abwerfen«, hatte einer der Jungen zu mir gesagt, als wir wieder unter den Bänken hervorkrochen und uns den Staub von den Kleidern klopften. Vielleicht lag es ja nur an der schrecklichen Sirene. Sie klang wie die europäischen Sirenen, die echten, die man in der Wochenschau im Kino hörte. Die Woodlawn Elementary School stand nur einen Block vom Feuerwehrhaus entfernt, sodass die Sirene uns durch Mark und Bein drang. Dieser Schrecken war real.

Aber das war in der Grundschule gewesen. Jetzt waren wir auf der High School und hatten es mit einer ganz neuen Krise zu tun, mit echten Raketen auf Kuba, nur knapp hundertfünfzig Kilometer entfernt, Raketen, die direkt auf uns gerichtet waren. Ich wusste nicht, was ich denken oder glauben sollte. Schwebte wirklich irgendjemandes Finger über einem roten Knopf und konnte jederzeit eine Rakete auf Kurs bringen? Oder war das Ganze nur ein politischer Trick, mit dem die Zeit zwischen den Werbespots gefüllt wurde?

Gott schien der Einzige zu sein, der Bescheid wusste. Gott und natürlich Mr. Lee.

Mr. Lee war unser Lehrer; er unterrichtete Englisch und Sozialwissenschaften. Sein Spezialgebiet war Zeitgeschichte, und er machte großen Wirbel um Präsident Kennedys Rede. Jeden Morgen, wenn er das Klassenzimmer betrat, hatte er die Zeitungen mit den neuesten Schlagzeilen unter dem Arm. Er bläute uns die Zusammenhänge zwischen Castro und Batista, der CIA und der Schweinebucht mit großer Gründlichkeit ein. Ich stützte die Ellbogen auf, verschlang jedes seiner Worte und merkte mir jede Einzelheit. Daten und Personen konnte ich mir gut merken, und meistens schoss meine Hand schon im Vorhinein hoch, damit ich auch ja die Erste war, die die richtige Antwort gab. Allerdings war meine eifrige Mitarbeit weniger auf mein Interesse an Zeitgeschichte als auf meine Schwärmerei für Mr. Lee zurückzuführen.

Meine guten Noten rührten zwar sicherlich nicht nur daher, dass ich Mr. Lee aus der dritten Reihe heraus schöne Augen machte, aber mein Lernerfolg war doch allein durch den Wunsch motiviert, meinem Lehrer zu gefallen. Mit dreizehn Jahren entdeckte ich, dass nichts die Seele so sehr erheben kann wie die Liebe. Ganz gleich, ob es sich um eine jugendliche Schwärmerei oder um wahre Liebe handelt – die Liebe bewirkt etwas. Nichts macht einen hellwacher und aufmerksamer, nichts lässt einen morgens schneller aus dem Bett springen als die Liebe.

Meine Mutter und mein Vater waren beeindruckt, wie eilig ich es nach dem Mittagessen hatte, mich wieder hinter meine Bücher zu klemmen. »Was für eine Veränderung! Dieser Lehrer – Mr. Lee heißt er, nicht wahr? – muss wirklich ein interessanter Mann sein«, meinten sie erstaunt. Ich griff mitten im Lauf nach dem Treppengeländer, hielt kurz auf einem Fuß stehend an und sagte sittsam: »Ja, so heißt er.« Dann verschwand ich in meinem Zimmer, um zu lernen.

Mein Zimmer gehörte zu den Dingen, die sich ebenfalls geändert hatten. Ich brauchte es nicht mehr mit Kathy zu teilen. Linda, die auf der anderen Seite des Hauses ein Zimmer mit Jay geteilt hatte, hatte schon bald nach dem Abschluss der High School geheiratet. Sie und ihr Mann lebten auf der Circle X Ranch, und das bedeutete, dass in ihrem alten Zimmer die Hälfte eines großen, schönen Bettes frei wurde. Und ein großer Schrank. Und ein schöner Balkon, an den die Äste der Eichen im Vorgarten so dicht heranreichten, dass man nur den Arm auszustrecken brauchte, um ihre Zweige zu berühren. Man konnte fast jeden Abend auf dem Balkon sitzen, den Grillen lauschen, die Glühwürmchen zählen, auf das Rauschen der nur wenige Zentimeter entfernten Blätter hören und nach Herzenslust Gitarre spielen. Außerdem sah man jedes Auto, das den Poplar Drive hinauffuhr – eine Möglichkeit, die später interessant werden sollte, als ich die High School besuchte und mich mit Jungen verabredete.

Als Jay fragte, ob ich zu ihr übersiedeln wolle, sprang ich vor

Freude in die Luft. Wer hätte dieses wunderschöne, große Zimmer nicht gewollt? Außerdem – wie konnte ich einer Schwester etwas abschlagen, die mich vom Beifahrersitz aus die Gänge ihres Buick Skylark wechseln ließ, mit mir zusammen Klavier spielte und mich »Jonathan Grundy« nannte? Jetzt hatte ich die Möglichkeit, die Bindung an Jay, meine »neue« große Schwester, zu vertiefen.

Die Veränderung trat eines Abends ein, als Kathy sah, wie ich meine Kleider in Jays Zimmer hinübertrug. »Was machst du da?«, fragte sie.

»Ich ziehe aus«, sagte ich trocken.

Kathy schwieg. »Warum?«, fragte sie dann.

Ich dachte nicht an die Dinge, die mich seit so vielen Jahren mit ihr verbanden. An die vielen herrlichen Cowboy-Duelle, die wir am Pingpong-Tisch im Keller veranstaltet hatten. An die Samstagmorgen, wenn wir die Sahne von den Milchflaschen schlürften und uns Pferdefilme im Fernsehen ansahen. An die Samstagnachmittage, wenn wir unsere Pferde an einen Baum am Ufer banden, die Jeans hochkrempelten und in den Patapsco wateten, um Krebse zu fangen. Ich dachte nicht an die Treffen des HD Club im Getreideschuppen, wo wir Fanbriefe an die Stars von *Wagon Train* schrieben. Ich verschwendete keinen Gedanken an die einsamen Nächte, in denen Kathy unter der Decke meine Hand hielt – geschweige denn, dass ich mich dafür bedankte. Oder an die vielen Gelegenheiten, bei denen wir um die Wette liefen, über Steinmauern sprangen und sämtliche Veranden, um unser Haus hinauf- und wieder hinunterrasten. Nicht an die großen Stücke Treibholz, die wir für die Lagerfeuer am Rehoboth Beach zu unseren Zelten schleppten. Oder an die vielen Male, wo wir einander trösteten, wenn Jay und Linda uns von irgendetwas ausgeschlossen hatten, weil sie uns noch für zu klein hielten. An all das verschwendete ich keinen einzigen Gedanken.

Den Arm voller Kleider, beantwortete ich Kathys »Warum?« mit einem Schulterzucken und einem »Phhh«. Dann drehte ich mich um und ließ sie mit dem Rattenfänger von Hameln und den Engeln an der Wandschräge allein. Ich war jetzt Jays Mitbewohnerin.

Jays Zimmer – oder vielleicht sollte ich sagen: mein neues Zimmer – war genau richtig für eine Dreizehnjährige. Es lag weit ab von Vaters und Mutters und Kathys Zimmer und besaß einen eigenen Treppenaufgang und eine Tür, die man abschließen konnte. Der Raum war hell und luftig und hatte viele Fenster. Die Wände waren mit einer Rosentapete tapeziert, nicht mit albernen Märchenmotiven. Die Außentür öffnete sich auf den herrlich zugewachsenen Balkon, der über die ganze Länge des Zimmers verlief. Welches Fenster man auch öffnete, man brauchte sich nur hinauszulehnen, um ein Eichhörnchen zu sehen, oder ein bisschen weiter hinauszugreifen, um beinahe in ein Vogelnest zu fassen.

Ich hatte meinen eigenen Schreibtisch mit einem Platz für meine Bücher und eine neue schräge Wand, an der ich Fähnchen von Poly oder Mount St. Joe's befestigen konnte, den beiden rivalisierenden Schulen der Stadt. Ich konnte die Badezimmertür offen stehen und den Dampf abziehen lassen, ohne angeschnauzt zu werden, weil ich jemandes Möbel ruinierte. Ich konnte meine Zeugnisse aufhängen und nach Herzenslust Peter, Paul und Mary hören. Ich liebte mein Zimmer. Es fiel mir nicht schwer, hier am Nachmittag zu lernen und nachts zu träumen.

Manchmal vermischten sich auch Lernen und Träumen. Ich hatte einen Kurs in amerikanischer Lyrik bei Mr. Lee gewählt, und wir hatten die Aufgabe bekommen, ein Gedicht von Edgar Allen Poe auszusuchen, auswendig zu lernen und im Unterricht vorzutragen. Ich hatte das Gedicht *Der Rabe* gewählt – eine keineswegs originelle Wahl, wie sich herausstellen sollte. Am Montagmorgen erlebte ich mit, wie die meisten Schüler steifbeinig und gehemmt nach vorn stelzten, sich schüchtern hinter dem Pult verkrochen und sich durch den Text quälten. Ich sah zu Mr. Lee hinüber, der mit dem Notenbuch in der Hand hinten im Klassenzimmer stand. Ich wusste, dass ich am nächsten Tag dran war. *Ich muss besser sein*, dachte ich.

Ich hatte auch schon eine Idee. Abends durchwühlte ich den Schrank meiner Mutter und fand etliche Meter schwarzen Stoff. Außerdem kramte ich eine alte Kerze in einem völlig von Wachs verkrusteten Halter hervor. Ich steckte meine Schätze in einen Matchbeutel und ging ins Bett, wo ich mein Gedicht so lange immer wieder aufsagte, bis ich es wirklich beherrschte.

Am nächsten Tag warteten die verbliebenen Schüler darauf, dass ihr Name aufgerufen wurde. Spätestens beim dritten oder vierten Vortrag waren alle Anwesenden zu Tode gelangweilt. Schließlich rief Mr. Lee mich auf. Ich ging zum Schrank und holte meinen Matchsack. Dann schritt ich schweigend auf die eine Seite des Klassenzimmers und begann, die Fensterläden zu schließen. Zuletzt stellte ich vorsichtig die Kerze aufs Pult, zündete sie an und löschte das Licht.

Ein paar von den Jungen pfiffen und applaudierten. Jetzt würde es spannend werden.

Als Nächstes drapierte ich den schwarzen Stoff um meinen Kopf und band ihn unter dem Kinn zusammen.

»He, sie ist eine Hexe«, johlte Arvin Solomon.

Ich hielt mein Gesicht so nah an die Kerze, wie ich konnte. Ihr Schein malte mir gruselige Schatten unter Augen, Nase und Mund.

»Sie ist eine Hexe!«

Ich lächelte zustimmend. Das verstärkte den Applaus noch. Mr. Lee rückte seine Brille zurecht und lehnte sich nach vorn, das Notenbuch in der Hand.

Ich bot meine gesamte Scarlett-O'Hara-Theatralik auf und legte so viel Ausdruck wie möglich in meinen Vortrag:

Einst, um eine Mittnacht graulich, da ich trübe sann und traulich müde über manchem alten Folio lang vergess'ner Lehr –
da der Schlaf schon kam gekrochen, scholl auf einmal leis ein Pochen

An diesem Punkt klopfte ich auf das Pult und legte die Hand wie einen Trichter ans Ohr, als wollte ich sagen: »Horch!«, und fuhr fort:

gleichwie wenn ein Fingerknochen pochte, von der Türe her.
»'S ist Besuch wohl«, murrt ich, »was da pocht so knöchern zu mir her –
das allein – nichts weiter mehr.«

In der fünften Strophe wusste ich, dass Vincent Price im Vergleich zu mir ein Amateur war. Ich beugte mich tiefer über das Pult und sprach weiter. Dabei ließ ich meine Stimme bis zum letzten Vers immer weiter anschwellen. Zum Schluss wechselte ich von Vincent Price zu Boris Karloff:

Und der Rabe rührt sich nimmer, sitzt noch immer, sitzt noch immer
auf der bleichen Pallas-Büste überm Türsims wie vorher;
und in seinen Augenhöhlen eines Dämons Träume schwelen,
und das Licht wirft seinen scheelen Schatten auf den Estrich schwer;
und es hebt sich aus dem Schatten auf dem Estrich dumpf und schwer
meine Seele – nimmermehr.

Arvin Solomon sprang auf und applaudierte. Meine Freunde riefen: »Bravo! Da Capo!«, wie Marcello Mastroianni, und ich nahm mein schwarzes Cape ab und warf es meinen Fans im Klassenzimmer zu. Dann blies ich die Kerze aus, à la Lauren Bacall in *Key Largo*.

Ich bekam ein A++.

Mr. Lee bestand darauf, dass ich mein Gedicht am nächsten Tag vor den anderen Englischlehrern der Schule wiederholte. Als einer von ihnen daraufhin vorschlug, dass ich eine Rolle in der Schulaufführung von *Macbeth* übernehmen sollte, jubelte ich. Ich kam jedoch rasch auf den Boden der Realität zurück, als ich erfuhr, um welche Rolle es sich handelte: Ich sollte eine der drei Hexen im Vorspiel sein. Dennoch hat wohl noch niemand die berühmten Worte mit mehr Pathos gesprochen, als ich es dann tat.

Mir schien es großartig zu gehen, in jeder Hinsicht. Ob ich mit anderen Klavier spielte, Plakate für den Kunstkurs malte, ob ich Volleyball spielte oder an außerschulischen Aktivitäten teilnahm – ich schien mein Leben voll im Griff zu haben. Auf den Gängen in der Schule rief ich nach rechts und links ständig »Hi!«, und es fand sich immer jemand, der mit mir in der Cafeteria eine Tasse Kaffee trank. Ich erledigte meine Hausaufgaben pünktlich, übernahm Extra-Aufgaben und verstand mich mit allen Lehrern gut.

Warum also fühlte ich mich auf der High School innerlich so leer?

Gute Noten und allgemeine Beliebtheit halfen nicht dagegen. Klassenaufführungen, Talentwettbewerbe und Chorproben ebenso wenig. Stattdessen wurde mein Seelenfrieden durch Anfälle von schlechter Laune und Verbitterung gestört, und häufig brach ich völlig ohne Grund in Tränen aus. Es konnte vorkommen, dass ich vor dem Klassenzimmer ganz vergnügt mit meinen Freundinnen zusammenstand und plötzlich denken musste: *Wo ist die Mitte von alldem? Ist die Mitte vielleicht in Wirklichkeit ganz woanders? Oder vielleicht nur ein Stück weiter den Gang hinunter, vor einem anderen Klassenzimmer? Nein, bestimmt nicht. Die Mitte ist nicht dort. Und hier ist sie ganz bestimmt auch nicht.*

Ich versuchte in solchen Situationen, diese Gedanken rasch wieder abzuschütteln und mich auf das Geplauder einer Freundin zu konzentrieren, die Mutmaßungen darüber anstellte, welcher Song der Beach Boys wohl in dieser Woche die Nummer Eins in der Hitparade werden würde. Doch dabei wanderten ihre Augen die ganze Zeit den Gang hinauf und hinunter, als warte sie sehnlichst darauf, dass jemand Interessanteres vorbeikäme. *Warum fühlt sich alles so hohl an? Warum stehe ich hier und rede darüber, welcher Diskjockey mir am besten gefällt? Warum rede ich die ganze Zeit so ... nichtiges Zeug?*

Tief innerlich spürte ich genau, dass immer mehr auf dem Spiel stand. Es war dasselbe Gefühl wie damals bei Beendigung der Kubakrise: Chruschtschow hatte angeboten, die Raketen aus Kuba abzuziehen, wenn Amerika im Gegenzug versprach, nicht in Kuba einzumarschieren ... doch das bedeutete lediglich, dass die Kälte des Kalten Krieges von fünfundachtzig Grad unter Null auf fünfundsiebzig Grad unter Null abgemildert worden war. Die Welt, die die Luft angehalten hatte, atmete auf, aber ihr Blutdruck war nach wie vor erhöht. Die Gewässer vor Kuba hatten sich beruhigt, aber von wirklichem Frieden waren wir weit entfernt. Das tägliche Leben verlief immer noch vorsichtiger, quasi auf Sparflamme. Und die Schachzüge erfolgten zu schnell hintereinander, als dass ein Kind auf einer Junior High School sie hätte mitverfolgen können.

Nicht einmal meine Gefühle für Mr. Lee konnten der inneren Ruhelosigkeit entgegenwirken, die mich mit voller Stärke überfiel, sobald der Bus mich zu Hause abgesetzt hatte. Warum saß ich ganze Abende lang auf dem Balkon vor meinem Zimmer, spielte traurig *Michael, Row Your Boat Ashore* und sang, als müsste mir das Herz brechen? Warum hatte ich das Gefühl, dass Arvin Solomon genauer wusste, was er wollte oder dass Kathy mir Lichtjahre voraus war, was gesellschaftliche Umgangsformen und die Chance, ein sinnvolles Ziel im Leben zu finden, betraf?

Den Beweis für diesen Vorsprung hatte ich im Vorjahr, 1961, erhalten. Mrs. Carski hatte uns zum Einkaufen in die neue Mondawmin Mall mitgenommen. Wir wollten uns Engelblusen kaufen. Alle Mädchen trugen damals solche Blusen mit Rüschenärmeln und Empiretaille, in denen man aussah, als sei man schwanger. Kathy und ich suchten unsere Größen heraus und gingen in eine Umkleidekabine, wo wir uns auszogen. Als ich meine Bluse halb ausgezogen hatte, drehte ich mich um, um etwas zu Kathy zu sagen, aber ich erstarrte mitten in der Bewegung. Kathy trug einen BH.

Ich hatte nicht damit gerechnet, dass Kathy einen BH tragen würde. Jetzt wusste ich nicht, wie ich reagieren sollte, aber irgendetwas musste ich tun. So zog ich mich weiter aus, zum Schluss auch das Unterhemd.

Kathy sah mich im Spiegel. »O Joni, du brauchst wirklich einen BH«, sagte sie in leicht überlegenem Ton zu mir.

»Äh – ich habe ihn vergessen anzuziehen«, log ich.

»Wirklich? Welche Größe trägst du denn?«

Ich hatte keine Ahnung, welche BH-Größe mir passte. »Hab ich vergessen«, log ich wieder.

»Du weißt ja, wenn du keinen BH trägst, musst du die Bluse eine Nummer größer nehmen.«

Das war's – dieser Kommentar. Er überzeugte mich, dass Kathy Carski mir Jahre voraus war, was das Wissen um den Sinn des Lebens betraf. Es war die Autorität, mit der sie nicht nur über ihre eigenen Blusen und ihren Körper, sondern auch über meinen sprach. Sie strahlte solches Selbstvertrauen aus. Sie pflegte sorgfältig ihre Nägel und wusste genau, dass sie eines Tages Klavier- oder Ballettlehrerin werden wollte. In der sechsten Klasse hatte sie den Kurs über »persönliche Hygiene« belegt, in dem sie *Den Film* zeigten.

Ich hatte nicht an dem Kurs teilgenommen. Meine Eltern fanden, ich sei noch zu jung, um *Den Film* zu sehen. Außerdem sahen sie es nicht als Aufgabe der Schule an, Heranwachsende über »persönliche Hygiene« aufzuklären. Solche Dinge waren der Familie vorbehalten. Das Problem war nur, dass wir zu Hause nie dazu kamen, über Dinge wie Blumen und Bienen und BHs zu sprechen. Meine Eltern glaubten wahrscheinlich, die sexuelle Aufklärung würde irgendwie, vielleicht durch eine Art Osmose, von meinen älteren Schwestern auf mich übergehen. Vielleicht dachten sie auch, ich wüsste schon alles, weil ich unter Pferden und Hunden auf der Farm aufgewachsen war. Wie auch immer, sie hatten mir nicht erlaubt, *Den Film* anzuschauen. Und deshalb saß ich, während Kathy Carski und die anderen Mädchen aus meiner Klasse im Filmvorführraum in neue Dimensionen der Reife vordrangen und alles über Menstruation und den männlichen Körper erfuhren, mit zwei oder drei anderen Mädchen im Klassenzimmer und las *Smokey the Cowhorse*.

Einen Wildfang wie mich brachte das Fehlen jeglicher Erfahrung unausweichlich auf Kollisionskurs mit den Hormonen. Ich machte gleichsam einen Crashkurs auf dem Gebiet der Lebensumbrüche durch. Mir war völlig unerklärlich, was mit mir geschah. Mein flachsblondes Haar war auf einmal mausgrau geworden. Meine Zöpfe wirkten unerträglich kindisch, aus meinen Sommersprossen waren Pickel geworden, und meine Zähne brauchten Klammern. Ich fühlte mich unwohl in meinen alten schwarzen Black Jack-Tennisschuhen und war alles andere als glücklich, dass ich mir auf einmal die Augenbrauen zupfen sollte. Manche der alten Kleidungsstücke, die ich nach wie vor trug – zum Beispiel meine hinten geknöpften Trägerkleider – waren mir um die Brust zu eng geworden. Und ich schaffte es beim besten Willen und mit den schlimmsten Verrenkungen nicht, die kleinen Haken zu fassen, die dazu dienten, die Nylonstrümpfe zu befestigen. Sollte ich mir die Beine rasieren, wie alle anderen es taten? Oder die Achselhöhlen? Sollte ich ein Deodorant benutzen? Ich konnte mit den Veränderungen, die mit meinem Körper vorgingen, einfach nicht Schritt halten.

Aber es waren nicht allein die Hormone. Es war das Leben überhaupt. Alles, was mir lieb und wert war, veränderte mit rasender Schnelligkeit seine Bedeutung – die Wochenendrodeos, die gemeinsamen Colas mit meinem Pferd (»Iiiiiih, hast du das wirklich gemacht?«, fragte eine Freundin angeekelt), die Theaterstücke im HD Club, einfach alles. Die Bemerkungen meiner alten Klassenkameraden aus der Grundschule vergrößerten meinen Schmerz eher noch: »Weißt du noch, wie die Eareckson dieses monströse, alte, hässliche Bärenfell zu *Show'n Tell* mitbrachte?« und »Ja, und diese vertrocknete Kiefer, die sie zum Krippenspiel anschleppte!«. Vor allem der letztere Kommentar hatte wehgetan. Ich erinnerte mich noch gut an den Baum: Ich war damals erst in der vierten Klasse, aber an einem Wintertag hatte ich mein Pferd gesattelt, war zu einem Kiefernhain an der Grenze unserer Farm geritten und hatte den Baum selbst mit der Axt gefällt. Ich hatte mein Lasso um den Stamm geschlungen und ihn den ganzen Weg zurück zum Haus gezogen.

Diese Zeiten waren für immer vorbei. Jetzt sehnte ich mich für Augenblicke nach der alten Unbeschwertheit, als meine Schwester Kathy und ich kleine Holzblöcke zu Booten zusammennagelten, sie am Bach ins Wasser setzten, dann am Ufer entlang mitliefen und zusahen, wie sie in der Strömung herumwirbelten, immer wieder kurz untergingen und wieder auftauchten, bis sie schließlich auf einen Stein trafen und sanken. Doch im nächsten Augenblick schon verabscheute ich jene Tage, weil sie mir vorgegaukelt hatten, das Leben sei wirklich so einfach. Holzboote zu basteln und ins Wasser zu setzen war passé. Zumindest für Mädchen, die BHs trugen.

Kein Wunder, dass ich das Gefühl hatte, nicht in die Junior High School zu passen. Während ich verzweifelt versuchte, so zu tun als ob, indem ich mich freiwillig für ein Solo im Chor meldete oder Mr. Lee mit meinem Verständnis für den Atomwaffensperrvertrag beeindruckte, zog ich mich innerlich auf den Balkon vor meinem Zimmer zurück. Joan Baez und Mary Travers waren meine neuen Heldinnen, und ich begleitete mich selbst auf der Gitarre zu den traurigen Songs aus ihren Alben, denn sie fanden Worte für meinen Schmerz.

Hang down your head, Tom Dooley, denn deine armseligen

Früchte sind ungenießbar und vor allem *Where have all the flowers gone?* Wenn das Leben nur endlich aufhören würde, sich zu ändern. Wenn es nur nicht so unpersönlich wäre. Wenn Algebra bloß nicht so unverständlich wäre. Wenn meine Freundin nur aufhören würde, ihre Augen den Gang hinauf und hinunter huschen zu lassen in der heimlichen Erwartung, eine bessere Freundin zu treffen. Wenn nur Mr. Lee nicht verheiratet wäre. Wenn ich mich nur nicht so hohl und leer fühlen würde und wenn nur Gott so wäre – nun ja, so wäre, wie er früher war.

Im Englischunterricht lernte ich: »These are the times that try men's souls« (In diesen Zeiten wird die Seele der Menschen auf die Probe gestellt) – ein Satz, den ich mir vorn in mein Ringbuch schrieb. Ich hasste die Junior High School. Wenn ich mich nicht mit meinem Malblock auf den Balkon zurückzog, fand ich Trost im Klavierspiel. Ich war dem alten Kasten im Erdgeschoss längst entwachsen und spielte jetzt auf einem Stutzflügel, den meine Eltern bei der Carski Piano Company gekauft hatten. Ich konnte es kaum fassen, dass dieses herrliche Instrument mir gehörte. Es stand im Wohnzimmer, auf dem Fell eines bengalischen Tigers. Wenn ich die Tasten anschlug, erfüllte sein Klang den ganzen großen Raum, und von der Gewölbedecke kam das Echo zurück.

An den Samstagabenden im Spätfrühling oder Frühherbst öffnete ich die großen Fenster im Wohnzimmer und ließ den leichten Wind auf der einen Seite herein und die Töne des Klaviers auf der anderen hinaus. Während ich so saß und spielte, erinnerte ich mich an die Ermahnungen, die ich ständig von Miss Merson gehört hatte. Ich beugte mich über die Tasten, strengte mich an, alle Töne eines Akkords gleichzeitig anzuschlagen und Crescendi und Decrescendi anmutig klingen zu lassen. Die Musik schuf eine Atmosphäre, die mir wenigstens für kurze Zeit erlaubte, mich von den Dingen um mich herum frei zu machen. So wie mit meiner Gitarre auf dem Balkon hatte ich auch beim Klavier das Gefühl, dass ich zu ihm passte.

Wenn ich spielte, hoffte ich stets tief in meinem Innern, dass mein Vater, der in seinem Zimmer arbeitete, mich hörte. *Papa, hörst du zu? Kannst du deine Arbeit einen Augenblick unterbrechen und zu mir kommen und mir helfen, die Mitte zu finden? Kannst du kommen und zuhören, wie ich Klavier spiele?*

Da sein Arbeitszimmer direkt gegenüber lag, wusste ich, dass er mich hörte. Und – welche Freude! – gelegentlich stand er tatsächlich von seinem Schreibtisch oder einem seiner Bilder auf und trat in die Wohnzimmertür. Wenn er sich an die Tür lehnte und mir beim Spielen zusah, spürte ich seine Augen in meinem Rücken. Und sein Lächeln. Nach einer Weile kam er dann ins Wohnzimmer und setzte sich auf den bequemen Stuhl neben dem Klavier. Dann blickte ich auf und sah, dass er den Kopf zurückgelehnt und die Augen geschlossen hatte. Er hatte die Klänge meiner Fantasie gehört, die ihn lockten und baten zuzuhören – und hatte mein Spiel für wert befunden, seine Arbeit oder sein Hobby zu unterbrechen. Oft fragte er zuvor auch in respektvollem Ton: »Darf ich zuhören?«

Vater hatte seinen Mädchen immer viel Zeit gewidmet, aber nun, da wir älter wurden, hatte ich das Gefühl, dass er nicht mehr so recht wusste, was er mit uns anfangen sollte. Wir waren nicht mehr seine »Kameraden«, wie er uns gern genannt hatte. Wir halfen ihm nicht mehr, Zement zu mischen, und wir naschten nicht mehr von seinem Teller. Jay, Kathy und ich hatten unsere Daisy-Luftgewehre fortgelegt, unsere Roy Rogers Zündkäpselchen-Pistolen ebenfalls. Wir waren vom Westernreiten der Cowboys zum Englisch Reiten fortgeschritten.

Ich glaube, Vater hoffte insgeheim, dass wir im Grunde noch immer gern eine Gute-Nacht-Geschichte hörten. Dass wir am liebsten unten beim Brunnen Frösche fangen würden. Aber vielleicht wusste er auch nicht so genau, was er hoffen sollte. Mein Vater musste mit derselben Tatsache fertig werden, der ich mich stellen musste: dass wir nicht für immer kleine Mädchen bleiben konnten.

Ich hätte ihm diesen Übergang, den unser Erwachsenwerden bedeutete, so gern erleichtert. Wenn ich schon selbst nicht damit fertig wurde, konnte ich vielleicht wenigstens ihm helfen.

Und so tat ich, was ich am besten konnte. Ich spielte Klavier. Hier hatte sich nichts geändert. Zu den Klaviertasten passte ich nach wie vor. Und Vater, der im Sessel saß und zuhörte, passte ebenfalls hierher. Am Klavier besaß ich Sicherheit – genauso viel wie Kathy Carski, wenn nicht mehr. Und ich kannte keine größere Freude, sei es im Klassenzimmer oder auf dem Volleyballfeld, als eine kleine Privatvorstellung für meinen Vater zu geben. Ich konnte nicht mehr sein Kamerad sein, aber ich war noch immer das kleine Mädchen, das er liebte. Das zeigte er mir, indem er in mein Reich, die Musik, eintrat.

Diese Augenblicke waren zeitlos. Der Aufruhr, den die Junior High School in mir hervorgerufen hatte, legte sich, und es kehrte wieder Friede ein. Es herrschte kein kalter Krieg mehr in meinem Herzen, kein Schach des Schreckens mehr mit einem Feind, der meinen König stürzen wollte. Vielleicht fand ich hier, während ich Aaron Copeland oder Chopin spielte, in diesem schönen alten Zimmer, das so viele Erinnerungen barg, meinen Vater neben mir, er noch immer der König und ich die Prinzessin – vielleicht fand ich hier die Mitte.

Kapitel 9

Ein Mensch kann seinen Weg planen, seine Schritte aber lenkt der Herr.

Sprüche 16,9

Wie sollte ich jemals lernen, mich wie eine Dame zu benehmen, wenn ich nicht auf meine Stiefel verzichten konnte? Meine abgetragenen Cowboystiefel mit der Ledersohle und dem von Hand punzierten Schaft, die so gut zu meinen Levis passten? Ich trug diese Stiefel schon Ewigkeiten. Aber, um es mit Bob Dylan zu sagen: *The times they were a-changing.* Nicht nur meine Kleider- und Jeansgröße hatte sich geändert, auch meine Schuhgröße war über Nacht von 6M auf 8M gewachsen. Wenn ich mich den Veränderungen meines Körpers anpassen und einen BH tragen wollte, sollte ich vielleicht besser auch meine Tony Lamas aufgeben.

Ich benahm mich damenhaft: Ich legte die Cowboystiefel ab und kaufte mir ein paar glänzend schwarze, englische Reitstiefel mit hohem Schaft. Danach schaffte ich mir auch den Rest an: eine Jodhpurhose, eine Bluse mit gestärktem Kragen, eine Reitjacke aus Tweed, eine schwarze Reitkappe und eine Peitsche. Als ich in diesem Reitdress vor dem Spiegel stand, das Haar zum Knoten geschlungen, die Kappe in der Hand, wirkte ich wie einem Gemälde aus dem neunzehnten Jahrhundert entsprungen: Ich sah fast ... hübsch aus.

Vater fand auch, dass ich ungewöhnlich, aber sehr schick aussah. Jedenfalls war er so beeindruckt, dass er von einem Freund einen gebrauchten Englischsattel kaufte, ihn etwas aufarbeiten ließ und ihn mir im Herbst 1962 schenkte. Sofort sattelte ich Tumbleweed – die Stute, die ich bis jetzt im Westernstil geritten hatte – und ritt sie zur Probe über ein paar niedrige Sprünge.

»Sie sieht gar nicht so übel aus im Sprung«, rief Vater vom Tor her. »Sie ist gut in Form und hat einen ganz guten Stil. Nimm ihren Kopf tiefer.«

»Ja, sie ist ein Naturtalent«, rief ich zurück.

»Du auch!«

Nach mehreren Zäunen lenkte ich sie zu meinem Vater. Ich ließ die Zügel locker und klopfte Tumbleweed zärtlich den Hals. »Ich glaube, noch höher sollten wir ihre Sprünge nicht legen«, meinte ich. »Sie ist nur knapp eins fünfundvierzig groß, ich denke, eins zehn ist ihr Limit.«

Vater sagte nichts, aber ich sah, dass ihm eine Idee gekommen war. Ein paar Tage später fuhr er mit mir zum Gelände der Maryland Livestock Auction. Eine nahe gelegene Ranch, auf der Vollblüter gezüchtet wurden, musste aufgeben, und Vater meinte, wir könnten hier vielleicht günstig ein gutes Pferd ersteigern.

Vor Beginn der Auktion gingen wir zu den schmutzigen Boxenreihen hinter dem Auktionsring, um uns die Pferde anzusehen. Die Luft war voller Heustaub. Männer riefen mit bellender Stimme Befehle. Die Pferde, völlig verängstigt durch die laute, fremde Umgebung, wieherten pausenlos. Wir sahen wirklich erstklassige Vollblüter, die aber natürlich völlig unerschwinglich für uns waren. Andere blickten uns über die Boxentüren hinweg an – ausgemergelte, dünne Mähren, hoffnungs- und heimatlos. Ich konnte es nicht ertragen. Ein paar hatten Narben auf der Schulter und erinnerten mich an Black Beauty und Ginger. Plötzlich wurde mir klar, dass diese Pferde, wie sie da in den vielen, vielen Reihen standen, wahrscheinlich für den Metzger bestimmt waren. Später am Vormittag, nachdem die besten Wallache und Stuten präsentiert worden waren, führten die Pferdepfleger ein großes, schlaksiges Vollblut in den Ring. Er war kastanienbraun und hatte eine breite weiße Blesse. Nichts an ihm war besonders attraktiv, und ich zuckte zusammen, als ich das Anfangsgebot hörte: Es war sehr niedrig, und das bedeutete, dass die Metzger gute Chancen hatten.

Dann fing der Pfleger an, den Wallach zu longieren und aufzuwärmen, damit er springen konnte. Plötzlich setzte ich mich bolzengerade auf. Das Pferd begann zu tänzeln. Es spitzte die Ohren und schien es kaum erwarten zu können, endlich zu zeigen, was in ihm steckte. Der Pfleger richtete es auf den Zaun aus, der mitten in der Arena stand, trieb kurz, und das langbeinige Tier flog nur so über das Hindernis.

»Das waren gut eins dreißig«, sagte mein Vater überrascht. »Dieses Pferd kann leicht seine eins fünfzig springen.«

In der Pause hatten wir Gelegenheit, uns den großen braunen Wallach genauer anzusehen. Wir fuhren ihm mit der Hand die Beine entlang und prüften seine Hufe und Zähne. Im Prinzip war er gesund. Und so rechnete ich meine Babysitterhonorare und mein Sparguthaben zusammen, und Vater und ich einigten uns auf ein Gebot. Höher würden wir nicht gehen.

Wie sich herausstellte, hätte ich mir keine Sorgen zu machen brauchen. Kaum jemand wollte das hässliche Pferd mit dem großen Kopf haben. Ich nannte ihn St. Augustine, nach einem Buch, das ich gerade gelesen hatte – Auszüge aus den Bekenntnissen des Heiligen Augustinus. Ich hatte in letzter Zeit eine ganze Reihe solcher schmaler Bändchen erworben und einige von ihnen sogar gelesen, weil ich gesehen hatte, dass ältere Beatniks, Fans von Peter, Paul und Mary, sie mochten. Inzwischen besaß ich meine ganz spezielle Sammlung: *Fänger im Roggen* und *Franny und Zooey* von J. D. Salinger, *Siddhartha* von Hesse, *Das Totenbuch* und besagtes Buch des Kirchenvaters Augustinus. »Ich taufe dich Saint Augustine«, sagte ich zu meinem neuen Pferd und streichelte ihm die Blesse. Aber schon bald wurde es mir zu mühsam, jedes Mal die vollen vier Silben auszusprechen, und ich kürzte den Namen ab. Er wurde zu »Augie«.

Augie und ich fingen schon bald an, öffentlich aufzutreten und machten uns rasch einen Namen unter unseren Konkurrenten – Leuten, die schicke Vollblüter mit funkelnagelneuen Sätteln ritten. Unsere liebste Disziplin – und die, in der wir am besten waren – war der modifizierte Olympiaparcours: ein Irrgarten aus Zäunen, höchst seltsam aussehenden Hindernissen, Triplebarren und keinem Sprung unter eins dreißig hoch. Es war ein harter und gefährlicher Parcours.

Wir kommen in den Paddock. Augie tänzelt. Das Tor geht auf, das Pferd scheint vor Kampfeslust zu explodieren. Ich nehme die Zügel auf und halte auf den ersten Zaun zu. Die Hufe schleudern Dreck hoch ... Keuchen, Schnauben ... ich greife nach der Mähne, touchiere kurz die Schulter und ... uff! ... Absprung, wir fliegen über den Zaun. Ein hartes Aufkommen. Zügel wieder aufnehmen. Ohren und Augen nach vorn gerichtet, den nächsten Zaun anvisieren und tief Luft holen.

»Ich kann das nicht sehen! Ich will es nicht sehen!«, rief meine Mutter gewöhnlich bei solchen Szenen und hielt sich die Augen zu. Sie erklärte sich meistens bereit, bei den Wettkämpfen den Hamburgerstand zu übernehmen, aber wenn sie dann hörte, wie über Lautsprecher »Miss Joni Eareckson auf ihrem Pferd Saint Augustine« angekündigt wurde, kam sie in der Regel doch herüber, um zuzusehen. Dabei meinte sie jedes Mal: »Kind, du wirst dir noch irgendwann das Genick brechen!«

Allmählich ließ ich Tumbleweed immer öfter auf der Koppel und sattelte mir auch für meine Ausflüge rund um den Patapsco Augie. Einer der Wege, die ich häufig nahm, führte am Anwesen der Cauthornes auf der anderen Seite des Flusses vorbei. Mr. Cauthorne war der Inbegriff eines Gentleman-Farmers; oft sah ich ihn in dem mit weißen Säulen bestückten Bogengang seiner Villa stehen, seinen geliebten Jagdhund neben sich. Wenn ich auf Augie die Gorsuch Switch Road – die die meiste Zeit des Jahres nicht mehr als ein ausgetretener, breiter Trampelpfad war – hinauftrabte, winkte Mr. Cauthorne mir zu, als stünde er auf englischem Rasen oder säße auf einem edlen Pferd inmitten der Meute. Eines Tages, nachdem er beobachtet hatte, wie Augie und ich über einen der Grenzzäune seiner Farm flogen, rief er mich zu sich. »Joni, was hältst du davon, an unserer nächsten Fuchsjagd teilzunehmen?«

»Ich? Sie wollen ... dass ich mit Ihnen eine Jagd reite?«

Frühmorgens am Thanksgivingtag bandagierte ich Augies Beine und flocht seine Mähne ein, und dann half Vater mir, ihn zum Howard County Hunt Club zu fahren. Wir parkten unseren Van, und ich lud mein Pferd aus und gab ihm eine Hand voll Hafer, weil er so brav gewesen war. Noch ein paar Minuten, dann gurtete ich nach, saß auf und nahm die Zügel auf.

Ich sah mich suchend nach Mr. Cauthorne um und entdeckte ihn schließlich vor der roten Scheune. Er saß auf Pepper Hot, seinem erfahrenen Vollblut. Mr. Cauthorne trug seinen roten Frack und die schwarze Kappe und sprach mit einigen anderen Jagdteilnehmern, die alle bereits zu Pferde waren. Um

Peppers Beine wuselten aufgeregt die Hunde. Die Hunde bellten, die Pferde wieherten und die Damen des Hunt Club begrüßten alle mit einem Becher heißem Apfelwein.

Die Morgenluft war feucht, erfüllt von der süßen Frische frisch gemähten Grases. Oder war es vielleicht die Lederpolitur? Oder einfach nur die Pferde? Jedenfalls roch es einfach herrlich.

Jemand stieß versuchsweise ins Horn, und die Hunde wurden noch unruhiger. Die Hufe unserer Pferde klapperten über die Pflastersteine, und als wir weichen Boden erreichten, schlugen die Pferde einen leichten Galopp an.

Ich ritt hinter Mr. Cauthorne und passte genau auf, wie er sich hinter dem Master hielt. Wir überquerten einen Bach und gelangten in das erste Feld. Ich trieb Augie in langsamen Galopp. Ich kann heute noch spüren, wie meine Hände die Zügel hielten und meine Knie am Sattel klebten. Ich höre heute noch das Geräusch der Erdschollen, die von den Hufen aufgeworfen wurden, das Jagdhorn, das Knarzen des Leders, das Bellen der Hunde und das Schnauben und Keuchen der Pferde. Ich rieche heute noch die Novemberluft, scharf, feucht, erdig, die Süße der gemähten Kornfelder und den stechenden Geruch von totem Laub, Schlamm und Schweiß. Ich spüre heute noch den Knoten, der in meinem Magen war, als wir auf eine Steinmauer zugaloppierten, die Aufhebung der Schwerkraft, als mein Pferd und ich darüber setzten, wie ich nach Luft schnappte und wir gleich auf den nächsten Zaun zuhielten. Augie schüttelte seine Mähne, warf den Kopf, schnaubte und kaute zwischen den Sprüngen heftig auf seinem Gebiss – er war ganz in seinem Element. Den Fuchs fingen wir an jenem Tag nicht. Nachdem wir unsere Pferde versorgt hatten, nahm Mr. Cauthorne mich zum Teetrinken mit ins Howard County Klubhaus. Als wir das weitläufige alte Farmhaus betraten, prallte ich förmlich zurück, denn es war innen genauso elegant wie Miss Mersons Apartment. Ein Streichquartett spielte, und ich sah Stechpalmen und Efeu, Kerzen und weißes Leinen. Butler schenkten Punsch aus silbernen Schalen aus und stellten Platten mit Wurst, Käse und Brot auf die Tische. Wo ich auch hinschaute, unterhielten die Leute sich fröhlich über den Ritt des heutigen Tages.

Ich sah auf meine Stiefel hinunter, die abgenutzt und noch

schmutzig waren, und auf meine Jodhpurs, durchgeschwitzt und voller Pferdehaare. Plötzlich erblickte ich mich im Spiegel und versuchte rasch, mein Haar zu ordnen, das im Begriff war, sich aus dem Knoten zu lösen. Mein Spiegelbild traf mich wie ein Schlag – ich hatte immer noch einen Schmutzstreifen auf der Wange, hielt aber einen Becher Punsch in der Hand –, aber ich beschloss: *Ich sehe aus wie eine Lady. Ich bin hier an diesem Ort, wo es Kerzen und Kristall und Mist und Schlamm gibt und – schaut her! – ich kann reiten und trotzdem eine Lady sein.*

Abends, als ich gemeinsam mit meiner Familie beim Thanksgivingdinner saß, redete ich wie aufgezogen. »Augie und ich haben keinen einzigen Zaun ausgelassen – reich doch bitte die Kartoffeln weiter – ich hatte Gelegenheit, den Besitzer des Klubs kennen zu lernen und – wer hat gerade die Preiselbeeren? – und alle sagten, mein Pferd sei so souverän und ...«

Nach dem Abendessen kam ein Ritual, das bei unseren Thanksgivingfesten Tradition war und bei dem jeder der am Tisch Sitzenden irgendetwas erzählte, für das er in diesem Jahr besonders dankbar war. Linda und ihr Mann erwarteten wieder ein Kind. Jay hatte in den Ferien in Fort Lauderdale einen netten Jungen von der Denison University kennen gelernt. Kathy war dankbar, dass sie und ihr Pferd Reds dieses Jahr wieder das Maryland State Barrel Racing gewonnen hatten. Ich war so aufgeregt, dass ich es kaum erwarten konnte, bis meine Schwestern fertig waren. Den ganzen Tag hatte ich gleichsam in einem Currier-und-Ives-Druck gelebt, umgeben von Romantik und Nostalgie. Der Junior-High-School-Blues lag hinter mir. Ich fühlte mich nicht mehr zerrissen. Ich hatte heute eine wunderbare Idee geschenkt bekommen, und endlich konnte ich mir auch ein Bild von meiner Zukunft machen. Alles war vollkommen. Absolut vollkommen. Ich wusste, was ich sagen würde, wenn Kathy fertig war.

»Du bist dran, Joni«, sagte schließlich jemand.

»Ich bin dankbar, dass ich endlich weiß, was ich mit meinem Leben anfange. Ich werde einen guten High-School-Abschluss machen, Tiermedizin studieren, den Marlboromann heiraten, auf seiner Ranch in Wyoming leben, Pferde züchten, reiten und mich für die Olympiade qualifizieren.«

Das klang endlich nach Mitte für mich.

Kapitel 10

Darum ist das Recht ferne von uns, und die Gerechtigkeit kommt nicht zu uns. Wir harren auf Licht, siehe, so ist's finster, auf Helligkeit, siehe, so wandeln wir im Dunkeln.

Jesaja 59,9

Niemand in ganz Maryland konnte so wunderbare Natursteinmauern bauen wie mein Vater. Vater kombinierte seine handwerklichen mit seinen künstlerischen Fähigkeiten und entwarf Mauern, die aussahen wie aus einem Gedicht von Robert Frost. Verwitterte Vorposten, grau und alt, symmetrisch und stabil. Wenn mein Vater eine Mauer baute, beeilte er sich nicht, sondern nahm sich Zeit. Er und Mr. Tom luden einen großen Haufen unbehauene, runde Steine ab und sortierten dann diejenigen aus, die sie für die Mauer gebrauchen konnten.

Ich sah ihnen aus einiger Entfernung zu. Vater nahm einen Stein, bürstete den Schmutz ab, drehte und wendete ihn in der Hand und legte ihn auf, mal so und mal so, bis er richtig lag. Dann kam Mr. Tom mit Zement und Maurerkelle.

»Hier, Mr. John«, sagte er und goss Zement in die Zwischenräume zwischen den Steinen.

»Genau, Tom.«

»Noch mehr Zement?«

»Mm.«

Sie arbeiteten wie eine gut geölte Maschine, ein eingespieltes Team. Langsam und sorgfältig zogen sie die Mauer hoch. Zuerst bauten sie eine auf der einen Seite der Scheune, dann eine zweite am Brunnenhaus. Eine dritte begrenzte den Innenhof unserer Farm.

Ja, im Sommer 1963 wurden Mauern gebaut. Mein Vater errichtete eine an der Auffahrt zu unserer Farm. Und Mr. Tom, der immer an seiner Seite war, half ihm dabei. Mein Vater war nun älter – er war in jenem Jahr dreiundsechzig geworden – und brauchte jemanden, der ihm bei der Arbeit half, ein Extrapaar Hände, das ihm Dinge zureichte, und ein Extrapaar Beine, das seine arthritischen Knie wettmachte. Dieser Jemand war Tom Chappel – ein schlaksiger Schwarzer mit einem stillen, freundlichen Wesen.

Mr. Tom liebte meinen Vater und nahm ihm zuliebe gerne mehr Arbeit auf sich. Wir alle dankten Mr. Tom – so nannten wir ihn – diese Fürsorge; »Mr. Chappel« schien uns zu formell für jemanden, der uns so nahe stand, und »Tom« kam uns zu respektlos vor. So wurde er »Mr. Tom«.

Er und Vater begannen gewöhnlich am frühen Morgen mit der Arbeit und gönnten sich bis zum Mittag kaum eine Pause, während sie die schweren Steine im Schweiße ihres Angesichts unter der heißen Sonne aufeinander schichteten und zusammenfügten. Gegen Mittag zog mein Vater sein T-Shirt aus, aber Mr. Tom behielt seines an und nahm auch die hübsche braune Schottenmütze, die er immer trug, nicht ab. Jay bereitete frische Limonade und einen Lunch, aber meistens versorgten sich Vater und Mr. Tom selbst. Mr. Tom schien meinem Vater völlig ergeben zu sein. Er war immer einer Meinung mit ihm, von der Politik bis zu Lohntabellen.

Manchmal ritt ich mit Vater und Mr. Tom von der Farm aus nach Hause. Wir nahmen dann den Rundweg nach Woodlawn, an Gwynn Oak Junction vorüber, damit wir Mr. Tom an seinem Haus an der Plateau Avenue, das meinem Vater gehörte, absetzen konnten.

Manchmal wählten wir auch den Weg an einem anderen Haus an dieser Straße vorbei. Es war ein hübsches, mit weißen Schindeln verkleidetes rotes Backsteinhaus, in dem Miss Thelma, eine entfernte Verwandte der Earecksons, wohnte. Miss Thelma war schon älter, nicht sehr groß, rundlich, mit grauem Haar, Brille und einem lieben Lächeln. Sie lebte allein, und Vater schaute oft bei ihr rein, um zu sehen, ob sie etwas brauchte oder ob an ihrem Haus irgendwelche Reparaturen nötig waren.

Ich mochte Miss Thelma, aber sie tat mir auch Leid. Sie hatte keinen Mann und auch keine Kinder. Dabei war sie so nett. Ich begriff nicht, warum sie nie das Interesse eines Mannes geweckt hatte, und war froh, dass sie wenigstens uns als Freunde hatte. Da Jay und Kathy inzwischen den Führerschein gemacht hatten, konnten sie häufig kleine Besorgungen für Miss Thelma übernehmen oder ihr beim Hausputz helfen.

Obwohl Mr. Tom und Miss Thelma nur wenige Häuser voneinander entfernt lebten, berührten ihre Welten sich nie. Und keiner der beiden ahnte, wie sein Leben in meines eingreifen sollte.

1963 hatte Gott seinen großen Auftritt. Sein Name wurde – spöttisch oder drohend, aber immer an vorderster Stelle – in jedem Beatnik-Song, jedem Gedicht, jeder politischen Rede bemüht. Schriftsteller stellten ihn in Frage, Musiker zweifelten an ihm und Joni Mitchell, eine meiner Lieblingssängerinnen der Sechzigerjahre, fragte sich sogar, wie wir den Weg zurück in seinen Garten finden könnten. Die einen predigten über ihn, die anderen behaupteten, er sei tot und waren froh darüber.

Aber keiner spielte den Propheten so überzeugend wie Martin Luther King, als er an jenem heißen Augustnachmittag vor Tausenden von Menschen auf der Treppe des Lincoln Memorial stand und verkündete:

»Ich habe einen Traum, dass meine vier kleinen Kinder eines Tages in einer Nation leben werden, in der sie nicht wegen der Farbe ihrer Haut, sondern nach dem Wesen ihres Charakters beurteilt werden ... Ich habe einen Traum, dass eines Tages jedes Tal erhöht und jeder Hügel und Berg erniedrigt werden. Die unebenen Plätze werden flach und die gewundenen Plätze gerade, ›und die Herrlichkeit des Herrn soll offenbart werden und alles Fleisch miteinander wird es sehen‹.«

Offenbar ergriff Gott Partei. Und er schien auf der Seite von Martin Luther King zu sein, nicht auf der von George W. Wallace. Bundestruppen hatten General Wallace gezwungen, ein richterliches Urteil einzuhalten, in dem die Rassentrennung an der Universität von Alabama aufgehoben wurde, und Präsident Kennedy fragte im Fernsehen: »Sollen wir der Welt – und, was viel wichtiger ist, zueinander – sagen, dass unser Land das Land der Freiheit ist, außer für die Schwarzen?«

Ich dachte an die Mauer, die Mr. Tom und mein Vater bauten.

Ich wollte auf Gottes Seite sein. Und so schloss ich mich den vielen jungen Menschen an, die, wie ein Sänger es formulierte, *God and truth and right* suchten. Mein Engagement wurde zum Teil von den Diskussionen über Rassentrennung in unserer Klasse genährt. Wir hatten die Aufgabe bekommen, ein Buch mit dem Titel *Black Like Me* von John Howard Griffin zu lesen, die wahre Geschichte eines weißen Mannes, der seine Haut schwarz färbte und in den Süden reiste, um am eigenen Leib das Stigma der Rassentrennung zu erleben. Der Hass und der Schrecken, die dieser Mann erfuhr, beeindruckten mich tief. Meine Suche nach »truth and right« wurde intensiver.

Ich lernte die Protestsongs von Peter, Paul und Mary und von Joan Baez auswendig. Ich horchte auf, als der Pastor der kleinen United Methodist Church, die wir besuchten, von der Kanzel aus gegen Rassismus und soziale Ungerechtigkeit wetterte. Ich hing an Mr. Lees Lippen, als er uns aufforderte, uns selbst eine eigenständige Meinung zu den Fragen zu bilden, die die Gesellschaft spalteten. Wir sprachen im Unterricht über Ungerechtigkeit und Dinge, die geändert werden mussten. »Es ströme aber das Recht wie Wasser!« – so lautete der Bibelvers, der von allen Kanzeln und in den Cafés zu hören war. Ja, Gott war »in« in diesen Tagen.

Wenn ich auf Gottes Seite sein wollte, musste ich eine bessere Beziehung zu ihm bekommen. Ich fragte meine Schwester: »Jay, kannst du mich kommenden Sonntag zur Bishop-Cummins-Kirche fahren?«

»Warum? Was passt dir nicht an unserer methodistischen Kirche?«

Nichts passte mir nicht daran. Ich hatte einfach nur das Gefühl, dass die reformierte episkopale Kirche der Bishop-Cummins-Gemeinde ein Ort war, an dem man seine geistlichen Wurzeln finden konnte, vor allem, wenn man eine Eareckson war. Vaters Bruder, Onkel Milton, hatte dort jahrelang als Pastor gewirkt, und viele unserer Verwandten, nahe und ferner stehende, füllten die Kirchenbänke. Ich fühlte mich ganz einfach zu Hause dort. Die Einbände vieler Gebetsbücher trugen Inschriften wie »Im Gedenken an Ruth Eareckson« oder »Zu Ehren von Vincent Eareckson Jr.«.

Immerhin brachte mich das Ganze auf eine Frage. »Warum sind wir sonntags eigentlich nicht in Onkel Miltons Kirche gegangen?«, fragte ich meinen Vater eines Tages.

»An den Wochenenden waren wir ja immer auf der Farm«, antwortete er leichthin.

Aber ich war nicht zufrieden. »Aber es wäre doch nett, mit allen zusammen zu sein, mit unseren Cousins und Cousinen und all den anderen.«

»Es ist zu weit zu fahren«, erwiderte er. Sein Ton hatte sich leicht verändert, und ich merkte, dass er die Sache nicht weiter erörtern wollte. Das war in Ordnung; ich sah ein, dass die Fahrt von der Farm an den Sonntagen vielleicht wirklich ein bisschen weit gewesen wäre, und ließ die Sache auf sich beruhen.

Allerdings nur bis zum kommenden Sonntag, als ich meine Verwandten wieder traf. Ich gesellte mich zu einer Gruppe anderer fast Vierzehnjähriger und versuchte, unseren Familienstammbaum nachzuvollziehen. Vince, Nicki und Lois waren meine Cousins und Cousinen, obwohl ich im Alter ihren Kindern Roger, Vicky, Paul und den anderen näher stand. Vince Jr. hatte Elva geheiratet und sie hatten Vince III. oder Trippy, der in Jays Alter war, bekommen ... so ging es weiter. Es war höchst kompliziert.

Ich fragte mich, wie Miss Thelma in diese Familie hineingehörte. Kathy schien sie am besten zu kennen, deshalb begleitete ich sie eines Sonntagnachmittags, als sie mit Miss Thelma einkaufen ging. Ich wollte die Tante fragen, wie sie mit uns verwandt war. Aber als wir schließlich die vielen Päckchen auf Miss Thelmas Küchentisch abgeladen hatten und wieder gegangen waren, fiel mir ein, dass ich sie zu fragen vergessen hatte.

Auf dem Heimweg fragte ich deshalb Kathy: »Ist Miss Thelma eine angeheiratete Tante oder eine Großtante von uns oder was?«

»Das weißt du nicht?«, fragte Kathy überrascht.

»Nein. Wer ist sie?«

Meine Schwester sah mich von der Seite an und sagte: »Ich weiß nicht, ob ich es dir erzählen soll.« Dann platzte die Bombe:

»Sie ist Papas erste Frau.«

Mir blieb vor Überraschung der Mund offen stehen.

»Papa war vor langer Zeit mit Miss Thelma verheiratet.«

»Du meinst, er hat sich ...«, ich musste schlucken, »er hat sich scheiden lassen?«

»Es ist nicht, wie du denkst«, fuhr Kathy auf, immer bereit, Vater zu verteidigen.

Es war kein gutes Gespräch. Mir dämmerte, dass wir hier auf eine Weise über meinen Vater sprachen, die bei anderer Gelegenheit das Auswaschen des Mundes mit Seife zur Folge gehabt hätte. *Scheidung? Vater sollte schon einmal verheiratet gewesen sein?* Unmöglich. Man heiratete nur ein Mal. Und wenn Leute sich scheiden ließen, dann hassten sie einander. Wir aber liebten Miss Thelma. Wir alle, einschließlich Mutter, empfanden nur Hochachtung und Zuneigung für sie. Und überhaupt: Was war mit Mutter?

»Du kannst ja Papa danach fragen«, meinte Kathy.

Das war unvorstellbar. Unter keinen wie auch immer gearteten Umständen konnte ich dieses Thema jemals meinem Vater gegenüber ansprechen, auch nicht, wenn das, was ich gehört hatte, die Wahrheit war.

Aber meine Mutter konnte ich fragen.

Allerdings musste ich zuerst eine Entscheidung treffen: Ich konnte das Ganze einfach vergessen und Kathys Bombe als das Geschwätz einer albernen Schwester abtun, das Thema nie wieder ansprechen und so tun, als hätte ich nie etwas darüber gehört. Wenn ich es aber meiner Mutter gegenüber anschnitt – wenn ich es ans Licht holte –, würde nichts mehr so sein wie vorher. Nie mehr.

Ich kam zu der Erkenntnis, dass die Sache zu wichtig war, als dass ich sie ignorieren konnte. Also wartete ich auf eine günstige Gelegenheit, mit Mutter zu sprechen. Diese Gelegenheit kam eines Tages, als sie am Spülstein stand. Ich holte tief Luft und ließ die Katze aus dem Sack: »Mama, stimmt es, dass Miss Thelma Vaters erste Frau ist?«

Meine Mutter hielt im Abwaschen inne. »Ja«, antwortete sie schließlich. »Ja, Miss Thelma war mit deinem Vater verheiratet.«

Ich beobachtete meine Mutter, während sie diese Worte

sprach, aber sie schienen nicht zu ihr zu passen. Es konnte einfach nicht sein. Es war, als hätte sie gesagt: »Wir haben dich belogen; Weiß ist in Wirklichkeit Schwarz, und Schwarz ist Weiß.«

»Wie kam das?«

Da erzählte Mutter mir von der Zeit vor 1920. Sie berichtete mir alles so, wie sie selbst es gehört hatte. Mein Vater war der schmucke, strahlende Captain John in der Kompagnie C der Boy's Brigade in der Bishop-Cummins-Gemeinde. Jedermann liebte »Cap'n John«. Immer freundlich und mit einem ermutigenden Wort auf den Lippen, war er jedermanns Liebling. Schließlich wurde er zum Sonntagsschulleiter ernannt und arbeitete in dieser Funktion eng mit seinen Brüdern, Pastor Milton und dem Kirchenältesten Vince, zusammen. Anna Verona hätte nicht stolzer auf ihre Söhne sein können.

Anfang der Zwanzigerjahre bildeten sich in der Bishop-Cummins-Gemeinde mehrere Paare, und schon bald läuteten auch die Hochzeitsglocken. Alle heirateten, so schien es, bis auf zwei: mein Vater und Thelma, die, obwohl sie sehr schüchtern war und immer nur mit leiser Stimme sprach, eine wichtige Rolle in der Gemeinde spielte. Bei den Festen und Picknicks, die die Gemeinde veranstaltete, wurden die beiden immer als Paar behandelt – immerhin waren Cap'n John und Thelma die einzigen jungen Erwachsenen, die noch allein stehend waren. Doch damals saß ein junger Mann bei gesellschaftlichen Anlässen der Gemeinde nicht mehrfach neben ein und derselben jungen Frau, wenn er nicht ernsthafte Absichten hatte. Die Leute fingen an, Druck auf die beiden auszuüben. Die Erwartungen wuchsen. Der Druck stieg. Als Thelmas strenge Mutter Vater einen Wink gab und jedermann ihn drängte: »Wann willst du endlich heiraten, John?«, tat er schließlich, was er für ritterlich hielt: Er heiratete Miss Thelma.

»Aber hast du sie je geliebt?«, fragte ich ihn Jahre später.

Er antwortete: »Liebe? Wir waren so gute Freunde, dass wir dachten … die Liebe käme später von selbst.«

Sie kam nicht, wie Miss Thelma bald klar wurde. Die beiden versuchten, eine Familie zu gründen, weil sie dachten, dass Kinder sie stärker aneinander binden würden, aber sie bekamen keine Kinder. Nichts schien zu helfen. Schon gar nicht Miss Thelmas fordernde Mutter. Und so kamen sie in aller Stille überein, sich gütlich zu trennen.

»Ich war damals erst ein kleines Mädchen in der Mädchenjungschar«, fügte meine Mutter hinzu. »Ich kannte selbst nicht alle Einzelheiten; immerhin bin ich vierzehn Jahre jünger als dein Vater. Viele Jahre später natürlich, als ich erwachsen war und deinen Vater kennen lernte – nun ja, wir heirateten 1940. Ich nehme an, dass es in der Gemeinde durchaus Leute gab, die es ganz und gar nicht billigten, dass dein Vater wieder heiratete. Es gab viel Klatsch und …«, Mutters Stimme wurde leiser, »ich fühlte mich nie ganz akzeptiert.«

Das erklärte die Sache mit Bishop Cummins – warum wir nicht mehr zur Gemeinde gehörten und stattdessen die kleine Kirche in der Nähe unserer Farm besuchten.

Mein Vater hatte immer für Thelma gesorgt. Er hatte ihr das mit weißen Schindeln verkleidete rote Backsteinhaus bei Gwynn Oak Junction gebaut und versprochen, sie finanziell abzusichern. Dieses Versprechen hielt er auch, doch er tat noch mehr. In späteren Jahren halfen wir Mädchen Miss Thelma beim Putzen und beim Einkaufen. Wie Mutter und Vater wurden auch wir ihre Freundinnen.

Doch diese Erklärung konnte den Schlag, den ich erhalten hatte, nicht abmildern. Ich schämte mich, dass die Earecksons Leichen im Keller hatten, und kämpfte mit höchst widersprüchlichen Gefühlen. Ich lehnte mich gegen die Wahrheit auf, und das Geheimnis schockierte mich. Im einen Augenblick tat mir Miss Thelma Leid, im nächsten Vater. Ich ärgerte mich über das Wort *Scheidung*, weil es den Namen meiner Familie beschmutzte. Dann wieder dachte ich: *Aber wir wären ja gar keine Familie – meine Schwestern und ich wären nie geboren worden, wenn Vater mit Miss Thelma verheiratet geblieben wäre. Gott hätte das wissen müssen!*

Vor allem aber war ich zutiefst enttäuscht, dass mein Vater – mein starker Held, der Mann, der mich seinen Kameraden nannte und den ich vierzehn Jahre lang auf ein Podest gestellt hatte – gestrauchelt war. Er war aus der Gnade gefallen. Warum hatte er es uns nicht gesagt? Warum hatte er uns in dem Glauben gelassen, unsere Familie sei etwas Besonderes, anders als die anderen, vollkommen?

Wenn man die Sünde eines anderen aufdeckt, passiert etwas Seltsames, vor allem, wenn man ein selbstgerechter Teenager ist, der auf Gottes Seite steht. Man ist auf einmal voller teuflischer Schadenfreude über das Unrecht, das der andere begangen hat. Immerhin ist Gott der Gott der Wahrheit und des Rechts, und, verdammt noch mal, das müssen wir demjenigen, der die Regeln gebrochen hat, auch so richtig begreiflich machen. Heb den Stein auf, ziele und wirf.

Steine. Ja, das war's. Vater und seine Mauern. Vater, der Mr. Tom brauchte – missbrauchte –, um diese Mauern zu bauen. Verheimlichte er mir vielleicht noch anderes? Ich überlegte, wann und wie ich ihn darauf ansprechen sollte, und beschloss eines Nachmittags, als wir Mr. Tom in der Plateau Avenue abgesetzt hatten, dass jetzt der richtige Zeitpunkt sei. Als wir schweigend an Miss Thelmas Haus vorbeifuhren, zielte ich und warf: »Papa, wie viel bezahlst du Mr. Tom?«

»Wie viel ich ihm bezahle?«

Ich sprach ein Thema an, über das ich wenig wusste und das mich nichts anging. Aber ich ließ nicht locker: »Mr. Tom tut so viel, und er arbeitet so schwer für dich …«

Vater unterbrach mich: »Tom erhält einen angemessenen Lohn für seine Arbeit.«

»Den Mindestlohn? Ist das angemessen?«, hieb ich auf meine Beute ein. »Papa, du weißt doch, wie schwer er für dich arbeitet, vom frühen Morgen an, den ganzen Tag. Ich glaube, Gott möchte, dass du Mr. Tom gegenüber ein bisschen großzügiger bist.«

Mein Vater antwortete nicht. Wir legten den Rest der Fahrt schweigend zurück. Irgendwie hatte ich das Gefühl, dass mein Stein ihn ins Mark getroffen hatte. Vor allem, weil ich meinen Worten mit dem Namen Gottes Nachdruck verlieh.

An diesem Abend betrat ich mein Zimmer in der festen Überzeugung, dass ich Mr. Toms große weiße Hoffnung sei. Ich hatte ihn aus Unterdrückung und Ungerechtigkeit erlöst und für seine Rechte, für die einzutreten er selbst wahrscheinlich zu schwach war, gekämpft. Als ich auf meinem Bett saß, stolz darauf, auf der

Seite Gottes und der Wahrheit zu sein, rief ich mir noch mehrmals mein Gespräch mit meinem Vater in Erinnerung. Schließlich klopfte ich mir auf die Knie und stand auf, um mich zum Schlafengehen fertig zu machen. Aber als ich mir die Zähne putzte und meinen Schlafanzug anzog, fragte ich mich: *Warum komme ich mir bloß so gemein vor? Ich bin im Recht und Vater ist im Unrecht. Warum fühle ich mich nicht richtig wohl bei dem Gedanken an das, was ich gesagt habe?*

Ich öffnete das Fenster und ging dann zu Bett. Mehrmals schüttelte ich mein Kopfkissen zurecht und legte mich schließlich hin, um dem Wind in den Bäumen, dem zarten Klingeln des gläsernen Glockenspiels an der Hintertür und dem Zirpen der Grillen zu lauschen. Es erinnerte mich an Nächte, als ich noch ein Kind war, Nächte, die so bezaubernd waren, dass ich mich zwang, wach zu bleiben und auf die Geräusche der Dunkelheit zu hören: das Summen der Klimaanlage, das Knarzen der Fußbodendielen, die leisen Stimmen meiner Eltern, die die Treppe hinaufdrangen. Vater, der von unten hochrief: »Gute Nacht, Joni!«

Ich drehte mich um und weinte ins Kissen.

»Du Dummkopf«, schimpfte Kathy am nächsten Tag. Wir ritten am Patapsco entlang, sie vorn, ich hinter ihr. »Was hast du zu Papa gesagt?«

»Ich hab gesagt, er muss Mr. Tom mehr bezahlen.«

»Warum hast du das gesagt?«, fragte sie ungläubig.

»Weil es richtig ist.«

»Du weißt überhaupt nichts«, murmelte sie.

»Was meinst du damit?«, fragte ich und trieb Tumbleweed neben sie.

Kathy drehte sich im Sattel um und sah mich an. »Joni, weißt du irgendetwas über die Vereinbarung, die Papa mit Mr. Tom über sein Haus getroffen hat?«

Ich schüttelte den Kopf.

»Es ist nicht nur eine gute Vereinbarung, es ist eine ungewöhnlich großzügige. Papa hat ihm ein zinsloses Darlehen gegeben, und in ein paar Jahren wird Mr. Tom und seiner Familie das Haus gehören. Und wenn Mr. Tom stirbt, bevor die Hypothek zurückgezahlt ist, gehört es seiner Familie sofort und schuldenfrei.«

»Wirklich? Bist du ganz sicher?«

»Ja, ich bin sicher«, antwortete sie. Als sie sich wieder nach vorn drehte, wiederholte sie noch einmal: »Dummkopf.«

Das war eines der wenigen Male in den vielen Jahren, in denen Kathy und ich uns stritten, dass ich mir wirklich wie ein Dummkopf vorkam. Mir war richtig übel geworden. Übel, weil ich so vorschnell mit meinem Vater gesprochen hatte, und noch übler, weil ich ihn grundlos angegriffen hatte. Der Stein, den ich geworfen hatte, war abgeprallt und hatte mich getroffen. Und er traf mich, als wäre er nicht ein Stein, sondern ein Felsbrocken.

Mein Gesicht war ganz heiß geworden und meine Augen brannten. Ich warf mein Pferd herum, gab ihm die Sporen und ritt nach Hause, von tiefem Groll erfüllt. Ich wollte unbedingt jemanden verletzen, aber es war keiner da, an dem ich meinen Ärger auslassen konnte. Für diesen Vorfall trug ich ganz allein die Verantwortung.

Ich wünschte, ich könnte erklären, was nach diesem Sommer 1963 geschah. Aber ich weiß nur, dass ich immer zorniger wurde. Ich war ein idiotischer Dummkopf gewesen – eine Erkenntnis, die mich eigentlich zum Einlenken hätte bewegen müssen. Aber mein Zorn ließ es nicht zu, und mein Stolz ebenso wenig. Und so tat ich, was so viele Teenager damals taten: Ich rebellierte und begann meine eigenen Mauern aufzurichten. Mauern gegen meine Eltern, gegen meine Vergangenheit und gegen mein eigenes besseres Wissen.

Ich kannte ein paar Mädchen, die wiederum einige Jungen aus Mount St. Joe kannten, die wussten, wo an diesem Wochenende eine tolle Party steigen sollte. Das bedeutete, dass ich meinen Eltern erzählte, ich wolle mit irgendjemand ausgehen, aber ihnen nicht wirklich sagte, was ich vorhatte. Es bedeutete eine Autofahrt im Wagen eines Freundes. Es bedeutete, auf eine Party zu gehen, die in einem schummrigen Keller im Haus des Freundes eines Freundes gefeiert wurde. Es bedeutete, lässig durch den lauten, rot beleuchteten, verräucherten Raum zu schlendern, als kennte ich mich aus, mich zur Musik der Rooftop Singers zu bewegen, die mich einluden: »Walk right in, sit right down, baby, let your hair hang down.« Genau so machte ich es.

Letztlich besuchte ich nur eine knappe Hand voll dieser Kellerpartys, aber das reichte auch. Nie fühlte ich mich einsamer als auf einer solchen Party. Die ganze Zeit über, während ich auf einem Sofa saß, den Arm eines Jungen, an den ich mich anschmiegte, um meine Schultern, die ganze Zeit, während ich tanzte und lachte über Scherze, die ich nicht verstand, und Menschen, die ich nicht lustig fand, spürte ich ganz genau, wie ich innerlich starb. Ich hatte einen Selbstzerstörungsknopf gedrückt und wusste nicht, wie ich dem Prozess, den ich da in Gang gesetzt hatte, Einhalt gebieten sollte. Die Joni, zu der ich erzogen worden war, erstickte und verkümmerte. Ich starb aus Mangel an Luft, an Frieden und an Sicherheit, an Freude und dem Fehlen eines Gefühls der Zugehörigkeit. *O Gott, o Vater, bitte, finde mich! Hier bin ich, bitte finde mich!*

Der Sonntagmorgen kam, und ich machte mich für den Kirchgang fertig – ich hatte beschlossen, weiterhin die Kirche der Bishop-Cummins-Gemeinde zu besuchen. Zum Glück war ich noch nicht so weit, die Gemeinde zu hassen, und so stand ich fast jeden Sonntag mit den anderen da und betete aus dem *Book of Common Prayer*:

Almighty God, Father of our Lord Jesus Christ,
Maker of all things, Judge of all men;
We acknowledge and bewail our manifold sins and wickedness,
Which we, from time to time, most grievously have committed,
By thought, word and, deed ...

Mein Gewissen war immer noch fähig, mir zuzureden und mich zu erreichen. Aber ich wusste, je öfter ich solche Partys besuchte, desto stumpfer würde mein Gehör, desto leiser würde das Flüstern Gottes und desto höher und dicker würden meine Mauern werden. Tief innerlich wollte ich, dass mein Gewissen mein Freund blieb, auch wenn es in der Nacht zuvor ein Stachel in meinem Fleisch gewesen war.

Nach der Kirche verbrachte ich die Sonntagnachmittage auf der Farm, sattelte mein Pferd und ritt mit Kathy oder Jay die altvertrauten Wege. Wir plauderten beim Reiten, meistens über die Zeit, als wir noch Kinder und auf der Circle X Ranch waren. Aber irgendetwas war nicht mehr so wie früher. Das Sonnenlicht schimmerte noch genauso durch die Blätter, die Bäche murmelten noch, die Eichhörnchen spielten Fangen an den Baumstämmen, das Heu roch süß und die Vögel sangen, dass der Wald von ihren Stimmen erfüllt war ... Gottes Schöpfung hatte sich nicht geändert. Aber ich fühlte mich nicht mehr eins mit ihr. Ich sah die Frische und Reinheit, die mich umgaben, und fühlte mich alles andere als frisch und rein. Ich war beschmutzt und wünschte mir verzweifelt, in Gottes Garten zurückzukehren. *Bitte, kannst du mich finden? Wirst du mich retten?*

Gott muss mich gehört haben. Er öffnete zwar nicht den Himmel und griff auch nicht durch die Wolken nach unten, um mich über die Mauern, die ich errichtet hatte, hinwegzutragen. Aber er streckte seine Hand nach mir aus.

»Ich gehe zu Miss Thelma und helfe ihr beim Umzug«, sagte Kathy eines Tages. »Kommst du mit?«

Ich fand eine Ausrede, nicht mitzukommen. Aber neugierig war ich doch. »Wo zieht sie denn hin?«

»In ein Altenheim.«

»Warum?«, fragte ich. Jetzt war ich ehrlich besorgt.

»Weil sie alt ist. Sie braucht mehr Hilfe.«

Im Rückblick wünschte ich, ich wäre an jenem Tag mit Kathy gegangen. Ich wünschte, ich hätte keine Ausrede gefunden. Miss Thelma war immer die gütige »Tante« gewesen. Niemals hatte sie den alten Klatsch aufgewärmt, und niemals hatte sie schlecht über Vater gesprochen. Sie mochte keine Mauern. Sie liebte Gott und meinen Vater, glaube ich, ebenso sehr wie sie uns, seine Kinder, liebte.

Jahre später, kurz nach ihrem Tod, erfuhr ich zu meiner Überraschung, dass sie meine Schwestern und mich in ihrem Testament bedacht hatte. Miss Thelma hatte keine Verwandten und auch keine Reichtümer. Als wir herausfanden, dass sie uns etwas vererbt hatte, waren wir beschämt, aber auch ein wenig aufgeregt. Es war das erste Mal, dass jemand uns etwas hinterlassen hatte. Ich konnte mir nicht vorstellen, was Miss Thelma mir zugedacht haben sollte.

Als Vater von der Testamentseröffnung nach Hause kam, nahm er mich beiseite und sagte: »Weißt du, wie sehr Miss Thelma dich geliebt hat – dass du ihr Liebling gewesen bist?«

Ich nickte ein wenig verlegen und wurde rot. Vaters Gesicht war ebenfalls leicht gerötet. Es fiel ihm schwer, Worte zu finden. Schließlich gab er mir ein kleines Kästchen. Als ich es öffnete, schnappte ich nach Luft. Es war ein schöner Ring mit einem einkarätigen Diamanten in einer Platinfassung im alten Stil.

»O Papa, ist der schön! Und den soll ich haben?«

Er schwieg einen Augenblick. Dann antwortete er: »Sie hat mich eigens gebeten, ihn dir zu geben.«

Ich nahm ihn heraus, um ihn genauer anzusehen.

»Gib ihn mir einmal, ich will dir etwas zeigen«, sagte er. Er nahm den Ring in die Hand und hielt ihn ans Licht. »Siehst du das?«, fragte er und deutete auf eine der Facetten. Ich blinzelte, als ich ganz tief innen einen kohlrabenschwarzen Fleck sah. »Er hat einen Fehler.«

Es spielte keine Rolle für mich, dass er diesen Fleck hatte. Ich hatte noch nie einen so großen Diamanten in der Hand gehalten. Er war so groß, dass ich ihn nie trug. Jahrelang bewahrte ich ihn sorgsam auf und nahm ihn nur in großen Abständen heraus, um mich erneut von seiner Schönheit bezaubern zu lassen. Und von dem kleinen schwarzen Fleck, den er umschloss.

Mit oder ohne Fehler, ich hielt ihn in Ehren. Es war Miss Thelmas Verlobungsring.

Kapitel 11

Denn er hat uns aus der Macht der Finsternis gerettet und in das Reich des geliebten Sohnes versetzt. Gott hat unsere Freiheit mit seinem Blut teuer erkauft und uns alle unsere Schuld vergeben. Christus ist das Bild des unsichtbaren Gottes. Er war bereits da, noch bevor Gott irgendetwas erschuf, und ist der Erste aller Schöpfung. Durch ihn hat Gott alles erschaffen, was im Himmel und auf der Erde ist. Er machte alles, was wir sehen, und das, was wir nicht sehen können, ob Könige, Reiche, Herrscher oder Gewalten. Alles ist durch ihn und für ihn erschaffen. Er war da, noch bevor alles andere begann, und er hält die ganze Schöpfung zusammen.

Kolosser 1,13-17

Wenn Planeten Gefühle haben, was empfinden sie dann wohl, wenn die Schwerkraft ihrer Sonne sie nicht länger in ihrer Umlaufbahn hält? Trauern sie um die Sonne? Was geht ihnen durch ihren galaktischen Kopf, wenn sie plötzlich von einer anderen Supernova angezogen werden, die von einem Augenblick auf den anderen in die Szene hineinexplodiert ist? Haben die Planeten in diesem Fall ein Mitbestimmungsrecht oder ist das alles eine Sache der Zentrifugalkraft?

Als ich im Unterricht von Mrs. Klingamons zehnter Klasse wieder einmal meine Ellbogen auf den Tisch aufstützte, hatte ich den Eindruck, dass den Planeten alles egal war. Das Universum schien mir eine völlig mechanistische Angelegenheit zu sein, und sämtliche Pferde und alle Männer des Königs konnten die armen Planeten nicht in ihre Umlaufbahn zurückholen.

Trotz seiner strahlenden Persönlichkeit, trotz seiner magnetischen Anziehungskraft konnte mein Vater mich nicht mehr in seiner Umlaufbahn halten. Zumindest nicht in jenem Herbst 1964.

Es war nicht so, dass ich es kaum erwarten konnte, endlich dem Einfluss meines Vaters zu entkommen. Ich war noch immer glücklich, wenn er neben mir am Klavier saß, und fühlte mich geehrt, wenn er ebenfalls sein Pferd sattelte und mit meinen Schwestern und mir ausritt. Ich war stolz, wenn ich meinen Freunden unser Haus zeigte und im Arbeitszimmer meines Vaters das Kästchen mit seinen Ringermedaillen und Tauchtrophäen herausholte. Selbst im Lichte dessen, was ich vor kurzem über die Vergangenheit meines Vaters erfahren hatte, war meine Achtung für ihn noch gestiegen. Er war menschlicher geworden – irgendwie realer.

Deshalb lag mir, wie gesagt, gar nicht so sehr viel daran, mich von ihm zu lösen. Doch es waren andere universale Kräfte ins Spiel gekommen. Manche ihrer Wirkungen sind explosiver Natur, andere dagegen sind eher unscheinbar, etwa wenn man eines Tages beiläufig einen Kalender durchblättert und plötzlich entdeckt, dass man vierzehn Jahre alt ist. Wie auch immer, im Kraftfeld dieser Zug- und Stoßkräfte wurde ich nun auf einen anderen – neuen – Weg katapultiert. Träume und Idealismus waren an jenem blutigen Tag in Dallas mit Präsident Kennedy gestorben, und nicht einmal die Beatles konnten mir jetzt noch Liebe kaufen. Ich war ein Teenagergeschoss, das von seiner väterlichen Trägerrakete getrennt worden war. Ich fühlte mich verloren im Weltraum – nicht so radikal, dass ich in einen chaotischen Alptraum hineingerissen worden wäre, aber ich driftete ab. Ich war ein Teenagerplanet, der um seine eigene Achse trudelte und sich fragte, welcher leuchtende Stern ihn wohl als nächster blenden würde. Mit Sicherheit nicht Mrs. Klingamon und ihre Naturwissenschaften. Nichts von dem, was sie lehrte, konnte meine Fantasie fesseln – nicht einmal, dass sie in die Lungen einer toten Kuh blies, um uns die Funktion der Alveolen zu verdeutlichen.

Dann doch eher der Geschichtsunterricht. Hier wurde immer wieder meine Aufmerksamkeit geweckt. Ging es denn nicht letztlich um die Frage, woher wir kommen und wohin wir gehen? Wie fügt sich alles – uns eingeschlossen – in ein großes Ganzes? Die Geschichte steckte außerdem voller wahrer Geschichten von Abenteurern und Eroberern, Forschern und

Entdeckern, überlebensgroßen Gestalten, deren Unternehmungen in Büchern mit Unmengen von Fotos, Skizzen und Karten dokumentiert waren. Plötzlich befand ich mich in der Umlaufbahn der Geschichte.

»Alle mal herhören!«, rief Mrs. Krieble eines Tages. Sie unterrichtete Weltgeschichte. Wir ließen uns überrascht auf unsere Plätze fallen – diese Lehrerin pflegte normalerweise nicht die Stimme zu erheben.

»Ich bin sehr enttäuscht von den Ergebnissen der letzten Tests«, sagte Mrs. Krieble, während sie vor uns auf und ab marschierte. »Bitte nehmt ein leeres Blatt und einen Stift und stellt euch auf eine Querbeet-Abfrage ein.«

»O neeeiiiiin«, stöhnten wir unisono.

Mrs. Krieble ging entschlossen zur Tafel, rollte die Weltkarte auf und gab uns die Fragen. Sie sah auf ihre Armbanduhr. »Ihr habt zehn Minuten. Genau ab ... jetzt!«

Alle kritzelten wie im Fieber. Doch wenige Minuten, nachdem wir begonnen hatten, warf Mrs. Krieble mit einem Knall die Klassenzimmertür ins Schloss. Erschreckt sahen wir auf.

»Das reicht. Ich habe die Nase voll!«, schrie unsere Lehrerin und knallte ihren Zeigestock aufs Pult. »Es steht mir bis hier oben, wie in dieser Klasse betrogen und abgeschrieben wird. Ich werde das unter keinen Umständen noch länger dulden – habt ihr mich verstanden?« Und noch lauter: »*Unter keinen wie auch immer gearteten Umständen!*«

Wir sahen uns um auf der Suche nach dem Schuldigen, der bei dem Test betrogen hatte.

»Augen nach vorn!«, forderte Mrs. Krieble. Ein paar Schüler ließen ihre Stifte fallen. Die Lehrerin begann, langsam die Gänge auf und ab zu gehen, wobei sie leise Drohungen murmelte. Jemand weinte.

Mrs. Krieble schritt wieder nach vorn und klappte die Tafel auf. Darauf stand der Text einer Selbstverpflichtung. Das Versprechen betraf mehrere Forderungen. Eine verlangte, dass wir unsere Klassenkameraden meldeten, wenn wir sie im Verdacht hatten zu betrügen. Mrs. Krieble forderte uns auf, den Text abzuschreiben. Dann sagte sie: »Und jetzt befehle ich jedem Einzelnen von euch, diese Verpflichtung zu unterschreiben.«

Das war sonderbar. Wir wurden praktisch gezwungen, einander zu verpetzen.

Ein Junge hob die Hand. »Finden Sie«, er schluckte, »dass das richtig ist?«

Mrs. Kriebles Augen verengten sich. »In diesem Klassenzimmer bestimme ich, was richtig ist.«

Ein paar Schüler verschränkten die Arme vor der Brust in der Absicht, Widerstand zu leisten. Aber die Mehrheit nahm ihre Stifte und setzte ängstlich ihre Namen unter das Geschriebene.

Als wir fertig waren, wischte Mrs. Krieble den Text an der Tafel aus. Dann schrieb sie rasch in großen, fetten Buchstaben das Wort DEMAGOGE an die Tafel.

Unsere Lehrerin drehte sich um und lächelte. »Dies, meine Lieben, war eure heutige Lektion.«

Was in aller Welt ging da vor? Wir waren alle wie betäubt.

Mrs. Krieble fuhr fort: »Ein Demagoge ist ein Führer, der die Menschen durch Einschüchterung zwingt zu tun, was er sagt. Wie ...«

»Wie Sie, Mrs. Hitler«, rief ein Junge von hinten. Ein Seufzer der Erleichterung ging durch das Klassenzimmer.

»Ja, wie er und so viele andere«, sagte sie und schrieb rasch die Namen von Mussolini, Stalin und anderen Schreckensgestalten des Zweiten Weltkriegs an die Tafel.

»Sie wollten uns also nur Angst machen? Das war gar kein Test?«

Mrs. Krieble legte die Kreide hin und sagte etwas, das ich nie vergessen werde: »Ich möchte, dass ihr eines nie vergesst: Ihr werdet eine Sache hier« – sie zeigte auf ihren Kopf – »nie wirklich verstehen, solange ihr sie nicht hier« – sie deutete auf ihr Herz – »erlebt habt.«

Jetzt verstanden wir die Bedeutung des Wortes Demagoge.

Meine Augen wurden groß. In einem Augenblick, der rasch verging, durch einen einzigen bildhaften Satz spürte ich endlich wieder, wie meine Seele sich weitete. Es war, als hätte mir jemand gezeigt, wie man richtig atmet. Wo man die wirkliche Mitte sucht.

Wissen, das ich nur im Kopf habe, ist nichts weiter als eine Ansammlung von Tatsachen. Wenn dieses Wissen jedoch Leben für mich gewinnt – wenn mein Herz ins Spiel kommt –, dann ändert sich alles.

Ich war schon immer neugierig auf das Leben gewesen. Das lag an meinem Vater. Auch wenn ich nur die Namen von Sternbildern oder verschiedenen Blätterarten auswendig lernte oder historische oder zeitgeschichtliche Ereignisse, die mich interessierten, nachlas – immer spürte ich die Gegenwart einer Art unterirdischer Strömung. Ich wusste, dass es eine Form von Wissen gab, die sich an der Oberfläche von Naturwissenschaft und Geschichte, Astronomie und Mathematik bewegte, aber ich wusste auch, dass es daneben noch ein tieferes, andersartiges Wissen geben musste. *Was lag dem allem zugrunde?* Warum schlug mein Herz schneller, als Mrs. Krieble uns diese Lektion im Unterricht erteilte?

Die Erkenntnis, die sie uns zu vermitteln versucht hatte, bestätigte eine für mich entscheidende Tatsache: Wissen war etwas Persönliches. Es hatte mit dem Herzen zu tun. Urplötzlich, in einem einzigen Augenblick, nahmen die mechanistischen und bislang unverbundenen Welten von Kälberlungen und Algebraformeln, Sternbildern und politischen Krisen eine zusammenhängende Gestalt an. Alles Wissen, alle Erkenntnis deutete auf etwas Tieferes, Höheres, Größeres und Schöneres, als es die bloßen Tatsachen des Lebens waren. Es hatte etwas mit dem Herzen, mit der persönlichen Erfahrung zu tun. Irgendwie glich es Vaters Unterrichtsstil. Er hatte mir immer geholfen, die Dinge mit dem Herzen zu begreifen.

Ja, es war noch mehr dort draußen. Wie die Verzauberung durch jene dunkel-purpurnen Berge von Colorado. Ein Etwas, das mein Herz unentwegt zu sich zog.

Einige Tage später spürte ich, wie meine Seele sich noch mehr weitete.

»He, Jon, kommst du mit in den Club?« Diese Frage aus dem Mund einer Zwölftklässlerin bedeutete die Erfüllung aller Träume für eine Vierzehnjährige, die nach dem Hockeytraining dasaß und sich die Schuhe auszog. Ich musste mich im Junior College Hockeyteam ganz gut geschlagen haben, wenn Betsy, die kurz vor dem Examen stand, mir ihre Aufmerksamkeit schenkte.

»Gern«, antwortete ich mit wohl berechneter Beiläufigkeit. »Was ist das für ein Club?«

Ich sollte es Mittwochabend herausfinden. Zum ersten Mal seit Jahren saß ich wieder auf dem Holzfußboden des Mehrzweckraums der St. Luke's United Methodist Church. Seit meinen Grundschultagen war ich nicht mehr hier gewesen. Jetzt hockte ich eingezwängt wie eine Sardine, Schulter an Schulter mit Horden anderer Teenager, die allesamt aus voller Kehle sangen, in die Hände klatschten, buhten, pfiffen und Freunden über die Menge hinweg zuriefen: »He, komm her, hier ist noch ein Platz frei!« Es waren meine Hockeyfreundinnen vom »Club«, einer christlichen Gruppe von High-School-Schülern, die von »Young Life« ins Leben gerufen und geleitet wurde.

Die nächste Stunde war voll gepackt mit Einander-Kennenlernen, ein oder zwei Spielen und einer wilden Mischung von Liedern, die in beschwingtem Ton von Gott und der Liebe sangen. Ich erkannte ein paar von Vaters alten Kirchenliedern, aber hier mischte sich meine Stimme nicht mit denen meiner Schwestern, sondern mit einem gewaltigen Chor Gleichaltriger. Dann wurde es still, während ein Mitglied von Young Life aufstand, nach vorn trat, seine Bibel aufschlug und einen kurzen Abschnitt aus dem Neuen Testament vorlas. Es war nicht die King James Bibel, und er sprach den Namen des »Herrn« auch nicht mit Vaters irischem Vibrato aus, aber das Ganze rief doch alte Erinnerungen in mir wach. Schon das Aufschlagen der Bibel brachte eine vertraute Saite in meinem Herzen zum Klingen. Meine Wangen röteten sich. Eine alles umspannende Kraft verschaffte sich Zutritt.

An jenem Abend rannte ich fast den ganzen Weg von St. Luke's nach Hause. Ich konnte es kaum erwarten, die Treppe zu meinem Zimmer hinaufzustürmen, nach Papier und Bleistift zu greifen und meine Gedanken meinem Kästchen anzuvertrauen. Andere Mädchen schrieben in ihr Tagebuch, ich kritzelte meine Geheimnisse auf kleine Kärtchen und legte sie in ein cremefarbenes Lederkästchen zu abgerissenen Eintrittskarten, Briefchen, die wir uns in der Schule geschrieben hatten, Maskottchen und Automatenfotos. Ich saß auf dem Balkon und schrieb:

Liebes Kästchen ...
ich hatte schon immer das Gefühl, Gott zu kennen, irgendwie jedenfalls, aber heute Abend bei Young Life war es so wunderbar. Es war so toll, da zwischen all diesen verschiedenen Leuten zu sitzen, Katholiken und Juden und solchen wie ich und ... es war einfach so toll! Sie haben über eine Wochenendfreizeit in Natural Bridge, Virginia, gesprochen. Ich fahr mit!

Es genügte mir nicht mehr, in einer äußeren Umlaufbahn wie Uranus oder Pluto mitzulaufen. Und vor allem genügte es mir nicht mehr, in einem Asteroidengürtel verloren zu gehen wie so viele kleine Felsbrocken, die nur Zuschauer sind. Als ich meine Levis, Sweaters und Softball-Handschuhe einpackte und den Bus nach Natural Bridge, Virginia, bestieg, befand ich mich auf der inneren Umlaufbahn, wo die großen Planeten kreisen. Schlüsselgestalten wie Betsy, die Zwölftklässlerin, die mich zum ersten Mal in den Club eingeladen hatte, und ihre Freundinnen – sie alle hatten etwas, das ich auch haben wollte.

Die Hügel Virginias wirkten jetzt im Frühherbst frostig, aber mein Herz wurde warm, wenn ich daran dachte, welche Entdeckungen mir bevorstanden. Der Holzfußboden im Versammlungssaal war genauso hart wie der in St. Luke's, aber hier waren wir dreimal so viele Menschen. Schüler von High Schools aus ganz Baltimore County waren zu dieser Wochenendfreizeit gekommen. Und wie in St. Luke's stand auch hier nach den Spielen ein Sprecher auf – sein Name war Carl – und las aus der Bibel. Aber diesmal war die Lesung aus dem Alten Testament.

»Habt ihr gewusst, dass Gott euch liebt – dass er euch wirklich liebt?«

Das war keine Überraschung. Der Gott, über den ich in den letzten Wochen so viel gehört hatte, war nicht nur cool, er war da, um mein Leben glücklich und sinnvoll zu machen.

»Wollt ihr ihn kennen lernen?«

Ich kenne ihn schon, war mein erster Gedanke, *von Vater und der Sonntagsschule*. Doch dieser Carl da vorn – er sieht nicht wie ein Prediger oder einer meiner Verwandten aus. Er sieht cool aus. Also –

Ja, ich will mehr über Gott wissen.

»Fangen wir mit den Zehn Geboten an.«

Das schien mir ein seltsamer Anfang. Aber immerhin – die Zehn Gebote gehörten zum Grundwissen.

»Wahrscheinlich habt ihr sie schon als Kind gehört ...«

Ich musste an Alan Silverstein und Arvin Solomon denken.

»Gott hat den Menschen diese Gebote gegeben, und zwar nicht nur als Wegweiser, sondern als Maßstab. Man könnte wohl sogar sagen, als Spielregeln.«

Aus der Menge war ein freundliches Stöhnen zu hören.

»Jaaaa«, fuhr Carl fort, »so sehr ihr Regeln auch verabscheuen mögt, ich habe eine Aufgabe für euch. Ich möchte, dass jeder von euch sein Leben einmal vor dem Hintergrund jedes einzelnen Gebots betrachtet, eines nach dem anderen. Lest sie durch. Habt ihr verstanden? Wir machen eine Art Test – wie bei *Truth or Consequences*. Also, los geht's –«

Es war ein Wettspiel. Und ich maß mich gern mit anderen.

»Gut. Wir fangen mit 2. Mose 20 an. ›Du sollst keine anderen Götter haben neben mir. Du sollst dir kein Bildnis ... machen ... Bete sie nicht an und diene ihnen nicht.‹«

Da gab's nichts zu überlegen. Diese Aussage bezog sich ganz offensichtlich auf Menschen in Indien mit ihren komischen Göttern, die sie auf dem Kaminsims aufstellten. Ich bete nicht Allah oder Schiwa oder Buddha an. Mein Gott war der wahre Gott des Alten und des Neuen Testaments. Der eine große jüdisch-christliche erste Beweger. Und Jesus war sein naher Verwandter. Alles klar. Keine Götzen.

Aber Carl war noch nicht fertig. »Was betest du an?«, hakte er nach. »Wovor verneigst du dich? Vor der Meinung anderer? Vor der Zuneigung oder Aufmerksamkeit eines bestimmten Jungen oder Mädchens? An was denkst du nach dem Aufwachen als Erstes? Kurz, was nimmt den ersten Platz in deinen Gedanken ein?« Er machte eine lange Pause. »Gott vielleicht?«

Es wurde ernst.

»Versuchen wir es mit einem anderen Gebot. ›Du sollst den Namen des Herrn, deines Gottes, nicht missbrauchen, denn der Herr wird den nicht ungestraft lassen, der seinen Namen missbraucht.‹«

Ich wand mich innerlich und fragte mich, ob der Gott der

Zehn Gebote mir wohl verzeihen würde, dass ich alle paar Minuten »Jesses« sagte. Meine Tante Kitty hatte deswegen einmal mit mir geschimpft; sie sagte, es klinge so sehr wie »Jesus«. Aber Gott war doch sicher nicht so kleinlich. Er würde sich wohl kaum mit solchen Lappalien befassen.

»›Du sollst nicht töten.‹ Das bedeutet, dass du nichts hassen sollst.«

Ich dachte an meine älteste Schwester Linda und die Kämpfe, die ich mit ihr und meinen anderen Schwestern ausgefochten hatte. Ich dachte daran, wie oft meine Gefühle übergekocht waren und ich Feuer gespuckt hatte wie der Vesuv.

»›Du sollst nicht stehlen.‹ Hast du nie jemand die Aufmerksamkeit gestohlen, die er sich redlich verdient hat? Oder die Anerkennung für etwas, das du gar nicht getan hast, widerspruchslos angenommen? Oder bei einer Prüfung geschummelt?«

Einer der letzten Tests in Mrs. Klingamons Biologieunterricht kam mir in den Sinn.

»Wie sieht's nun aus bei euch? Haben alle die höchste Punktzahl erreicht? Nein? Gut, wir wollen noch ein wenig weitermachen.« Carl las weiter: »›Du sollst nicht begehren deines Nächsten Haus ... deines Nächsten Weib, Knecht, Magd, Rind, Esel oder seinen Notendurchschnitt, seine Eins in Chemie, das Mädchen, mit dem er zum Abschlussball geht, oder seine Beliebtheit.‹«

Die ganze Halle schwieg, bis Carl plötzlich schallend lachte. »Die letzten Punkte hab ich erfunden, Leute. Der Abschlussball und diese Sachen zählen nicht.«

Ein paar der Anwesenden lachten, die Spannung löste sich.

Carl schloss seine Bibel und sah uns an. »Wenn ihr auch nur eines dieser Gebote nicht erfüllt habt, seid ihr Gottes Maßstab nicht gerecht geworden. Ihr habt den Zug verpasst. Ihr seid bei der Prüfung durchgefallen. Das nennt man Sünde.«

Da war es – das Wort mit S. Das Wort, das mich festnagelte, als ich fünf Jahre alt war, eingequetscht zwischen meinen Eltern, da vorne im Buick, auf der Heimfahrt aus dem Westen. Das Wort, das meine Verstocktheit und Gereiztheit am besten beschrieb. Das Wort, das mir wie ein Splitter unter die Haut drang, als ich die Wahrheit vor meinen Eltern frisierte. Es war dasselbe Wort, das mir wie ein Mühlstein um den Hals hing, als ich zu den Kellerpartys ging. Ich hatte die Schuldgefühle zwar am nächsten Morgen verdrängen können, aber einen Tag später würgte die Sünde mich wieder. Sünde. Ich hasste das Wort.

»Gott ist heilig, ihr nicht«, sagte Carl. »Ihr hört es vielleicht nicht gern, vielleicht findet ihr es altmodisch, aber es trifft auf uns alle zu. Wir alle haben gesündigt, wir gehen nicht den Weg zu Gott, sondern in die entgegengesetzte Richtung. Und wenn wir ehrlich sind, dann sucht wohl keiner von uns ihn wirklich. Nein, nicht einer.«

Das war's. Jetzt war ich wirklich verwirrt. Die ganze Zeit hätte ich geschworen, dass ich ihn suchte. Und jetzt zeigte sich, dass Gott mich nicht mit den Zehn Halbwahrheiten durchkommen ließ. Er wollte alles oder nichts.

Auf einmal wirkte Gott gar nicht mehr so toll, sondern eher wie der zornige Zauberer von Oz, der in Rauch- und Feuerwolken Drohungen ausstieß. Mrs. Kriebles Kreideschrift auf der Tafel kam mir in den Sinn: DEMAGOGE. Es schien ungerecht.

Als die Versammlung vorüber war, legte ich mir mein Sweatshirt um die Schultern und wanderte in die kalte Herbstnacht hinaus. Ich wollte allein sein. Während ich langsam einen aufgeweichten Pfad, der zu einem Hügel führte, entlangging, gab mir eine befremdliche Tatsache zu denken: Je gerechter Gott zu sein schien, desto mehr ärgerte er mich. *Liegt das an deinem Stolz?*, fragte mein Gewissen.

Ich fand einen großen Felsblock in der Nähe eines Kiefernwäldchens und setzte mich darauf. Ich war verstimmt. Mein Blick wanderte nach oben, und ganz tief am südlichen Himmel entdeckte ich Orion. Eine Flut von Erinnerungen überwältigte mich – Erinnerungen an eine Zeit, in der ich mich dem Schöpfer dieses und so vieler anderer Sternbilder viel näher fühlte. Nächte, in denen wir am Strand kampierten, oder Ritte auf Wakefield Farms. *Ich fühle mich wohl mit dem Gott aus jenen guten Tagen*, dachte ich. *Mit dem neuen kann ich mich nicht anfreunden.*

Doch es ging nicht darum, ob Gott existierte, sondern sozusagen darum, in welcher Form er existierte – welche Gestalt und welche Größe er hatte, welches Wesen er besaß. Wenn es einen einzigen Gott gab, dann konnte er auch nur auf eine einzige Weise sein, richtig? Richtig, sagte ich mir. Und da der Gott der Bibel der einzige war, den man mich gelehrt hatte, beschloss ich, rückhaltlos ehrlich zu sein.

»Wenn du wirklich so groß bist«, wagte ich laut zu sagen, »wie kannst du uns dann einen Haufen Gebote aufbrummen, von denen du genau weißt, dass wir sie nicht halten können? Deine Gesetze sind unmöglich. Kein Mensch kann vollkommen sein. Du verlangst zu viel, Gott.«

Keine Minute, nachdem ich meinen Kummer in die Nacht hineingesagt hatte – während ich innehielt, um zu den Sternen aufzublicken und auf den Wind zu lauschen –, flackerte ein Glaubensschimmer in mir auf. Und ich wusste – ich wusste es einfach –, dass dieser Gott meine Herausforderung annehmen würde. Ich war überzeugt, dass ich im Begriff war, ihm zu begegnen.

Ein heiliger Gott und ein verstocktes, halsstarriges Volk. Wie passt das zusammen? Ich strengte meinen Verstand an, als befände ich mich im Algebraunterricht und müsste ein kompliziertes mathematisches Problem lösen. Plötzlich richtete ich mich auf. Es war, als hätte man über mir eine Glühbirne angeknipst. Mir war die Lösung eingefallen. »Deshalb ist Jesus gekommen«, flüsterte ich überrascht.

Ich wollte sichergehen, dass ich Recht hatte. Immerhin hatte ich das Gefühl, die Lösung einer komplizierten Gleichung mit nur einer oder zwei Konstanten und Unmengen von Unbekannten gefunden zu haben. Deshalb vollzog ich die Lösungsschritte noch einmal laut nach, indem ich die einzelnen Punkte an den Fingern abzählte.

»Nachdem du uns erschaffen hast, haben wir gegen dein Gesetz verstoßen. Begriffen. Deshalb schuldest du, ein heiliger Gott, uns überhaupt nichts. Auch begriffen.

Aber du bist barmherzig und willst nicht, dass wir zugrunde gehen. Deshalb bist du einer von uns geworden – nur dass du nicht getötet, gelogen, betrogen und gestohlen und keine Götzen angebetet hast. Du hast die Zehn Gebote gehalten, du bist dem Maßstab gerecht geworden, du hast ein vollkommenes Leben geführt.«

Ich hatte keine Finger mehr zur Verfügung, aber es hatte etwas Reizvolles, bei meinem stringenten Vorgehen zu bleiben und der Sache restlos auf den Grund zu gehen.

»Jesus hat ein vollkommenes Leben geführt, wozu wir Menschen nicht in der Lage waren. Und ...«

In einem kurzen Aufflackern der Erkenntnis spürte ich nicht nur, wie meine Seele sich weitete, ich hatte auch das Gefühl, dass sie von etwas erfüllt wurde. Wochenlang hatte jemand meine Seele genommen und geweitet, um Raum für sich zu schaffen. Mein Brustkorb dehnte sich und ich tat den Schritt in eine neue Dimension, indem ich zu diesem Gott sprach, als sei er eine reale Person.

» – und deshalb ist Jesus am Kreuz gestorben. Der Lohn der Sünde ist der Tod, und – ein *Gerechter* musste diese Strafe bezahlen, damit ich in den Himmel komme, und ...«

Wieder sah ich zu den Sternen auf. Ich hätte schwören können, dass ich Gott lächeln sah.

» ... und das warst immer du. Das warst die ganze Zeit du.«

»Du« ist eins der häufigsten Wörter. Ein Nachbar ist ein Du, eine Mutter ist ein Du. An Gott aber hatte ich nie als ein wirkliches, echtes Du gedacht. Er war immer eine hehre Kraft, ein Erster Beweger gewesen mit dem Gesicht von Großvater Eareckson auf jenem sepiafarbenen Foto aus der Zeit um die Jahrhundertwende. Aber jetzt spürte ich Gott ganz nah und real, lebendig und pulsierend, als säße er neben mir auf dem Felsen. Gott war eine Person.

Plötzlich war die Welt sehr viel weniger mechanistisch und unverbunden. Es gab eine Person, die alles zusammenhielt – einen persönlichen Gott, der durch seine Schöpfung flüsterte und durch sein Wort sprach. Das war die Bedeutung der Verzauberung, die ich immer gespürt hatte. Jetzt berührte mein Wissen von ihm nicht mehr nur die Oberfläche. Ich hatte einen tiefen Strom entdeckt, der allem zugrunde lag. Und dieses Zugrundeliegende war ein Du.

Ich konnte nicht anders, ich musste weinen.

»Ich danke dir, Gott. Es tut mir so Leid, so sehr ...«

Ich konnte nicht mehr reden. Ein Filmstreifen lief vor meinen Augen ab, Bilder, wie ich meiner Mutter gegenüber aufbrauste, wie ich meinen Vater verurteilte, wie ich bei einem Test in der Schule abschrieb, wie ich den Welpen mit dem Fuß stieß, wie ich mit meinen Schwestern stritt. Und das schlimmste Bild: jene schreckliche Nacht, in der ich mich vom Sofa in dem Kellerraum erhob, in dem die Party stattfand, ins Badezimmer ging, mein müdes Gesicht im Spiegel sah und wimmerte: *Wer bin ich?*

Immer wieder stammelte ich: »Vergib mir, bitte vergib mir, bitte ...« Als ich spürte, wie die Gegenwart dieses persönlichen Gottes den Raum in meiner Seele erfüllte, ging mein krampfhaftes Schluchzen in einzelne Schluchzer über, dann in unterdrücktes Lachen, und schließlich rief ich »Juchhu!« und breitete die Arme weit aus.

Das erste Wort, das mir in den Sinn kam, war »rein«. Ich fühlte mich ganz rein und frisch. Auch die Kiefern und Felsen kamen mir rein vor. Und die Sterne. Sie wirkten wie eine filigrane Lochstickerei an einer sich weit über mir erstreckenden Kuppel, durch die das reine, süße Licht des Himmels funkelte und leuchtete.

Ich lief zu meiner Hütte zurück, traf Betsy und erzählte ihr, was geschehen war, was ich empfunden und gehört hatte. Als ich ihr in die Augen sah, spürte ich, dass ich sie jetzt auf eine andere Weise kannte. Nicht als Oberstufenschülerin der Woodlawn High School oder als Mitglied unserer Hockeymannschaft, sondern als ... Familienmitglied. Wir beide hatten etwas Überirdisches gemeinsam. Wir waren wie Schwestern. Ich fragte mich, ob sie in meinen Augen dasselbe sah.

»Betsy, es ist, als ob ich Gott hier« – ich legte die Hand auf mein Herz – »kenne, hier!«

»Es ist nicht mehr nur eine Sache des Verstandes«, lächelte Betsy, »er ist jetzt in deinem Herzen.«

Plötzlich kam mir eine Vorstellung aus meiner Kindheit in den Sinn: eine winzige Jesusgestalt, eine Art Verkehrspolizist, der den Verkehr in mir regelte. Aber was ich jetzt empfand, war ganz anders. Es war real.

An diesem Abend kniete ich mich auf den Boden unseres Versammlungsraums und sah mich um, sah mich zum ersten Mal wirklich um. Alles wirkte verändert. Die Lichter in der Halle waren heller und wärmer. Die Farben der Kleidung meiner Freunde waren lebhafter, ihr Lächeln glücklicher. Selbst die Lieder klangen anders. Vorher hatte es Spaß gemacht, die Songs und Gospels zu singen, aber jetzt schien ich die Worte zum ersten Mal wirklich zu verstehen. Mit ganzem Herzen und ganzer Seele sang ich die Verse eines alten Chorals mit, den ich von früher kannte. Aber diesmal bedeutete es mir etwas:

> *And can it be that I should gain*
> *An interest in the Savior's blood?*
> *Died He for me, who caused His pain?*
> *For me, who Him to death pursued?*
> *Amazing love! How can it be*
> *That Thou, my God shouldst die for me?*
> *He left His Father's throne above,*
> *So free, so infinite His grace!*
> *Emptied Himself of all but love,*
> *And bled for Adam's helpless race!*
> *'Tis mercy all, immense and free,*
> *For, o my God, it found out me.*
> *Long my imprisoned spirit lay*
> *Fast bound in sin and nature's night.*
> *Thine eye diffused a quick'ning ray:*
> *I woke – the dungeon flamed with light!*
> *My chains fell off, my heart was free,*
> *I rose, went forth, and followed Thee.*

Während alle anderen weitersangen, grübelte ich über die Verse nach. Vor vierundzwanzig Stunden hätte ich nur verächtlich geschnaubt, wenn mir jemand gesagt hätte, dass mein Geist gefangen sei. Von der Sünde gebunden? Ganz bestimmt nicht. Aber jetzt saß Christus auf dem Thron meines Herzens, und ich wusste ohne den Schatten eines Zweifels, dass ich »die dunkle Nacht der Natur« hinter mir gelassen hatte. Die Ketten waren von mir abgefallen. Ich dachte über Mrs. Kriebles Worte nach: »Die wahre Erkenntnis habt ihr erst, wenn ihr etwas *hier* erfahren habt«, sagte sie und deutete auf ihr Herz. Gott war in mein Herz gekommen, und ich kannte ihn – nicht nur in meinem Kopf; ich erfuhr ihn ganz nah, in meinem Herzen. Ich hatte ein neues Herz. Ich hatte Hoffnung.

Ich war ein Teenagerplanet, der von der Schwerkraft Gottes angezogen wurde und in einer neuen Umlaufbahn um ihn kreiste. Jesus war der leuchtende Stern, dessen Glanz mich überwältigt hatte.

Das mit Ahornholz getäfelte Musikzimmer der Woodlawn Senior High School vibrierte förmlich, als der Chor laut – sehr laut – den Refrain schmetterte: »Glo---ri-a in excelsis Deo!«
Es war kurz vor dem Weihnachtskonzert der Schule, und es gab wohl kein einziges Chormitglied, das nicht den Kopf zurückwarf und aus voller Kehle einstimmte. Und niemand sang diese die Seele aufwühlenden Worte mit mehr Begeisterung als ich.
»Aufhören.«
Mr. Blackwell klopfte mit seinem hölzernen Taktstock auf das Klavier. »Ich sagte: aufhören«, rief er.
Bässe, Altstimmen, Soprane und Tenöre verloren sich, drifteten auseinander und verstummten schließlich abrupt mit einem Misston.
»Jemand im Alt. In der zweiten Reihe. Eareckson!« Er deutete mit dem Stock auf mich. »Miss Eareckson, Sie sind hier nicht die Solo-Altistin. Sie sollen die Melodie begleiten, meine Liebe, nicht übertönen.«
Aber ich konnte nicht anders. Ich liebte das Lied zu sehr. Es war das erste Weihnachtsfest, an dem ich ehrlich sagen konnte, dass ich wusste, worum es ging. *Gloria in excelsis Deo. Ehre sei Gott im höchsten Himmel und Frieden auf Erden für alle Menschen, an denen Gott Gefallen hat.* Gefallen an mir. Und was noch dazukam: Ich hatte einfach zu viel Freude an den ganzen Läufen in den ersten drei Takten. All diese zusammengequetschten Achtelnoten, die förmlich danach schrien, saalfüllend gesungen zu werden wie von einem Opernstar in *La Bohéme*.
»He, du kannst zu uns Tenören kommen«, sagte ein Junge. »Wir brauchen große Mädchen mit großen Stimmen.«
Gelächter brandete auf, und jemand schoss eine Papierkugel ab.
»Gut, das reicht.« Mr. Blackwell übernahm wieder die Führung, ehe noch mehr Kügelchen flogen. Er klopfte mit seinem

Stock, bis wieder Ruhe eingekehrt war, hob die Hände, nickte dem Klavierspieler zu, warf mir einen warnenden Blick zu, zählte einen Takt vor, und dann intonierte der Chor erneut *Angels We Have Heard on High*. Diesmal achtete ich sorgfältig darauf, die Sopranstimmen nur zu begleiten, und hob mir das Solo der Brunhilde im Wikingerhelm für ein anderes Mal auf.

Draußen vor dem Fenster fiel leise der Schnee und hüllte den Campus und seine Bäume in eine weiche, weiße Decke. In dem dichten Gestöber konnte ich kaum den Sportplatz erkennen. Die eisige weiße Winterlandschaft weckte in mir den Wunsch, näher an meine Chorfreunde heranzurücken. Ich sang mit einem Lächeln auf den Lippen, inmitten der Altstimmen stehend, in der oberen Hälfte der wie in einem Amphitheater ansteigenden Ränge, umwogt von Klängen, im Zentrum der Melodie, dabei, mich in Harmonie aufzulösen, und berauschte mich an dem erhebenden Gefühl, das ein Chormitglied empfindet, wenn es seine Stimme mit der von achtzig anderen vereint. Ich hatte eine Aufgabe, und das war herrlich.

Eines der ersten Dinge, die ich als Christin entdeckte, war, dass ich mich plötzlich einfügte, dass ich *passte*. Ich wusste, wer ich war – oder zumindest, wer ich sein sollte –, und der Frieden und das Wohlgefühl, die ich empfand, flossen in meinen Gesang.

Weihnachten 1964 bedeutete mir sehr viel mehr als Glühwein und Stechpalmengirlanden am Treppengeländer, Kerzen im Fenster oder Schneegestöber im Licht der Straßenlaternen. Weihnachten hieß: Immanuel, Gott mit uns. Gott mit mir. Es war das erste Mal, dass ich all das, was die Engel in jedem Lied verkündeten, aus eigener Erfahrung auf Christus bezog.

Ich war nicht mehr eine von ihrer Flugbahn abgekommene Rakete, verloren im Weltraum, unverbunden, allein.

Ich hatte die Mitte gefunden.

Kapitel 12

Doch einige dieser Zweige – damit sind die Juden gemeint – wurden herausgebrochen, und du, der Zweig eines wilden Ölbaums, wurdest eingepfropft. Nun erhältst du ebenfalls Kraft aus der Wurzel des Ölbaums und nährst dich von seinem Saft. Doch sei nicht stolz darauf, dass du an Stelle der herausgebrochenen Zweige eingepfropft wurdest! Vergiss nicht, dass du nur ein Zweig bist und nicht die Wurzel, denn nicht du trägst die Wurzel, sondern die Wurzel trägt dich.

Römer 11,17-18

Hoch in den Hügeln im Westen Marylands, an der Grenze zu Pennsylvania, liegt das schläfrige Städtchen Hancock. Hier oben, wo das Piedmont Plateau sich bis zu den Appalachen zieht, ist Apfelland. Dieses Land ist die Heimat meines Onkels Don und meiner Tante Emma. Onkel Dons kleines Haus steht fast ganz oben auf einem Hügelkamm. Darum herum erstreckt sich eine weitläufige Obstplantage, wie ein Tellerrock, bis unten ins Tal.

Es war im Spätherbst 1965. Ich hatte meine Eltern zum alljährlichen Apfelerntefest nach Hancock gefahren. Auch Vaters CVJM-Ringerfreunde waren mitgekommen. Ich parkte unser Auto neben dem von Onkel Eddie am Rande der Obstplantage. Es war das achte in einer Reihe von zehn Autos, alle mit geöffneten Kofferräumen und umgeben von großen Kisten. Vater war jetzt Ende sechzig. Wegen seiner Arthritis konnte er sich nur noch langsam, mit Hilfe von Krücken fortbewegen. Mutter ging ebenso langsam neben ihm her. Beide gingen mit einem großen Korb zwischen langen Reihen von Apfelbäumen hindurch und pflückten reife rote Äpfel von den niedrigen Zweigen. Es war recht kühl hier in den Ausläufern der Appalachen, und ich war froh, dass ich eine dicke Jacke angezogen hatte.

Ich stopfte mir die Taschen voller Äpfel. Einen rieb ich an meinem Ärmel blank, bevor ich herzhaft hineinbiss. Er war genau so, wie ich Äpfel mochte – fest und knackig, sodass es beim Hineinbeißen krachte. Nach ein paar Bissen warf ich ihn fort. Dann folgte ich langsam meinen Eltern. Man sah der Plantage an, dass sie sehr gepflegt war. Das Gras war ordentlich gemäht, unter den Bäumen war gemulcht, und die Rinde der Bäume wirkte fest und gesund.

Am anderen Ende der Anlage erhob sich ein kleines Kiefernwäldchen. Vor diesen Kiefern, gerade noch innerhalb der Plantage, fielen mir ein paar verkrüppelter, grauer Baumstümpfe ins Auge. Als ich näher kam, sah ich, dass sich an diesen Stümpfen etwas bewegte; etwas bewegte sich im Wind wie eine kleine Flagge. Als ich noch näher gekommen war, erkannte ich, dass es ein kräftiger kleiner Schössling war, der aus einem der Stümpfe ragte. Onkel Don musste ihn im Frühjahr aufgepfropft haben. Stumpf und Schössling bildeten einen scharfen Kontrast. Der starre Stumpf wirkte wie ein toter Stein, und der kleine Zweig tanzte im Wind elastisch hin und her. Er war frisch und grün, voller Kraft und Leben.

Ich bückte mich und berührte den Baum. Als ich mit der Hand über den Stumpf fuhr, spürte ich eine Unebenheit, wo ein wilder Trieb entfernt worden war. Unten entdeckte ich noch weitere Stellen, an denen sich ebenfalls Triebe gebildet hatten, die jedoch zurückgeschnitten worden waren. Auf diese Weise sorgte Onkel Don dafür, dass der aufgepfropfte Schössling gedieh. Plötzlich fuhr ein heftiger Windstoß durch die Kiefern und der Schössling verlor zwei seiner drei winzigen Blätter. Beim Zusehen und im Nachdenken über das Wesen der Naturgewalten und Triebe fand ich auf einmal, dass Onkel Don sich einen ganz besonderen Beruf ausgesucht hatte.

Ich erhob mich, steckte die Hände in die Taschen und betrachtete nachdenklich den glücklichen Schössling. Er wagte zu hoffen, dass er nicht nur überleben, sondern eines Tages Knospen und Blüten und dann auch Früchte tragen würde. Er wusste nicht, dass der Winter bevorstand.

Ich empfand eine Art von Wesensverwandtschaft mit dem jungen Baum, als sei ich die eigentlich Gefährdete in diesem Garten unter dem lastenden Novemberhimmel. Mein altes

Leben war abgeschnitten und auf den Abfall geworfen worden; jetzt besaß ich ein neues Leben, frisch und verletzlich und voller Sehnsucht zu wachsen. Ich war der Schössling, der sich danach sehnte, Frieden und Freude, Freundlichkeit und Liebe zu bringen.

Ich strebte nicht mehr nach dem Frieden, den die Hippies mit ihrem Friedenszeichen dem Vietnamkrieg entgegensetzten. Mein Frieden war ein anderer, und auch meine Liebe war eine andere als die Make-love-not-war-Liebe. Der Frieden und die Liebe, nach denen ich in meinem Leben strebte, sollten andere auf den Weg zu dem Gott führen, den ich gefunden hatte. Es war ein Frieden, der Streitereien zwischen Schwestern beilegte, bevor sie richtig zum Ausbruch kamen. Es war eine Liebe, die sich in der Schule um Benjamin Wallace kümmerte, wenn dieser von den anderen gehänselt wurde, weil er Nachhilfeunterricht brauchte. Dieser Friede war eine völlig neue, zarte Frucht. Sie war noch schüchtern und auch noch ein bisschen unreif, aber sie war so wirklich wie der Gott, der sie in meinem Leben hervorgebracht hatte.

Aber ich war auch ein Schössling, der sich gegen wilde Triebe behaupten musste. Triebe, die meine geistliche Energie und mein neues Leben aushungern wollten, noch bevor ich bleibende Frucht tragen konnte. Wenn ich den zarten kleinen Baum da vor mir betrachtete – so dünn und grün und naiv genug zu glauben, er könne hier am Rand der Obstplantage, im Schatten mächtiger, bedrohlicher Kiefern überleben –, fragte ich mich, ob ich imstande sein würde, all das, was ich gelobt hatte, in meinem Leben auch zu halten.

Gott hat noch eine ganz besondere Arbeit mit mir vor. Das sollte die Überschrift über meinen noch verbleibenden High School-Jahren werden.

Im Hochgefühl jener magischen Nacht in Natural Bridge, Virginia, hatte ich mich mit Herz und Hand verpflichtet. Ich war in die Armee der Christen eingetreten, hatte die Hand an den Pflug gelegt und neuen Wein in neue Schläuche gefüllt. In der Euphorie, die sich daraufhin einstellte, lebte ich von einem geheimnisvollen, göttlichen, Leben spendenden Saft und fand nicht nur Frieden und Liebe, sondern darüber hinaus eine tiefe Lebensfreude, die bewirkte, dass ich die Welt wie nie zuvor mit allen Sinnen wahrnahm. Ich war stolz darauf, meine Bibel mit in die Schule zu nehmen und immer ganz oben auf meine Bücher zu legen.

Doch gleichzeitig mit den ersten Blüten, aus denen später echte Früchte werden sollten, sprossen auch die ersten Wildtriebe.

Das zeigte sich, als ich dem Schwimmteam im Woodlawn Country Club beitrat. Ich liebte es, frühmorgens aufzustehen und am Dorfteich vorüberzufahren, auf dem die Schwäne wie verzaubert im Nebel schwammen. Wenn ich dann noch vor dem Unterricht ins Schwimmbecken sprang, genoss ich es, bei jedem Schwimmzug meine Muskeln zu spüren, mich zu strecken, lang zu machen, das Wasser zu teilen. Schwimmen hatte für mich beinahe etwas Göttliches.

Aber wenn ich dann aus dem Wasser stieg und anfing, mit den anderen herumzualbern, überwältigte mich plötzlich ein ganz anderes Gefühl. Jetzt war mir der Körper der anderen überdeutlich bewusst – stärker als je zuvor. Die Jungen in ihren dünnen Nylonbadehosen schlangen die Arme um ihre Oberkörper und stampften mit den Füßen in dem Versuch, in der kalten Morgenluft warm zu werden. Wenn die Wassertropfen über ihre Muskeln rannen, sahen ihre Körper wie gemeißelt aus, die Beine lang und sehnig, die Badehosen hauteng. Mädchen in hauchdünnen Badeanzügen standen in der kalten Luft, warm und atmend, und von dem zarten Elastikstoff, der sich um ihre Brust schmiegte, stieg der Dampf auf.

Ich fragte mich, ob die anderen mich wohl auf die gleiche Art anschauten. Doch das spielte keine Rolle. Ich tat es. Genauer gesagt, meine Vorstellungskraft tat das Ihrige dazu, und – plopp – schon spross ein Trieb. Ich hätte ihn im Keim ersticken können, aber das tat ich nicht. Vielmehr ließ ich diese Empfindungen das ganze Jahr über weiter anwachsen, bis die Lust meine Seele umstrickte und mich an Orte wie den Rücksitz eines Autos führte, wo sie mein Gewissen erstickte und mir die Reinheit stahl.

Ein anderer Trieb schoss beim Hockeyspielen auf. Unser Team war in die Endentscheidung gekommen, und auf der Busfahrt zur Parkville High School, unserem Gegner, lachten und sangen wir die ganze Zeit. Der Nachmittag war frisch und windig, perfekt für Hockey. Wir waren sicher, Gott auf unserer Seite zu haben.

Kurz vor dem Anpfiff stolzierte die Mittelstürmerin von Parkville zur Mittellinie, pflanzte sich vor mir auf, musterte mich von oben bis unten und machte eine abfällige Bemerkung. Ich konnte mich nicht beherrschen und sagte ebenfalls irgendetwas Dummes.

Sofort zeigte eine andere Parkville-Spielerin mit dem Finger auf mich. »Du da, Miss Young Life. Ihr Christen macht doch angeblich solche Bemerkungen nicht.«

Ich schämte mich. Doch statt dass ich meine Beherrschung zurückgewann, wurde ich nur noch wütender. *Diese Parkville-Trottel halten uns für einen Haufen frommer Nieten.* Der Ärger verlieh mir ungeahnte Kräfte, aber es nützte nichts. Wir verloren trotzdem.

Doch es hatte sich etwas geändert. Die zarte Frucht des Friedens und der Zufriedenheit, die ich so sehr genossen hatte, verdarb. Stattdessen zeigten sich die Triebe des Stolzes und des Zorns.

Es stand keineswegs außerhalb meiner Macht, den Stolz, die Lust oder den Zorn zu besiegen. Die Triebe der Sünde sind nicht unzerstörbar, sie haben nicht von sich aus die Kraft, den Geist eines Menschen völlig gefangen zu nehmen. Es war vielmehr so, dass ich ganz einfach nicht nach dem Okuliermesser griff, dass ich den Willen, nein zu sagen, nicht aufbrachte. Und jedes Mal, wenn meine Leidenschaften mich überwältigten, ließ ich meine Seele wieder ein bisschen mehr verkümmern.

Ich weiß selbst nicht, warum ich meinen eigenen Weg über Gott und seinen Weg stellte. Als Entschuldigung könnte ich die typische Ichbezogenheit von Teenagern anführen. Aber ich hätte es besser wissen müssen. Ich hatte erkannt, wirklich erkannt, was Gott für mich getan hatte und was sein Angebot bedeutete. Ich hatte die Freude und den Frieden erfahren, die er schenkt, und ich hatte wirkliches Glück erlebt. Und doch ließ ich zu, dass dieses große Geschenk von Unkraut und wilden Trieben, von unreinen Leidenschaften und Überheblichkeit überwuchert wurde. Damit leugnete ich Gott. Und ich verleugnete die wirkliche Joni, die Joni, die ich nach seinem Willen sein sollte.

Das zeigte sich niemals stärker als Anfang 1967. Im Jahr zuvor hatte ich meiner Schwester für dreihundert Dollar ihren alten Sunbeam Alpine abgekauft, einen verrosteten, aber immer noch todschicken Sportwagen. Er war voller Beulen und auch der Motor war nicht mehr ganz in Ordnung, aber für mich war es das schickste kleine Auto auf dem ganzen Schulparkplatz. Es war schwarz, wenn auch etwas verblasst, und die Innenausstattung bestand aus rotem Leder, das allerdings an vielen Stellen geklebt und geflickt war. Wenn ich morgens in den Parkplatz einbog, wählte ich nach Möglichkeit den Platz, der dem Schulgebäude, vor dem meine Freunde herumstanden, am nächsten lag.

Eines Tages bestand Mutter darauf, dass ich Little Eddie auf dem Schulweg auflesen und mitnehmen sollte. Little Eddie, mein alter Spielkamerad von Rehoboth Beach, wo wir mit Onkel Eddie und Tante Lee gezeltet hatten.

»Mama, nein! Muss ich?«

»Ja, du musst.«

»Aber er ist erst im zweiten Jahr, und ich bin in der Oberstufe!«

Ich wollte nicht zugeben, warum ich in Wirklichkeit nicht mit ihm gesehen werden wollte: Er war dünn und schlaksig und wirkte irgendwie vertrottelt. Er trug eine Brille mit dicken Gläsern und hatte ständig seinen Rechenschieber bei sich. Eddie war nicht mehr der niedliche kleine Junge, den wir in die Dünen mitgenommen und mit dem wir im Sand Rennautos gebaut hatten. Er war jetzt hoch aufgeschossen, linkisch in seinen Bewegungen, und er wies eine unübersehbare Ähnlichkeit mit Jerry Lewis in *Der verrückte Professor* auf. Beim Gedanken daran, mit Eddie auf dem Beifahrersitz in den Schulparkplatz einzubiegen, blieb mir das Herz stehen. Vor allem, wenn er auch noch seine Pfadfinderuniform trug.

Ich versuchte es ein letztes Mal: »Ich habe zu viel zu tun. Ich muss sehr früh in der Schule sein wegen der Chorproben.«

»Wie kommt es«, fragte meine Mutter, »dass du immer genügend Zeit hast, mit deinen Freunden zusammen zu sein, zu Young Life zu gehen, Hockey zu spielen, im Schulchor und im Kirchenchor zu singen, Klavierunterricht zu nehmen, Gitarre zu spielen, nach der Schule in die Theater-AG oder in die Bibliothek zu gehen – aber keine fünf Minuten, um deinem Cousin zu helfen?«

»Er ist nicht mein Cousin«, entgegnete ich, als ob es darum ginge.

»Ihr seid zusammen aufgewachsen. Du hast doch früher immer mit Eddie gespielt.«

»Ich spiele nicht mehr mit Kindern, Mama.«

Am nächsten Morgen stürmte ich aus dem Haus, ließ den Motor des Sunbeam Alpine aufheulen und sah in den Rückspiegel, um mein Haar zu richten. Heute würde ich einen Zweitklässler, ein kleines Kind, mit zur Schule nehmen, deshalb musste ich so viele Jahre und so viel Raum wie möglich zwischen uns legen. Ich musste unbedingt erwachsen aussehen. Ich griff in meine Handtasche, zog mein rotes Maybelline Mascaradöschen heraus, leckte das trockene Bürstchen an und rieb es in dem trockenen schwarzen Ton. Ich tuschte mir die Wimpern, warf das Döschen zurück in die Tasche und schaltete krachend in den Rückwärtsgang.

Onkel Eddie und Tante Lee wohnten in unserer Straße, ein paar Häuser weiter. Als ich vorfuhr, wartete Eddie keineswegs am Straßenrand, wie ich es ihm gesagt hatte. Ich drückte auf die Hupe und sah ungeduldig auf meine Armbanduhr. Eine Minute später kam er bücherbeladen heraus.

»Hi, Little Joni!«

Igitt. Das »little« ärgerte mich grenzenlos. Früher war es in Ordnung gewesen, um zwischen mir und meinem Vater zu unterscheiden, aber ich war nicht mehr klein. Das galt natürlich nicht für Onkel Eddies jüngsten Sohn; er würde für mich immer Little Eddie sein.

»Wow, hübsches Auto«, kommentierte er und fuhr mit der Hand über die Ledersitze.

Behalt deine Hände bei dir, schimpfte ich lautlos. *Ich will nicht, dass du das Armaturenbrett, das Radio, die Sonnenblende oder auch nur den Türgriff anfasst.*

Little Eddie fuhr sonst überall mit dem Fahrrad hin. Das würde er wohl auch weiter tun, bis er seinen Führerschein hatte, und dann würde er wahrscheinlich den Ford Fairlane seiner Mutter benutzen.

Eddie schob seine Brille hoch und faltete die Hände über dem Bücherstapel auf seinem Schoß. Die Fahrt zur Schule würde nur wenige Minuten dauern, aber mit jedem Kilometer wurde mir unbehaglicher zumute, weil ich mich fragte, was wohl meine

Freunde sagen würden, wenn ich mit meinem komischen Cousin in den Parkplatz einbog. Dann hatte ich plötzlich eine Idee.

Als wir an der Grenze des Schulgeländes waren, blickte ich über die Schulter zurück. Wir waren immer noch einen oder zwei Häuserblocks von den roten Ziegelbauten der Woodlawn Hall entfernt.

»Stimmt was nicht?«, fragte Eddie.

»Nö. Du steigst hier aus.«

»Aber wir sind noch nicht an der Schule.«

»Egal. Deine Haltestelle ist hier. Wir fahren nur bis hierher zusammen.«

Ich langte über Eddie hinweg, um die Tür zu öffnen. Dabei trafen sich unsere Blicke. Ich werde den seinen nie vergessen. Es war weniger Verwunderung; er wusste, dass ich ihn für einen komischen Bücherwurm hielt. Und es war auch kein Schock – er war es gewohnt, von älteren Schülern schikaniert zu werden. Es war Enttäuschung.

Eddie und ich hatten eine lange gemeinsame Vergangenheit. Er kannte mich wahrscheinlich besser als die meisten meiner Schulfreunde, und er hatte immer zu mir aufgesehen – bis heute. Er hatte neben mir in dem alten grünen Auto meines Vaters gesessen, wenn wir auf dem Weg zur Farm, zum Reiten, die holprige Straße am Patapsco River entlangfuhren. Im Sommer hatten wir gemeinsam die Schwäne auf dem Woodlawn Pond gefüttert, und im Winter waren wir zusammen Eislaufen gegangen. Er hatte mir seine Eidechsen gezeigt. Er hatte mit mir und meinen Schwestern Verstecken gespielt und wir hatten einen lebhaften Tauschhandel mit seinen Lieblingscomics betrieben. Und er kannte Vaters Lagerfeuergeschichten mindestens ebenso gut wie ich.

Wir hatten im Laufe der Jahre Millionen gemeinsame Erfahrungen gesammelt. Und jetzt schämte ich mich, mit ihm zusammen gesehen zu werden. Alles nur wegen ein paar Kindern, mit denen ich Milchshakes trank oder zu Klassenfeten ging.

Eddie sagte nichts, als er ausstieg. Er nahm einfach seine Bücher und warf die Tür zu. Wieder begegneten sich unsere Augen. *Ich weiß, was du denkst, Joni*, schienen seine Augen zu sagen. *Du verkaufst mich hier für dumm, aber ich will, dass du weißt, dass ich ganz genau weiß, was hier vorgeht.*

Ich sah weg. Dann legte ich den Gang ein und ließ ihn den Rest des Weges mit seinen Büchern zu Fuß gehen.

Als ich in meine Parklücke einbog, sah ich kurz in den Rückspiegel, um meine Frisur zu überprüfen. Hätte ich genauer hingesehen, dann hätte ich etwas anderes entdeckt: einen weiteren Trieb. Diesmal der Eitelkeit.

Warum wählte ich den dunklen Pfad, obwohl mir alle Möglichkeiten offen standen, obwohl ich es wirklich hätte besser wissen müssen? Warum konnte ich mich nicht überwinden, den jungen Baum in mir mit guten, gottgefälligen Dingen zu nähren? Mit Gedanken und Motiven, Verhaltensweisen und Handlungen, die ihn wachsen ließen?

Apfelbäume hatten es sehr viel leichter. Sie überließen sich einfach der Sonne, dem Regen und dem Besitzer der Obstplantage. Apfelbäume lehnten sich nicht gegen ihren Besitzer auf, wenn er kam, um die Triebe zurückzuschneiden. Sie ignorierten den Gärtner nicht. Junge Bäume wussten, wohin sie gepflanzt waren; der Gehorsam gehörte zu ihrem Wesen. Sie waren gehorsame Schösslinge, und ihr Gehorsam trug Früchte.

Nicht so ich. Ich ging völlig falsch vor. Ich nahm ein bisschen Geduld, befestigte sie an einem dicken Ast, grub ein Loch und setzte das Ganze in den Boden. So, dachte ich, bekäme ich, was ich wollte: Früchte. Oder zumindest den Anschein davon. Aber der Zweig verfaulte schnell.

Ich ging weiterhin zu Young Life, aber nach den Treffen, wenn ich mich mit Betsy oder meinen anderen christlichen Freunden und Freundinnen unterhielt, hatte ich immer das Gefühl, mein Frieden sei aus Plastik. Die Frucht in meinem Leben war ein Trugbild. Die Freude war nur oberflächlich.

Als ich Little Eddie im Rückfenster erblickte, hatte ich das Gefühl, dass nichts an mir echt war. Mir war elender zumute als jemals in all der Zeit vor dem Wochenende in Natural Bridge.

An einem ungewöhnlich schönen Frühlingsabend im April 1967 trat ich mit meinem Kästchen in der Hand auf meinen Balkon. Die zarten grünen Knospen der Eiche waren in Zwielicht getaucht, und mir fiel auf, wie viel dichter die Zweige an den

Balkon heranreichten, seit ich das letzte Mal hier gesessen und Gitarre gespielt hatte. Ich wünschte, ich hätte von mir sagen können, dass ich in gleichem Maße gewachsen war. Ich setzte mich hin und schrieb auf ein Karteikärtchen:

Liebes Kästchen ...
ich habe es satt, aus dem einen Mundwinkel heraus zu sagen, ich sei Christin, und aus dem anderen etwas anderes. Ich möchte mit meinem Leben Gott die Ehre geben. Und deshalb, Gott, bitte ich dich, bitte, bitte, tu etwas mit meinem Leben, gib ihm eine Wendung, denn ich mache alles falsch. Ich bezeichne mich als Christin, aber ich will auch wie eine Christin leben!

Ich musste wieder Kontakt mit Gott bekommen. Ich musste mich ihm nähern als dem, dem Gehorsam gebührt. Wie dem Besitzer des Weinbergs, der er ja war – und dem Besitzer der Bäume und des Bodens und der Wurzeln und des Regens und der Sonne und auch der Schere. Wenn ich blühen und wachsen wollte, musste ich mich wieder von seinem Leben spendenden Saft ernähren.

Ich wusste nicht, auf welche Weise Gott mein Gebet erhören würde. Aber ich wusste, dass er etwas tun würde.

Vor allem aber hätte ich mir nicht träumen lassen, dass Onkel Dons Obstplantage mir den entscheidenden Hinweis geben würde.

Der Frühling kam, und wir fuhren wieder in das kleine Bergdorf Hancock. In dieser Jahreszeit trug der weite Rock von Apfelbäumen, der sich um den Hügel erstreckte, einen weißen Spitzenüberwurf. Reihe um Reihe waren die Bäume überladen mit duftenden, schneeweißen Apfelblüten.

Es gibt nichts Zauberhafteres, als sich in einer solchen weißen Welt zu verlieren, während der Frühlingswind ein natürliches Parfüm verteilt und die Bienen eifrig summend ihren Geschäften nachgehen. Onkel Dons Obstplantage war ein Garten Eden. Und ich war Eva, nur dass ich Jeans trug, und wandelte im kühlen Schatten der Bäume, eins mit den Blüten und Bienen. Es hatte noch keine großen Veränderungen in meinem Leben gegeben, und ich wusste noch nicht, auf welche Weise

Gott mein Gebet erhören würde. Vielleicht würde die Veränderung mit dem Wechsel zum College im Herbst kommen – ich war im Western Maryland College angenommen worden, das nicht weit von unserer Farm entfernt lag. Oder vielleicht kam sie in den Sommerferien, mit dem Ferienjob in Ocean City, den ich mir gesucht hatte.

Vielleicht würde auch an diesem Ostersonntag etwas Bedeutsames geschehen. Ich wollte Ostern dieses Jahr so gerne richtig feiern. Während ich durch die Obstplantage schlenderte, kleine Zweige abbrach und mir Blüten hinters Ohr steckte, dachte ich über Christus nach und alles, was er für mich getan hatte. Hier, mitten im Gesang der Vögel und dem Duft der Bäume war es kaum vorstellbar, dass der Gott, der solche Schönheit schuf, derselbe war, der einst in Todesstarre und kalt wie ein Stein im Grab lag. Während ich durch die weiße Blütenwelt streifte, die scheinbar so gut zu Ostern passte, gelang es mir nur schwer, mir das Ostergeschehen ins Gedächtnis zu rufen: ein grauer Leichnam im dunklen Grab, der sich plötzlich bewegt und aufsteht. Der Gott des Universums, der meinetwegen Spießruten gelaufen war und sich Nägel durch Hände und Füße hatte treiben lassen. Es war einfach unvorstellbar: Gott sollte von betrunkenen Soldaten fast bewusstlos geprügelt worden sein? Gott war gestoßen und geschlagen worden? Mehr noch, Gottes Augapfel war trüb geworden über der Verderbtheit meiner Sünde, meines Stolzes, meiner Lust? Der Gedanke demütigte und ernüchterte mich.

Gott muss damals in dem Apfelbaumhain über mich gelächelt haben. Dieser Hain barg das Geheimnis seines Todes – und auch des Lebens, das ich noch suchte.

Das Frühjahr ist Pfropfzeit. Onkel Don strich mit der Hand über die Borke eines Apfelbaums, suchte nach einer Stelle, an der er sie entfernen konnte, und setzte einen schrägen Schnitt tief in den Baum hinein. Dann nahm er einen kleinen Zweig – ein zartes, zerbrechliches Ding mit nur einem Blütenpaar daran – und setzte einen langen Schnitt mit einem scharfen Messer. Er schob das Pfropfreis tief in das feuchte Holz des Baums hinein, genau in der Mitte über dem Schnitt. Manchmal befestigte er es noch zusätzlich mit ein paar kleinen Nägeln. Dann bedeckte er die Stelle, an der die beiden Hölzer sich vereinten, um den

Pfropf kühl und feucht zu halten. Wochen später kam das neue Leben hervor – Knospen, Blüten und Früchte. Onkel Don sagte, ein einziger Baum könne viele verschiedene Apfelsorten tragen, doch das ginge nie ohne eine Wunde sowohl im Baum als auch im aufgepfropften Zweig.

John Bunyan schrieb:

Eine Bekehrung ist nicht der sanfte Vorgang, für den manche Menschen sie zu halten scheinen ... Sie ist schwere Arbeit, die Verletzungen mit sich bringt, bei der Herzen brechen, doch ohne Verletzung gibt es keine Rettung ... Wo aufgepfropft wird, muss ein Schnitt gemacht werden; das Pfropfreis muss mit einer Wunde eingefügt werden; es einfach nur aufzustecken oder festzubinden, wäre nutzlos. Herz muss an Herz gefügt werden und Rücken an Rücken, andernfalls fließen keine Säfte von der Wurzel zum Zweig. Dies kann nur durch eine Wunde geschehen.

Gott wollte mein Herz. Er wollte mehr als meinen Namen in seinem Buch und meine Hand am Pflug. Er wollte mehr als meine Unterschrift auf der gepunkteten Linie einer ewigen Versicherungspolice. Er sehnte sich nach meinem Herzen. Herz und Seele, Knospe und Zweig, Blüte, Sonne, Regen und Erdboden – alles.

Ich hatte eigentlich gedacht, dass er mein Herz bereits besaß, vor allem, seit ich vor kurzem mein Gebet aufgeschrieben und in das Kästchen gelegt hatte. Aber meine Gebete sollten erhört werden, wenn die Zeit reif war; ich sollte schon bald erfahren, dass Gott die, die er liebt, aufpfropft.

Und dieses Aufpfropfen sollte mich auch verletzen, verwunden. Eine schreckliche, entsetzliche Verletzung erwartete mich.

Kapitel 13

Ich war in Frieden, aber er hat mich zunichte gemacht; er hat mich beim Genick genommen und zerschmettert. Er hat mich als seine Zielscheibe aufgerichtet.

Hiob 16,12

Ich habe mich immer gefragt, warum ich mir wohl das Genick brach.

Nicht »warum« im theologischen Sinn der Frage: Warum lässt Gott etwas so Schreckliches zu? Auch nicht »warum« im technischen Sinn: Warum bin ich nicht schnell genug aus der Kopfsprung-Haltung herausgekommen? Und auch nicht »warum« im Sinne von Schicksalhaftigkeit, wie damals, als ich eine belebte Straße hinunterfuhr, den Menschenstrom teilte wie ein Fisch, der stromaufwärts schwimmt, im Geiste Aufnahmen von den Gesichtern machte und mich fragte: *Warum nicht sie?* Oder: *Warum nicht er?*

Ich meine »warum« im Sinne von Bestimmung.

Als ob ... als ob es einfach geschehen *musste*. Nicht weil ich böse war – obwohl es durchaus vorkommt, dass der Herr einem Menschen eine Strafe auferlegt. Nicht weil ich unvorsichtig war, obwohl der Schwimmlehrer, bei dem ich eine Woche zuvor das Rettungsabzeichen gemacht hatte, hier vielleicht widersprechen würde. Sondern weil es ganz einfach unausweichlich war.

Die erste Andeutung, dass mir ein solches Schicksal bevorstand, war wohl die Axt, die ich im Alter von fünf Jahren in den Händen hielt. Wenn wir uns die alten 8mm-Filme ansehen und uns zu diesem Anlass alle zusammen auf das Sofa quetschen, Popcorn mampfen und bei den entscheidenden Szenen gegenseitig mit den Ellbogen in die Rippen stoßen, quietschen an einem Punkt noch heute alle unisono auf: »Jetzt kommt's, guck doch, guck doch hin, es ist nicht zu fassen!«, als ob wir die Szene nicht schon tausendmal gesehen hätten. Da stehen wir dann, mein Vater, in Jeans mit Hosenträgern und kariertem Hemd wie ein Holzfäller, und ich in meiner Lederfransenjacke und Cowboystiefeln ... und mit einer Axt in der Hand. Ich kann sie kaum halten, so schwer ist sie. Aber ich bin mutig, weil Vater mir zeigen will, wie man Holz spaltet. Da macht es nichts, dass die Axt größer ist als ich.

»Siehst du Little Joni? Ist sie nicht entzückend mit ihren albernen Rattenschwänzchen?«

Keiner käme auf den Gedanken, dass es ziemlich albern von meinem Vater war, einer Fünfjährigen eine Axt in die Hand zu geben.

Beim bloßen Gedanken daran stockt mir heute noch der Atem, und ich frage mich: »Was wäre gewesen, wenn?« Aber damals gehörte das Holzspalten zu jenen Dingen, die ich spannend fand und bei denen ich alles daran setzte, mich gegen meine älteren Schwestern zu behaupten, so wie ich auch versuchte, im Reiten, Laufen und Ringen mit ihnen Schritt zu halten. Da sind wir also, bewegen uns in diesem zuckenden 8mm-Stakkato, blödeln vor der Kamera herum, und die Axt lässt die Holzspäne nach allen Seiten fliegen.

Und es gab noch weitere Omen. Einmal zum Beispiel war ich entschlossen, auf einem der Rodeos, die wir auf der Circle X Ranch abhielten, einen wilden Stier oder einen buckelnden Bronco zu reiten. An jenen warmen, trägen Sommernachmittagen, an denen die Rodeos gewöhnlich stattfanden, sattelten langbeinige Cowboys hinter den Viehpferchen ihre Pferde, rollten ihre Lassos zusammen und setzten ihre Stetsons auf. Manche hockten auf den Zäunen, kippten Pabst Blue Ribbon, spuckten Tabak, erzählten unglaubliche Geschichten von den Broncos oder Bullen, die sie schon geritten hatten, und stellten Vermutungen an, wen sie wohl dieses Wochenende in der American Legion Tanzhalle treffen würden.

Ich pflegte bei diesen Gelegenheiten bei ihnen auf einem Pfosten zu sitzen und sie zu zeichnen. Oder ich spielte mit meinen Zöpfen und hoffte, dass ihre prahlerische Tapferkeit irgendwie auf mich abfärben würde. Rodeotage – das bedeutete Cutting, Roping, wirbelnder Staub und das Schnauben buckelnder Pferde, die im Paddock nacheinander schnappten. Es bedeutete den Geruch von Pferdemist und Leder und Countrymusik aus den Lautsprechern. Ich war damals erst acht Jahre alt, aber das hielt mich nicht davon ab, den Cowboys nachzulaufen, wenn sie zur Arena stolzierten. Dann nahm ich gewöhnlich ein paar Hände voll Staub und rieb ihn in meine frisch gewaschene Levis, damit sie alt und verblichen aussäh. Ich war überzeugt, genauso gut reiten zu können wie sie.

Vermutlich konnte es gar nicht anders sein, als dass ich an einem solchen Rodeowochenende zu Vater ging und ihn bat, wie meine älteren Schwestern beim Bullenreiten mitmachen zu dürfen. Ich wusste, dass es gefährlich war. Wilde, wütende Stiere mit Stummelhörnern brachen mit Urgewalt aus der Schleuse hervor, buckelten und brüllten um ihr Leben, drehten sich wie irrsinnig im Kreis und versuchten alles, ihren Reiter – ein CVJM-Kind oder eine meiner Schwestern – abzuwerfen. Meine Schwestern hielten sich dabei gar nicht schlecht. Sie schafften beinahe die acht Sekunden, nach denen man sagen durfte, man habe einen Stier geritten.

»Papa, ich kann doch reiten, bitte lass mich reiten!«

Mein Vater blickte über die Schleuse in die Pferche, um zu sehen, ob es irgendein Kälbchen gab, das man heraustreiben konnte, aber es gab keins. Schließlich meinte ein älterer Cowboy, der mich wahrscheinlich niedlich fand, dass der Stier, wenn er ihn am Schwanz festhalten würde, weniger heftig buckeln würde. Vater sah ihn zweifelnd an, gab dann aber sein Einverständnis.

Ein Stier wurde in die Schleuse getrieben, ein Cowboy hob mich über den Zaun, und schon saß ich rittlings auf dem hypernervösen Tier. Plötzlich hatte ich das Gefühl, mehr bekommen zu haben, als ich ursprünglich hatte erbetteln wollen.

»Hier anfassen«, unterwies man mich, und einer der Cowboys schob meine Hand unter den Buckelgurt. »Gut festhalten!«, befahl er und bog meine Finger zur Faust um das Seil. »Lehn dich einfach zurück, dein Vater passt schon auf, dass der Stier dich nicht abwirft.«

Ich nickte ein bisschen zittrig.

»Papa«, rief ich, »bist du da? Hast du seinen Schwanz?«

»Ich hab ihn«, rief er zurück.

Der Cowboy über mir rief: »Fertig?«

Ich warf meinen Kopf hoch, wie ich es bei den Stierreitern gesehen hatte, und die Tür der Schleuse flog auf.

Dann weiß ich nur noch, dass der Kopf des Stiers hochflog, ich aber gleichzeitig auf seinem Rücken nach vorn katapultiert wurde. Als mein Kopf mit dem Stierschädel zusammenprallte, dachte ich, mein Kopf würde explodieren. Ich wurde vollkommen kraftlos, rutschte von dem Tier herunter und plumpste in den Dreck, das Gesicht in Mist und Staub. Der Stier war so unvermittelt aus der Schleuse herausgesprungen, dass mein Vater seinen Schwanz verloren hatte.

Den Rest des Nachmittags verbrachte ich auf meiner Schlafstelle, mit einem Eisbeutel auf dem Kopf. Aber noch heute bewahre ich in meinem Kästchen ein zerknittertes braunes Stück Papier auf, auf das mein Vater geschrieben hat:

15. Juni 58
Heute hat Joni, meine kleine achtjährige Tochter, beim Rodeo auf der Circle X einen wilden Stier geritten. Es war ein prachtvoller Ritt, obwohl sie von den Hörnern des Stiers am Kopf getroffen wurde und eine furchtbare Beule bekam.
Ihr Vater, John K. Eareckson

Das war die zweite baseballgroße Beule, die ich mir eingehandelt hatte – die erste bei meinem Ritt auf Monica in Wakefield Farm, die zweite beim Stierreiten. Diese Zusammenstöße mit den Köpfen von Pferden und Stieren waren für mich der Beleg, dass ich nicht nur den Namen meines Vaters, sondern auch seine tollkühne DNA geerbt hatte.

Aber auch meine Mutter hatte mir ihre ganz eigene Form von Abenteurergenen vererbt. Auch sie war kein schüchternes Veilchen, das im Verborgenen blühte. Im Gegenteil, sie liebte die Herausforderung, zumindest, solange sie jung war. Als Kind hatte sie sich geweigert, ihren Taufnamen »Margaret Johanna« zu führen und darauf bestanden, dass man sie »Lindy« rief, nach ihrem Helden Charles Lindbergh. Warum sie nicht Eleanor Roosevelt oder Madame Curie wählte, ist mir immer ein Rätsel geblieben. Andererseits: dass sie sich jemanden aussuchte, der

der Inbegriff von einem Teufelskerl war – das war ganz meine Mutter.

In den Dreißigerjahren hatte sie auf einer Wanderung die Einladung angenommen, sich in einem Korbkäfig am Mount Rushmore auf das in den Fels gehauene Gesicht von George Washington herunterzulassen. Einer der Arbeiter am Presslufthammer hatte Gefallen an der mutigen, athletischen Frau gefunden und sie aufgefordert, einzusteigen und ein Felsstückchen an Washingtons Nase wegzumeißeln. Lindy nahm ihn beim Wort. Wenn wir nicht das vergilbte Foto gehabt hätten, auf dem Lindy sich gegen das steinerne Profil des Präsidenten lehnt und auf sein Nasenloch einhämmert, es hätte uns niemand geglaubt.

»Ich wäre eurem Vater überallhin gefolgt«, sagte meine Mutter uns einmal, als wir am Lagerfeuer saßen und Holz nachlegten. »Einmal wären wir allerdings fast ums Leben gekommen.«

»Sollen wir ihnen wirklich von dem Boot erzählen?«, flüsterte mein Vater meiner Mutter verschwörerisch zu. Das Licht des Lagerfeuers tauchte ihre Gesichter in ein Licht, als säßen sie unter den Bühnenscheinwerfern eines Vaudeville-Theaters.

»Was war mit dem Boot?«, fragten Jay und Linda.

»Erzähl uns von dem Boot!«

»Wir wollen von dem Boot hören! Wir wollen von dem Boot hören!«

»Gut«, strahlte meine Mutter und betrat die Bühne. »Es war ein großes Segelboot, das ein wenig außerhalb der Chesapeake Bay vor Anker lag. Und euer Vater ...« – Vater nahm seine Seemannsmütze ab und machte eine schwungvolle Verbeugung – »... euer Vater und ein paar von den Männern vertrieben sich die Zeit mit ein bisschen Tauchen vom Steuerbord aus. Allmählich wuchs ihr Treiben sich beinahe zu einer Art Kielholen aus.«

»Was ist das?«

Vater erklärte, dass die Kapitäne eines Segelschiffs früher, in der alten Zeit, einem Crewmitglied, das bestraft werden sollte, die Handgelenke fesselten, den Mann über Bord warfen und unter dem Rumpf des Schiffes durchzogen. Manchmal schrammte der Körper des Unglücklichen an den Muscheln entlang, die am Schiffsrumpf saßen, und er kam blutend, spuckend und nach Luft ringend auf der anderen Seite wieder zum Vorschein.

»Manche konnten die Luft nicht lange genug anhalten, und ...«, Vater schlug sich aufs Knie und griff sich an die Kehle, »ertranken.«

»Und das hast du mit Mama gemacht?«, fragt Kathy mit großen Augen.

»Natürlich nicht.« Vater musste lachen. Er stand auf und klopfte sich den Sand von der Hose.

»Dein Vater winkte mir vom Wasser aus zu und ließ nicht locker«, fuhr Mutter fort. »Er wollte, dass ich hinter ihm her unter dem Schiffsrumpf durch auf die andere Seite tauche. Er rief: ›Komm schon, Lindy, du schaffst es! Du brauchst dich bloß, wenn du unten am Kiel bist, mit aller Kraft abzustoßen.‹

Ich sprang hinein, um es deinem Vater nachzutun. Während ich schwamm, blickte ich zu den über mir flatternden Segeln hoch. Das Boot war ziemlich groß, und ich fragte mich, wie tief es wohl im Wasser lag. Dein Vater sah das Zögern in meinen Augen. ›Du hast doch keine Angst, oder?‹, fragte er und tauchte weg.

Ich war zu Tode erschrocken«, sagte Mutter, »aber doch nicht so sehr, dass es mich davon abgehalten hätte, ihm zu folgen. Ich atmete tief ein und tauchte ebenfalls.«

»Hast du es geschafft?«, fragte ich.

Eine meiner Schwestern rollte mit den Augen.

Mutter fuhr fort: »Ich kämpfte mich mit aller Kraft senkrecht nach unten. Es wurde immer dunkler und kälter, und schließlich sah ich gar nichts mehr, schon gar nicht euren Vater. Dann war es stockdunkel, und ich tastete um mich, um den Kiel zu finden. Meine Hand berührte die Algen und Muscheln am Bootsrumpf. Ich tauchte tiefer und tiefer, bis meine Lungen zu brennen begannen und ich von Angst gepackt wurde.

Schließlich fanden meine Hände den Kiel. Aber jetzt drehte sich bereits alles in meinem Kopf, und ich spürte, dass ich gleich das Bewusstsein verlieren würde. Trotzdem hatte ich noch die Kraft, unter den Rumpf zu schwimmen, mich mit den Füßen am Kiel abzustoßen und auf das Licht, das von oben herunterfiel, zuzuhalten. Ich musste ausatmen, lange bevor ich die Oberfläche erreichte; die Blasen waren überall. Als ich dachte, dass ich es nicht schaffen würde, als ich das Gefühl hatte, jetzt wirklich ertrinken zu müssen, spürte ich, wie mich jemand packte und hochzog. Es war euer Vater. Er lächelte und war ungeheuer stolz auf mich.«

Ich versuchte mir das Entsetzen vorzustellen, das einen packte, wenn man so weit unten war, kaum noch Luft hatte und nichts mehr sah, nur noch Schwärze. Ich wusste noch gut, wie es war, als Kathy mich einmal unter Wasser gedrückt hatte, als wir Marco Polo spielten. Es war grässlich gewesen. Die Vorstellung, dass meine Mutter so lange unter Wasser gewesen war, war entsetzlich.

Meine Mutter schüttelte den Kopf über diese Geschichte. Unser Lagerfeuer am Strand weckte einen feurigen Widerschein in ihren Augen, aber ich wusste nicht, ob es der Funke der Leidenschaft oder das Aufflackern von Zorn war. Vielleicht beides. Ich habe mich oft gefragt, ob Menschen, die einander provozieren – die sich gegenseitig zu riskanten Wettbewerben herausfordern –, nicht auf einer sehr dünnen Linie zwischen Romantik und Raserei wandeln. Vielleicht zweifeln sie an sich selbst und hoffen insgeheim, dass die Mutprobe beweisen wird, dass sie besser als der Durchschnitt sind. Als ich jetzt sah, wie das Lagerfeuer lange Schatten hinter den Rücken meiner Eltern warf, war ich überzeugt, dass sie Giganten waren. Ein Gott und eine Göttin, überlebensgroß, geschaffen, allem Mittelmaß, jeder Norm zu spotten.

Ich legte die Arme um meine Knie und hoffte zum ersten Mal, dass auch ich eines Tages bis zum Kiel hinunter- und auf der anderen Seite wieder auftauchen, dass ich mich als ein mutiges Mädchen erweisen würde.

Aber dafür brauchte ich kein Boot. Ich hatte ein Pferd.

Augie und ich waren Profis geworden, er in englischer Ausrüstung und ich in Reitstiefeln und mit Sprunggerte. An einem windigen, schon fast stürmischen Frühsommernachmittag waren wir von einem Ausflug am Patapsco River zurückgekehrt, wo die Baumreihen am Ufer sich im Wind wiegten. Der kühle, windige Tag hatte uns beide belebt und angeregt, und als ich mit Augie zum Stall zurücktrottete, begegnete ich meiner Schwester Linda und ihrem Mann Dick. Ich erzählte ihnen, dass ein umgestürzter Baum den Weg blockierte, und prahlte damit, wie leicht Augie ihn übersprungen hatte.

»Wie hoch war denn der Sprung?«, fragte Dick.

»Ach, ich weiß nicht.« Ich zuckte mit den Schultern. »Vielleicht vier Fuß.«

»Wetten, dass er nicht viereinhalb schafft?«

Ich hatte meinen Schwager immer für einen Trottel gehalten, und das bestätigte sich jetzt. Dick hatte Augie schon auf Turnieren springen gesehen, und er war auch auf den Howard County Fairgrounds gewesen, wo Augie und ich dieses Jahr ein blaues Band gewonnen hatten.

»Natürlich springt er viereinhalb Fuß.«

»Beweis es doch.« Ein verschlagenes Lächeln erschien auf seinem Gesicht.

Fünfzehn Minuten später befanden wir uns alle hinter Dicks und Lindas Haus. Dick begann, einen einzelnen Sprung aufzubauen – zwei weiße Stützpfeiler und eine Stange, die man in der gewünschten Höhe einhängen konnte. Ein Windstoß fuhr in die Zweige der Bäume hinter dem Haus und raschelte in den Blättern. Mein großer Brauner hob den Kopf, richtete seine Ohren auf die Bäume aus und wieherte so laut, dass sein ganzer Körper unter mir erzitterte.

Linda kam zu mir und streichelte Augies Stirn. »Du brauchst das nicht zu machen, das weißt du«, sagte sie ruhig. Mit einer ungeduldigen Handbewegung scheuchte ich sie weg. »Kein Problem.«

Dick legte die Stange viereinhalb Fuß hoch und ich trabte Augie auf das Hindernis zu. Er schüttelte den Kopf, dass die Mähne flog, rollte den Hals ein und schnaubte, beschnüffelte die Stange und spielte mit den Ohren. Er wusste, was ich von ihm wollte, und ich spürte seine Erregung.

Ich lenkte ihn auf einen großen Zirkel, richtete ihn im rechten Winkel zum Sprung aus und trieb ihn. Augie galoppierte zuversichtlich auf den Sprung zu, ich nahm die Zügel auf, griff in die Mähne und lehnte mich nach vorn, um in seinen Rhythmus zu kommen. Er flog darüber. Nach dem Sprung nahm ich ihn wieder auf und rief Dick zu: »Siehst du?«

Mein Schwager schwieg erst einmal. Dann schrie er zu mir hinüber: »Zeig mal, ob er auch fünf Fuß springt.«

Ein Fünf-Fuß-Sprung war keine Kleinigkeit, sondern so hoch

und gefährlich wie die Sprünge auf den nationalen Wettbewerben und bei den Olympischen Spielen. Augie warf den Kopf, kaute auf der Trense und stampfte mit den Hufen. Ich wusste nicht, ob er noch einmal springen oder in den Stall zurück wollte. Der Wind wirbelte eine Staubwolke vor dem Hindernis auf, die es für einen Augenblick verbarg.

Dick rief: »Und, was ist jetzt?«

Ich winkte und rief ihm zu, er solle die Stange höher legen. Langsam trabte ich mein Pferd an dem Hindernis vorbei zurück. Dabei betrachtete ich die Höhe und fragte mich, ob ich beim nächsten Sprung Augies Tempo ändern sollte. Ich beschloss, ihm einen längeren Anlauf zu geben. Ich hielt an, wendete ihn, streichelte seinen Hals und flüsterte: »Du schaffst es, Junge. Du schaffst es.«

Und dann touchierte ich ihn mit der Peitsche an der Schulter, und er schoss vorwärts. Der Sprung türmte sich drohend vor uns auf, und ich bückte mich tief über Augies Hals und griff weiter oben in seine Mähne, um besser im Gleichgewicht zu sitzen. Einige Meter vor dem Sprung versammelte das mächtige Pferd sich ganz von selbst, hob vom Boden ab, flog über das Hindernis und streifte es nur leicht mit dem Huf. Uff – sicher gelandet. Ich stieß einen tiefen Seufzer aus.

Wieder sagte Dick nichts. Er legte die Stange einfach auf fünfeinhalb Fuß und drehte sich mit seinem dreckigen Lächeln zu mir um.

Jetzt hätte ich aufhören sollen. Ich hätte nein sagen und Augie in den Stall bringen sollen. Mein Pferd schüttelte wieder den Kopf und pullte, und diesmal wusste ich, dass es nach Hause wollte. Es war müde von dem Ausritt und den sinnlosen Sprüngen. Aber ich zwang es noch einmal zum Startpunkt zurück.

Ich weiß nicht, was mich damals ritt, dass ich mich von meinem Schwager provozieren ließ. Ich weiß nur, dass mir das Herz bis zum Hals schlug, als ich das Hindernis betrachtete, das vor mir aufragte. Ich glaubte zwar, dass Augie es schaffen konnte, aber es war ein Risiko – für ihn und für mich. Mir fiel der winzige Riss in seinem Huf wieder ein, den ich heute Morgen entdeckt hatte, und ich dachte an seine schmalen Fesseln. Ich stellte mir vor, was alles passieren konnte, wenn wir stürzten oder wenn er stolperte und hinfiel. Aber ich konnte nicht zurück, trotz meiner Ängste. Ich musste beweisen, dass wir es konnten.

Plötzlich fuhr der Spätnachmittagswind durch die Bäume und wirbelte noch mehr Staub auf. Wieder lenkte ich Augie auf einen großen Zirkel; ab und zu beugte ich mich hinunter und streichelte seine Schulter. Schließlich holte ich tief Luft und ritt ihn auf den Sprung zu. Mit einer solchen Höhe hatte ich keinerlei Erfahrung, ich konnte nur hoffen, dass unsere Geschwindigkeit, unser Timing und unser Abstand stimmten. Kurz vor dem Hindernis brach Augie seitlich aus. Ich verlor das Gleichgewicht und wäre beinahe heruntergefallen. Er schüttelte heftig den Kopf. »Ruhig, mein Junge«, sagte ich.

»Dein Pferd taugt nichts«, höhnte Dick.

»Lass sie in Ruhe«, sagte Linda.

»Lass nur, alles in Ordnung«, antwortete ich und warf Dick einen Blick zu, der ihn hoffentlich töten würde. »Wir sind einfach nur schlecht weggekommen.«

Wieder der Zirkel, und wieder ritt ich auf den gewaltigen Sprung zu und fragte mich, ob wir die Stange streifen und ob Augie sich verletzen würde. Wind und Staub drangen mir in die Augen, dann duckte ich auch schon mein Gesicht in seine Mähne, umklammerte seinen Hals und spürte, wie sich das ganze schwere Gewicht verlagerte, als seine Hufe sich vom Boden abstießen. Ich schloss die Augen, wir flogen durch die Luft, über den Zaun und setzten wieder auf – fünfeinhalb Fuß.

Er kam hart auf, um ein Haar wären ihm die Beine weggeknickt. Ich ließ ihn langsam auslaufen.

Diesmal blickte ich nicht über die Schulter zu meinem Schwager zurück. Ich wollte gar nicht wissen, ob er den Sprung auf unvorstellbare sechs Fuß erhöhte, eine Höhe, die ich – und Augie – nie gesprungen wären. Mit klopfendem Herzen und einem schwer atmenden Pferd ging ich zum Stall und ließ Dick im Staub stehen.

Die Leichtigkeit, die mich an diesem Tag so wunderbar belebt hatte, war verschwunden, und ich kam mir alles andere als mutig und heldenhaft vor. An dieser Mutprobe war nichts Abenteuerliches, nichts Geist und Körper Beflügelndes gewesen. Im Gegenteil, ich fühlte mich von meinem Schwager ausgenutzt, als hätte er mich für einen seiner gemeinen Scherze missbraucht. Als ich mich beim Geräusch der klappernden Hufe auf dem Weg zum Stall allmählich entspannte, wurde mir klar, dass der Mann meiner Schwester nicht den leisesten Gedanken an mich oder mein Pferd verschwendet hatte. Aber auch ich hatte weder an meine Sicherheit noch an die meines Pferdes gedacht, und bei diesem Gedanken wurde mir nachträglich übel. Ich selbst hatte unverantwortlich gehandelt. Ich hatte zu viel riskiert – hatte mein Leben und das meines edlen Vollbluts mit dem großen Herzen aufs Spiel gesetzt – auf eine Provokation hin, die genauso hohlköpfig und dumm war, wie ich mir jetzt vorkam.

Aber es war eine Herausforderung gewesen. Und ich konnte keiner Herausforderung widerstehen.

Als ich Augie absattelte, ging hinter dem Hügel über der Koppel die Sonne unter. Ich bürstete mein Pferd tüchtig und öffnete dann das Tor, um es hinauszulassen. Er stieg kurz und verschwand dann in der Dunkelheit am Fuß des Hügels. Das Geräusch seiner Hufe verklang, aber sein kräftiges Wiehern, mit dem er seine Pferdefreunde rief, hallte noch lange nach.

Ich lehnte mich an den Zaun und dachte über die vielen »Was wäre, wenn« nach, die sich einem nach einem Sprung über ein so hohes Hindernis aufdrängten. Plötzlich schauderte ich, als ich an Black Beauty und das gebrochene Genick dachte. Gott würde so etwas nicht zulassen. Aber ich fragte mich doch, ob er es zulassen würde, dass die Gefahr mir so nahe kam – so nah, dass ich ihren kalten Atem spürte und ich eine Gänsehaut bekam –, ohne dass sie mir wirklich etwas antun durfte.

Ging Gott Risiken mit uns ein? Nichts Verrücktes, wie unter dem Kiel eines Schiffes hindurchzutauchen oder ein fünfeinhalb Fuß hohes Hindernis zu überspringen, aber doch ein göttliches Wagnis, das wahren Heldenmut und Tapferkeit verlangte? Ein Risiko, bei dem er zwar unsere Sicherheit nicht aus den Augen verlor, uns aber gleichzeitig den kalten Hauch der Gefahr spüren ließ, als wollte er sagen: *Ich bin nicht zufrieden mit deiner Mittelmäßigkeit. Ich habe Größeres mit dir vor. Kannst du mir folgen? Du wirst doch keine Angst haben? Komm, du schaffst es.*

Ich dachte an das Gebet, das ich Anfang des Jahres gebetet hatte: »Gott, tu etwas, irgendetwas in meinem Leben, damit ich mich ändere.« Ich war überzeugt, dass Gott im Begriff war, mein Leben zu verändern. Ich wusste nur nicht, was er tun würde oder wo, wann oder wie es geschehen würde.

Wenn ich meine Ohren hätte darauf einstimmen können, dann hätte ich das Signal vielleicht gehört. Vielleicht hätte ich Gott sogar flüstern hören: »*Ich habe etwas im Sinn mit dir. Etwas Ungewöhnliches. Vertraust du mir? Wirst du mir folgen?*« Und wenn ich die Herausforderung gespürt hätte, dann, so glaube ich – ja, ich glaube es wirklich – hätte ich sie angenommen.

Der Wetterbericht hatte für den Nachmittag drückend heißes Wetter vorausgesagt.

Ich schwankte, ob ich meine Verabredung zum Tennis einhalten sollte. Immerhin boten sich an jenem Samstagnachmittag im Juli 1967 noch eine Menge anderer Möglichkeiten. Ich konnte Tennis spielen gehen oder der Party zum zweiten Geburtstag meiner Nichte Kay einen Besuch abstatten. Kathy und ihrem Freund Butch, die mich gefragt hatten, ob ich mit ihnen zur Chesapeake Bay fahren wollte, hatte ich bereits abgesagt.

Wofür ich mich auch entscheiden würde, ich hatte noch etwa eine Stunde totzuschlagen. Die wollte ich nutzen, um mir die Haare zu färben – *Midnight Sun Blonde*.

Eine Stunde, nachdem ich mir das Haar gefärbt und mich umgezogen hatte, wartete ich immer noch auf den Anruf meiner Tennispartnerin. Da das Telefon einfach nicht klingeln wollte, beschloss ich, mir die Nägel zu feilen. Auf einmal hörte ich Kathys VW Käfer die Straße herauftuckern. Sie und Butch hatten eigentlich schon vor einer Stunde losfahren wollen.

»Hast du was vergessen?«, rief ich.

»Ja«, antwortete Kathy und stieg aus dem Auto. »Geld! Wolltest du nicht Tennis spielen gehen?«

»Ich hab noch nichts gehört, deshalb ...«

Meine Schwester schwieg einen Augenblick, dann fragte sie: »Willst du wirklich nicht mit uns kommen?«

Ich verzog das Gesicht. »Eigentlich sollte ich zu Kays Geburtstag.«

»Stimmt.«

Während meine Schwester ihr Geld holte, ging ich noch einmal die Möglichkeiten durch. Ich hatte mir gerade die Haare gewaschen und gefärbt und wollte nicht, dass sie gleich wieder nass wurden ... Ich hatte kein Geburtstagsgeschenk für Kay ... Ich konnte zum Tennisplatz fahren und gucken, was dort los war ... oder ich konnte zur Farm fahren und ausreiten ... Andererseits wird nasses Haar auch wieder trocken ...

»Also, was ist?«, fragte Kathy, als sie zum Auto ging.

»Ich komme mit euch«, beschloss ich.

»Wirklich?« Kathy sah mich überrascht an. »Du bist noch nie mit mir und Butch irgendwo hingegangen.«

Sie hatte Recht. Ich war so gut wie nie mit ihr und ihrem Freund zusammen. Aber da ich im Herbst aufs College gehen würde, blieb mir nicht mehr viel Zeit für meine Schwester, dachte ich. Ich rannte noch einmal ins Haus, die Treppe hoch, schlüpfte in meinen neuen Badeanzug mit dem Aufdruck des Woodlawn Schwimmteams, lief wieder nach draußen und stieg hinten in den VW ein.

Als wir am Maryland Strand ankamen, war es genau so, wie der Wetterbericht prophezeit hatte – drückend heiß. Butch machte sich gleich auf den Weg zum Cola-Automaten, Kathy und ich ließen unsere Sachen auf unseren Strandtüchern liegen und liefen zu der riesigen Wasserrutschbahn neben dem mit Seilen abgetrennten Schwimmbereich. Das Wasser war kalt und trüb, aber die Bucht hinter uns war blau und dehnte sich meilenweit vor uns aus. Ich war froh, dass ich mitgekommen war.

»Da ist ein Schild an der Leiter«, rief Kathy vom Fuß der Rutschbahn. »Rutschen verboten. Ebbe.«

Meine Schwester watete zurück zum Strand. Als ich mich umwandte und auf die weite blaue Bucht hinaussah, bemerkte ich etwas weiter draußen ein Floß. Ein paar Kinder sprangen von dort aus ins Wasser und tauchten. Ich beschloss hinzuschwimmen. Nach etwa dreißig Metern stemmte ich mich auf das Floß hinauf. Ich warf mein Haar zurück und stand da, die Arme um den Brustkorb geschlungen.

»Guck mal«, rief ein Junge seinem Freund zu. »Wetten, dass du das nicht kannst!« Er machte einen Hocksprung ins Wasser.

Sein Freund rief: »Guck, was ich kann!«, und machte einen Bauchplatscher.

»Was soll das sein?«, rief ein anderer. Er trat zurück, um Anlauf zu nehmen, und machte einen Riesensprung.

»Toll!«

Ich freute mich an dem Spiel und den Späßen der Jungen. Als keiner mehr auf dem Floß war, beschloss ich, dass jetzt die Reihe an mir war. Ich stellte mich an den äußersten Rand und starrte ins Wasser. Die Wellen schlugen herauf, die Wassertropfen funkelten wie Diamanten.

Ja, ich war froh, dass ich hergekommen war. Ich war froh, meinen Körper zu spüren, blond, braun gebrannt und fit zu sein und im Herbst aufs College zu gehen. *Gott ist gütig*, dachte ich. Dieser Satz fasste alle meine Empfindungen dieses Augenblicks zusammen. Ich strich meinen Badeanzug glatt, streckte die Arme weit über den Kopf, bog meinen Rücken und rief den Jungen zu: »Guckt euch das an!« Ich wollte ihnen einen einfachen, ordentlichen Kopfsprung zeigen.

Und dann tauchte ich nach dem Kiel.

Teil III

Kapitel 14

Hab Erbarmen mit mir, Herr, denn ich bin schwach. Heile mich, Herr, denn mein Körper leidet Qualen und mein Herz ist krank. Wie lange noch, Herr?

Psalm 6,3-4

Ich dachte, es sei meine Schwester Kathy, aber ich war nicht sicher. Es war ihre Stimme, aber dann auch wieder nicht. Das Bild des Mädchens, das auf mich heruntersah, war irgendwie an den Rändern verschwommen, und was sie sagte, klang wie eine 45er Schallplatte, die zu langsam abgespielt wird.

Ich versuchte den Kopf zu bewegen, aber er war festgeschraubt. Als ich mir mehr Mühe gab, knackte es in meinem Genick. Ich wollte etwas sagen, aber es kamen keine Worte heraus. Und alles, was ich hörte, waren piepsende Geräusche, wie von irgendwelchen Geräten.

Ich atmete tief ein und erkannte den Geruch von Formaldehyd und Alkohol.

»Guud ds i deeei bonds Baa seeen ab«, nuschelte das Mädchen weiter. Ihre Stimme klang, als sei sie betrunken.

Ich schielte vor lauter Anstrengung, mit meinen Augen zu kommunizieren. *Was hast du gesagt?*

Das Gesicht des Mädchens kam näher. »Ich sagte: Gut, dass ich dein blondes Haar gesehen habe.«

Mein Haar. Es war eines der zwei Wunder, die in den nächsten Tagen im University of Maryland Hospital in aller Munde waren. Mein leuchtend blondes Haar trieb auf der Oberfläche, als ich unter Wasser lag. Das andere Wunder war die Krabbe, die Kathy in den Zeh biss, kurz bevor sie aus dem flachen Wasser an den Strand trat. Normalerweise wäre Kathy daraufhin in heller Panik losgerannt, um den Tausenden von hungrigen Krabben zu entkommen, die ihrer Ansicht nach nur darauf warteten, sie aufzufressen. Doch bevor sie sich auf ihr Handtuch rettete, drehte sie sich noch einmal um, um ihre kleine Schwester zu warnen. Ihre Schwester, deren leuchtend blondes Haar auf dem Wasser trieb, hin und her, und ihr zeigte, dass da etwas nicht stimmte.

Während der ersten Tage auf der Intensivstation schoben sich immer wieder schreckliche Erinnerungen in mein Bewusstsein. Ich erinnerte mich, wie ich die Wasseroberfläche berührt hatte und gleich darauf auf etwas Hartes, etwas wie ein Balken, aufschlug. Im selben Augenblick vernahm ich eine Art elektrisches Dröhnen, das durch meinen ganzen Körper ging. Ich spürte, dass sich meine Arme und Beine in Fötushaltung zusammengerollt hatten. Sie waren völlig unbeweglich. Ich wollte mich bewegen, aber ich konnte nicht. Während ich so mit dem Gesicht nach unten im Wasser lag, hoben kleine Wellen mich immer wieder kurz hoch, und dabei schossen mir Bilder aus meiner Kindheit durch den Kopf: meine Schulfreundinnen, Miss Merson, Ausritte, Brownies. Dann kam mir ein beängstigender Gedanke: *Ist Sterben so wie das, was ich gerade fühle?* Wieder wurde ich hochgetrieben. Jetzt hörte ich die Stimme meiner Schwester, in der verzerrten Weise, wie sich Geräusche anhören, unter Wasser anhören, und schlagartig erkannte ich meine verzweifelte Lage: Mein Atem wurde knapp.

O Kathy, bitte finde mich. Rette mich!, schrie ich lautlos.

»Joni, suchst du etwa Muscheln?« Ich hörte ein Platschen, und Kathys Stimme kam näher.

Nein! Ich bin hier unten gefangen. Hol mich raus, ich kriege keine Luft mehr!

Schon sah ich Sternchen und hatte das Gefühl, dass es dunkel um mich herum wurde, da spürte ich plötzlich Kathys Arme an meinen Schultern. Sie hob mich aus dem Wasser, aber noch während sie mich hochstemmte, hatte ich das Gefühl zu fallen. Doch unmittelbar bevor ich wirklich ohnmächtig wurde, kam mein Kopf an die Luft. Luft! Herrliche, Leben spendende, nach Salz schmeckende, kühle Luft. Ich atmete den Sauerstoff so heftig ein, dass ich beinahe würgte.

»Ich danke dir – Gott – ich danke dir!«, spuckte ich.

»Alles in Ordnung?«, fragte Kathy.
Mein Kopf fiel an ihre Brust. Ich stöhnte. Mir war schwindlig und übel. Als ich das Wasser an meinen Augen durch Blinzeln loswerden wollte, sah ich alles noch viel verschwommener. Ich bemerkte, dass mein Arm auf der Schulter meiner Schwester lag, aber ich konnte ihn nicht spüren. Ich hätte schwören können, dass ich ihn an meinem Brustkorb fühlte. Als ich nach unten blicken wollte, sah ich entsetzt, dass mein anderer Arm und meine Hand bewegungslos herunterhingen. Ich konnte sie nicht bewegen. Ich konnte nicht einmal meinen Kopf drehen.

»Ich kann mich nicht bewegen, Kathy, ich kann mich nicht bewegen!«

Plötzlich wurde Kathy klar, dass es ernst war. »Butch!«, schrie sie gellend. Als er kam, befahl sie ihm, ein Gummifloß zu holen, und gemeinsam legten sie mich vorsichtig darauf, zogen es an den Strand und riefen den Rettungsdienst.

Schon innerhalb der nächsten Minuten wurde ich in die Notaufnahme des University of Maryland Hospital in Baltimore gebracht. Ich erinnere mich nur noch an einen dunklen Gang, eine helle Lampe und eine Schwester, die mit einer Schere in der Hand an meine Liege trat. Sie zog mir die Träger des Badeanzugs über die Schultern und wollte anfangen zu schneiden.

»He – was machen Sie da? Das ist ein ganz neuer Badeanzug. Sie dürfen ihn nicht zerschneiden, er ist nagelneu. Ich habe ihn gerade erst bekommen, und er ist mein Lieblings…«

»Tut mir Leid, Vorschriften.« Das grässliche *Ch-klak, Ch-klak, Ch-klak* der Schere hallte von den Wänden wider. Sie zog mir die nassen Fetzen blauen Nylons aus und ließ sie in einen Abfalleimer fallen. Der Anzug hatte nicht die geringste Bedeutung für sie. Dann deckte sie mich mit einem dünnen Laken zu und ging hinaus.

Ich spürte, dass das Laken nicht ganz hochreichte, und fürchtete, dass meine Brust nicht bedeckt war. Aber ich war hilflos, weil ich mich nicht bewegen konnte. Als ein Pfleger vorbeiging, schloss ich vor Verlegenheit die Augen.

Plötzlich rieb mir jemand mit einem Wattebällchen über den Arm und steckte eine Nadel hinein. Ich spürte nichts, doch das Zimmer begann sich zu drehen, und ich hörte wieder ein *Ch-*

klak, Ch-klak. Aus den Augenwinkeln sah ich Strähnen blonden Haares herunterfallen. Dann hörte ich ein Summen neben meinem Kopf. Es klang wie ein Bohren – *o mein Gott, es ist ein Bohrer!* Jemand hielt mir den Kopf, während der Arzt sich in meinen Kopf zu bohren begann.

Das Zimmer wurde dunkel, die Geräusche schwächer. Es spielte keine Rolle mehr, dass ich nackt mit rasiertem Schädel auf einer Liege lag. Auch der Bohrer hatte nichts Bedrohliches mehr. Ich fiel in tiefen Schlaf.

»Joni, kannst du mich hören?«, fragte Kathy wieder. »Es waren deine blonden Haare. Ich hätte dich nie gesehen, wenn du dir nicht die Haare gefärbt hättest.«

Mein Kopf wurde klarer. Das Piepsen und Schnaufen der Geräte und die fremdartigen Gerüche im Intensivraum wirkten wie Riechsalz auf mich. Tastend fand ich aus dem Nebel zurück.

»Was ist passiert?«, fragte ich.

Mutter und Vater tauchten neben Kathy auf.

»Joni, wir sind hier. Es ist alles in Ordnung«, sagte meine Mutter sanft. »Du hattest einen Unfall. Das Wasser war zu flach zum Springen. Du hast dich am Genick verletzt.«

Als ich das Wort *Genick* hörte, versuchte ich, den Kopf zu bewegen. Es ging nicht, nicht einmal einen Zentimeter. Er war auf beiden Seiten mit Klammern fixiert. Ich war zur Unbeweglichkeit verurteilt.

Ich spürte, dass ich auf einem seltsamen schmalen Bett lag. Später erfuhr ich, dass es ein Stryker-Rahmen war, eine Art flache Liege. Immer, wenn ich mit dem Gesicht nach unten gedreht werden musste, legten sie eine ähnliche Liege über mich. Dieses Drehen verhinderte das Wundliegen.

Mit einem Mal wurde mir klar, was meine Mutter gesagt hatte: *Du hast dich am Genick verletzt.*

Mein Genick. *Mit meinem Genick stimmt etwas nicht.* Das konnte alles Mögliche bedeuten. Ich konnte mir einen Nerv eingeklemmt oder einen Muskel oder eine Sehne gezerrt haben. Was es auch immer war, es würde wieder besser werden.

»Es wird wieder besser, nicht wahr?«, fragte ich und rechnete mit einem spontanen »Sicher doch«. Aber alle schienen gerade irgendwie beschäftigt zu sein, denn keiner antwortete mir.

Die Intensivstation wurde für die kommenden drei Monate mein Zuhause. Es war furchtbar. Die starken Medikamente, die mir ständig gespritzt wurden, riefen alptraumartige Halluzinationen hervor. Jedes Mal, wenn die Schwester mich mit dem Gesicht nach unten drehte, bekam ich schreckliche Angst, denn dann sah ich sie: haarige, zweizehige Hufe. Grüne, hässliche Hufe, wo eigentlich die Füße der Schwester hätten stehen müssen. Ich schloss die Augen vor den mit Warzen bedeckten Füßen, weil ich wusste, dass es die Füße von Dämonen waren, die neben meinem Bett lauerten – Ungeheuern, die vorsichtig die obere Liege entfernten, die Laken glätteten und meine Schulter tätschelten, wenn sie fertig waren. Aber ich ließ mich durch diese vorgetäuschte Freundlichkeit nicht täuschen. Ihre gespaltenen Hufe verrieten sie.

»Nimm sie weg, Papa«, bat ich.

»Was soll ich wegnehmen, Liebes?«, fragte er zärtlich.

»Sie.« Meine Augen wiesen auf die andere Seite des Bettgestells. »*Sie!*« Ich konnte nicht fassen, dass er die entsetzlichen haarigen Gestalten nicht sah, die doch direkt neben ihm standen. Ich hörte sogar das Klacken ihrer Hufe auf dem Linoleum.

Eines Nachts, als sie mich wieder mit dem Gesicht nach oben gedreht hatten, nahm ich all meinen Mut zusammen und bat die Schwester, die gerade die letzte Schraube am Bett festzog: »Bitte, würden Sie einmal hinter den Vorhang sehen? Ich weiß, dass er dort ist.« Aber als sie den Vorhang hob, war der Dämon verschwunden. Später, als die Lichter gelöscht waren, schlüpfte einer der Dämonen wieder ins Zimmer und legte mir einen großen Betonblock auf die Brust. Ich erwachte und schrie: »Nehmt ihn weg! Bitte, nehmt ihn weg! Ich kriege keine Luft!«

Eine Schwester kam gelaufen und sah mich befremdet an. Sie versuchte mich zu trösten: »Joni, es sind nur deine Hände, die auf deiner Brust liegen, nichts weiter, nur deine Hände, die du über dem Magen gefaltet hast. Es geht dir gut. Es ist alles in Ordnung.«

In dieser Nacht konnte ich nicht schlafen. Ich war ganz sicher, dass die Schwestern mit den Dämonen unter einer Decke steckten.

Ganz allmählich verschwanden die Alpträume wieder und ich begann, mich mit aller Kraft an das wenige Normale zu klammern, das ich zu fassen bekam. Wenn es mir etwas besser ging, prägte ich mir die Namen und Funktionen der Schläuche und Geräte an meinem Bett ein. Vielleicht würden sie auf diese Weise etwas von ihrem Schrecken verlieren. Wenn die Schwester den Vorhang vor meinem »Abteil« vorzog und mich so von den anderen schwer kranken Patienten trennte, versuchte ich, so zu tun, als sei ich in einem Zelt ganz für mich. Manchmal, an lauen Abenden, öffneten sie das Fenster über meinem Strykerrahmen und ich hörte das Klip-klop, Klip-klop der Pferde, die die Gemüsekarren unten auf der Straße zogen.

Meine Schwester Jay kaufte mir ein kleines Radio. Immer, wenn es jemand anstellte, kam der Sommerhit jenes Jahres: »It was the third of June, another sleepy, dusty, delta day ... the day Billy Joe McAllister jumped of the Tallahatchie Bridge.« Ich summte leise meine eigene Version mit: »It was the end of July, another sleepy, dusty, summer day ... the day Little Joni jumped off the raft and into the Bay.«

Jeder Song, der gespielt wurde, hatte irgendwie einen morbiden Beigeschmack. Mutter und Jay versuchten, mich aufzuheitern, indem sie mir erzählten, was »draußen« vorging. Sie berichteten mir, wie die kleine Kay – sie war zwei Jahre alt – sich aufführte, wie die Main Street in Woodlawn sich veränderte und dass die Grundschule einen Teil ihres Geländes abtreten musste, weil eine neue Prachtstraße gebaut wurde. Wir sprachen darüber, wer bereits seine Sachen fürs College packte und wie es Augie und Tumbleweed ging.

»Nicht so gut«, verriet Jay mir eines Tages. »Tumbleweed ist gestürzt und ...«, sie zögerte, unsicher, ob sie es mir wirklich sagen durfte, »und ist seither gelähmt.«

»Sie ist was?«, fragte ich ungläubig.

»Der Tierarzt musste ihr einen Katheter legen. So ähnlich wie bei dir. Es tut mir Leid, Joni. Sie wissen noch nicht, ob es für immer ist oder ob sie wieder gesund wird.«

Das war geradezu verrückt. *Mein Pferd und ich – beide gelähmt?* Mein Verstand versuchte, es zu begreifen und zu meinem eigenen Schicksal in Beziehung zu setzen. *Sie hat den Arzt gebraucht. Sie ist krank. Sie kann nicht gehen. Sie braucht einen Katheter.* Und dann die letzte Wendung dieser Parallele: *vielleicht für immer.*

Meine Lähmung könnte für immer sein. Ich ließ mir diese Vorstellung durch den Kopf gehen, wiederholte *für immer gelähmt ... für immer gelähmt ...*, aber die Worte sagten mir nichts. Sie waren irgendwie bedeutungslos, als schlüge ich sie in einem Wörterbuch nach. Sie hatten keinen drohenden Beiklang, sagten kein verhängnisvolles Schicksal voraus. Sie waren einfach da, in meinem Hirn, kamen bis zum Innenohr und erstarben dort.

Nach den ersten drei Monaten fing das Krankenhauspersonal allmählich an, die Räume für Halloween zu schmücken. Zu jedem anderen Zeitpunkt hätte ich das Clownsgesicht des orangefarbenen Kürbisses auf dem Regal lustig gefunden. Aber jetzt waren mir das gezackte Lächeln und die leeren schwarzen Augenhöhlen unheimlich. Ich bat Mutter, ihn zu entfernen.

Die Flut von Karten mit Genesungswünschen war allmählich versiegt, und die Besucher kamen ebenfalls spärlicher. Mein achtzehnter Geburtstag war gekommen und vorübergegangen. Meine Freundinnen und Freunde aus der High School waren entweder auf dem College, hatten Arbeit gefunden oder geheiratet. Inzwischen war es zu kalt, um das Fenster zu öffnen, und ich vermisste die Geräusche des Sommers auf der Straße. Doch die neuesten Nachrichten über Tumbleweed munterten mich etwas auf: Sie konnte wieder gehen. Aber meine Freude währte nur kurz. Ich selbst konnte mich immer noch keinen Zentimeter bewegen.

»Ich habe gute Nachrichten für dich, Joni«, sagte der Arzt eines Morgens bei der Visite. »Wir werden eine Operation vornehmen, die dein Genick stabilisiert. Das bedeutet, dass wir dich aus dieser Zange herausholen können.«

»*Ehrlich?*« Ich lachte beinahe – das war wirklich eine gute Nachricht. Die Stange, die mein Genick stabilisierte und sich all die Wochen über in meinen Schädel gebohrt hatte, sollte entfernt werden. Endlich eine Verbesserung, ein wirklicher Fortschritt! Es ging voran, es würde besser werden.

»Vielleicht darfst du sogar diese Station verlassen und kommst in ein gewöhnliches Zimmer«, fügte er hinzu.

Das war mein größter Wunsch. Mutter und Vater fachten den Enthusiasmus der Teilnehmer unserer Gebetskette neu an, indem sie alle Beteiligten – eigentlich alle Menschen, denen sie begegneten –, baten, in ihren Gebeten auch an die Operation zu denken, die mir bevorstand. Ich selbst war überzeugt, nach dieser Operation wieder gehen zu können. Die Dämonen waren verschwunden, und ich dachte an die Worte Jesu in Lukas 18,27: »Was menschlich gesehen unmöglich ist, ist bei Gott möglich.«

Bei Gott ist alles möglich ... bei Gott ist alles möglich ..., murmelte ich an dem Morgen, an dem ich in den Operationssaal gefahren wurde, unablässig vor mich hin. Wie Dorothy im *Zauberer von Oz*, die ständig wiederholte, »There's no place like home ...«, wusste ich einfach, dass ich aufwachen und wieder gehen oder doch zumindest meine Beine bewegen können würde.

Die Operation war ein Erfolg. Der Arzt hatte ein paar Knochensplitter aus meiner Hüfte genommen und wie Mörtel zwischen die gebrochenen Nackenwirbel geschoben. Es funktionierte, und ich wurde aus dem Zangengriff des Eisens befreit. Danach durfte ich die Intensivstation verlassen und bekam ein Bett – ein normales Bett! – in einem eigenen Zimmer.

Aber das Unmögliche war nicht geschehen. Meine Finger und Füße waren so taub und unbeweglich wie zuvor. Es gelangten keinerlei Signale von meinem Genick nach unten.

Ich lag in der Mitte meines neuen Zimmers, starrte an die Decke und lauschte auf die Stille. Hin und wieder ging jemand vom Krankenhauspersonal mit leisen Schritten an der Tür vorbei den Flur hinunter. Sie wussten nicht, dass der Neuzugang in dem Zimmer, an dem sie vorübergingen, schreckliche Ängste ausstand. Hier gab es keine piepsenden Geräte, nur das Geräusch des Lüfters unter dem hohen Fenster, der ansprang, wenn es zu warm wurde. Und die Fenster waren so hoch, dass die ungünstige Akustik jedes Geräusch von den Wänden widerhallen ließ.

Meine Freunde tapezierten jeden Zentimeter meines Zimmers mit Pferdebildern und Postern von Paul Newman in *Cool Hand Luke* und Steve McQueen auf dem Motorrad in *The Great Escape*. Außerdem stellten sie zwei riesige Chiquitabananen aus Pappe auf, die sie im Schaufenster eines Obst- und Gemüseladens gesehen und dem Besitzer abgeschwatzt hatten.

»Siehst du die Palme?«, fragte Jacque, meine Freundin vom Hockeyklub, und zeigte auf ein Reisebüro-Poster mit einer Karibiklandschaft. »Da fahren wir hin, sobald es dir besser geht. Wart's nur ab.«

Aber ich hatte das Warten satt. Ich hatte es satt, mich im Bett liegend in einen Plastikbeutel zu entleeren, mein ungewaschenes Haar zu riechen und aus den Augenwinkeln fernzusehen. Ich hatte es satt, *The Price Is Right* und Seifenopern zu gucken, im Liegen zu essen und für die allmorgendliche Visite »parat« zu sein. Wenn Besucher kamen, hätte ich ihnen für mein Leben gern gesagt, dass es mir besser ging, dass ihr Besuch mir gut tat und dass ihre Gebete mir geholfen hatten. Aber ich konnte sie nicht einmal mehr anlächeln – meine Zähne hatten sich von den vielen Medikamenten schwarz verfärbt.

Die Uhr tickte weiter, immer weiter. Ich wurde gedreht, die Laken wurden gewechselt. Die Schwestern maßen meine Temperatur, meinen Puls, meine Atmung und wie viele Kubikzentimeter Urin ich produziert hatte. Die interne Sprechanlage rief pausenlos Ärzte aus und gab Besuchszeiten bekannt, der Saftwagen ratterte den Gang hinunter, die Putzfrauen wischten das Linoleum. Ich zählte wieder und wieder die Platten, mit denen die Decke getäfelt war. Ich hatte es satt, die Zeit totzuschlagen. Der Schnee, der sich vor dem Fenster anhäufte, sagte mir, dass draußen schon wieder eine andere Jahreszeit verstrich.

Was ist los, Gott? Warum geht es mir nicht endlich besser?

Plötzlich kam mir ein Gedanke, bei dem es mich kalt überlief. *Kann es sein ... ist es möglich, Gott, dass dies ...* ich sah auf meinen Nachttisch und die vier Wände meines Zimmers ... *dass dies die Antwort auf mein Gebet ist?*

In meiner Kehle steckte ein dicker Kloß. *Das Gebet, in dem ich dich bat, dir näher sein zu dürfen?*

Meine Gedanken rasten zurück zu den Blüten in Onkel Dons Apfelplantage und zu dem lauen Frühlingsabend, an dem ich auf meinem Balkon saß und auf ein Karteikärtchen schrieb: ... *Ich habe es satt, aus dem einen Mundwinkel heraus zu sagen, ich sei Christin, und aus dem anderen etwas anderes. Ich möchte mit meinem Leben Gott die Ehre geben. Und deshalb, Gott, bitte ich dich, bitte, bitte, tu etwas mit meinem Leben, gib ihm eine Wendung.*

Ich atmete ganz langsam und tief, um das Engegefühl in meinem Brustkorb in den Griff zu bekommen. Konnte es sein, dass alle Gebete, die im Besucherraum gebetet wurden, alles Beten unserer Freunde in der Kirche und im ganzen Land nicht zählte? Konnte es sein, dass Gott mich in genau dieser Situation haben wollte? *Konnte das sein?*

Ich blickte zur Zimmerdecke hoch, als sei sie der Himmel. Still wartete ich, horchte auf das Ticken der Uhr. Die Sprechanlage rief einen Arzt aus.

Die leere Stille begann mich zu ersticken. *Gott, das kannst du nicht machen.* Ich drückte meine Augen fest zu, um die Tränen zurückzuhalten. *Ich habe nicht an so etwas gedacht, als ich gebetet habe.*

Ich begann zu weinen. Ich hasste es zu weinen, weil niemand da war, der mir die Tränen abwischte oder mir die Nase putzte. Ich stieß ein lautes Stöhnen aus. *Ich kann mir nicht einmal die Nase putzen!*

Meine Mutter würde erst in ein paar Stunden kommen. *Ich muss meinen Geist beschäftigen,* sagte ich mir. Ich muss etwas tun … *etwas denken.*

Ich sah mich in dem kleinen Zimmer um. Meine Augen kannten jedes Detail. Doch plötzlich fiel mir auf, dass ich nie bemerkt hatte, wie weiß hier alles war: die Deckenleiste, die Deckenplatten und das Fenster, sogar die Wände, soweit man sie hinter den vielen Bildern noch sah. Die Ärzte in ihren weißen Kitteln, die Schwestern in ihrer weißen Tracht: Hose, Häubchen und Schuhe – sogar die Luft roch irgendwie weiß, antiseptisch. Plötzlich schien sich alles in ein riesiges, keimfreies Labor zu verwandeln. Und da lag ich, nackt unter einem weißen Laken, und wartete darauf, welche Experimente man mit mir anstellen würde.

Ich liege in einem weißen, sterilen Kasten, malte ich mir aus. *Ich werde von der Schwerkraft hier festgehalten. Ich kann mich nicht bewegen und ich spüre nichts. Ich atme, esse und scheide das Essen wieder aus. Das ist alles.*

Dann spann ich diesen Gedanken weiter. *Sehen die Menschen sich manchmal auf diese Weise? Als Wesen, die einfach nur existieren? Nein,* gab ich mir selbst die Antwort. *Sie wissen es nicht, weil sie zu viele Dinge haben, die sie ablenken. Sie sind immerzu beschäftigt – sie gehen zur Arbeit, sie gehen aufs College, sie rennen herum.*

Ich unterbrach das Experiment für einen Augenblick und stellte mir mich selbst in der Hauptrolle dieses Stückes vor.

Aber ich – ich bin die große Ausnahme. Ich bin ein Versuchskaninchen. Weil ich nichts – ich spuckte das Wort in einem rauen Flüstern an die Decke – NICHTS *habe, das mich ablenkt. Hörst du, Gott? Nichts!*

Allmählich wurde ich zornig. Ich konnte Gott keinen Kinnhaken versetzen, aber ich konnte ihn mit meinen Worten treffen. Ich stellte mir vor, dass ich beim Dreh eines Dokumentarfilms mitmachte, und sprach zu einer in der Decke versteckten Kamera: »Ich bin ein Versuchskaninchen und repräsentiere die Menschheit. Ich liege in diesem Labor … und existiere einfach. All dies ist geschehen, damit die Frage der Existenz an mir getestet werden kann. Worin besteht der Sinn des Lebens, Gott?«, zischte ich. »Setzt du die Menschen in diese Welt, nur damit sie atmen, essen, alt werden und sterben? Oder krebskrank werden? Oder sich bei einem Unfall den Schädel zerschmettern?«

Den nächsten Gedanken spie ich förmlich aus: »Was sollte mich abhalten, eine meiner Freundinnen zu bitten, mir die Rasierklingen ihres Vaters oder die Schlaftabletten ihrer Mutter mitzubringen? Warum schießen sich die Menschen nicht alle eine Kugel in den Kopf, wenn wir nur auf der Welt sind, damit wir existieren? Existieren, ist das alles?«

Ich sagte es noch einmal, lauter: »Ist das alles?« Meine Worte hallten in dem leeren Zimmer wider.

»Guten Morgen«, sagte die Stimme meiner Mutter fröhlich. Ich blickte auf und sah, wie sie das Zimmer betrat. »Was hast du gerade gesagt?« Sie legte ihre Sachen hin.

»Nichts.« Ich drehte mein Gesicht weg.

»Möchtest du lesen?«, fragte sie und kramte in ihrer Tasche. »Ich habe dir ein paar von deinen Büchern mitgebracht. Und hier sind die letzten Ausgaben von *Seventeen* und *The Western Horsemen*. Was noch? Ach ja, *Der Herr der Ringe* und etwas von Hermann Hesse – wer ist das denn? Und dann habe ich dieses Buch von Viktor Frankl gefunden und …«

Mutter hielt inne, als sie ein kleines schwarzes Buch hochhielt, das sie oft abgestaubt hatte. »Ich weiß, dass du oft darin gelesen hast. *Bekenntnisse*«, murmelte sie und ließ die Seiten durch die Finger gleiten.

Die imaginäre Kamera an der Decke lief immer noch. Ich wäre gern zu meinem Experiment zurückgekehrt, aber ich konnte meine Mutter nicht einfach so wegschicken. Sie dachte unablässig an mich, quälte sich jeden Tag durch den Verkehr auf der Hauptstraße, um mich zu besuchen, war ständig auf der Suche nach einer neuen Zeitschrift, die ich noch nicht kannte, brachte mir Doughnuts mit und hängte meinen Hockeystock an die Wand – alles, um mich ein bisschen aufzuheitern und mir das Leben erträglicher zu machen. Es tat mir in der Seele weh, wenn ich sah, welche Mühe sie sich gab. Ich hätte ihr diese schreckliche Zeit des Übergangs so gern leichter gemacht, so wie ich es für Vater getan hatte, als ich zur Frau wurde.

Ich stellte die Kamera ab und entschied mich für *Seventeen*. Mutter schlug den ersten Artikel auf und setzte sich auf ihren Platz an meinem Bett. Sie hielt mir die Seite vor das Gesicht. »Kannst du es so lesen? Soll ich es näher vor dich halten?«

»Nein, es ist gut so«, sagte ich und fing an zu lesen. Auf dem Gang vor dem Zimmer waren die vertrauten Geräusche der morgendlichen Routine zu hören, aber bei uns hier drin war es still bis auf unser Atmen. Nach einer oder zwei Seiten verlagerte meine Mutter ihr Gewicht. Noch ein paar Seiten später stützte sie sich mit einer Hand auf das Bettgeländer und hielt die Zeitschrift mit der anderen. Dann hielt sie sie wieder mit beiden Händen. Obwohl sie vom Tennisspielen kräftige Arme hatte, musste diese Haltung extrem ermüdend sein.

Plötzlich hatte ich wieder das Bedürfnis zu weinen. Ich war froh, dass die Zeitschrift mein Gesicht verbarg, denn ich fürchtete, ich würde zusammenbrechen, wenn ich in das Gesicht meiner Mutter sah. Ich dachte an die vielen Male, die sie mich zum Ballett oder zum Klavierunterricht gefahren hatte, wie sie sich die Augen zugehalten hatte, wenn ich mit Augie gesprungen war, an die vielen Sommer, in denen sie Lagerfeuer am Strand angezündet und Muscheln im Dampf gegart hatte, und daran, wie sie leise »gute Nacht« geflüstert hatte, wenn sie das Moskitonetz an meiner Bettstelle befestigte. Ich dachte an unser

Zuhause in Woodlawn und an die Nachmittage, an denen ich die Hintertreppe hinauflief, die Tür meines Schlafzimmers öffnete und den herrlichen Geruch frischer Bettwäsche roch. Daran, wie sie an der Hintertür die Glocke zum Abendessen geläutet, wie sie unser Haus geschmückt, wie sie Krabbenomelette, Rostbraten und Sauerkraut zubereitet hatte, ich dachte an die vielen Stunden, die sie auf den Knien das Tigerfell gereinigt und den Holzboden geschrubbt hatte. Ich mochte eine dickköpfige, verstockte Achtzehnjährige sein, die bestimmte Dinge vor ihrer Mutter geheim hielt, aber ich war Mensch genug, um Mitleid und Hingabe zu erkennen. Und während meine Mutter da saß und die Zeitschrift für mich hielt, war beides deutlich zu spüren.

Meine Augen füllten sich mit Tränen, die Worte auf der Seite verschwammen. Plötzlich spielte ich wieder im Dokumentarfilm und kämpfte darum, meine Gefühle unter Kontrolle zu bekommen. *Das Leben muss mehr sein, als geboren zu werden, zu essen, zu schlafen und zu sterben. Es muss mehr sein als die bloße Existenz.* Und die einfache Geste, mit der meine Mutter mir half, musste ein Teil der zu lösenden Gleichung sein.

Menschen wie meine Mutter geben Versprechen und halten sie. Menschen können, im Gegensatz zu allen anderen Lebewesen, weinen, nachdenken und lieben – sogar das, was nicht liebenswert ist. Sie können Unrecht vergeben und Recht tun. Sie sind zu wichtig, um einfach nur zu existieren. Da muss noch mehr sein. Auch für mich.

Irgendwie, so spürte ich plötzlich, war auch mein Leben noch immer bedeutsam.

Im Laufe der folgenden Wochen befasste ich mich immer wieder einmal mit meinem Experiment, doch jedes Mal wurde ich von der Weißheit meiner Umgebung auf die Schwärze, die in mir herrschte, zurückgeworfen. Ich wusste, ich war wichtig und immer noch mit anderen Menschen verbunden, aber trotzdem fühlte ich mich schrecklich allein und isoliert. Mein Genick war noch immer gebrochen, die Lähmung war nicht zurückgegangen. Mein Zustand glich dem einer lebendig Begrabenen. Und in dieser schrecklichen Bedrängnis war ich ganz allein. Niemand, nicht einmal Vater oder Mutter, konnte mich retten.

Eines Abends gewann ich die Überzeugung, dass mir nicht

mehr geholfen werden konnte. Als das Zimmer dunkel und es auf dem Flur ruhig geworden war, begann ich meinen Kopf ruckartig zu bewegen, ganz langsam nach vorn und dann mit einem Ruck zurück aufs Kissen. Da ich keine Halskrause mehr trug, war das nicht schwer. Ich wiederholte es immer wieder, in einem festen Rhythmus. Die ruckartigen Bewegungen wurden zu einem schmerzhaften, wütenden Prügeln, von dem ich hoffte, es würde mir das Genick noch einmal an einem höher gelegenen Punkt brechen. Ich gab erst auf, als ich begriff, dass ich mich auf diese Weise nicht umbringen konnte, sondern höchstens in noch größerem Maße gelähmt sein würde.

Meine Welt wurde immer schwärzer und trüber. Manchmal hatte ich kurz vor dem Einschlafen das Gefühl unterzutauchen, tief, tief, bis meine Lungen brannten und ich in Panik geriet. *O nein*, schrie ich entsetzt. *Ich sehe Vater nicht mehr. Wo ist Mutter? Wo ist der Rumpf? Wo ist der Kiel? Ich schaffe es nicht. Ich ertrinke. Wann werde ich den Kiel erreichen?*

Eines Nachts, schon halb im Schlaf, hörte ich, wie sich jemand an meiner Tür zu schaffen machte. Ich wandte den Kopf und sah die Silhouette einer gebückten Gestalt, die einen langen Schatten auf den Boden warf.

Ich zwinkerte. Die Gestalt kam näher. Mein Herzschlag beschleunigte sich. Ich wusste, dass die Besuchsstunden vorüber waren. Es dürfte niemand mehr hier sein. »Wer ist da?«, fragte ich.

»Schhhhh!« Es war ein Mädchen in meinem Alter. Als sie mein Bett erreicht hatte, erkannte ich Jacque, meine Freundin aus der High School.

»Was machst du denn hier?«, fragte ich. »Wenn sie dich sehen, werfen sie dich raus.«

Jacque legte ihre Hände auf das Bettgeländer und ließ es vorsichtig herunter. Behutsam kletterte sie zu mir ins Bett und streckte sich neben mir auf dem Laken aus. Dann wühlte sie ihren Kopf ins Kissen und kuschelte sich an mich wie auf einer Pyjamaparty.

So lagen wir lange Zeit, ohne zu sprechen. Ihre Gegenwart brachte erstmals wieder einen Hauch von Normalität in mein Leben. Als sie schließlich sprach, erzählte sie flüsternd, dass sie sich hinter dem Sofa im Besucherraum versteckt hatte, bis die

Schwestern im Stationszimmer verschwunden waren. Ich musste kichern.

»Schhhh-sch«, kicherte sie ebenfalls, hielt uns beiden aber die Münder zu in dem Versuch, weitere Kicheranfälle zu ersticken.

In der Dunkelheit sah ich vor dem Lichtschein, der aus dem Gang zu uns hereinfiel, Jacques Silhouette. Sie bewegte ihren Arm und griff nach etwas an meiner Seite. Es war meine Hand. Ich sah, wie sie meinen Arm nahm, ihre Finger in meine verflocht und unsere beiden Hände hochhob. Lange Zeit verharrte sie so. Unsere beiden Arme waren ein Obelisk in der Nacht; sie wirkten wie die Silhouette eines Denkmals. *Es hieß, dass auch ich von Bedeutung, dass auch ich wichtig war.* Ich war kein Leichnam, ich führte nicht die schauerliche Existenz einer Untoten. Ich war nicht isoliert und allein; ich war mit den anderen Menschen verbunden. Ich war mit einer Freundin verbunden.

»Jacque«, sagte ich leise, »es war so schwer. So entsetzlich. Ich habe Angst.«

Jacque war eines der Mädchen, mit denen ich bis jetzt nur Milchshakes, Klatsch, Hockeystöcke, Young Life und Freunde und Freundinnen geteilt hatte. Aber sie wusste instinktiv, wie sie Trost spenden konnte, mit einer Weisheit, die ihre Jahre bei weitem überstieg. Sie begann leise und sanft zu singen:

Man of Sorrows! What a name
For the Son of God who came;
Ruined sinners to reclaim:
Hallelujah! What a Saviour!

Das alte Lied besaß eine seltsame Macht. Es tröstete und hüllte mich ein wie das Schlaflied einer Mutter.

Den Rest der Nacht sprachen wir nicht mehr viel. Wir lagen einfach nebeneinander und lauschten dem stetigen Rhythmus unseres Atems. *Ich passe hierher*, dachte ich. Ich passte neben meine Freundin wie ein Puzzleteilchen ... auch wenn ich nicht fühlen konnte.

Zum ersten Mal war es in Ordnung. Es war einfach ... *in Ordnung.*

Ab und zu ging jemand am Zimmer vorbei – ein Schatten, der über den Boden glitt. Zum ersten Mal seit langer Zeit hatte ich nichts dagegen, dass die Zeit stillzustehen schien. Die Nacht war sanft, und ich glitt leise in den Schlaf. Ich hätte genauso gut bei einer Freundin sein, bei ihr zu Hause übernachten können oder unter den Sternen am Strand liegen. Der Fliegende Holländer und sein Fluch waren weit draußen auf dem Meer. Ich lauschte dem stetigen Rhythmus der Brandung, die meine Furcht fortspülte.

Kapitel 15

Jesus sagt zu ihm: »Steh auf, nimm deine Matte und geh!«

Johannes 5,8

Lies es noch einmal. Nur noch ein Mal.«

Diana las mir gern aus der Bibel vor. Sie war eine gute Freundin aus der High School, und sie fragte jedes Mal: »Möchtest du etwas Bestimmtes hören?«

Meine Antwort war immer die gleiche. Dann seufzte sie und schlug die uns beiden inzwischen so vertraute Passage auf. Es war eine Stelle, die ich mir im Stillen immer wieder vorsprach. Auch heute saß Diana wieder neben meinem Bett und las die Verse aus dem Johannesevangelium:

Danach ging Jesus zu einem der jüdischen Feste nach Jerusalem hinauf. Innerhalb der Stadtmauern, in der Nähe des Schaftores, befindet sich ein Teich mit fünf Säulenhallen, der auf Hebräisch Bethesda genannt wird. Scharen von kranken Menschen – Blinde, Gelähmte oder Verkrüppelte – lagen in den Hallen. Einer der Männer, die dort lagen, war seit achtunddreißig Jahren krank. Als Jesus ihn sah und erfuhr, wie lang er schon krank war, fragte er ihn: »Willst du gesund werden?« »Herr, ich kann nicht«, sagte der Kranke, »denn ich habe niemanden, der mich in den Teich trägt, wenn sich das Wasser bewegt. Während ich noch versuche hinzugelangen, steigt immer schon ein anderer vor mir hinein.« Jesus sagt zu ihm: »Stehe auf, nimm deine Matte und geh!«

Diana schloss die Bibel und schlug die Augen nieder. Sie wusste nicht, was sie sagen sollte. Keiner meiner Besucher wusste je, was er sagen sollte.

Diese Bibelstelle zog mich an wie ein Magnet. Wie mein Dokumentarfilm-Experiment wurde sie zu einem Film, der in meinem Kopf ablief. Wenn es draußen dunkel und still war, stellte ich mir vor, ich befände mich in Judäa vor zweitausend Jahren, läge am Teich von Bethesda, zwischen den Säulenkolonnaden auf dem von der Sonne gehärteten Boden. Der Tag war heiß und trocken, die Menschen am Teich waren unruhig und erwartungsvoll. Ein Esel schrie. Hunde bellten. Überall stießen und schubsten die Leute einander, murmelten vor sich hin, scharrten mit den Füßen und versuchten zu erkennen, ob der Engel das Wasser bereits berührt hatte.

Ich lag zwischen den Kranken und Gelähmten, die zum Teil auf den Stufen kauerten, zum Teil unter den Säulen lagen, auf einer Strohmatte, einer Art Trage, vor einer kühlen, schattigen Mauer. Jemand hatte Mitleid gehabt und mich mit einem Mantel aus grobem Tuch zugedeckt, aber andere waren nicht so rücksichtsvoll; immer wieder trat mir jemand auf die Füße. Fliegen summten, die Sonne stand hoch am Himmel und brannte erbarmungslos, und ich hoffte, dass Jesus bald käme.

Am Spätnachmittag wurden plötzlich aus der Menge bei den Säulen vereinzelt Rufe laut. Ich blickte auf und sah, wie die Menschen eine Gasse für Jesus bildeten. Er trat aus dem Schatten ins warme Sonnenlicht am Teich. Dort blieb er stehen, drehte sich um und sprach ein paar Worte, die ich nicht hören konnte, zu einer kleinen Menschengruppe am Teich. Dann beugte er sich hinunter, um die Augen eines Blinden zu berühren. Aus dem erstaunten Ruf, den ich hörte, schloss ich, dass der Mann wieder sehen konnte. Nun begann ein allgemeines Gestoße und Geschubse, weil alle versuchten, zu Jesus vorzudringen. Sie wussten, dass er der Heiler war. Sie krochen auf Händen und Knien, ihre Augen bettelten, ihre Arme streckten sich aus, baten um Hilfe. Ich wollte ebenfalls zu ihm hin kriechen, aber ich konnte nicht. Andere drängten sich vor mich und versperrten mir die Sicht. Ich hatte niemanden, der mich zu Jesus trug.

Innerlich schrie ich, so laut ich konnte: »Jesus, hier bin ich! Vergiss mich nicht! Ich bin hier, Herr, hier hinten!«

Ich wartete, dass er mir antwortete, dass er über die Schulter blickte und mich sah. Dass er zu den anderen sagte: »Tut mir Leid, sie betet und wartet schon sehr lange. Ich muss zu ihr und ihr helfen.«

Aber so endete es nie. Immer riss irgendwann der Film und das Ganze mündete in etwas anderes – eine Schwester kam ins Zimmer, um meinen Blutdruck zu messen, oder ein Besucher trat ein. Wieder war ich enttäuscht worden. Dann wartete ich einfach auf den nächsten Besucher, das nächste Mal, dass mich jemand fragte, ob er mir aus der Bibel vorlesen solle. Wenn es so weit war, bat ich um das Johannesevangelium, spulte den Film zurück und ließ ihn von vorn ablaufen.

O Gott, ich habe das Gefühl, schon Ewigkeiten im Krankenhaus zu sein, klagte ich. *Wo bist du? Warum geht es mir nicht besser?*

Die Ärzte am University of Maryland Hospital konnten nichts mehr für mich tun. Sie beschlossen, mich ins Montebello Hospital zu verlegen, eine staatliche Klinik am Rande der Stadt. »Dort wird es mit dir bergauf gehen«, versprachen sie mir. »Du wirst schon sehen.«

Aber alles, was ich im Montebello sah, waren Menschen wie ich: Menschen mit Querschnittslähmungen, mit halbseitigen Lähmungen, Menschen, deren Arme und Beine leblos herabhingen wie meine. Sie saßen untätig in der Eingangshalle herum, spielten Karten, rauchten oder sahen fern. Der Ort vermittelte einem ein Gefühl von Unbewegtheit, von Endlosigkeit, als rechneten alle Anwesenden damit, dass sie für lange Zeit hier sein würden.

Ich kam in ein Zimmer zu fünf anderen jungen Frauen, deren Diagnose von Tetraplegie bis zu Multipler Sklerose reichte. Ich war froh, ein Bett am Fenster zu bekommen. Aber das Leben war eintönig und mühselig, voller Regeln und Vorschriften. Mein Tagesablauf sah immer gleich aus: Waschen im Bett, Müsli, Pillen und physikalische Anwendung und Übungen am Vormittag, Beschäftigungstherapie am Nachmittag. Die Wochen vergingen, die Routine wurde zum Trott, aus dem es kein Entrinnen gab.

Nachts ließ ich im Geist den Film am Teich von Bethesda laufen und betete darum, meine Arme und Beine wieder bewegen zu können. Aber immer musste ich enttäuscht erkennen, dass Jesus nie die anderen stehen ließ und zu mir kam. Er schien nie da zu sein, wenn ich wach lag und meine Zimmergenossinnen schliefen. Wahrscheinlich ging er andere Gänge hinunter, besuchte andere Zimmer, beugte sich über andere Patienten und berührte sie. *Bist du da?*, fragte ich ihn, den Tränen nahe. *Denkst du an mich?* Die Uhr tickte, die Nachtschwester ging mit leisen Schritten den Gang hinunter.

Die Beschäftigungstherapie brachte wenigstens eine kleine Abwechslung in mein Leben. Der Raum war erfüllt vom Geplauder und den Scherzen der Therapeuten, die ihren Patienten – Schlaganfallpatienten und Menschen mit Gehirn- und Rückenwirbelverletzungen – gut zuredeten und sie aufmunterten. Es roch nach Wolle und Farbe, Terpentin und getrocknetem Schilfgras, und die ganze Zeit lief das Radio. Auf den Regalen an den Wänden standen Gefäße mit Farbe, Pinseln, halb fertigen Tontassen und -tellern, und am anderen Ende des Zimmers, bei dem Spiegel, der vom Boden bis zur Decke reichte, gab es Schreibmaschinen, Staffeleien und alles, was man zum Korbflechten brauchte.

»Joni, kannst du das wirklich nicht besser?«, seufzte Chris, meine Beschäftigungstherapeutin. Sie hielt mein neuestes Werk hoch. »Ich weiß, dass es nicht leicht ist, den Pinsel mit den Zähnen zu halten, aber ein bisschen besser kannst du es bestimmt. Komm schon, du bist eine Künstlerin.«

Die Seite war ganz mit schwarzer Tinte bedeckt. Ich hatte die gesamte Stunde Beschäftigungstherapie darauf verwandt, sie mit meinem Stift voll zu schmieren, immer rauf und wieder runter, bis sie fast ausgefüllt war. An den Stellen, an denen ich zu fest aufgedrückt hatte, war das Papier eingerissen, und von der Tinte roch es feucht und giftig. Ich gab Chris keine Antwort. Ich lehnte nur meinen Kopf zurück und streckte ihn. Meine Halsmuskeln waren völlig verspannt.

»Ich weiß, dass du anders, ausdrucksvoller malen kannst ...« – sie suchte nach Worten, um ihren leichten Unmut zu beschreiben – »als so ... so etwas Abstraktes.«

Ich hielt das Bild für ungemein ausdrucksvoll. Es spiegelte eine Stunde zorniger schwarzer Linien wider, die jede Spur Weiß auslöschten. Und das war ein sehr, sehr präziser Ausdruck meiner geistigen Verfassung. Wenn man genauer hinsah, offenbarten die kleinen Risse und Löcher sogar noch etwas anderes: Chaos. Das chaotische Mosaik auf dem Papier entsprach dem schwarzen Chaos meines Lebens.

Und auch dem Chaos außerhalb von Montebello. Im Frühjahr 1968 hatte der Vietkong die Tet-Offensive in Südvietnam gestartet, und Lyndon B. Johnson hatte größere Truppenverbände entsandt. Immer, wenn der Fernseher lief, sah ich Liveaufnahmen von jungen Männern meines Alters, die in einen Kugel- und Bombenhagel hineinliefen. Es war völlig verrückt, aber es war real. Es war Fernsehen, aber irgendwie auch nicht.

UCLA und UC-Berkeley erwiesen sich als Brutstätten des politischen Protests, und am Broadway wurde das Musical *Hair* aufgeführt. Und dann kam jener kühle Tag im April, an dem ein Gewehrschütze auf dem Balkon des Memphis Hotels Dr. Martin Luther King Jr. erschoss. Als sie die Nachricht im Fernsehen brachten, schnappte ich nach Luft. Plötzlich fiel mir ein Aufsatz über die Bürgerrechte ein, den ich bei Mr. Lee geschrieben hatte. Ich erinnerte mich noch an die Rede mit den berühmten Worten: »Ich habe einen Traum.« Und ich dachte an den alten Mr. Tom und an Vater.

Wo waren die sanfteren, sichereren Tage? Tage, in denen die nationalen Krisen nur auf den Seiten meiner Klassenarbeiten und Aufsätze stattfanden, als das Rassismusproblem durch die Gesetzgebung oder in den Sonntagspredigten lösbar schien? Die Welt – meine Welt – löste sich schneller auf, als ich einen Faden aus meinem Pullover ziehen konnte. Durch die Straßen von Baltimore rumpelten Armeelastwagen, und das Ausgehverbot sorgte dafür, dass die Straßen verlassen und die Fensterläden geschlossen blieben. Und es hinderte meine Familie daran, mich weiterhin so oft zu besuchen.

Ich hatte Angst. Den ganzen Tag über skandierten die schwarzen Pfleger Slogans in den Räumen des Montebello. Manchmal kamen sie in unser Zimmer, schüttelten die Köpfe und warnten, anscheinend ohne jemand im Besonderen zu meinen: »We shall overcome. Wir werden siegen, Süße.«

Tagelang fühlte sich der Waschlappen eher kalt als warm an, wurde ich eher resolut als behutsam gefüttert. Meine Kissen für die Nacht wurden sehr energisch und alles andere als sanft aufgeschüttelt. Drei der Mädchen in meinem Zimmer waren weiß, drei waren schwarz. Nie zuvor war ich mir meiner Hautfarbe so bewusst gewesen.

Dahin waren Unschuld, Vernunft, amerikanische Träume.

Alles schien sich in einer steilen Abwärtsspirale zu entwickeln: »Bye-bye Miss American Pie«, und: »Zerbrich das Kreuz, dreh es um und mach ein Hippie-Symbol daraus.« Gott schien die Musik und die Kunst, die Universitäten, ja das ganze Land aufgegeben zu haben. Vielleicht waren Amerika und ich zu halsstarrig und aufsässig. Vielleicht waren wir zu besserwisserisch gewesen, und nun hatte Gott beschlossen, seine Kraft einem anderen Volk zu schenken, das sie eher verdiente. Vielleicht suchte er nach Amerikanern, denen mehr daran lag, mit ihm zusammenzuarbeiten, nach gehorsameren Christen.

Befand sich das Montebello überhaupt auf seinem Radarschirm? Oder konzentrierte Gott sich auf einen völlig anderen Ort, hörte er auf die Gebete von Leuten, die Krebs hatten oder sich scheiden ließen, und trommelte so lange mit den Fingern auf dem Schreibtisch, bis sie innig genug beteten? Vielleicht war er im Mittleren Osten und räumte dort nach dem Jom-Kippur-Krieg auf, damit die Weissagungsmaschinerie in Schwung blieb?

Was auch immer Gott tat, ich wollte dafür sorgen, dass er von mir hörte. Ich würde seine Aufmerksamkeit durch mentales Judo herbeizwingen und ihm seine Gaben und seine Gnade ins Gesicht werfen und so der Kränkung noch eine Schmähung hinzufügen. Er hatte mir das Talent zu malen gegeben, und ich würde es nützen.

So war das in der Beschäftigungstherapie. Sobald ich vor der Staffelei saß, reckte ich meinen Hals nach dem schwarzen Filzstift und griff an. Kratz, kratz, kritzel, hin und her, tief hinein in das reine weiße Papier. *Ein Stich nach links, ein rechter Haken, ein Schlag unter die Gürtellinie. »Nimm das und das!«*, kämpfte ich beim Malen.

Schließlich spuckte ich den Stift wieder aus. *Das war's. Ich hasse es, mit dem Mund zu malen, ich hasse diesen Rollstuhl, dieses Krankenhaus, diese Menschen, diese dumme Routine und* – ich hörte gerade noch rechtzeitig auf, bevor ich es sagte: *Gott.*

Aber ich fand andere Wege, ihn zu kränken. Nicht mehr mit heißen Worten oder gezackten Linien aus schwarzem Chaos, sondern mit leisen Seitenhieben und nadelspitzen Dolchstößen, die mit kühler Präzision dort trafen, wo es wehtat. Ich fing an zu rauchen, füllte meine Lunge mit tiefen Zigarettenzügen, zog den Rauch tief ein. Mein Körper war ohnehin beschädigte Ware. Ich hängte psychedelische Poster in meiner Ecke des Zimmers auf. Ich verschmähte die Lieder meiner Kindheit und schwelgte in *The White Album* von den Beatles oder Songs von Cream: *Ba-da-da-dah! Dah, dah, dah, da-dah, dah!* Ich lernte die harte Lyrik von Graham Nash and the Band auswendig, Worte, die so tief in mein benebeltes Hirn sanken, dass ich die Zeilen von »The Weight« vorwärts und rückwärts aufsagen konnte. »I pulled into Nazareth; was feeling 'bout half-past dead ...« Ja, das war ich ... nur dass ich nicht in Nazareth einzog, sondern daraus auszog. Jesus war an mir vorübergegangen, und nun zeigte ich ihm, wie mir zumute war. Jetzt würde ich an ihm vorübergehen.

Mein Zorn gärte weiter bis zu einem heißen Augustabend im Jahr 1968. Es war die Nacht, als ein Schütze den Abzug drückte und Senator Robert Kennedy erschoss. Ich musste blinzeln, als ich im Fernsehen das Schwarzweißbild von ihm sah: Er lag in einem Hotelflur in einem See von Blut. Wie die Szenen aus Vietnam kam auch diese mir seltsam surreal vor. Nun sieh einer an! Ich starrte auf den Bildschirm. *Robert Kennedy stirbt. Er wurde ermordet.* Ich war nicht traurig. Ich war nicht einmal geschockt.

Ich war völlig gefühllos.

So gefühllos wie vor einigen Tagen, als die Ärzte mir gesagt hatten, dass meine Fingernägel entfernt werden müssten. Eine Infektion unter meinen Nägeln hatte sich verschlimmert, und sie mussten etwas unternehmen. Man sagte mir, dass ein Chirurg jeden Nagel tief einschneiden, mit einer Zange packen und herausziehen würde. Es klang wie etwas, das der Vietkong Kriegsgefangenen zufügte, nicht wie etwas, das Mädchen wie mir zustieß, die sich sorgfältig die Nägel feilten, bevor sie Unterlack, Lack und schließlich die letzte Schicht Revlon-Oberlack auftrugen. Dennoch ließ es mich kalt. Ich empfand nichts. Die Ärzte setzten die Visite fort. Und ich starrte wieder auf die Glotze. Die Realität war nicht mehr zu ertragen. In einem solchen Fall ist es einfacher, wenn jemand anders für einen lebt. Ich lebte durch die Personen, die ich im Fernsehen sah. Ich schlüpfte in ihre Leben hinein, vor allem in das des *Gefangenen*, eines Mannes aus einer Sciencefiction-Serie, der ständig Pläne schmiedete, um von einer Insel zu entkommen, auf der er gefangen gehalten wurde. Jeden Mittwochabend sah ich mir an, wie er einen neuen, fantasievollen Fluchtversuch unternahm. Doch jedes Mal spürte ein riesiger weißer Lichtball – eine Art Big Brother – ihn auf und holte ihn zurück. Das Ganze besaß sogar eine gewisse Tragik: Anfangs schienen die Personen und Umstände auf seiner Seite zu sein und für ihn zu arbeiten, doch dann manipulierte eine alles überragende Intelligenz diese Personen und Umstände, sodass sie am Schluss logen und zu Feinden des Gefangenen wurden.

In der letzten Folge war ich sicher, dass der Gefangene diesmal von der Insel entkommen würde. Er hatte so viele vergebliche Fluchtversuche unternommen; diesmal musste er es einfach schaffen. In der letzten Szene gelang es ihm tatsächlich, seine Bewacher zu täuschen, über einen Zaun zu klettern und ins Meer zu springen. Er war entkommen! Glücklich schwamm er etwa eine halbe Meile weit ins Meer hinaus. Die Freiheit war zum Greifen nah, die Musik steigerte sich zum großen Crescendo. Der Gefangene lachte bei jedem Schwimmzug vor Erleichterung.

Da plötzlich erstarb die Musik, und aus dem Wasser stieg der gefürchtete weiße Ball. Die Serie war zu Ende. Der Gefangene würde nie entkommen.

Wie? Beim Abspann bewegte ich meinen Kopf hin und her in ungläubiger Verneinung. Dieses Ende war die pure Verzweiflung – war erstickende, lähmende Hoffnungslosigkeit. »Hast du das gesehen?«, rief ich der Zimmergenossin zu, die die Sendung mit mir zusammen angeschaut hatte. »Wie können die den Film so enden lassen?!«

»Hm?« Eine andere Zimmergenossin blickte vom *Enquirer* auf. Inzwischen flimmerten bereits wieder Werbespots über den Bildschirm. Das Mädchen, das mit mir ferngesehen hatte, war schon in die nächste Show vertieft, und die andere blätterte in ihrer Zeitschrift.

»Egal«, sagte ich leise. Aber für mich war es keineswegs egal. Es klang verrückt, aber ich hatte etwas empfunden, wenn ich diese Folgen ansah. Eine Fernsehsendung hatte mich stärker berührt als der Gedanke daran, dass man mir die Fingernägel mit Zangen herausreißen würde, oder das Bild von Robert Kennedy, der tot auf dem Fußboden lag. Ich war der Gefangene. Und mein Leben nahm offenbar das gleiche verzweifelte Ende.

Panik packte mich. *Bitte, ich kann nicht wie eine Gefangene leben. Ich kann so nicht leben.* Plötzlich roch das Zimmer, ja das ganze Krankenhaus nach Tod. Keiner der Menschen hier lebte wirklich – sie vertrieben sich nur die Zeit, bis sie verkümmerten und starben. Alles verfiel, erlosch, aber keiner merkte es. Sie stellten einfach den Fernseher an. *Ich passe hier nicht hin. Ich gehöre nicht hierher.*

Es war das gleiche Gefühl, das mich bei meinem Experiment überfiel, dem Experiment, bei dem ich das Versuchskaninchen war, an dem alle großen Fragen des Lebens getestet wurden. *Das Leben muss mehr sein als nur geboren zu werden, zu essen, zu schlafen und zu sterben. Es muss mehr sein als bloße Existenz. Es muss eine Bedeutung haben.*

»Gott, du musst einfach hier irgendwo sein«, flüsterte ich heiser in die Dunkelheit. »Dieser verrückte Krieg. Die Werbespots. Alle werden ermordet. Noch mehr Werbung. Und meine Fingernägel. Es ist alles so absurd. Ich habe keine Hoffnung, Hoffnung, Hoffnung«, wiederholte ich unablässig.

Ich starrte an die Decke. »Du musst ganz einfach hier sein. Es muss jemand hier sein.« Mein Flüstern wurde zum Schrei, verzweifelt, dringlich, fordernd. »Dir muss an mir liegen – ich weiß, dass dir an mir liegt.«

Ich warf das Gebet mit aller Kraft in die Luft wie einen Basketball, der noch in letzter Sekunde in den Korb fallen soll. Ich wusste nicht, wo es landen würde, aber ich wusste, worauf ich zielte.

Da geschah auf einmal etwas. Still und ruhig im dunklen Zimmer liegend spürte ich, wie ein unvorstellbar kleiner Lichtstrahl in mein dunkles Herz drang. Plötzlich befand ich mich wieder in jener kühlen Herbstnacht in Virginia. Der Lichtstrahl war hell genug, um mein Denken zu erleuchten, so wie damals. Und wieder spürte ich, wie meine Seele sich weitete und Raum schuf für ein vorerst noch ganz schwaches, aber zutiefst vertrautes Gefühl: Glauben.

Erinnerungen kehrten zurück – verschwommene Erinnerungen an Young Life und Natural Bridge, an den Felsblock und die Bäume und die Sterne in ihrer Frische und Reinheit. Ich schloss die Augen und versuchte, mich an den Holzfußboden zu erinnern, an die leuchtenden Farben der Kleider, an den warmen Schein der Lampen, die über uns hingen. Ich wusste noch alles – vor allem aber wusste ich, dass ich gesagt hatte: »Ich will nicht die Hölle, Herr. Ich will den Himmel.«

Wieder schaute ich zur Decke hoch. Ich murmelte: »Gut – immerhin habe ich jetzt eine Vorstellung davon, wie die Hölle ist.«

Die Sanitäter des Johns Hopkins University Hospital holten mich ab. Sie wickelten mich in Decken, legten mich auf eine Trage und schoben mich für die kurze Fahrt nach Baltimore in den Krankenwagen. Heute sollten mir die Fingernägel gezogen werden.

Ein junger, stämmiger, rothaariger Typ mit Sommersprossen saß neben mir und kaute unentwegt Kaugummi. Sein blaues Hemd stand am Kragen offen, und jedes Mal, wenn wir über eine Bodenunebenheit fuhren, wackelte alles an ihm.

»Alles in Ordnung mit Ihnen?«, fragte er laut, das Klappern der Sauerstoffgeräte übertönend.

»Ja«, antwortete ich gleichgültig. Ich fragte mich, ob es mir genauso egal wäre, meine Fingernägel zu verlieren, wenn ich noch stehen und gehen könnte.

Den Rest des Weges legten wir schweigend zurück. Als wir am Park beim Baltimore Zoo vorüberfuhren, sah ich die Baumspitzen mit ihrem roten und orangefarbenen Laub. Es war Frühherbst; wieder verstrich eine Jahreszeit.

Wir hielten am Eingang des alten Hospitaltrakts, und als sich die Türen des Krankenwagens öffneten, fuhr ein Stoß kalter Herbstluft herein. Die Sanitäter rollten mich schnell ins Haus und stellten mich neben einem Heizkörper ab.

»Sie müssen noch kurz warten«, erklärte der Rothaarige und blätterte dabei mein Krankenblatt durch. »Wir lassen Sie hier in der Eingangshalle stehen, bis Sie aufgenommen werden können.« Er schrieb etwas in meine Akte und steckte sich dann den Stift hinters Ohr.

»Alles in Ordnung mit Ihnen?«, fragte er noch einmal.

»Ja.«

»Gut. Man wird hier gut für Sie sorgen.« Und damit ging er.

Ich drehte das Gesicht zum Heizkörper, genoss die Wärme und lauschte auf die leisen Gespräche, die von der hohen Decke zurückgeworfen wurden, und auf die Schritte auf dem Marmorboden. *Das ist also das berühmte Johns Hopkins*, dachte ich und betrachtete die hohe, dunkle Täfelung und die endlosen Treppenfluchten unter der mächtigen Deckenkuppel. Ich blickte hoch und sah ganz oben das Buntglas des Oberlichts inmitten der Kuppel. Dann wandte ich den Kopf, um zu gucken, wie die Lobby in der Mitte aussah, und ...«

»O mein ...!« Ich schnappte nach Luft. Mir blieb das Herz stehen.

Da war sie, mitten in der Lobby, über fünfzehn Fuß hoch: eine riesige Christusstatue, ein Standbild aus cremefarbenem Marmor auf einem Podest aus Mahagoni. Der Kopf der Figur war gesenkt, die Arme ausgebreitet in einer Geste, die sagte: »Komm.«

Dies war der auferstandene Christus; er trug ein Gewand, das seine Brust halb verdeckte. Ich sah die Narben in seiner Seite und in seinen Handflächen. Und während ich auf seine weit ausgebreiteten Arme starrte, befand ich mich urplötzlich in seinem Bannkreis, hatte ich das Gefühl, dass er mich direkt ansah. »O mein ... o mein ...«, wiederholte ich.

Ich mühte mich ab, die Worte auf der Tafel am Fuß der Statue zu lesen: »Kommt zu mir ... ich will euch Ruhe geben.«

In diesem unendlich scheinenden Augenblick hätten Millionen Menschen an mir vorübergehen können – gleichgültig, abgelenkt von Verabredungen und Verpflichtungen, auf dem Weg in die Kantine, eilig über den schwarz-weißen Marmorboden klappernd, in einer Welt lebend, die so völlig anders war als meine – ich hätte sie nicht bemerkt. Mitten in dem Trubel um mich her sah Jesus nur mich an.

Es war, als sei ich in Judäa, vor zweitausend Jahren, und läge auf einer Matte vor einer kühlen, schattigen Mauer. Es war nicht zugig und kühl wie hier – es war heiß, trocken und staubig. Denn ich lag am Teich von Bethesda – ein stämmiger, rothaariger, sommersprossiger Mann aus der Menge hatte mich Jesus zu Füßen gelegt.

»Du hast mich also doch nicht vergessen«, flüsterte ich und starrte auf seine Hände. »Du bist nicht an mir vorübergegangen.«

Das Antlitz der Statue war zu Stein gefroren, aber ich war ganz sicher, ihn sagen zu hören: »Ich liebe dich. Mach dir keine Sorgen. Wenn ich dich genug geliebt habe, um für dich zu sterben, muss meine Liebe dann nicht auch ausreichen, um dich in dieser Situation zu bewahren?«

Irgendetwas ging vor sich, zum ersten Mal, seit Jacque in jener Nacht neben mir gelegen und mit mir *Man of Sorrows* gesungen hatte. Ich war aufgehoben in Gottes Gedanken an mich, nicht in meinen Gedanken an ihn. Ich lag im hellen Sonnenschein, verzehrt von seinem Mitleid für mich und nicht von meinem Zorn und Zweifel an ihm. Es spielte keine Rolle mehr, was ich dachte – nur noch, was er dachte. Nur sein Geist, sein Herz. Und sein Geist und Herz sprachen zu mir, so deutlich wie in jenen visionären Augenblicken, in denen ich unter dicht belaubten Bäumen hindurchschritt, so deutlich wie in jenen Nächten am Meer unter dem Sternenhimmel. Und er sagte: »Komm zu mir. Ich will dir Ruhe geben.«

Ja, ja, sagte ich flehentlich in Gedanken, *ich brauche Ruhe, ich will nichts als Ruhe. Ruhe und Frieden.*

Gott war ja so clever. In dem schrecklichen Chaos, zu dem mein Leben geworden war, hatte er geschwiegen, lange, lange Zeit. Und dann – voilà! – tauchte er plötzlich auf, wie diese Statue, in einer unerwarteten, aber brillanten Wendung der Ereignisse. Ich konnte an die Himmelstür trommeln, Pfeile abschießen und Steine schleudern, konnte versuchen, ihn zu manipulieren. Ich konnte ein weißes Blatt Papier mit Tinte schwärzen. Ich konnte jammern und schmollen und meinen Kopf aufs Kissen werfen, um mir das Genick noch einmal zu brechen. Und dann das. Gott antwortete, ruhig und dennoch auf dramatische Weise.

Ich lag da und versuchte erst gar nicht, es mit meinem Verstand nachzuvollziehen. Ich blickte einfach hoch, in das Gesicht von Jesus, und barg mich in seinen Segen. Damit hatte ich nicht gerechnet, als man mich ins Johns Hopkins gefahren hatte. Ich war hier, um mir die Fingernägel herausreißen zu lassen. Aber jetzt dachte ich über andere Nägel nach und blickte auf die Narben, die diese Nägel in den Händen des Sohnes Gottes hinterlassen hatten. *Seine Nägel für meine.*

Hier war ein Gott, der mein Leiden verstand.

Die Klinik schickte endlich jemanden, der mich holte. Als er mich an der Statue vorbeifuhr, versuchte ich, Jesus so lange wie möglich im Blick zu behalten, im verzweifelten Bemühen, diesen heiligen Augenblick auszudehnen. Die Gummirollen meiner Liege glitten über den Marmorboden, zogen mich unter Jesu Hand, unter seinem Kinn, unter seinem Arm hindurch. Schließlich sah ich nur noch seinen Rücken. Als die Tür hinter uns zufiel und die Vorhänge vorgezogen wurden, damit ich für die Operation vorbereitet werden konnte, war die Welt für mich in Ordnung. Es war in Ordnung, dass sie meine Finger mit Jod einpinselten. Sie durften so viele Nägel entfernen, wie sie wollten. Es war in Ordnung.

In der folgenden Woche im Montebello durfte ich nicht viel tun. Die Schwestern wollten nicht, dass meine Verbände verrutschten. An der Beschäftigungstherapie durfte ich aber trotzdem teilnehmen.

»Na, Miss Picasso«, begrüßte Chris mich argwöhnisch. »Was möchtest du heute malen?«

»Hmmmmm«, sagte ich und presste die Lippen zusammen. »Weihnachten steht vor der Tür.«

»Nächsten Monat ist es so weit«, sagte sie, und ihr Gesicht hellte sich ein wenig auf.

»Ich glaube, ich würde gern ein paar Geschenke für meine Familie herstellen«, verkündete ich. »Vielleicht ein paar von den Porzellantellern da bemalen?«

»Wirklich?«, fragte sie überrascht. »Dann los. Anschließend brennen wir sie, und dann hast du sehr schöne Geschenke.«

Chris schraubte die Deckel mehrerer Gefäße mit leuchtenden Farben ab und stellte eine Auswahl sauberer Pinsel in den Halter neben mir.

»Kannst du sie mit dem Mund erreichen?«

»Mm-hm«, antwortete ich und nahm einen Pinsel zwischen die Zähne.

In der nächsten Stunde verteilte ich rote und grüne Farbe auf mehrere Teller und Schalen. Ich malte mit weit ausholenden, weichen Strichen und versuchte, so viele Teller wie möglich fertig zu bekommen, ehe meine Therapiestunde vorbei war. Immer wieder lehnte ich mich zurück, um mein Werk zu bewundern, und tauchte dann den Pinsel in eine andere Farbe. Es sollten fröhliche Teller werden. Ich arbeitete rasch und voller Energie, fügte hier ein wenig Weiß und dort ein wenig Gold hinzu.

Ich war wieder Kind, sicher geborgen auf den Knien meines Vaters. Ich saß an seinem Schreibtisch und malte, weil er Freude daran hatte und weil ich ihm gefallen wollte. Ich dachte über die Komposition, über die Anordnung von Quadraten und Kreisen nach, die die Grundlage für alles bildeten, wie die Knochen unter meiner Haut, wie das Fundament eines Hauses, wie der Herr in meinem Herzen.

Zum Abschluss machte ich eine Therapie im Rancho Los Amigos Hospital in Südkalifornien. Im April 1969 wurde ich entlassen. Jay war gekommen, um den letzten Tag der Rehabilitation mit mir zu feiern. Sie schleppte mich zum Friseur, wo ich mir die Haare schneiden und färben ließ, dann zur Maniküre und schließlich zum Fotografen.

Wir wollten den Tag mit etwas Besonderem abschließen und beschlossen, nach Hollywood zu fahren und uns ein Stück anzusehen, das soeben auf dem Sunset Boulevard angelaufen war: *Hair*. Keine von uns hatte sonderlich Lust gerade auf dieses Musical, aber schließlich waren wir in Kalifornien – im wilden, verrückten Kalifornien. Warum also nicht?, sagten wir uns, schlangen hastig ein Mittagessen hinunter und machten uns auf den Weg.

Das Stück war drei Stunden Chaos: Rauch, kreischende Gitarren, gleißendes rotes Licht, Pop-Poster und Friedenszeichen. Drei Stunden Schmähungen gegen den Krieg, drei Stunden LSD, making love und Gänseblümchenketten. Und schließlich ließen die Schauspielerinnen und Schauspieler einfach sämtliche Hüllen fallen und traten an den Bühnenrand vor, nackt und schamlos.

Ich konnte nicht anders, ich musste lächeln. So wie jemand aus Mitleid oder vielleicht auch aus Kummer lächelt. Ich war noch nie so froh, mich von einem Stück abgestoßen zu fühlen.

Ich gehöre nicht hierher. Ich passe nicht hierhin.

Das wusste ich mit freudiger Gewissheit.

Kapitel 16

Euch aber, die ihr meinen Namen fürchtet, soll aufgehen die Sonne der Gerechtigkeit und Heil unter ihren Flügeln.

Maleachi 3,20

Die Flammen wärmten unsere Gesichter und die kanadische Nachtluft kühlte unsere Rücken. Ich atmete die Hitze des Holzfeuers ein, vor dem ich saß und bewundernd zu meinem Vater aufblickte, der im Rauch vor mir stand, das Gesicht von den Flammen erhellt. Er war nicht mehr der starke Prophet und Befehlshaber am Lagerfeuer. Inzwischen in den Siebzigern, war er leicht gebeugt von der Arthritis und musste sich beim Gehen und Stehen auf Krücken stützen. Aber er war immer noch ein begnadeter Geschichtenerzähler, und in dieser herrlichen Sommernacht in Alberta beluden wir mit ihm die Maultiere und folgten ihm und Angus Budreau auf den steilen Pfaden am Wind River Canyon auf der Suche nach Gold.

Während ich ihm zuhörte, konnte ich sehen, wie glücklich er hier oben unter den schnee- und eisbedeckten Berggipfeln war. Hier war er in seinem Element und sehr viel mehr er selbst als in der Zeit, als ich im Krankenhaus lag. Damals hörte ich ihn schon von weitem auf seinen Krücken den Gang herunterkommen. Er klopfte an meine Tür, lächelte und sagte: »Heiiiii, Joni«, mit jenem singenden Akzent, den ich an ihm kannte, seit ich ein Kind war. Dann trat er in seinen verwaschenen Bluejeans mit den roten Hosenträgern und dem karierten Hemd ganz nah an mein Bett und sah zwischen all dem Chrom und den weißen Laken völlig fehl am Platze aus. Seine schwieligen Hände packten das Bettgeländer – Hände, die den ganzen Tag mit Steinen und Mörtel hantiert hatten. Und dann suchte, ja rang er nach Worten. Aber er wusste nicht, wie er seine jüngste Tochter, seinen »Kameraden«, auf diesem neuen, Furcht einflößenden Pfad führen sollte.

Es war jetzt fast zwei Jahre her, dass ich aus dem Krankenhaus entlassen worden war. Wir schrieben das Jahr 1971 und ich unternahm zum ersten Mal seit meinem Unfall wieder gemeinsam mit meiner Familie eine Reise. Vater war überglücklich. Hier im Jasper Provincial Park im Norden der Rockies war er zu Hause.

Ich lehnte mich in meinem Rollstuhl zurück und blickte nach oben, um zu sehen, ob ich über den Douglastannen, die uns umstanden, ein vertrautes Sternbild entdecken konnte. Ich konnte mich nicht entsinnen, je eine so klare Nacht erlebt zu haben. Die Milliarden Sterne, die dort oben funkelten, standen so dicht, dass ich nicht einmal den Orion ausmachen konnte. Der Vollmond ging eben auf. Das Feuer knackte, Funken flogen und ich atmete tief die kühle, frische Luft ein.

Für mich hatte sich vieles geändert. Die Tetraplegie, die Lähmung von Armen und Beinen, gehörte jetzt zu meinem Leben, auch wenn meine Familie und ich noch keine Vorstellung davon hatten, welche Folgen sie im Einzelnen haben und was sie für uns bedeuten würde. Ich war nicht aufs Western Maryland College gegangen, wie ich geplant hatte. Stattdessen belegte ich Kurse an der University of Maryland und nahm Kunstunterricht.

Aber es gab auch Dinge, die sich nicht geändert hatten. Noch immer liebte ich es, an einem hell lodernden Lagerfeuer zu sitzen und zuzuhören, wenn Vater Geschichten erzählte. Ich liebte es, aus einem Zinnschöpflöffel Wasser zu trinken, ich liebte den Gesang der Vögel in den Wäldern vor der Morgendämmerung und das Geräusch der Kiefernnadeln unter meinen – nun ja, jetzt eben unter meinen Rädern. Die Silhouette eines fernen, hoch aufragenden Berges im Zwielicht konnte mir immer noch das Herz brechen. Und es tat gut zu merken, dass einem auch aus anderen Gründen als wegen eines gebrochenen Genicks das Herz brechen kann.

Unser Winnebago-Wohnmobil, geparkt am Fuß des Whistler's Mountain, war unser kleines Haus und zugleich unser Basislager. Eines Morgens sah ich, dass Kathy und Jay ihre Wanderschuhe schnürten; sie wollten so weit auf den Berg aufsteigen, wie sie konnten. Vater und Mutter hatten sich vorgenommen, ins Dorf zu gehen und Lebensmittel zu kaufen.

»Kommst du zurecht, wenn wir alle weg sind?«, fragte Jay und fuhr meinen Stuhl an den Campingtisch heran. Sie legte ein Buch vor mich hin und knickte sorgfältig Eselsohren in die Seiten, damit ich umblättern konnte. Meine Schultermuskeln waren nicht sehr stark und ich hatte kein Gefühl in den Händen, aber mit einem Schulterzucken und einem Armschwung konnte ich bestimmte Dinge, wie zum Beispiel Buchseiten, mit meiner Armschiene anschubsen. »Klar«, sagte ich, ganz berauscht von der schönen Umgebung, »ich komme zurecht.«

Ich blickte meinen Schwestern nach, bis sie nur noch Pünktchen auf dem Pfad am Bergkamm entlang waren. Der Tag war hell und windig. Ich setzte mich zurecht und fing an zu lesen. Doch beim ersten Umblättern bewegte ich die Schultern zu heftig. Das Buch glitt vom Tisch und fiel zu Boden.

Einen Augenblick starrte ich es an, ärgerlich, dass mir so ein Missgeschick passiert war. Dann seufzte ich und sah mich um. In den anderen Wohnwagen war es noch still. Es war keiner da, der mir helfen konnte.

Mist. Mein Ärger wuchs. *Dass das ausgerechnet jetzt passieren muss.*

Ich spürte, wie ich rot wurde, und wusste, wenn ich nicht aufpasste, würde es wieder ein Was-bist-du-doch-für-eine-arme-Joni-Tag werden. Aber ich durfte mich nicht von einem dummen Buch in einen Hinterhalt locken lassen. Ich wollte nicht zulassen, dass das Selbstmitleid mich unerbittlich die Straße der Angst hinunterführte, die in der Depression endete. Das fürchtete ich noch mehr als die Tetraplegie.

Und das mit gutem Grund. In den vierundzwanzig Monaten seit meiner Entlassung aus dem Rehabilitationszentrum hatte ich die Schrecken einer Depression nur zu gut kennen gelernt. Es hatte Tage gegeben, viele Tage, an denen ich im Bett blieb und meine Mutter bat, das Licht zu löschen und die Tür zu schließen. Dann lag ich im Dunkeln und ließ mich vom unablässigen Summen der Klimaanlage in frühere Zeiten zurückversetzen, in denen ich noch gehen konnte. Zeiten, in denen ich hoch aufgerichtet im Chor stand oder mich über meine Noten beugte. Zeiten, in denen ich spürte, wie meine Finger eine Orange schälten oder meine Beinmuskeln von den vielen Kniebeugen, die ich gemacht hatte, brannten. Ich rief mir jede einzelne Empfindung ins Gedächtnis: wie meine Zehen im Schlamm gewühlt hatten, wie meine Beine sich an einen Sattel gepresst hatten, wie meine Finger über die Gitarrensaiten oder über das kühle Elfenbein der Klaviertasten geglitten waren. Jede Berührung, jedes sinnliche Vergnügen versuchte ich wiederzubeleben: wie meine Hand die Hand meines Freundes hielt, wie meine Lippen die seinen berührten, wie meine Finger an Knöpfen zerrten und meine Handflächen seinen nackten Rücken streichelten.

Und dann war ich plötzlich wieder in der Gegenwart und erkannte, dass ich tiefer und tiefer in dem Schlammloch versank, in das ich mich schon oft gestürzt hatte. Ich wusste, dass es auf dem Grund dieses Lochs kein Licht und keine Luft gab. Es war derselbe Schreckensort, an dem die Dämonen lebten, die ich damals auf der Intensivstation gesehen hatte. In panischer Angst versuchte ich, die Hänge des Abgrunds hinaufzuklettern, bat ich Gott, mich zu retten, mich davor zu bewahren, den Verstand, die Verbindung zur Realität zu verlieren und von den Dämonen aufgefressen zu werden.

Aber wenn meine Mutter kam, um die Klimaanlage auszuschalten und das Licht anzumachen, war die Realität oben, am Rand des Abgrunds, fast genauso schrecklich wie der Aufenthalt in der Tiefe. Da war der Rollstuhl, ein Leben, ohne meine Hände und Beine gebrauchen zu können, ohne jedes Gefühl von den Schultern abwärts, ein Leben, in dem ich darauf angewiesen war, dass mir jemand die Nase putzte und den Po abwischte. Es war furchtbar.

Aber letztlich doch nicht so furchtbar wie unten, auf dem Grund des klaustrophobischen Lochs. Und deshalb beschloss ich an jenem windigen, sonnigen Morgen im Jasper Provincial Park, dem Selbstmitleid, das mich immer wieder an den Rand des Abgrunds trieb, Einhalt zu gebieten.

»Bitte, Gott«, betete ich, »komm und rette mich, genau hier, an diesem Campingtisch.« Ich drückte den Rücken meiner leblosen Hand gegen meine Augen. »Bitte hilf mir. Ich weiß, dass du es kannst.«

Ein paar Blätter bewegten sich im Wind, ich horchte auf das

Rauschen der Bäume. Irgendwie hatte ich das Gefühl, der Himmel versuche zu mir zu sprechen. Deshalb betete ich weiter.

»Wenn ich nicht wandern und in deine herrliche Schöpfung hinausgehen kann ...«, ich hielt inne, weil mir eine Idee gekommen war, »... könntest du deine Schöpfung dann nicht näher zu mir bringen? Schick mir einen Schmetterling. Eine Raupe. Irgendetwas. Zeig mir nur, dass du da bist.«

Ich schniefte und wartete mehrere Minuten. Dann fing ich wieder an mich umzusehen. Nichts bewegte sich. Nicht einmal der Kiefernzweig auf unserem Lagerfeuer.

Etwa eine halbe Stunde wartete und hoffte ich und suchte den Himmel nach einem Adler, den Boden nach einem Eichhörnchen, den Campingtisch nach einer Ameise ab. Nichts. Der Nachmittag war so still und ruhig wie früher die schwülen Tage auf der Farm.

Es schien eine Ewigkeit zu dauern, bis meine Schwestern zurückkehrten. Sie kamen, lösten ihre Nickitücher, legten ihre Westen ab, ließen sich auf die Sitzbank fallen und zogen die Wanderschuhe aus, um ihre Blasen zu vergleichen.

»War das nicht ein unglaublicher Ausblick da oben?«, sagten sie und tauschten sich begeistert über ihre Erlebnisse aus. »Hast du den Hirsch gesehen?« Jay wischte sich Gesicht und Arme ab, wandte sich zu mir und fragte: »Wie ist es dir ergangen?«

Ich sah zu dem Buch hinunter, das auf dem Boden lag. Jay hob es auf, klopfte es ab und legte es wieder vor mich hin. »Du bist nicht weit gekommen.«

Ich schüttelte den Kopf.

»Es tut mir Leid, Joni«, sagte sie zärtlich.

»Mir auch«, antwortete ich. »Als das Buch herunterfiel, dachte ich darüber nach, wie ihr vergnügt den Tag verbringt. Dann betete ich und bat Gott, weil ich nicht selber in seine Schöpfung hinausgehen kann, sie näher zu mir zu bringen. Aber nichts geschah. Ich habe nicht einmal eine Raupe gesehen.«

Jay hörte mir zu und säuberte dabei ihre Fingernägel. »Vielleicht hat er nur noch nicht geantwortet«, sagte sie.

»Ja, vielleicht«, sagte ich nicht allzu hoffnungsvoll. Man hatte mich gelehrt, dass Gott Gebete erhört. Andererseits wusste ich auch, dass er sich manchmal Zeit lässt mit der Antwort. Oder aber er antwortet rasch, aber in einer Weise, die man nicht erwartet hat. Plötzlich war ich überzeugt, dass Gott mich heute gehört hatte und eine Antwort für mich bereithielt. Ich war über den Berg. *Aber trotzdem – in letzter Zeit scheine ich ziemlich viele Absagen von ihm zu bekommen*, dachte ich.

An diesem Abend, nach Hot Dogs im Winnebago mit Vater und Mutter, blieb Jay drinnen, um das Geschirr zu spülen. Kathy zündete draußen ein Feuer an; wir wollten Marshmallows rösten. Als die Flammen knisterten, fuhr Kathy mich auf die gegenüberliegende Seite des Feuers, damit ich nicht so im Rauch saß, und spitzte einen Stock an. Sie riss eine Tüte mit Marshmallows auf, steckte ein paar auf den Stock und hielt sie in die Nähe der glühenden Kohlen. In einer Minute waren sie heiß, gebräunt und klebrig, so wie ich sie mochte.

Die Wärme des Feuers war angenehm. Ich hörte die Grillen zirpen. Jay summte im Wagen leise vor sich hin. Kathy und ich fielen ein, und schon bald sangen wir alle drei. Auch heute leuchteten wieder unzählige Sterne, und der Mond stand voll und groß hinter den Bäumen. Kathy spießte gerade weitere Marshmallows auf, als ich plötzlich den Eindruck hatte, dass sich etwas im Dunkel hinter ihr bewegte. Angestrengt starrte ich auf einen Schatten, einen knappen Meter hinter ihr. Tatsächlich, da bewegte sich etwas Großes, Schwarzes. Vielleicht ein Hund.

»Kathy«, flüsterte ich. Meine Schwester hörte mich nicht – sie war schon bei der zweiten Strophe und hielt den Stock über das Feuer.

Bevor ich noch etwas sagen konnte, stellte der Riese sich langsam auf die Hinterbeine. *Hunde tun so etwas nicht*. Das war kein Hund. Das riesige Ding blieb dicht hinter ihr stehen und ...

»Kathy, beweg dich nicht!«

Meine Schwester sah mich befremdet an.

»Hinter dir steht ein Bär«, warnte ich sie. Meine Stimme war nur ein heiseres Flüstern.

»Jo-o-o-ni«, stöhnte sie, »du immer mit deinen albernen Scherzen.« Sie schüttelte den Kopf und murmelte: »Dummkopf.«

Der Bär-Schatten senkte den Kopf und schnüffelte; er suchte die Marshmallows. Plötzlich richtete er sich wieder auf.

»Kathy, hör doch! Da ist ein Bär – da, direkt hinter dir.« Ich hatte Angst, eine hastige Bewegung zu machen, deshalb richtete ich meine Augen lediglich starr auf den Platz hinter ihrem Rücken. Kathy legte den Stock hin, stand langsam auf, drehte sich um und stand unmittelbar vor einer glänzenden schwarzen Nase.

»O nein ...«, sie unterdrückte einen Schrei. Sie setzte sich wieder hin und griff nach dem Stock. »Da ist ein Bär hinter mir«, flüsterte sie, ohne sich zu bewegen. Rauch wehte ihr ins Gesicht, aber sie, konnte nur die Augen zukneifen und versuchen, sich nicht zu rühren.

»Beweg dich nicht. Beweg dich nicht«, zischte ich.

Der Bär schnüffelte an Kathys Rücken und grunzte. Dann wandte er sich zur Seite. Jetzt galt seine ganze Aufmerksamkeit der Marshmallowtüte neben ihr. Als er ein paar geröstete Marshmallows im Dreck liegen sah, fing er an, an ihnen zu lecken. Jetzt befand er sich im vollen Licht des Lagerfeuers, und wir sahen ihn beide: schwarzes Fell, riesiger Kopf, große, breite Pfoten. Als er die Marshmallows kaute, sahen wir seine glänzenden Zähne.

Dann kam er zu mir herüber. Er umrundete das Feuer und fing an, an den Fußstützen meines Rollstuhls zu schnüffeln. Ich konnte es nicht glauben – der Bär saß sozusagen auf meinem Schoß. Ich war völlig erstarrt vor Aufregung und Angst. Bis er zum Campingtisch hinüberschlenderte, hatte Jay wohl mitbekommen, dass wir irgendetwas von einem Bären flüsterten. Sie riss die Tür des Winnebago auf und rief: »Ein Bär? Wo?« Das Tier warf sich herum und stieß beinahe den Tisch um. Töpfe und Pfannen flogen durch die Luft und knallten auf den Boden. Zu Tode erschrocken galoppierte der Bär an Kathy vorbei und verschwand in der Nacht.

»Da läuft er! Da läuft er!«, schrie ich und deutete mit dem Kopf zum Wald hin. Jay und Kathy schnappten sich die Polaroid und rannten ihm nach. Schritte und Rufe wurden laut, meine Eltern schrien meinen Schwestern nach, sie sollten zurückkommen. Die Tür eines nahe gelegenen Wohnwagens knallte zu, und kurz darauf wanderten Lichtstrahlen durch den Wald. Der ganze Campingplatz war in Aufruhr.

»Was ist passiert?«, rief meine Mutter aufgeregt.

»Joni und Kathy haben alles gesehen«, antwortete Jay verstimmt, als sie zurückkam.

»Wirklich?«

An diesem Abend blieben wir lange auf und gingen wieder und wieder jede Einzelheit des Besuchs des Bären durch: wie Kathy dies tat, wie ich jenes sagte, wie er hinter Kathy stand, wie er zu mir kam und an meinem Rollstuhl schnüffelte. »Ich wusste, dass er mir nichts tun würde«, beruhigte ich meine Mutter. »Das ist das Gute an dem Rollstuhl – ich saß ganz still.«

Meine Schwester und ich waren schlagartig zu Berühmtheiten geworden. Wir kosteten unsere Geschichte voll aus, bis der Mond hinter den Bergen versank. Es war spät, als meine Schwestern mich zu Bett brachten. Erst als die Grillen vor meinem Fenster aufgehört hatten zu zirpen und die Nacht völlig still war, fiel es mir ein: *O mein – ja, Gott, du hast es getan. Du hast mein Gebet erhört. Und was für eine Erhörung! Das war nicht ein Schmetterling oder eine Raupe. Das war keine kleine Antwort. Es war eine riesengroße!*

»Ein Bär«, flüsterte ich in die Nacht. Ich konnte nicht bis zum Morgen warten, um meiner Familie zu erzählen, wie Gott mein Gebet erhört hatte.

Was an diesem Tag geschah, war mehr als eine besondere Ferienerinnerung, über die man, wenn man das Fotoalbum durchblättert, jedes Mal wieder endlos reden kann. Es war eine Bestätigung der Treue Gottes. Er hatte geantwortet, hatte mein Gebet erhört. Der Herr der Schöpfung hatte geantwortet. Und es war ein so großes, überwältigendes »Ja« gewesen, dass es all die anderen Male, als ich gebetet und als Gott »Nein« gesagt hatte, wieder gutmachte. Ich merkte, dass ich Frieden gefunden hatte, einen Frieden wie den, von dem ich in der Bibel gelesen hatte – »der größer ist, als unser menschlicher Verstand es je begreifen kann«, und der »eure Herzen und Gedanken im Glauben an Jesus Christus bewahren« wird.

Er hatte mir nicht nur einen Bär geschickt. Er hatte mir Frieden geschenkt.

Die Endorphinausschüttung an jenem Abend muss gewaltig gewesen sein, denn ich wachte am nächsten Morgen auf, bevor es hell wurde, und war noch genauso glücklich wie in der Nacht zuvor. Ich blieb ganz still liegen und begrüßte die Geräusche des Morgens vor dem Fenster des Wohnwagens. Die Vögel begannen zu singen und die Dunkelheit in meiner Schlafkoje wurde zu einem hellen Grau. Eine kleine Brise liebkoste die Spitzen der Bäume; es klang zärtlich und fröhlich.

Am nächsten Tag bestiegen meine Familie und ich einen Sessellift, der uns auf einen zerklüfteten Berg hinauftrug, von dem aus wir das gesamte Naturschutzgebiet überblicken konnten. Wir sahen majestätische dunkelgrüne Wälder, die bis in fernste Fernen Tanne um Tanne hintereinander aufragten. Es war eine raue, schroffe Szenerie, nur hier und da unterbrochen von Tupfen türkisfarbener Seen, die wie Juwelen schimmerten. Wir zitterten in unseren dünnen Jacken, teils wegen der eisigen Luft, teils wegen des Ehrfurcht gebietenden Anblicks, und riefen uns durch den brausenden Wind hindurch unsere Begeisterung zu. Hoch über uns kreiste ein Adler. Für unsere Augen war er nur ein kleiner Fleck am Himmel, der sich hochschraubte und wieder fallen ließ, und ich bewunderte seine Anmut und Leichtigkeit.

Wir taten, was wir in solchen Augenblicken immer getan hatten: Wir sangen. »Then sings my soul, my Savior God, to Thee: How great Thou art; how great Thou art!« Die Töne kamen wie selbstverständlich aus unseren Kehlen und Herzen – Singen war das Einzige, was man angesichts solcher Herrlichkeit tun konnte. Das Ganze war zu schön, um sich nur still daran zu freuen, und ein gemeinsames Lied war die einfachste und schönste Art des gemeinschaftlichen Genusses, die einzige Möglichkeit, in gewisser Weise selbst Teil dieses besonderen Augenblicks zu werden.

Als das Lied verklang, flüsterte ich einen Vers, den ich bei Young Life gelernt hatte: »… aber die auf den Herrn harren, kriegen neue Kraft, dass sie auffahren mit Flügeln wie Adler, dass sie laufen und nicht matt werden, dass sie wandeln und nicht müde werden.«

Ich konnte weder gehen noch laufen, aber ich fuhr auf wie ein Adler. Ich weiß nicht genau, woher dieses Gefühl kam, aber ich bin sicher, der Aufenthalt in den Bergen, unter dem klaren blauen Himmel, hatte damit zu tun. Doch weit bewegender als der Anblick, der uns umgab, war die Macht, die diese Seen ausgehoben, dieses Flussbett aus dem Fels gehauen, diese Berge aufgetürmt hatte. Es war eine ganz und gar persönliche Macht, die in unsere Lieder einstimmte, eine Macht, die uns so voller Güte zugewandt war, dass sie das Herz eines Mädchens rührte, das zitternd in seinem Rollstuhl saß. Diese Macht neigte sich barmherzig in den Schlamm meiner Tagträume hinunter und zog mich heraus. Ich fuhr auf wie ein Adler, nicht nur wegen der unfassbaren Schönheit der Natur oder der Größe und Unbeugsamkeit des menschlichen Geistes, sondern weil ich mein Herz für Gott geöffnet hatte, weiter als je zuvor.

So weit hatte ich es geöffnet, dass ich nach unserer Rückkehr aus Kanada anfing, mich näher mit der Bibel zu befassen. Jay hatte mir angeboten, mit ihr zusammen auf die Farm zu ziehen. Vater hatte den größten Teil der Circle X Ranch verkauft; jetzt wohnten Jay und ihre kleine Tochter Kay in dem alten Farmhaus neben dem Stall. Jays Mann hatte sie vor kurzem verlassen, und alle waren der Ansicht, dass es das Beste wäre, wenn ich aus dem Haus am Poplar Drive auf die Farm umzog.

Das alte Haus war eine Miniaturausgabe des Hauses, in dem wir aufgewachsen waren: offene Kamine, Gewölbedecken, Wände aus Lehmziegeln und Holzböden. Im Wohnzimmer hing an der einen Wand Vaters indianische Decke, an der anderen ein Kuhfell. Das Zusammenleben mit meiner Schwester mit dem blonden Engelshaar war genauso wunderbar, wie ich es mir erträumt hatte. Jay half mir nach Kräften dabei, mich an ein Leben im Rollstuhl zu gewöhnen, und ihr Farmhaus wurde mir zur Zuflucht, zum sicheren Hafen.

Wenn sie mich am Morgen mit Schinken, Eiern und Kaffee verwöhnt hatte, legte sie mir alles zurecht, sodass ich entweder malen oder lesen konnte. Damals entwickelte ich mich zu einer richtigen Leseratte. Meistens las ich in der Bibel. Jay stellte einen schwarzen Notenständer vor mir auf, legte meine Bibel darauf und steckte mir ein Stöckchen mit Gummispitze in den Mund, damit ich die Seiten umblättern konnte. Und so arbeitete ich mich durch die Bibel, ja ich verschlang sie förmlich. Aus jedem Vers, den ich las, trat mir dieselbe Wahrheit entgegen, die ich zum ersten Mal bei Young Life gespürt hatte.

Die Stellen, die mit Heilung oder mit den Verheißungen Gottes zu tun hatten, schlugen eine ganz besondere Saite in mir an. »Wenn ihr mit mir verbunden bleibt und meine Worte in euch bleiben, könnt ihr bitten, um was ihr wollt, und es wird euch gewährt werden!« »Durch seine Wunden sind wir alle geheilt.« Ich sprach nicht viel über diese Verse, aber sie schlugen tief in meinem Unterbewusstsein Wurzeln. Und natürlich traten sie auch in meinen Zeichnungen zu Tage. Ich malte Blatt um Blatt voller menschlicher Körper: strahlend schöne Frauen mit starken Armen und Beinen, wunderbar geformten Brüsten und Hüften – und immer streckten und reckten sie sich und liefen oder rannten.

»Sollst das du sein?«, fragte Jay.

»Glaubst du, dass ich so aussehen würde?«, entgegnete ich, »wenn ich mich bewegen könnte?«

Sie stieß einen bewundernden Pfiff aus. »Ich wünschte, ich würde so aussehen!«

Vielleicht habe ich jetzt die Lektionen gelernt, die Gott mich lehren wollte, überlegte ich. *Ich kann mit dem Rollstuhl leben. Ich habe keine Selbstmordgedanken mehr. Die Depressionen sind seltener geworden. Meine ganze Familie ist Gott sehr viel näher gekommen, als sie es früher war. Ich bin geduldiger geworden, und ich finde, dafür, dass ich meine Hände nicht gebrauchen kann, komme ich ganz gut zurecht.*

Ich dachte weiter über den Vers nach: »Bittet, um was ihr wollt, und es wird euch gewährt werden.«

Aber wie sollte ich um Heilung bitten? Es schien so – unglaublich.

Ich dachte an die Stute, die ich als junges Mädchen besessen hatte. Ich hatte lernen müssen, sie einzufangen und ihr ein Halfter anzulegen. Kein Pferd lässt sich gern einfangen – wenn es einen kommen sieht, läuft es weg. Deshalb gebrauchte ich einen Trick: Wenn ich bis auf ein paar Meter herangekommen war, drehte ich mich um und wandte ihr den Rücken zu. Es war immer dasselbe: Nach wenigen Minuten schnupperte sie an meinem Rücken und schnoberte mich genau ab. Dann drehte ich mich langsam um, streichelte ihr die Stirn und streifte ihr vorsichtig das Halfter über.

Vielleicht ist Gott so – vielleicht wartet er nur darauf, dass ich meinem Wunsch nach einem gesunden Körper den Rücken zuwende. Oder dass ich aufhöre, ihn einfangen zu wollen. Ich begann mich zu fragen, ob ich meine Sehnsucht einfach loslassen sollte. Vielleicht würde er dann hinter mich treten und mir meinen Wunsch erfüllen.

Jay und ich hatten gehört, dass Kathryn Kuhlman, eine berühmte Glaubensheilerin, nach Washington kommen sollte; sie wollte im Ballsaal des Hilton einen Gottesdienst halten. Wir hatten gehört, dass sie in Philadelphia krebskranke Menschen geheilt hatte. Ich überlegte, ob ich zu dem Heilungsgottesdienst nach Washington fahren sollte.

Eines Morgens, als Jay die krankengymnastischen Übungen mit meinen Beinen machte, trat Ernest Angley im Fernsehen auf. Er war ein komischer Mann mit einem schlecht sitzenden Toupet und ebenso schlecht sitzendem Anzug, und Jay und ich lachten über seine Albernheiten. Aber als die Menschen ihre Krücken fallen ließen, sich aus ihren Rollstühlen erhoben und erklärten, dass sie keine Schmerzen mehr hätten, unterbrachen wir unsere Übungen.

»Glaubst du, dass Gott dich heilen kann?«, fragte Jay und starrte auf den Bildschirm.

»Vielleicht ist jetzt die Zeit gekommen«, antwortete ich.

Als ich später im siebenunddreißigsten Psalm las: »Freu dich am Herrn, und er wird dir geben, was dein Herz wünscht«, war ich sicher, dass die Zeit gekommen war.

Dieses Jahr habe ich mich am Herrn gefreut, überlegte ich. *Ich habe meine Lektionen gelernt, ich habe mehr gebetet und mehr in der Bibel gelesen. Vielleicht wird Gott mir jetzt geben, was mein Herz sich wünscht – einen funktionierenden Körper. Ein echtes Wunder!*

Jay und ich trafen ziemlich früh im Hilton ein und warteten in einer langen Reihe vor dem Aufzug zum Ballsaal. Als wir oben ankamen, wurden wir von Platzanweisern begrüßt, die uns zur Rollstuhlabteilung brachten. Der große Saal füllte sich rasch, auch die Rollstuhlabteilung war bald überfüllt. Der Geräuschpegel stieg an, bis auf einmal die Beleuchtung gedimmt wurde und jemand anfing, Klavier zu spielen. Es herrschte gespannte Erwartung.

Wir sangen ein paar Lieder, dann steigerte sich die Musik, und Miss Kuhlman trat hinter den Vorhängen hervor in das gleißende Licht eines Scheinwerfers. Sie trug ein fließendes weißes Gewand. Meine Augen wurden groß; ich bekam Herzklopfen. Jemand las Passagen aus der Schrift vor, und etliche Menschen legten Zeugnis ab. Plötzlich schwenkte der Spot auf eine Person ganz am Ende des Ballsaals. Der Mann schien eine Heilung zu erfahren. Dann bewegte sich jemand in einer anderen Abteilung, und das Licht wanderte dort hinüber. Mit einem Mal regte es sich an mehreren Stellen. Offenbar geschahen überall um uns herum Heilungen.

In der Rollstuhlabteilung wurde es unruhig. Wir dachten alle dasselbe: *Hierher! Hier sind die schweren Fälle. Hier ist die Zerebralparese, hier ist die Multiple Sklerose. Wann kommt der Heilige Geist zu uns?*

Es war wie am Teich von Bethesda: so viel Hoffnung, so viele Bitten: »Geh nicht an mir vorbei!«, »Hier, hier drüben!«, »Bitte, jemand muss mich zu ihm tragen!« Doch ich wollte nicht anmaßend sein. Ich wollte die Sehnsucht loswerden, wollte sie loslassen und einfach warten. Vielleicht trat Gott ja von hinten an mich heran und überraschte mich.

Nach einer Stunde wurden die Wunder langsam weniger.

»Vielleicht passieren sie nicht alle sofort«, flüsterte meine Schwester mir tröstend zu.

Die Platzanweiser kamen wieder, um die Patienten, die in Rollstühlen saßen, als Erste hinauszubegleiten, damit sie nicht in das Gewühl bei den Aufzügen gerieten. Während ich da saß und wartete, Nummer fünfzehn von fünfunddreißig Menschen, die auf Rollstühle, Gehhilfen und Krücken angewiesen waren, blickte ich die Reihe hinauf und hinunter. *Irgendetwas an diesem Bild stimmt nicht,* dachte ich.

Irgendetwas stimmte wirklich nicht. Ich wusste, dass mein Zustand nichts damit zu tun hatte, dass ich nicht glaubte oder nicht genügend glaubte. Die Menschen im Saal hatten gebetet: »Im Namen Jesu Christi, sei geheilt«, und ich hatte versucht, meine Beine zu bewegen, hatte versucht zu glauben. Ich wusste auch, dass es nicht an Gottes Macht oder Fähigkeit lag, Wunderheilungen zu vollbringen. Nein, es ging viel tiefer.

Ich glaubte, dass es eine Sache des Willens Gottes war, seiner Absichten, seiner Pläne. Ich hatte Freude am Herrn, aber er hatte mir meinen Herzenswunsch trotzdem nicht erfüllt – zumindest nicht in den vier Jahren, die mein Unfall nun zurücklag.

Was willst du, Gott? Was ist dein Wille?

»Du weißt, warum sie nicht geheilt wurde, oder?«, meinte ein entfernter Cousin von mir nach meiner Reise nach Washington. »Es ist wegen Onkel John.«

Wegen meinem Vater?

»Du weißt schon, die Familie redet nicht darüber, aber er ist geschieden.«

Ich konnte die Borniertheit dieser Aussage kaum fassen. Ich kannte den Vers, auf den er anspielte: 5. Mose 5,9. Dort heißt es, dass Gott die Kinder für die Sünden der Eltern bestraft. Aber er hatte die Fortsetzung weggelassen: »... aber Barmherzigkeit erweist an vielen Tausenden, die mich lieben und meine Gebote halten.« (Luther 84)

Welche Sünden mein Vater auch begangen haben mochte, Gott hatte sie so weit von ihm genommen, wie der Osten vom Westen entfernt ist. Und er hatte auch meine Übertretungen ausgelöscht.

Nein, du spielst nicht »wie du mir, so ich dir«, sagte ich zu Gott. Aber wenn ich nicht geheilt werde, dann musst du mir deinen Willen offenbaren. Welcher barmherzige Gott würde nicht einen jungen Menschen im Rollstuhl heilen wollen?

Ich wusste, dass Gott mir antworten würde. Im Augenblick war es Gottes Wille, dass ich mit Jay und der kleinen Kay auf der Farm lebte. Jeden Morgen saß die sechsjährige Kay auf meinem Bettrand und lernte bei meinen Dehnübungen zu zählen. Meine Schwester und ich unterhielten uns über Kleider, probierten neue Kochrezepte aus und buken Kuchen und Brownies. Wir planten exotische Abenteuer und veranstalteten Kochorgien.

Nachmittags malte ich und Jay arbeitete im Garten. Sie ließ mich an allem teilhaben; wenn sie durchs Fenster mit mir sprach, während sie Tomaten setzte, war es, als setzte ich mit ihr zusammen die zarten jungen Pflanzen in die Erde. Ich hatte das Gefühl, mit ihr zusammen dort draußen zu sein, mit den Knien in der schwarzen Gartenerde. Im Frühjahr wurde unser Haus zum Gewächshaus: Hunderte von kleinen braunen Töpfen mit Saatkörnern standen aufgereiht auf den Fensterbänken unseres Esszimmers. Wenn sich das erste Grün zeigte, war das für uns ein Grund zum Feiern. In diesem Sommer konnten wir unseren Freunden von unseren eigenen Tomaten mitgeben. Durch Jay bekam ich eine Vorstellung von der Bedeutung des Begriffs »stellvertretend«, in seiner ganzen berauschenden Tiefe.

Die Abende waren dem Bibelstudium gewidmet, zusammen mit Freunden, oder wir wärmten winzige Gläschen Amaretto am Herd und stimmten ein, wenn John Denver sang. Manchmal, wenn der Mond hoch stand, fuhr Jay mich die River Road hinunter, am Stall und an den Geißblattsträuchern vorbei, die in der feuchten Nachtluft so süß dufteten. Dann sangen wir im Rechts-links-rechts-links-Rhythmus von Jays Schritten: »Heaven ... is ... a wonderful ... place ... filled ... with ... glory and ... grace ... I'm gonna ... see my ... saviour's ... face ... Heaven is a ... wonderful ... place!«

Eines Winterabends – draußen schneite es – sah meine Schwester, wie ich sehnsüchtig aus dem Fenster schaute. »Du möchtest dort draußen sein, stimmt's?«, fragte sie und drückte meine Schulter. Ich nickte und bewunderte das Wintermärchen, das sich auf dem Rasen vor unserem Haus abspielte.

»Ich denke, da lässt sich etwas machen«, sagte Jay und verschwand. Kurz darauf saß ich draußen auf der Terrasse, fest in Decken gewickelt, die Füße warm eingepackt und eine Wollmütze bis über die Ohren gezogen.

»Warm genug?«, fragte Jay und klopfte sich den Schnee ab. Wieder nickte ich, diesmal mit einem breiten Lächeln. Sie ging wieder hinein und ließ mich allein die tiefe winterliche Stille genießen.

Vaters alte Straßenlaterne ließ das Schneegestöber schimmern und tanzen; ich musste beinahe weinen, so schön war es. Ich sah zu, wie mein Atem zu winzigen Kristallen gefror, und lauschte dem Flüstern, mit dem der Schnee fiel. Ich lehnte meinen Kopf zurück und wartete, dass die Schneeflocken sich auf meine Wimpern setzten, und alle paar Minuten blies ich den frischen Schnee von meiner Decke. Nach einer Weile streckte Jay den Kopf heraus und fragte: »Möchtest du wieder hereinkommen?«

Ich schüttelte den Kopf. »Noch ein kleines Weilchen«, bat ich.

Abends, als sie mich ins Bett gebracht und das Licht gelöscht hatte, sagte ich: »Jay?«

Sie drehte sich um.

»Danke. Danke für alles.«

»Gute Nacht, Grundy«, sagte sie und blies ein Küsschen zu mir herüber.

Jay sorgte dafür, dass meine Freunde sich an meinen Rollstuhl gewöhnten, indem sie sie praktisch zu Familienmitgliedern machte. Immer großzügig und gastfrei, breitete sie ein großes rotes Ginghamtuch über unseren rustikalen Tisch, zündete Kerzen an und trug riesige Schüsseln mit dampfendem Mais und Spargel aus dem Garten auf. Dazu gab es die besten gebackenen Kartoffeln diesseits von Idaho und Hamburger, die einem den Mund wässrig machten. Nach dem Dessert zogen wir unsere Stühle ans Feuer und sangen bis Mitternacht.

Ich verdankte meiner Schwester unendlich viel – mehr, als ich je ausdrücken konnte. Wenn es mir schlecht ging, stand sie mir bei, redete mir gut zu und holte mich mit großem Einfühlungsvermögen, mit Heiterkeit und bedingungsloser Zuneigung, wie es sie nur zwischen Schwestern geben kann, aus der Mutlosigkeit heraus.

Eines Sommerabends im Jahr 1972 – fast ein Jahr nach unserer Exkursion nach Washington – saßen Jay und ich auf der hinteren Veranda und genossen den Vollmond. Sie zog ihren Schaukelstuhl näher an meinen Rollstuhl, damit sie mir beim Teetrinken helfen konnte. Wir sprachen nicht viel. Wir beobachteten nur die Glühwürmchen über dem Fluss und horchten auf das Knarren ihres Schaukelstuhls.

»Weißt du noch, letzten Sommer, als der Bär ins Lager kam?«, fragte sie kichernd.

»Klar. Und du mit der Polaroid.«

»Hast du nicht gesagt, der Bär sei die Antwort auf dein Gebet gewesen?«

»Ja«, sagte ich, nicht sicher, worauf sie hinauswollte.

»Ich habe nachgedacht. Die Tatsache, dass Gott dir einen Bären statt eines Schmetterlings geschickt hat, muss noch mehr bedeuten.«

»Wie meinst du das?«

Sie schaukelte weiter; ihr blondes Haar schwang im Rhythmus mit. Schließlich sagte sie sanft: »Ich glaube, wenn Gott ein kleines Gebet wie deines – ›bitte, bring deine Schöpfung näher zu mir‹ – erhören konnte, dann kann er auch große Gebete erhören. Wirklich große. Zum Beispiel Gebete, die die Zukunft betreffen.«

Ich wartete und fragte mich, was sie wohl meinte. Dachte sie an die kleine Kay und was aus ihr werden würde, ohne Vater? Oder an mich – was ich tun würde, wo ich leben würde, ob ich eine Arbeit finden würde?

»Wie Gebete um –«, sie suchte nach Worten, »eine *tiefere* Heilung.«

Ich wunderte mich über die schlichte Glaubens- und Lebensklugheit meiner Schwester. Während der Zeit, die ich in solchem Frieden und solcher Ruhe auf der Farm verbringen durfte, hatte ich laufend Fortschritte im Malen gemacht und gute Noten in den Kursen an der Universität von Maryland bekommen, wohin Diana, eine Freundin, mich regelmäßig mitnahm. Ja, mein Leben mit Jay war so normal geworden, dass ich mir manchmal meines Rollstuhls gar nicht mehr bewusst war. Und jetzt öffnete Jay mir die Augen für die Erkenntnis, dass mir vielleicht – vielleicht – schließlich doch noch mein Herzenswunsch erfüllt würde.

Die Grillen zirpten unter den Weiden, das Mondlicht fiel auf Jays goldenes Haar und wir erhoben unsere Stimmen zu dem alten Lied:

There is a fountain filled with blood,
Drawn from Emmanuel's veins;
And sinners plunged beneath that flood,
Lose all their guilty stains.

Wir brauchten keine Zimbeln und keine Geigen. Meine zweite Stimme schmiegte sich harmonisch an Jays Melodiestimme, unser Gesang tönte samtweich durch die Nacht und verlieh unserem Gotteslob die Süße von Jasminduft. Wieder war mein Herz von Frieden und Gewissheit erfüllt. Das Leben war gut, so wie es war.

Es ist inzwischen viele Jahre her, dass ich mit Jay auf der Farm gelebt habe. Aber fast jedes Mal, wenn Jay und ich uns treffen, singen wir zusammen unser Lieblingslied. Und wenn wir zu den hohen Noten kommen, sitze ich wieder in jener warmen Sommernacht auf der Veranda und sehe, wie das blonde Haar meiner Schwester im Rhythmus ihres Schaukelns schwingt. In jener Nacht, in der wir selbstvergessen sangen, wie Engel, deren Füße fest in den Wolken stehen.

Es war die Nacht, in der Gott von hinten an mich herantrat und mich überraschte. Es war die Nacht, in der mir klar wurde, dass ich geheilt worden war.

Kapitel 17

Ja, alles andere erscheint mir wertlos, verglichen mit dem unschätzbaren Gewinn, Jesus Christus, meinen Herrn, zu kennen. Ich habe alles andere verloren und betrachte es als Dreck, damit ich Christus habe und mit ihm eins werde. Ich verlasse mich nicht mehr auf mich selbst oder auf meine Fähigkeit, Gottes Gesetz zu befolgen, sondern ich vertraue auf Christus, der mich rettet. Denn nur durch den Glauben werden wir vor Gott gerecht gesprochen. Mein Wunsch ist es, Christus zu erkennen und die mächtige Kraft, die ihn von den Toten auferweckte, am eigenen Leib zu erfahren. Ich möchte lernen, was es heißt, mit ihm zu leiden, indem ich an seinem Tod teilhabe, damit auch ich eines Tages von den Toten auferweckt werde!

Philipper 3,8-11

Ich rollte langsam den Korridor des St. Agnes Hospitals hinunter und bog dann nach rechts ab, auf die Krebsstation. Der Aufenthalt in einem Krankenhaus war mir zutiefst verhasst, aber diesmal kam ich als Besucherin. Ich war hier, um meinen alten Freund Mr. Cauthorne zu sehen.

Ich biss mir auf die Lippen und wünschte, ich wüsste, was ich ihm sagen sollte. Ich wollte so gern stark für ihn sein. Ich wünschte, er wäre nicht hier – ich wünschte, er wäre auf seinem Anwesen, würde sein großes Vollblut satteln und mit mir ausreiten. Ich würde mich auf Augie schwingen und wir würden zusammen reiten, reiten, reiten mit dem Wind um die Wette, den Hunden dicht auf den Fersen. Oder wir würden am Patapsco entlangreiten und dicke Schlammbrocken hochschleudern, über die Böschung am Straßenrand setzen und zu der großen roten Scheune und dem weißen Haus mit der Veranda galoppieren. Ich würde Augie auf das Holztor auf der Cauthorne'schen Weide zu lenken, ihm die Sporen geben, seine

Mähne packen, und wir würden darüberfliegen – mit mehr als genug Spielraum zwischen seinen Hufen und dem Zaun. Aber das war einmal. Augie war fort. Und bald würde auch Alex Cauthorne, dessen Körper vom Krebs zerfressen wurde, nicht mehr bei uns sein.

Vor seinem Zimmer hielt ich kurz an, um mich zu sammeln, bevor ich hineinrollte. Er lag im Bett, schmal und zerbrechlich unter einem weißen Laken, das markante Gesicht ausgezehrt und geisterhaft bleich. Er wirkte fehl am Platz hier, in dem grauen, freudlosen Krankenhauszimmer – ein Eindruck, der durch die Tatsache, dass er ein geblümtes Krankenhausnachthemd trug, noch verstärkt wurde.

Ganz der zuvorkommende Gentleman-Farmer, der er schon immer war, streckte er mir seine dünne, mit purpurroten Adern durchzogene Hand entgegen. Sie zitterte leicht, und er lächelte unter Schmerzen. Unsere Augen wurden feucht. Als er mich ansah, wusste ich, dass er mich nicht im Rollstuhl sitzen sah. Vor seinem geistigen Auge winkte er mir von seiner Veranda aus zu, während ich langsam den Weg an seiner Farm vorübertrabte. Und für mich lag er nicht hier auf dem Sterbebett, sondern wir saßen hoch zu Ross auf unseren Vollblütern und galoppierten über die Felder. Dass unsere Augen feucht waren, lag nur an der nebligen Novemberluft.

»Erinnern Sie sich noch an das Thanksgiving-Fest damals, Mr. Cauthorne?«

»Ja«, sagte er und lächelte schwach. »Das war ein Anblick, du auf deinem Pferd ... Es nahm die Zäune spielend ... als ob es über dünne Baumstämme am Boden spränge.«

Seine Worte riefen Bilder wach, die Wärme und Farbe in das graue Zimmer brachten. Wie es unter Pferdefreunden üblich ist, beschrieb ich ihm, wie mein großes Vollblut den Parcours betrat und auf der Stelle tänzelte, nie gegen den Zügel gehend, aufmerksam mit den Ohren spielend, und auf mein Kommando wartete, sich wohl bewusst, dass hunderte von Augen auf uns gerichtet waren. Ich sagte ihm, dass ich Augie niemals stark durchparieren musste. Stets suchte er die Anlehnung an die Trense, und ich hielt die Zügel tief und leicht anstehend. Wenn er stärker vorwärts gehen sollte, brauchte ich nur leichten Druck mit den Knien auszuüben – und weg waren wir. Der erste Zaun, der zweite, Wendung nach rechts, ein Triplebarren, ein Wassergraben und wieder zurück, so ging es über den ganzen Parcours, durch ein komplexes Labyrinth aus Hindernissen. Er verweigerte so gut wie nie.

Der alte Mann war still, aber glücklich. Für eine kurze Zeit hatte er sich außerhalb der vier Wände dieses Zimmers befunden. »Ich wette, du vermisst dieses Pferd«, meinte er wehmütig.

»Und wie.«

Er wandte den Kopf, um noch ein wenig der Erinnerung nachzuhängen. Es war seltsam – unsere gemeinsamen Erfahrungen beschränkten sich ausschließlich auf Pferde. Wir hatten nie Grund gehabt, andere Themen als Sehnenzerrungen, Risse in Pferdehufen oder die besten Zäumungen und Gebisse zu erörtern oder darüber zu reden, inwiefern ich mich als Reiterin verbessert hatte. Aber jetzt waren wir keine Gestalten in *National Velvet* mehr. Jetzt waren wir hier, in diesem schal riechenden Krankenzimmer, ich gelähmt und er sterbend – beide ein wenig verlegen, ein wenig nervös, und beide wussten wir nicht, was wir sagen sollten. Die Uhr tickte.

Schließlich erinnerte ich mich an den Grund meines Besuchs. »Ich habe Ihnen etwas mitgebracht«, sagte ich und versuchte, mich zu dem Buch zwischen meinen Knien hinzudrehen. »Es ist eine Bibel.«

»O ...« Seine Augenbrauen hoben sich, als er zögernd danach griff.

»Als ich im Krankenhaus war, habe ich manchmal den dreiundzwanzigsten Psalm gelesen«, sagte ich.

Er lehnte sich zurück, während ich aus dem Gedächtnis zitierte: »Der Herr ist mein Hirte, ich habe alles, was ich brauche. Er lässt mich in grünen Tälern ausruhen, er führt mich zum frischen Wasser. Er gibt mir Kraft. Er zeigt mir den richtigen Weg um seines Namens willen. Auch wenn ich durch das dunkle Tal ... «, ich stockte, » ... das dunkle Tal des Todes gehe«, wiederholte ich, unsicher, ob ich fortfahren sollte –

»... fürchte ich mich nicht«, sagte Mr. Cauthorne.

Ich hob den Kopf.

»Denn du bist bei mir, dein Stecken und Stab trösten mich ...

Gutes und Barmherzigkeit werden mir folgen mein Leben lang und ich werde bleiben im Hause des Herrn immerdar« (Luther 84).

Mr. Cauthorne hatte Frieden mit Gott geschlossen. Er schien zu wissen, dass er ein erfülltes Leben gehabt und die Tage, die ihm geschenkt worden waren, voll ausgekostet hatte. Und jetzt fürchtete er sich nicht, ganz wie man es von einem weisen alten Mann erwartet. Er glaubte an Christus und hatte sich in seinem Leben stets dem Willen Gottes unterworfen. Nein, nicht unterworfen, er hatte den Willen Gottes freudig angenommen.

Seine Lider senkten sich, und ich sah, dass er einnickte. Es war offensichtlich: Er würde bald sterben. *Sie sehen so friedlich aus*, sagte ich in Gedanken zu ihm, *und ich frage mich ...*

Ich frage mich, ob es manchmal leichter ist, den Tod zu akzeptieren als das Leben.

Alex Cauthorne starb ein paar Wochen später, und mit ihm starben die Anmut und Vornehmheit seiner schönen alten Farm. Die Pferde wurden verkauft, die Farm wurde vermietet. Eine Wohnungsbaufirma meldete Interesse an dem Grundstück an. Wein und Efeu überwucherten die Veranda und die Säulen an der Vorderfront des Hauses, und vor dem Haus machte sich Unkraut breit. Am Ende wurde das Ganze an den Staat verkauft.

Sie hätten genauso gut meine Kindheit verkaufen können. Dass es mir so schwer fiel, das Leben zu akzeptieren, lag vor allem daran, dass ich zusehen musste, wie meine Vergangenheit dahinschwand und starb und wie die Zeit sich immer stärker zwischen meine Erinnerungen und mich drängte. Für mich war Mr. Cauthorne immer noch der Mann in rotem Rock und Reitstiefeln. Noch hatte ich das Gefühl, Pepper und Augie warteten nur darauf, dass wir sie sattelten. Ich konnte die Zügel in den Händen spüren und das Leder riechen und den Duft frisch gemähten Heus. Aber mir war schmerzhaft bewusst, dass diese Erinnerungen verblassten wie alte Filme. Je weiter die Gegenwart mich von der Vergangenheit trennte, desto unschärfer und trüber wurden die alten Bilder. Und mit der Zeit würde sogar das Lächeln auf den Gesichtern verschwinden.

Doch ich hatte nicht das Recht, mich schlecht behandelt zu fühlen. Es gab andere, die es sehr viel schwerer hatten – die kaum Zeit fanden, ihre jüngsten Erinnerungen zu bewahren, ganz zu schweigen von ihren Kindheitserinnerungen. Von diesen Menschen lernte ich, mein Leben zu akzeptieren.

Meine sechsjährige Nichte Kelly war Lindas Jüngste. Sie war sehr lebhaft, ein richtiger Wildfang, und hatte bereits viele kleine Aufgaben in Haus und Stall übernommen. Kelly war ein selbstbewusstes, in sich ruhendes, unabhängiges kleines Mädchen.

Eines Tages sah Vater, dass Kelly die Einfahrt zur Farm hinaufhumpelte und dabei ihren Fuß nachzog. Linda fuhr sie sofort ins Krankenhaus. Wir waren entsetzt, als wir erfuhren, dass der Arzt eine riesige Krebsgeschwulst in ihrem Kopf gefunden hatte. Die Operation half nicht viel. Innerhalb eines Monats war Kellys kleiner Körper auf einer Seite völlig gelähmt. Nach einem längeren Krankenhausaufenthalt meinten die Ärzte, dass wir sie nach Hause holen könnten. Ihre Pflege erforderte mehr Zeit, als Linda aufbringen konnte, deshalb nahmen Mutter und Vater Kelly in ihrem Haus in Woodlawn auf und versorgten sie rund um die Uhr.

Jetzt standen zwei Rollstühle am Tisch: meiner, in Erwachsenengröße, und Kellys kleiner Kinderrollstuhl. Die ganze Familie überschüttete Kelly mit Liebe und Aufmerksamkeit, und als sie schwächer wurde, taten wir, was wir konnten, um ihr das Leben erträglicher zu machen. Vater saß stundenlang an ihrem Bett und erzählte ihr die Geschichte von *Goldilocks and the Three Bears* in den verschiedensten Fassungen. Die Veränderungen, die Kelly durchmachte, waren erstaunlich. Sie war nicht mehr der selbstsichere Wildfang, sondern hatte sich in ein weises Kind verwandelt, das den gesamten Text von *Goldilocks* auswendig konnte und unermüdlich mit ihrer Cousine Kay Teegesellschaft spielte. Vor allem aber hatte es ihr das Thema Himmel angetan. Sie malte sich diesen Ort in den schönsten Farben aus und konnte es jedes Mal kaum erwarten, dass das Wochenende kam und sie in die Sonntagsschule gehen und mehr darüber erfahren konnte.

In den letzten Wochen ermüdete Kelly rasch. Sie verbrachte mehr und mehr Zeit in Kathys und meinem alten Zimmer, dem mit den Engeln. Wie wir, als wir Kinder waren, lag Kelly im Bett und sah in die Gesichter der drei lächelnden Engel, die die

Nacht über Wache hielten. Eines Abends holten Jay und Kathy mich an den Fuß der Treppe. »Hör nur«, sagten sie leise und lehnten sich ans Geländer.

»Jesus liebt mich ganz gewiss, denn die Bibel sagt mir dies«, sang Kelly im dunklen Zimmer in leisem Flüsterton. Uns traten die Tränen in die Augen. Das tapfere kleine Lied oben an der Treppe versetzte uns in eine andere Welt, in der Sechsjährige bei Löwen und Lämmern liegen und Kinder uns den Weg zeigen werden.

Doch etwas anderes berührte mich noch viel tiefer.

»Dein Rollstuhl gefällt mir, Tante Joni«, sagte Kelly eines Abends leise zu mir. Wir beide saßen bereits am Tisch und warteten auf die anderen.

»Wirklich?«

»Ja«, sagte sie und lächelte mich gewinnend an. »So einen will ich auch haben, wenn ich groß bin.«

Da hatte sie mich eiskalt erwischt. Was blieb mir übrig? Ich lächelte und schüttelte den Kopf über diese verschmitzten Augen mit den dichten Wimpern, den wuscheligen Mopp aus braunem Haar, das wegen der Operation abgeschnitten worden war, und die Sommersprossen, die ihre Nase und Wangen überzogen und ganz breit wurden, wenn sie lachte. Kelly zuckte mit den Schultern, lehnte sich in ihrem Rollstuhl nach vorn und wiederholte: »Kann ich so einen haben?«

Ich schluckte. In ihren Augen war mein Rollstuhl begehrenswerter als eine neue Kollektion von *My Little Pony*-Figuren oder ein todschickes neues Teegeschirr für sie und Kay. Mein Rollstuhl war ein Passierschein ins Abenteuer. Kelly ging davon aus, dass er mir Zutritt zu einem ganz besonderen Klub verschafft hatte, in dem sie unbedingt auch Mitglied werden wollte. Doch sie schien nicht zu wissen, welchen Preis man für diese Mitgliedschaft bezahlen musste. Die Schmerzen und die Lähmung, die Enttäuschungen und die unerfüllten Träume schien sie nicht mit in Rechnung zu stellen. Sie übersah die dunkle Seite einfach – sie war es nicht wert, dass man ihr Beachtung schenkte. Sie wollte so sein wie ich, mir gleichen und ihre Tante Joni besser kennen lernen.

Aber da war noch etwas anderes. Die weisen alten Augen in dem Kindergesicht verrieten es. Kelly wollte, dass ich mir den

Rollstuhl genauso sehr wünschte wie sie. Meine Nichte bewunderte ihn nicht nur – sie wollte, dass auch ich ihn bewunderte. Ich hatte versucht, sie aufzumuntern, hatte ihr Geschichten erzählt und mit ihr gespielt, ja ich hatte sogar versucht, zum Vorbild für sie zu werden. Doch das war alles falsch gewesen. Sie war mein Vorbild. Durch den Mund dieses Kindes zeigte Gott mir, wie ich seinen Willen annehmen konnte.

»Dein Rollstuhl ist viel hübscher als meiner. Ich mag deinen lieber«, sagte sie wieder.

Und du solltest ihn auch mögen, hieß das. Kelly wusste – oder schien zu wissen –, dass ich noch immer verlorenen Träumen nachtrauerte. Sie spürte, dass ich noch immer mit der dunklen Seite kämpfte, dass ich noch immer nicht akzeptieren konnte, was mit mir geschehen war. Für sie selbst war es ein Kinderspiel. Ihr Leben auf der Farm war schwer gewesen. Ihre Eltern stritten sich häufig, und bis zu ihrer Krebsdiagnose bekam man sie nicht einmal in die Nähe eines Teegeschirrs. Doch ihr Leiden hatte sie in die Arme von Jesus geführt, und ihre offene Art, seinen Willen zu akzeptieren – ja mehr noch, ihn freudig anzunehmen –, hatte die Segensschleusen des Himmels geöffnet. Am liebsten wollte Kelly jetzt nur noch über Jesus und seinen Himmel reden, wo sie Giraffen streicheln und so viel Eiskrem essen konnte, wie sie wollte. Wo sie größere Ponys reiten, über jede Speise Ketchup gießen, mit Papa und Mama Bär reden und mit Baby Bär spielen durfte und auf der Stelle erwachsen sein würde.

»Ich bin froh, dass dir mein Rollstuhl gefällt«, antwortete ich schließlich. »Und ich freue mich, dass du auch so einen willst, wenn du groß bist.«

»Gut!« Sie hüpfte beinahe.

»Aber Kelly, du wirst keinen solchen Rollstuhl brauchen. Du wirst auch deinen kleinen Rollstuhl bald nicht mehr brauchen.«

Sie nickte. Sie wusste genau, was ich meinte. Deshalb fragte ich sie mit leiser, ernster Stimme: »Kelly, wenn du Jesus siehst, richtest du ihm dann bitte einen Gruß von mir aus? Wirst du es auch nicht vergessen?«

Sie lächelte, zog wieder die Schultern hoch und nickte.

Ein paar Tage später sagte Kelly zu ihrer Mutter: »Mama, ich möchte nach Hause gehen.«

»Aber, Schatz, willst du nicht mehr bei Oma und Opa sein?«, fragte Linda.

»Nein, ich will nach Hause zu Jesus gehen«, flüsterte sie heiser. »Kannst du bitte meinen Koffer packen?«

Es war fast zwei Uhr in einer pechschwarzen Nacht. Ich lag im Zimmer direkt unter dem meiner kleinen Nichte und hörte über mir Schritte und gedämpftes Reden. Wie Kelly es sich gewünscht hatte, hatte die Familie ihre Lieblingsstofftiere um sie herum gelegt und einen Koffer mit ihren Jeans und Kleidern gepackt. Alle wussten, dass sie jeden Augenblick gehen konnte, in den Himmel, aber ich konnte nicht die schmalen Stufen hinaufgelangen, um mich mit den anderen zusammen von ihr zu verabschieden. Ich lag da, hellwach, starrte aus dem großen Fenster und strengte mich an, das leise Gespräch über mir zu verstehen.

Plötzlich sah ich ein großes, schimmerndes goldenes Etwas vor dem Fenster aufblitzen.

»Oooooooo«, rief ich laut.

Die Gestalt war von blendender Helligkeit und bewegte sich vom Boden nach oben. Meine Augen suchten nach einem vorüberfahrenden Auto, aber da war keines.

Einen Augenblick später rief Jay herunter: »Kelly ist gegangen.«

Die anderen kamen die Treppe herunter. Als ich ihnen erzählte, was ich gesehen hatte, waren sie erstaunt und erschüttert. Wir versuchten gemeinsam, den genauen Zeitpunkt der Erscheinung zu bestimmen, und Jay rief: »Das war genau in dem Augenblick, in dem sie betete: »*If I should die before I wake, I pray the Lord my soul to take.*«

»Es war wirklich so«, wiederholte ich. »Es ist tatsächlich geschehen.«

Wir wussten, dass ich ein großes Geistwesen – vielleicht einen Engel? – gesehen haben musste, das gesandt worden war, um Kellys Seele nach Hause zu geleiten. »Auch wenn ich durch das dunkle Tal des Todes gehe«, flüsterten wir gemeinsam den dreiundzwanzigsten Psalm, als sprächen wir einen Segen, »fürchte ich mich nicht, denn du bist an meiner Seite.«

Ich konnte die Tatsache, dass Kelly gestorben war, nicht leugnen. Und auch nicht Mr. Cauthornes Tod. In dem einen Augenblick waren diese lebendigen, glücklichen Menschen noch hier, im anderen waren sie plötzlich fort. In der einen Minute kämpften sie noch, in der nächsten gaben sie das Leben auf und nahmen den Tod an. Oder vielleicht war es ja auch gerade andersherum: Vielleicht gaben sie ihren Kampf auf, um das Leben zu empfangen. Ein anderes Leben auf der anderen Seite eines dünnen, durchsichtigen Schleiers – ein unsichtbares Leben, aber doch ganz real und unverrückbar wie ein Fels.

Und ich konnte auch die andere Tatsache nicht leugnen – die kristallklare Wirklichkeit, die Gewissheit jener anderen Welt. Ich war Zeuge ihrer Macht geworden. Der Koffer und die Stofftiere an Kellys Seite standen nicht nur für ein Wunschdenken, sie bedeuteten nicht träumerische Sehnsucht oder vage Hoffnung, dass uns auf der anderen Seite etwas erwartete. Sie waren Zeichen des Übergangs aus dem Land der Sterbenden in das Land der Lebenden. Ich hatte den Abglanz der Freuden dieses Landes selbst gesehen – in Kellys verändertem Leben und in dem friedlichen Antlitz von Mr. Cauthorne. In 2. Korinther 4,16-18 hatte ich gelesen:

Deshalb geben wir nie auf. Unser Körper mag sterben, doch unser Geist wird jeden Tag erneuert. Denn unsere jetzigen Sorgen und Schwierigkeiten sind nur gering und von kurzer Dauer, doch sie bewirken in uns eine unermesslich große Herrlichkeit, die ewig andauern wird! So sind wir nicht auf das Schwere fixiert, das wir jetzt sehen, sondern blicken nach vorn auf das, was wir noch nicht gesehen haben. Denn die Sorgen, die wir jetzt vor uns sehen, werden bald vorüber sein, aber die Freude, die wir noch nicht gesehen haben, wird ewig dauern.

Ich blickte auf meine gelähmten Beine hinunter und wiederholte: »So sind wir nicht auf das Schwere fixiert, das wir jetzt sehen ...« Dann erhob ich meine Augen: »... sondern blicken nach vorn auf das, was wir noch nicht gesehen haben. Denn die Sorgen, die wir jetzt vor uns sehen, werden bald vorüber sein, aber die Freude, die wir noch nicht gesehen haben, wird ewig dauern.«

Ich hatte immer gewusst, dass der Himmel einen Teil des Christseins ausmacht. Doch dieses Wissen war sozusagen in

Paragraf vierzehn auf Seite drei einer ewigen Versicherungspolice versteckt gewesen. Es hatte nur als ein Mosaiksteinchen meines Glaubens existiert, eher eine Art geistlicher Dreingabe als ein reales Reich, das mit seiner Macht und Hoffnung in die Gegenwart hineinragt. Das änderte sich nun mit Kellys Tod – ich sollte wohl besser sagen: Leben. Alles änderte sich, als ich das schimmernde Geistwesen sah und die Verse aus dem 2. Korintherbrief las. Ich wollte meine Augen auf das Ewige richten. Ich wollte tiefer glauben, wollte mehr in meinen Glauben einschließen, wollte einen Glauben, wie er im Hebräerbrief beschrieben ist: »Er ist das Vertrauen darauf, dass das, was wir hoffen, sich erfüllen wird, und die Überzeugung, dass das, was man nicht sieht, existiert.«

Herr, wird dieser Rollstuhl mir jemals zum Fahrzeug in ein frohes, abenteuerliches Leben werden? Werde ich die dunkle Seite je ignorieren können? Die Schmerzen beiseite schieben und die Lähmung als nicht der Rede wert betrachten?

Ich hatte, genau wie Kelly, das Gefühl, zu einem ganz besonderen Klub zu gehören. Zu einem Klub, mit dem ich bis jetzt nichts hatte zu tun haben wollen. Doch ob es mir gefiel oder nicht, ich war Mitglied in diesem Klub – ich gehörte zu denen, die Christus in seinem Leiden nachfolgten.

»Joni, du bist auf dem richtigen Weg. Du hast die richtige Entscheidung getroffen. Dieser Rollstuhl ist deine Chance, dich mit Christus zu identifizieren«, sagte Steve Estes zu mir.

Steve Estes, drei Jahre jünger als ich, war so etwas wie ein Privatgelehrter in Sachen Bibel. Er war genau der Mensch, nach dem ich gesucht hatte. Diana hatte ihr Bestes getan, mir bei der Beantwortung meiner Fragen zu helfen, aber sie wusste, dass ich andere Hilfe brauchte. Deshalb machte sie mich mit Steve Estes bekannt – einem hoch aufgeschossenen, schlaksigen, aber unglaublich gewinnenden Jungen. Steve hatte versprochen, mich regelmäßig zu Hause zu besuchen und mir beim Bibelstudium zu helfen. Die einzige Bedingung war, dass ich ihn mit Cola und den Sandwichs meiner Mutter versorgte.

In jenem Sommer vertiefte ich mich in die Bibel. Steve war

an meiner Seite und stützte und begleitete mich bei jedem Umblättern.

»Dieser Rollstuhl ist deine Möglichkeit, Christus gleich zu werden, ihn besser kennen zu lernen«, unterstrich er und blätterte eifrig in seiner großen schwarzen Bibel auf der Suche nach einem bestimmten Vers.

Furcht stieg in mir auf. »Weißt du, ich habe Gott schon einmal gebeten, dass er mich näher zu sich holt«, erzählte ich ihm, »und sieh doch, was daraus geworden ist.« Ich sah auf meinen Rollstuhl hinunter. »Wenn seine Antworten so aussehen …«

»Hab keine Angst«, antwortete Steve sanft. »Er antwortet dir wirklich.« Er legte seine Hand auf die Lehne des Rollstuhls. »Das alles ist sein Wille. Hör doch den Vers aus dem Philipperbrief.«

Er las:

Ja, alles andere erscheint mir wertlos, verglichen mit dem unschätzbaren Gewinn, Jesus Christus, meinen Herrn, zu kennen. Ich habe alles andere verloren und betrachte es als Dreck, damit ich Christus habe … Mein Wunsch ist es, Christus zu erkennen und die mächtige Kraft, die ihn von den Toten auferweckte, am eigenen Leib zu erfahren. Ich möchte lernen, was es heißt, mit ihm zu leiden, indem ich an seinem Tod teilhabe, damit auch ich eines Tages von den Toten auferweckt werde!

Ich verstand ihn nicht.

»Joni, du darfst nicht bereuen, dass du darum gebetet hast, Gott näher zu kommen«, sagte Steve. »Ihn zu kennen, ist jedes Opfer wert. Im Vergleich dazu ist alles andere ein Dreck – wir beide wissen das. Und die, die Gott am besten kennen, haben an seinen Leiden teil.«

»Kein Wunder, dass er so wenig Freunde hat«, sagte ich halb scherzhaft, halb seufzend.

»Kelly war seine Freundin«, entgegnete Steve.

Ich senkte beschämt den Blick.

Er fuhr fort: »Überleg doch mal, was dein Rollstuhl bewirkt. Er ist wie – nun ja, wie ein Presslufthammer, der die Wand des Widerstands, die du um dich gemauert hast, wegbricht. Er ist wie ein Sandstrahl, der bis an dein Herz vordringt und allen

Stolz und alle Unabhängigkeit abschleift. Er ist wie ein Schäferhund, der nach deinen Fersen schnappt und dich zum Kreuz treibt. Joni ...«, er hielt inne und sah mir in die Augen, » ... dieser Rollstuhl bereitet dich auf den Himmel vor. So wie Kelly vorbereitet wurde. Und angesichts der Tatsache, dass diese Welt ihre Versprechen nicht hält und uns nichts als Enttäuschungen bereitet, ist dein Rollstuhl gar nicht so schlecht. Vielleicht stellt er sich sogar noch als ein Segen heraus.«

Das traf mich irgendwie. Was er da sagte, klang in meinen Ohren richtig. So oft hatte ich die Stoikerin markiert, war zwei Schritte vor- und drei zurückgegangen und hatte mich mit meinem Dickkopf gegen den Willen Gottes (wie immer dieser auch mit meinem Rollstuhl zusammenhängen mochte) gestemmt. Meine Familie wusste genau, was der eigentliche Grund war, wenn ich mich vehement weigerte zu essen oder gereizt reagierte, nachdem ich an einem Spiegel vorbeigekommen war. Selbst Kelly hatte diese Haltung in mir erkannt. Ich hatte mich einfach nicht getraut zu glauben, dass mein Rollstuhl eine Eintrittskarte in die Freude sein konnte. Stattdessen hatte ich meine Hoffnungen begraben, mein Herz an die Kandare genommen, meine Gedanken eingesperrt und meine Träume erstickt. Ich wollte nicht loslassen – ich wollte nicht frei sein. Ich wollte mir nicht gestatten zu glauben, dass die Freude des Herrn groß genug war, mich lachen und jubeln zu lassen – trotz meines leblosen, gelähmten Körpers, sondern ich fand mich damit ab, dass mein Zustand – und mein Herz – immer mehr erstarrten. Andernfalls hätte ich nur noch gejammert und mich am Ende der Verzweiflung überlassen.

»Du wirst deinen Rollstuhl nie akzeptieren«, sagte Steve und schenkte sich Cola nach. Er nahm einen Schluck und fuhr fort: »Du wirst dich nie an ihn gewöhnen oder ihn annehmen oder ihn gar willkommen heißen und freudig akzeptieren.«

In meiner Kehle bildete sich ein Kloß. Er hatte ausgesprochen, was ich nie hatte zugeben wollen. Aber – worauf wollte er hinaus?

Steve nahm einen weiteren Schluck, wischte sich den Mund ab und sagte: »Aber du kannst Gott willkommen heißen.«

Ich fing an zu begreifen – glaubte ich wenigstens.

»Denk an eine größere Not – seine Not«, fuhr er fort. »Wenn du das tust, kannst du gar nicht anders, als ihn freudig anzunehmen. Und wenn du ihn annimmst, kannst du gar nicht anders, als seinen Willen zu lieben.«

Das verstand ich. Er formulierte als Gewissheit, was ich erhoffte – die Gewissheit von etwas, das ich nicht sehen konnte. Er machte mir klar, was es bedeutete, einen tieferen Glauben zu haben. Nicht den Glauben in meine Fähigkeit, den Rollstuhl zu akzeptieren, sondern den Glauben, Christus in mein Leben hineinzunehmen, ihm zu vertrauen trotz – nein, wegen meiner Probleme.

Wieder erinnerte ich mich an das erste Mal, dass ich die Macht des Evangeliums gespürt hatte – in jener Nacht in den Hügeln von Virginia. *Wie könnte ich an dem zweifeln, der sein Leben für mich hingab?* Ich erinnerte mich an meine Freundin Jacque, die mit mir im Krankenhaus gesungen hatte, an die Statue im Johns Hopkins, an mein Leben mit Jay auf der Farm, an Kelly und – wie immer – an die Sterne über den Lagerfeuern. Sie alle waren Teil des Weges, den Jesus mich geführt hatte, bis hierher. *Wie sollte ich ihm nicht glauben?*

Steve lehnte sich zurück und beobachtete, wie ich nachdachte. Ich grinste zurück: *Ich habe kapiert.*

»Kriege ich auch einen Schluck?«, fragte ich. Als er mir das Glas an den Mund hielt, zwinkerte ich ihm fröhlich zu. Ich hatte nicht nur angenommen, was er mir gesagt hatte, ich hatte das offene Buch, das auf dem Tisch zwischen uns lag, angenommen. Ich wusste, es war mein Passierschein ins Abenteuer, weil ich das Richtige glaubte oder vielmehr, weil mein Glaube der richtigen Person galt.

»Los, komm«, sagte Steve und trommelte mit den Fingern auf den Tisch. Es war fast Mitternacht. Die anderen waren im Nebenzimmer und sahen sich einen Spätfilm an, doch davon ließen wir uns nicht abhalten. Ein voller, blasser Mond lockte uns nach draußen. Steve öffnete die Seitentür, kippte meinen Stuhl zurück und karrte mich mit Höchstgeschwindigkeit in die Nacht hinaus: ich lebensgefährlich auf den Hinterrädern meines Rollstuhls balancierend und er aus Leibeskräften schiebend und schubsend. Der gelbe Himmelskörper warf lange Schatten durch die Bäume. Es war eine Nacht wie die Nächte, in denen Vater uns geweckt und auf einen Ritt mitgenommen hatte. Steve holperte mit meinem Rollstuhl über den Rasen im Vorgarten und parkte mich in einem großen Flecken Mondlicht, dem größten und hellsten Spot auf dem Rasen.

Dann richtete er sich hoch auf, breitete die Arme aus und stieß ein Kojotengebrüll aus: »Ou-ou-ouuuul!«

»Du bist verrückt«, lachte ich, »du bist völlig durchgeknallt!«

So etwas Witziges hatte ich seit Jahren nicht mehr erlebt. Solche Albernheiten hatte ich zum letzten Mal während meiner High Schoolzeit mitgemacht, als ich im Hockeyklub war. Und mit der Hingabe eines Kindes, das ganz im Cowboy-und-Indianer-Spielen aufgeht und mit ausgebreiteten Armen auf einem galoppierenden Pferd sitzt – wie ich es früher gemacht hatte – lehnte ich mich in meinem Stuhl nach hinten, so weit ich konnte, warf den Kopf zurück und heulte den Mond an: »Ou-ou-ouuuuuul!«

Wir heulten zusammen wie glückliche Kojoten: »Ou-ou-ouu-uuuuul!«

»Ou-ou-ouuuuuul!«

»Ou-ou-ouuuuuul!«

So fing ich an, mir Erinnerungen zu schaffen – neue, frische, fröhliche Erinnerungen. Alles an dieser Nacht – die hohen, dunklen Bäume, die unregelmäßige Schatten warfen, die wie Geschmeide schimmernden Sterne, der Klang des Glockenspiels im Wind, der Mond, der gerade aufging – war so ätherisch und überirdisch, als hätten Steve und ich durch einen dünnen, unsichtbaren Schleier gegriffen und die Himmelsfreude berührt. Vielleicht hatte unser Glaube ja den Schleier gelüftet – und der Himmel hatte seine Freude in einem Segen über uns ausgegossen.

Als ich in dieser Nacht im Bett lag, fühlte ich mich sicher und zufrieden. »Gute Nacht«, hörte ich meinen Vater flüstern. Oder war es Gott?

Meine Gedanken in jenem Schwebezustand kurz vor dem Einschlafen versetzten mich oft in andere, glückliche Augenblicke – an Orte, wo Entfernung und Zeit die Bilder, Geräusche und Gerüche nicht trüben konnten. Ich saß wieder auf meinem großen Pferd und wir ritten in den Parcours ein. Ich spürte Augie unter mir, wie er auf der Stelle tänzelte, sich nie gegen das Gebiss wehrte, mit den Ohren spielte und auf meine Befehle wartete. Ich drückte die Knie leicht an, und schon galoppierte er auf den ersten Zaun zu, immer bemüht, mir, seiner Reiterin, die die Zügel hielt, zu gehorchen. Wir flogen über den ersten Zaun, den zweiten, den dritten – immer weiter durch den komplizierten Irrgarten von Hürden und Hecken. Nicht ein einziges Mal verweigerte oder scheute er. Es war ihm egal, ob er den Parcours verstand, der vor ihm aufgebaut worden war, oder wie massiv die Steinmauern waren, die sich vor ihm erhoben. Er sprang einfach gern. Und weil er meinem Urteil vertraute, erfüllte er meinen Willen mit freudigem Herzen. Sein Vertrauen in mich war absolut und vollkommen, und er gehorchte auf der Stelle. Es war die Freude seines großen Herzens, mir zu gefallen.

O, wie sehr, wie von ganzem Herzen wollte ich Gott gefallen! Wie gern wollte ich die Zügel und Stoßzügel und Martingals entfernen! Ich wollte frei sein zu glauben, dass seine Freude und sein Friede die dunkle Seite meines Leidens bei weitem wettmachten. Ich wollte glauben, dass er mich lenkte, dass er mich in das Abenteuer hineinführte, ihn kennen zu lernen, ihm zu gefallen. Ich wollte in dem Parcours, der vor mir aufgebaut war, auf sein Urteil vertrauen. Mein Vertrauen in ihn würde absolut und vollkommen sein, und er würde die Freude meines Herzens sein.

Es war noch ein Traum. Aber ich war dessen, was ich erhoffte, sicher, und dessen, was ich kaum erahnte, gewiss.

Kapitel 18

Alles, was sie taten, geschah nach deinem ewigen Willen und Plan.

Apostelgeschichte 4,28

Alma Redemptoris Mater, quae pervia coeli
Porta manes, et stella maris, succurre cadenti,
Surgere qui curat, populo: tu quae genuisti,
Natura mirante, tuum sanctum Genitorem.

Ich hatte keine Ahnung, was die Worte bedeuteten, aber Diana und ich und die anderen Freunde sangen sie, wie wir es in der High School getan hatten. Wir hatten den alten Wechselgesang damals in den Chorproben einstudiert, und als wir jetzt aufs Neue in die Harmonie und Melodik des Stücks eintauchten, flossen unsere Stimmen ineinander, bildeten ein klares, festes Gewebe und erfüllten die ganze Halle mit schwermütigen, sehnsüchtigen Mollklängen. Die erhabene Musik versetzte uns in atemloses Entzücken, während wir mit zurückgelehnten Köpfen und geschlossenen Augen die Töne formten. Das Stück war für riesenhohe Kathedralen komponiert worden. Unser Publikum war genauso begeistert wie wir. Da saß es vor uns: ein obdachloser junger Mann und ein paar Seeleute.

Es war Freitagabend. Wir befanden uns im großen Wartesaal des alten Bahnhofs von Pennsylvania in der Charles Street. Die Bahnhofshalle war ein höhlenartiger Kuppelbau aus Granit und praktisch leer. Wenn nicht hin und wieder ein Zug unter uns hindurchgefahren wäre, hätten wir genauso gut in einer Kathedrale sein können. Sogar der modrige, feuchte Geruch alter Kirchen, vermischt mit dem Duft nach Zitronenöl, den die hölzernen Kirchenbänke ausströmten, fehlte nicht.

Wir waren hierher gekommen, um zu singen, und hatten uns

in einer stillen Ecke unter den Marmorsäulen und der hochragenden Kuppel aufgestellt.

Singen gehörte zu den Dingen, die ich immer noch konnte, und zwar gar nicht so schlecht. Ich hatte es nie ganz aufgegeben.

Einmal hatten meine Eltern einen Gastprofessor aus Kalifornien gebeten, mich zu untersuchen. Der Experte stand an meinem Bett, stach mit einer Nadel in meine Füße und Knöchel und versuchte festzustellen, ob die Möglichkeit bestand, dass mein Zustand sich irgendwann bessern würde. Langsam arbeitete er sich an meinem Körper hinauf und fragte immer wieder: »Kannst du das fühlen?« Jedes Mal schüttelte ich den Kopf und sagte: »Nein.« »Das?« Wieder nein. So ging es weiter. Er kam zu meinem Bauch und meiner Brust und ich spürte immer noch nichts. Ich hätte ihm so gern bewiesen, dass ich mehr konnte, als seine Nadel anzeigte. Als ich den Nadelstich auch im Schlüsselbein nicht spürte, platzte ich heraus: »Ich kann das nicht spüren. Aber ich kann singen! Wollen Sie mal hören? Ich kann wirklich singen!«

Ich war nie um ein passendes Lied verlegen. Kirchenlieder, Cowboylieder, Seemannslieder, die Lieder, die wir bei Young Life gesungen hatten. Eines der sechsundzwanzig Mondlieder, die meine Mutter auswendig konnte, oder Liebeslieder, die ich ihr abgelauscht hatte, weil sie mitsang, wenn Arthur Godfrey im Radio gespielt wurde. Lieder von Kathys alten Langspielplatten mit Melodien aus Broadway-Musicals, jeden Beatles- und Beach-Boy-Titel, der unter die Top Ten von WCAO gekommen war, jeden lateinischen Gesang aus meiner Chorzeit an der High School, vor allem aber *Alma Redemptoris Mater*, das im elften Jahrhundert von Hermann Contractus – besser bekannt als Hermann der Krüppel – komponiert worden war. Das mochte ich besonders.

Es kam oft vor, dass Diana und ich am Wochenende ein paar alte Chormitglieder zusammentrommelten, die Lust hatten, mit uns zu singen. Manchmal trafen wir uns im Wohnzimmer meiner Eltern mit seinem Holzboden und der hohen Decke, manchmal im verglasten Eingangsbereich eines Einkaufszentrums – Hauptsache, die Akustik war gut. An dem bewussten Freitagabend hatte jemand vorgeschlagen, doch einmal den alten Bahnhof auszuprobieren, der um diese Stunde wahrscheinlich völlig verlassen sein würde.

Wir wurden nicht enttäuscht. Nach der letzten herrlichen Note schwiegen wir alle und lauschten ihr nach, wie sie unter der Kuppel verklang. Der Obdachlose nahm einen Schluck aus der Flasche in seiner Papiertüte, wischte sich den Mund und lächelte. Die Seeleute grinsten und applaudierten leise. Ein Pförtner, der in der Nähe den Boden fegte, hatte sich auf seinen Besen gestützt und zugehört und nickte jetzt. Wir waren ein Bombenerfolg.

Plötzlich erschien ein uniformierter Wachmann. »Genug jetzt«, murrte er. »Das ist hier keine Kirche. Hier geht's ums Geschäft. Schert euch weg.«

»Müssen wir wirklich?«, jammerte Diana im Scherz.

Der Wachmann merkte nicht, dass sie Spaß machte. »Jetzt reicht's. Sammelt euer Zeug ein und haut ab. Und du« – er deutete drohend in Richtung meines Rollstuhl – »den bringst du gefälligst dahin zurück, woher du ihn genommen hast.«

»Meinen Sie ihren Rollstuhl?«, fragte Diana.

»Ja, ich meine den Rollstuhl«, sagte er, als machten wir uns über ihn lustig. »Runter da, Fräuleinchen, aber ein bisschen dalli.«

Das war zu komisch, um wahr zu sein. »Sir, ich wünschte, ich könnte aufstehen, aber ich kann nicht«, antwortete ich. »Es ist mein Rollstuhl.«

»Mich könnt ihr nicht verarschen. Der Rollstuhl gehört hierher. Los, bring ihn zurück!«

Unter all den Verrückten muss ich dermaßen normal gewirkt haben, dass der Typ ernsthaft dachte, ich könnte aufstehen und gehen.

»Sir, meine Freundin ist wirklich gelähmt«, sagte Diana jetzt. Sie demonstrierte es ihm, indem sie meine gelähmte Hand hochhielt. »Sehen Sie?«

Er war immer noch nicht überzeugt, sondern hielt uns einfach für ein paar vorlaute junge Leute, die sich einen Spaß mit ihm machten.

»Ich bin wirklich gelähmt«, sagte ich und versuchte, ernst zu bleiben. »Ehrlich!«

Plötzlich wurde er rot. »Okay, okay, raus jetzt hier, aber alle«, sagte er und wedelte mit den Armen.

Diana ließ den Motor ihres Autos aufheulen, meine Freunde hievten mich auf den Vordersitz und wir fuhren mit quietschenden Reifen vom Parkplatz. Wir kurbelten die Wagenfenster herunter und machten uns auf den Heimweg. Unser Gelächter war weithin zu hören. Ich saß auf gleicher Höhe wie meine Freunde, berauscht von der Musik und dem Spaß, den dieser Abend gebracht hatte. Ich war so beschäftigt und so glücklich gewesen, dass sich kein trauriger Gedanke in meinem Kopf breit machen konnte. Und ich hatte den Wachmann getäuscht!

Ich wünschte, meine Nichte Kelly hätte das miterlebt. Diesmal war der Rollstuhl wirklich meine Eintrittskarte ins Abenteuer gewesen!

»Ou-ou-ouuuuuuul!«, heulte ich, und die anderen fielen ein.

Wieder schuf ich eine Erinnerung.

Bis jetzt war meine Kindheit für mich die schönste Zeit meines Lebens gewesen. Wenn ich an sie dachte, konnte ich in Erinnerungen an eine andere Zeit, an andere Orte schwelgen. Doch mittlerweile hatte ich neue Erlebnisse, und auch sie schenkten mir jenes Gefühl von Zeitlosigkeit, das ich so gut von damals kannte. Diese Nacht zum Beispiel vibrierte förmlich vor Freude – mehr als nur irdischer Freude. Sie trug den Duft aus einer anderen Welt, einer ewigen Welt.

Gott wusste wohl, wie nötig ich das hatte. Es war das Jahr 1974; zwischen meinem Unfall und heute lagen sieben schwere Jahre. Mit Seil und Steigeisen hatte ich mich den Abhang des Schlammloches hochgearbeitet, immer wieder war ich ausgeglitten und zurückgerutscht, hatte für kurze Zeit einen Halt gefunden, an dem ich mich ausruhen, wieder zu Atem kommen, mir den Schweiß von der Stirn wischen und neue Kraft schöpfen konnte, um mich erneut an den Aufstieg zu wagen. Doch dieses, das siebte Jahr, war mein Jubeljahr. Ich hatte eine weite Hochfläche erreicht. Gott wusste wohl am besten, dass ich Ruhe brauchte und dringend neue Kraft sammeln musste. Mein Leben war schwer, ja, aber Gottes Gnade war stärker. Und in all dem Schweren gab es immer wieder Augenblicke des Segens – Augenblicke, die so *normal* waren.

An einem herrlichen Sommermorgen beschlossen Jay und ich, bei einer älteren Freundin, Grandma Clark, in ihrem großen Haus am Ende der Main Street Tee zu trinken. Als wir die Fliegentür zur Küche öffneten, wurden wir vom Duft frisch gebackenen Kuchens empfangen. Grandma Clark hatte ein frisches weißes Leintuch über den Tisch am offenen Fenster gebreitet. Der Wind spielte mit den Spitzenvorhängen und wehte Rosenduft ins Zimmer. Jay und ich nippten frisch aufgebrühten Earl Grey aus Porzellantassen, und Grandma Clark lehnte sich zurück, strich hin und wieder glättend über das Tischtuch und sprach vom Himmel. Ihre Stimme klang voller schmerzlicher Sehnsucht.

Ein plötzlicher Windstoß ließ die Vorhänge aufflattern wie Flaggen, und Grandma hielt die Hand in den Wind, blinzelte und lächelte. Wir saßen in der sanften Brise, auf dem Tischtuch tanzten die Sonnenflecken. Ich fühlte mich leicht benommen. Es war ein seltsamer, aber fröhlicher Augenblick – doch er verschwand so schnell, wie er gekommen war. Da saßen wir immer noch, der Augenblick war vorbei, aber etwas wie ein vorüberziehender Duft des Himmels war geblieben.

Solche Augenblicke waren so randvoll angefüllt mit Ewigkeit, dass ich meinen Rollstuhl völlig vergaß. Oder zumindest darüber lachen konnte. An einem Sommerabend kamen Diana und ich mit ein paar Freunden am Strand von Ocean City an. Als wir eintrafen, ging gerade die Sonne unter, und die ersten Nachtschwärmer tauchten auf. Wir gingen zur Achtzehnten Straße hinauf, bis zum Vergnügungspark am Rande der Stadt. Selbst aus der Entfernung konnten wir das Gelächter der Menschen auf dem Riesenrad und die Schreie aus der Achterbahn hören, und wir rochen das Aroma heißer, salziger Pommes frites.

Diana platzierte mich bei dem Geländer, das die Promenade begrenzte, sie und die anderen setzten sich zu mir, und wir frönten unserem liebsten Abend-Ausgeh-Zeitvertreib: Wir aßen Zuckerwatte und beobachteten die Welt, die an uns vorüberzog. Radfahrer und Rollerskater sausten an Kinderwagen schiebenden Eltern und Arm in Arm dahinschlendernden älteren Ehepaaren vorbei. Junge Mädchen in Jeans und knappen Tops stolzierten vorüber und führten ihre neu erworbene Bräune vor, ihre Freunde im Schlepptau. Väter ließen Kleinkinder auf ihren Schultern reiten; hinter ihnen gingen die Mütter, immer paarweise, sie plauderten und genossen den Feierabend. Die meisten Vorübergehenden sahen zu uns herüber, und gelegentlich, wenn ein Augenpaar dem meinen begegnete, lächelte ich.

Doch nach einer halben Stunde fingen wir an, uns unwohl zu fühlen. Es war nicht zu übersehen, dass ich angestarrt wurde. Da strahlte Dianas Gesicht plötzlich auf: Sie hatte eine Idee. Rasch lief sie in unser Hotel und kehrte mit ein paar Sachen auf dem Arm zurück. Dann schob sie meinen Rollstuhl auf den Gehweg, mitten in den Strom der Passanten.

»Was hast du vor?«, wollte ich wissen.

Diana warf mir, ohne zu antworten, eine Decke über die Beine. Dann packte sie meine Hand und legte meine gelähmten Finger um einen Zinnbecher.

»Wenn die Menschen dich schon anglotzen, sollen sie wenigstens bezahlen«, erklärte sie. Und damit kehrte sie zurück auf das Geländer, baumelte mit den Beinen und überließ mich meinem Schicksal.

Ich war platt. »Diana, komm sofort her ...«, ich starrte zornig zu ihr hinüber.

Klong! Schockiert sah ich hinunter. Da lag ein Vierteldollar; er drehte sich noch im Becher. Ich blickte irritiert über die Schulter zu meinen Freunden hinüber und – *klong*! – noch ein Vierteldollar. Die Leute glaubten doch tatsächlich, dass ich bettelte!

Ich zuckte mit den Schultern und entschloss mich mitzuspielen. »Almosen für die Armen«, rief ich und schüttelte den Becher. Meine Freundinnen hielten sich die Seiten vor Lachen. »Wir holen dich erst, wenn es für eine Pizza langt«, neckten sie mich.

Ihr Gejohle schockierte die Vorübergehenden, und das trug mir noch mehr Vierteldollarstücke ein.

Später, als wir das letzte Stück Peperoni vertilgt hatten, überlegten wir, ob die Leute mir das Geld gegeben hatten, weil sie unser Spiel mitspielten oder weil ich ihnen Leid getan hatte.

»Wen interessiert das schon?«, fragte ich, schluckte den letzten Bissen hinunter und leckte die Tomatenfinger meiner Freundin ab. »Betteln lohnt sich auf jeden Fall!« Wir verließen die Pizzeria und schlossen uns dem Fußgängerstrom an. Unsere Hochstimmung harmonierte mit den Neonlichtern und den Geräuschen, die aus dem Vergnügungspark zu uns herüberdrangen.

Wieder war mein Rollstuhl zum Passierschein für ein Abenteuer geworden. Es war ein in ganz gewöhnliches, braunes Packpapier gewickelter Augenblick gewesen, und dann, als ich ihn auspackte, hatte ich eine verborgene Gnade darin gefunden – eine Gnade, die mich mit allem aussöhnte, was ich verloren hatte. Ob es das Kojotengeheul über eine neu entdeckte Wahrheit in der Bibel war oder meine Stimme, die sich mit anderen zu einem lateinischen Gesang vereinigte, stets flüsterten diese Augenblicke: »Mach weiter so. Eines Tages wirst du in solcher Freude baden. Zufriedenheit wird auf dich hinabregnen, Friede wird dich ganz erfüllen – und es wird für immer sein.«

Solche Augenblicke kamen nun immer öfter, und mit der Zeit reihten sie sich aneinander wie Perlen auf einer Schnur. Freude und Zuversicht zogen sich durch meine Tage und halfen mir zu erkennen, wie mein Leben aussehen konnte. Ich hatte keine Erklärung für dieses Phänomen, außer dass es mein Jubeljahr war. Ich selbst tat nichts dazu, es kam allein von Gott, aber meine Suche nach ihm war nichts Außergewöhnliches mehr, sondern gleichsam vertrauter Alltag geworden.

Für die anderen war es inzwischen ein ganz normaler Anblick, dass ich vor der Bibel saß, einen mit Gummispitze versehenen kurzen Stift im Mund, und die Bibel von einem Ende zum anderen durchblätterte, suchend und lernend. Ich folgte der Anleitung von Steve Estes und lernte, mich stärker auf Gott als auf mein Selbstmitleid zu konzentrieren. Meine Bibelstunden mit Steve, die zunächst jeden Freitagabend stattfanden und in der Regel bis tief in die Nacht hinein dauerten, griffen mit der Zeit auch auf die anderen Wochentage oder vielmehr -abende und -nächte über, weil ich anfing, ihm immer mehr Fragen zu stellen.

»Gibt es den Zufall?«

»War mein Unfall einfach nur ein Zufall?«

Ich hatte schon lange aufgehört, mit zornig geballter Faust »Warum?« zu fragen. Jetzt stellte ich diese Frage aus ehrlicher Neugier, aus einem tiefen Wissensbedürfnis heraus. Wenn wir so bis spät in die Nacht hinein suchten und lernten, war unser

Tisch am Ende mit leeren Colaflaschen förmlich übersät. Steve saß immer mit einem Stift in der Hand über seine Bibel gebeugt, markierte hier einen Vers und dort eine Passage, und ich sah ihm über die Schulter und sagte: »Lass doch mal sehen …«

Es spielte keine Rolle, wie spät es wurde – ich war nie müde. Eines Nachts – das Zimmer war vom Schein des Kaminfeuers gemütlich erleuchtet – brütete ich über dem zwölften Kapitel des Römerbriefs.

»Steve, sieh mal«, sagte ich. »Hier heißt es, dass Gottes Wille ›das Gute und Wohlgefällige und Vollkommene‹ ist. Wie kann Gott dann so viel Leiden zulassen?«

Steve lehnte sich über den Tisch, eine tiefe Furche auf der Stirn. Er starrte an mir vorbei, trommelte mit den Fingern einen langsamen Wirbel auf der Tischplatte und wiederholte leise meine Frage. Plötzlich blickte er auf – ihm war ein Gedanke gekommen. »Joni, lass uns die Frage doch mal so rum betrachten«, meinte er. »Ich frage dich – glaubst du, es war Gottes Wille, dass Jesus litt?«

Ich sah ihn überrascht an und überlegte, ob das eine Fangfrage war.

Steve dachte noch einmal nach. »Gut, versuchen wir's noch anders: Satan hat Judas die Idee eingegeben, Jesus zu verraten. Pilatus hat über ihn zu Gericht gesessen. Und die betrunkenen Soldaten wurden sicher ebenfalls vom Teufel angestachelt, Jesus zu misshandeln. Sie rissen ihm die Barthaare aus. Sie schlugen ihn mit Stöcken. Wer weiß, was sie ihm in diesem Hinterzimmer sonst noch antaten. Und was war mit dem Mob auf der Straße, der nach seinem Blut schrie? Wie kann irgendetwas von alledem der Wille Gottes gewesen sein?«

Damit hatte er mich.

Steve hielt einen Finger nach dem anderen hoch; er prüfte im Geist eine Liste.

»Verrat. Ungerechtigkeit. Folter. Mord.«

Dann schwieg er, als wolle er seine Worte so richtig auf mich wirken lassen. »Joni, normalerweise heißt es, das Kreuz sei ein Teil von Gottes Plan, aber …«, er hielt wieder inne, diesmal vielleicht für sich selbst, »… aber dabei verdrängen wir, dass es Böses mit einschloss.«

Das war ein ernüchternder Gedanke. Ich verstand nicht, wie Gott Folter zulassen konnte – vor allem diese besondere Art von Folter am Kreuz, wie es sein Wille sein konnte, dass irgendjemand, schon gar nicht sein einziger Sohn, so Schreckliches durchmachte. Hier musste der Teufel seine Hand im Spiel haben. Aber welche Rolle hatte Gott dann in diesem Drama gespielt?

»Hör zu. Hier heißt es«, Steve ließ seinen Finger über eine Seite aus der Apostelgeschichte wandern, »›sie‹ – das heißt Judas und die anderen – ›taten, was Gottes Macht und Wille zuvor beschlossen hatten.‹«

Er schloss die Bibel und sah mich direkt an. »Joni, Gott hat das Steuer nicht losgelassen, nicht den Bruchteil einer Sekunde lang. Er lässt es zu, dass Dinge geschehen, die ihm verhasst sind – zutiefst verhasst –, um dadurch etwas zu erreichen, das ihm gefällt. Er ließ es zu, dass der Teufel die Kreuzigung herbeiführte, aber nur, weil er dabei unser Wohl im Sinn hatte. Der schrecklichste Mord der Weltgeschichte wurde zum größten Segen für die Welt, zum Einzigen, was sie retten kann.«

Mir wurde klar, dass das heute keine gewöhnliche Bibelstunde war.

»Also, was sagt dir das?«, fragte Steve, lehnte sich zurück und faltete die Hände hinter dem Kopf.

Ich knüpfte die losen Enden aneinander. *Gott hatte etwas zugelassen, das er hasste* – meine Tetraplegie –, *um etwas zu erreichen, das ihm gefiel* – mein wachsendes Bedürfnis nach seiner Nähe. »Du meinst also, die Lähmung war kein Zufall?«, fragte ich.

Steve schwieg einen Augenblick. »Was meinst du?«, gab er die Frage zurück. Er fing an, die leeren Flaschen einzusammeln und in die Küche zu bringen.

»Ich meine ... ich glaube, dass ... ich glaube, Gott lässt das Steuer nicht los, auch nicht für den Bruchteil einer Sekunde.«

Ich ließ den Satz wirken.

In der Küche rief jemand: »Heute ist es zu spät, um die Kojoten rauszulassen.«

Es war trotzdem ein einzigartiger Augenblick. Mein Unfall ... Er war kein kosmischer Münzwurf gewesen, kein Roulette der Sterne. Er war Teil des göttlichen Planes – seines Plans für mich.

Die Tatsache allein reichte aus, um mir meine Angst vor der Zukunft zu nehmen. Alles lag in Gottes Hand – und er hatte meine Füße auf weiten Raum gestellt. Im Jahr 1974 war ich tatsächlich auf einer Hochebene angelangt. Und so gelang mir in diesem Jahr, in meinem Jubeljahr innerer Ruhe, etwas Außergewöhnliches: Ich konnte den Willen Gottes freudig annehmen.

Ich zeigte Steve den Vers, den ich vor langer Zeit in der Bibel angestrichen hatte, die Stelle über die körperliche Heilung: »Freu dich am Herrn, und er wird dir geben, was dein Herz wünscht.«

»Und«, fragte Steve, »hat er es dir gegeben?«

»Ja«, antwortete ich, »das hat er, und er hat noch mehr getan. Ja, er hat mir meinen Herzenswunsch erfüllt. Er hat mir ... sich selbst gegeben.«

Aber mein Jubeljahr fiel noch in anderer Hinsicht aus dem Rahmen. Es begann ganz unspektakulär damit, dass meine Bilder gelegentlich im Rahmen kleinerer Veranstaltungen ausgestellt wurden. Dann brachte ein lokaler Fernsehsender einen Beitrag über mich, und – peng! – auf einmal saß ich auf der Bühne der *Today Show* in New York, Barbara Walters gegenüber. Ich blickte auf das NBC-Team hinter ihr, während sie auf meine Bilder deutete, die hinter mir an einer Wand hingen.

»Erzähl uns, wo du deine Inspirationen hernimmst«, sagte sie. »Würdest du dich als frommen Menschen bezeichnen?«

Meine Antworten fielen ein bisschen holprig aus, weil ich immer noch nicht ganz fassen konnte, wo ich gelandet war. Das Interview endete damit, dass ich mit dem Stift im Mund mein Autogramm unter ein Bild setzte. Dann folgte ein Werbespot, und ich verließ die Bühne. Auf der Heimfahrt wurde mir klar, dass ich keine Ahnung hatte, worauf ich mich da eingelassen hatte. Wieder zu Hause, hörte ich ständig die Frage: »Wie hast du das bloß hingekriegt?«

Natürlich hatte ich es nicht »hingekriegt«. Es war einfach passiert, als gehörte es in diese ständig länger werdende Perlenschnur ganz gewöhnlicher Packpapier-Momente. Es war schon fast komisch, was meine Freunde für ein Trara aus meinem Auftritt in der National Morning Show machten. Und genauso komisch war es, als in der darauf folgenden Woche ein Verleger anrief.

»Ich habe Ihr Interview mit Barbara Walters gesehen«, begann er. »Was Sie gesagt haben, hat mir sehr gefallen.«

Ich versuchte mich zu erinnern. *Was hatte ich eigentlich gesagt?*

»Miss Eareckson«, fuhr der Verleger fort, »Sie haben vor der ganzen Welt gesagt, dass Sie kein besonders frommer Mensch seien.«

»Das stimmt«, fiel es mir wieder ein.

»Könnten Sie mir das bitte näher erklären?«

Es war wie ein Test in Mrs. Kriebles Unterricht. Ich dachte an das, was ich bei Steve Estes gelernt hatte, und kam zu dem Schluss: »Ich glaube nicht, dass es im Christentum um Religion oder Frömmigkeit geht, es geht um eine Beziehung – unsere Beziehung zu Jesus Christus.«

»Aber hat Ihre Tetraplegie diese Beziehung nicht beeinträchtigt?«

Ich wusste, worauf er hinauswollte. Er nahm an, dass meine Lähmung mich verbittert und Gott entfremdet hatte, statt mich ihm näher zu bringen.

»Doch, ja, sie beeinflusst meine Beziehung zu Gott«, antwortete ich. »Ich brauche ihn jetzt mehr denn je.«

Am anderen Ende der Leitung herrschte ein längeres Schweigen.

»Nun gut, Joni«, sagte mein Gesprächspartner dann, »… ich darf doch Joni sagen? Wir möchten, dass Sie anderen Menschen von Ihrer Art, die Dinge zu sehen, erzählen.«

In der nächsten Woche lag ein Vertrag im Briefkasten. Jay öffnete den Umschlag und legte das Dokument vor mich auf den Esszimmertisch. Das war nun wirklich etwas völlig Ungewöhnliches – die Vorstellung, dass ich ein Buch über mein Leben schreiben sollte, schien geradezu absurd. Ich schlug den Vertrag mit meinem Mundstück auf. Die Sprache, in der er abgefasst war, war genauso befremdlich wie das, was mich erwartete, wenn ich auf der gepunkteten Linie unterschrieb.

Die Situation erforderte eine Krisensitzung mit Steve, der inzwischen am College war. »Was meinst du, soll ich es machen?«, fragte ich.

Pause. Lange Pause. Ich wusste nicht, ob Steve selbst ratlos war oder ob er fand, dass ich das allein entscheiden müsse.

»Sorg dafür, dass du die Menschen zur Bibel hinführst«, sagte er schließlich. »Die Geschichte deines Lebens kann niemanden ändern, aber Gottes Wort kann es.«

Sechs Monate später saß ich wieder an unserem Esstisch und starrte auf das Manuskript. Es war ein seltsamer Gedanke, dass mein ganzes buntes, wildes Leben – vor allem die letzten acht Jahre im Rollstuhl – in einem kleinen Stapel Papier im Din-A4-Format, etwa sieben Zentimeter dick, eingefangen war. Ich begann zu lesen. »Die heiße Julisonne ging im Westen unter und verlieh dem Meer der Chesapeake Bay einen warmen, rötlichen Schimmer ...«

Mein Magen flatterte. *Junge, Junge – ich hoffe nur, ich tue das Richtige.*

Im Herbst 1976 erschien eine gebundene Ausgabe des Buches mit dem schlichten Titel *Joni*. Ich roch die frische Druckerschwärze auf den unberührten Seiten und fragte mich wieder einmal, wie so etwas hatte geschehen können. Anders konnte ich es nicht beschreiben – es war einfach ... *geschehen.*

Das wird wohl auch das einzige Kind bleiben, dem ich je das Leben schenke, dachte ich und lächelte. Von jetzt an waren andere für dieses Kind meines Geistes verantwortlich. »Und ich«, dachte ich laut, »kann jetzt beruhigt in mein Alltagsleben auf der Farm zurückkehren.«

Doch noch bevor es so weit war, erhielt ich einen Anruf – von Billy Graham.

Jay ließ beinahe den Hörer fallen. »Er will, dass du deine Geschichte auf einer von seinen Evangelisationen erzählst«, flüsterte sie mit heiserer Stimme. Sie bedeckte den Hörer mit der Hand und fügte hinzu: »Darf ich mitkommen?«

Es war ein kühler Oktoberabend, als Jay und Kathy mich auf das Gelände des Pontiac Silverdome bei Detroit schoben. Geblendet von den Lichtern des Stadions versuchten wir, die ganze überwältigende Szene in uns aufzunehmen. Das Stadion war übervoll; es mussten Tausende und Abertausende von Menschen gekommen sein.

»Hier herüber, Mädchen.« Judy Butler winkte uns. Sie war die Sekretärin eines der Mitarbeiter von Billy Graham, und diese

Tatsache im Verein mit ihrem britischen Akzent bewirkte, dass wir so schnell wie möglich gehorchten.

Judy brachte uns zu unseren Sitzen auf der Tribüne, und Billy Graham kam zu uns, um mich zu begrüßen. Noch nie war ich einer Berühmtheit so nah gewesen, außer vielleicht Barbara Walters. Doch ich hatte keinen Grund, nervös zu sein. Mr. Graham drückte meine Schulter. Mit seiner warmherzigen Art schaffte er es, dass ich mich sofort entspannte.

An jenem Abend hatte ich acht Minuten, um vor der riesigen Menschenmenge meine Geschichte zu erzählen, bevor Mr. Graham sprach. Ich hatte die vergangenen Wochen intensiv daran gearbeitet, sie auf diese acht Minuten zu verdichten, und schloss nun mit dem Satz: »Auch Gelähmte können ihren Weg mit dem Herrn gehen.« Da überrollte mich auch schon eine mächtige Beifallswelle.

Nachdem Mr. Graham seine Predigt beendet hatte, begann er wie gewöhnlich die Menschen dazu aufzurufen, sich von der Sünde abzukehren und ihr Herz Christus zu öffnen. Staunend sah ich, wie Hunderte von Menschen sich in Bewegung setzten, die Gänge des Stadions hinunterdrängten und hinaus aufs Spielfeld traten. Ich wusste ganz genau, was sie fühlten und dachten – jener erste Abend, als ich mit vierzehn beschloss, mein altes Leben aufzugeben und Jesus zu folgen, war mir noch lebhaft in Erinnerung. Während ich meine Augen über das Menschenmeer vor mir schweifen ließ, konnte ich kaum glauben, dass das noch keine zehn Jahre her war.

Was ist seither nicht alles geschehen! Und jetzt, Gott, hast du mich hierher gebracht.

Als die Veranstaltung vorüber war, hatte Judy alle Hände voll damit zu tun, uns wieder ins Auto zu bekommen. Jay, Kathy und ich waren wie Kinder in einem Süßigkeitenladen. Abwechselnd lief die eine oder andere zurück ins Stadion, um die Leute zu beobachten, holte sich noch ein Croissant aus dem Raum, der für die Auftretenden und Mitarbeiter reserviert war, oder versuchte, einen Blick in die Übertragungswagen zu erhaschen. Als Judy uns endlich eingekreist und ins Auto verfrachtet hatte, ließ sie sich auf den Rücksitz fallen und wies den Fahrer an: »Nach Hause, James, und dass du mir ja nicht die Pferde schonst!«

In jener Nacht im Hotel schaute ich in den Badezimmerspiegel und fragte mich: »Warum bist ausgerechnet du hier und nicht jemand anders?« Ich kannte die Antwort nicht, aber mir wurde allmählich klar, dass mir etwas ganz Besonderes anvertraut war, etwas, das ich mit leichter Hand halten, mit Achtung behandeln und Gott zurückgeben musste, wenn die Zeit um war.

Doch vorerst schien noch kein Rückgabetermin festgelegt zu sein. Es ging Schlag auf Schlag. Meine Autobiografie, *Joni*, wurde ins Französische, Deutsche und in andere Sprachen übersetzt, und man fragte mich, ob ich mir vorstellen könnte, eine Europatournee zu unternehmen und Menschen in fremden Ländern meine Geschichte zu erzählen. Ich war noch nie über den Ozean geflogen, und als Jay und ich packten, plagte ich mich die ganze Zeit mit allen möglichen Gedanken herum: *Wie soll ich meinen Urinbeutel leeren? Diese Flugzeuge sind dermaßen eng – werde ich überhaupt essen können mit meiner Spezialgabel, die ich in der Armbeuge halten muss?*

Es hatte ganz den Anschein, als sei mein idyllisches Leben auf der Farm vorüber.

Im Verlauf der Reise wollte Kathy zu uns stoßen, aber zunächst machten Jay und ich und meine Freundin Betsy von Young Life uns allein auf den Weg nach Europa. Man hob mich aus dem Rollstuhl, setzte mich in einen Flugzeugsitz und polsterte mich rundum mit Kissen und Decken ab. Wir waren jung und glücklich und sangen: »How 'ye gonna keep 'em down on the farm, after they've seen Par-ee!«

Wir landeten in Österreich, und nicht nur die Räder meines Rollstuhls rotierten. Unser erster Zwischenstopp fiel mitten in einen Gewittersturm, und wir übernachteten in einem feuchten, mittelalterlichen Schloss.

»Warum bringt man uns nicht in ein Hotel?«, fragte ich Jay und Betsy leise, als sie mich aus dem Auto in den strömenden Regen hoben. »Meine Güte, die Verleger haben uns hierher fliegen lassen ... man sollte doch meinen, dass sie imstande sind, ein Haus mit Aufzug für uns aufzutreiben.«

Das Schloss konnte seine mittelalterliche Herkunft nicht verleugnen: hohe Steinmauern, Unmengen von Türmchen und eine schwere Holztür, die direkt aus dem Film *Frankensteins Braut* zu stammen schien. Wegen des Sturms trafen wir erst spät ein und mussten draußen im Regen warten, während der Besitzer, den wir aus dem Schlaf geholt hatten, bedächtig einen Schlüssel nach dem anderen an seinem großen Schlüsselring durchprobierte. Schließlich öffnete sich die Tür unter lautem Knarren. Der Hausherr stand im Nachthemd da, murmelte etwas auf Deutsch und gab sich keine Mühe, seinen Ärger zu verbergen.

Unsere Dolmetscherin – ein weiblicher Arnold Schwarzenegger – trug blitzschnell unser Gepäck in den zweiten Stock hinauf. Dann kam sie wieder herunter und zeigte uns den Weg zu unserem Schlafzimmer.

»Zwölf Stufen hoch«, erklärte sie.

Betsy schob meinen Rollstuhl dichter an die enge Wendeltreppe, die sich ganz in der Ecke der Halle befand.

»Sie meinen diese – diese Feuertreppe da? Diese gewundenen schmalen Stufen? Sie wollen, dass *wir*« – sie legte die Hand auf die Brust – »Joni da hochtragen?«

Wie aufs Stichwort blitzte es draußen, und die spindelförmige Treppe wurde vorübergehend in bleiches Licht getaucht. Sie sah aus wie die Turmstiege, die zu Draculas Lager führte.

»Ihr Amerikaner seid stark. Ihr schafft das schon«, meinte die Dolmetscherin resolut, drehte sich auf dem Absatz um und verschwand in ihrem Zimmer.

Was blieb uns übrig? Jay umfasste von hinten meinen Oberkörper, Betsy nahm meine Beine, und zu dritt quetschten wir uns auf die Wendeltreppe. Jay und Betsy machten schwankend den ersten Schritt nach oben; im Licht der Funzel, die als Wandlampe diente, konnten sie fast nichts erkennen. Hinzu kam, dass draußen immer noch das Gewitter tobte und die Treppe in regelmäßigen Abständen vom Blitz erhellt wurde. Die Stufen knarrten fürchterlich. Auf halber Höhe brauchte Betsy eine Pause, und mit einem Mal fingen wir an, hysterisch zu kichern. Betsy musste sich hinsetzen.

»Was machst du da?«, zischte Jay.

»Bleibt stehen, ich kriege keine Luft mehr«, japste ich, »ich muss so lachen!«

»Wir müssen weitergehen, sonst bleiben wir stecken!«

Aber Betsy lag schon am Boden und bekam einen ausgewachsenen Lachanfall.

Über uns ging eine Schlafzimmertür auf, und ein Lichtstrahl machte uns klar, dass wir zu laut waren. Irgendjemand sagte leise etwas auf Deutsch.

»No prrrrob-lem, no prrrrrob-lem!«, murmelte Jay, den harten deutschen Akzent nachahmend.

Die Tür schloss sich wieder, die Treppe lag wieder im Dämmerlicht. Das restliche Stück zogen meine immer noch haltlos kichernden Trägerinnen mich wie einen Sack Kartoffeln von Stufe zu Stufe hinauf.

Als sie mich ins Bett brachten, trommelte der Regen aufs Dach, was die ohnehin schon gespenstische Atmosphäre noch verstärkte. Jay und Betsy packten aus, während ich mich umsah und beim Schein der Taschenlampe das Zimmer erkundete. Es hatte große, vom Fußboden bis zur Decke reichende Fenster, mit Stuck verzierte Deckenleisten und üppig schimmernde Vorhänge. Immer, wenn ein Blitz aufflammte, fuhr der Wind in die Vorhänge und blies sie hoch, sodass sie wirkten wie gigantische Geister.

»Huuu-uuuu-uuuh«, drohte Jay. Sie hatte sich aus dem Badezimmer hereingeschlichen, beugte sich nackt über mich und flüsterte mit schönstem Vampirakzent: »Iiiich koomme, um diich zu hoolen!«

In diesem Augenblick leuchtete ein greller Blitz auf und sämtliche Lichter gingen aus. Ich stieß einen markerschütternden Schrei aus. Draußen von der Halle her rief eine Stimme: »Vat is wrong? Vat is it?«

Wir hörten eilige Schritte die Treppe hochpoltern, dann klopfte es laut an der Tür. Jay griff in wilder Panik nach einem Laken und versuchte, sich einzuwickeln.

»Vat happened?«, verlangte der Mann zu wissen, als sie auf das Klopfen antwortete. »Why did you screaming?«, fragte er und betrachtete mit finsterem Blick diesen Hühnerstall voller lauter, alberner amerikanischer Mädchen, die zu spät mit zu viel Gepäck angekommen waren.

»O ...«, stammelte Jay und umklammerte ihr Laken, »es war nur – es war Dracula.«

Der Mann schaute sie misstrauisch an. »Dra-cu-lah?«

»Ja, aber jetzt ist alles in Ordnung«, sagte sie. »Es ist vorbei, er ist wieder weg.« Sie deutete ins Zimmer hinein. »Sehen Sie? Weg. Ehrlich.«

Der Mann sah sich genauestens um; er schien nicht so recht zufrieden zu sein. Schließlich murmelte er »hmmmpf!«, starrte noch einmal misstrauisch auf Jay und schlurfte wieder hinunter in die Halle, zurück in sein Bett.

Meine alberne, nackte Schwester sprang in das Bett neben mir, Betsy kuschelte sich in das Bett, das am offenen Fenster stand.

»Wisst ihr, was wir sind?«, fragte ich in die Dunkelheit, in das Geräusch des unbeirrt prasselnden Regens hinein. »Wir sind verrückt und albern. Eine Horde verrückter Amerikanerinnen.«

»Aber es macht Spaß«, antwortete Betsy.

»Solange Dracula uns nicht erwischt«, sagte ich in Bühnenflüsterton.

Da ging das Kichern wieder von vorn los. Als wir uns endlich beruhigt hatten, fingen wir an, Kindheitserinnerungen auszukramen. Jay und ich erzählten Betsy von den Werwölfen, die in Lindas Schrank lebten. Auch Vaters Geschichte vom Fliegenden Holländer passte gut in diesen Rahmen. Wir erinnerten uns an *Das Monster aus der schwarzen Lagune* und alle anderen schwarzen Männer, die uns je in Angst und Schrecken versetzt hatten. Irgendwann schliefen wir vor Erschöpfung ein. Trotz des Regens, trotz der Gespensterschlossumgebung, trotz des bärbeißigen Besitzers und trotz der Angst vor Dracula war ich überglücklich in der Gemeinschaft mit meiner Schwester und meiner Freundin. Das Schönste aber war die ständig spürbare Gegenwart Gottes.

Und wieder war es geschehen. Ein ganz gewöhnlicher Packpapier-Augenblick, eine kindische Pyjamaparty, hatte mich aus meinem Leben im Rollstuhl herausgeholt.

Als wir nach Hause zurückkamen, erwartete mich eine Nachricht, die alles andere als aus Pappe war. Mein Buch *Joni* sollte in voller Länge verfilmt werden.

»Sie wollen einen Film über dich drehen!« Die Kunde verbreitete sich mit rasender Geschwindigkeit in ganz Woodlawn und Sykesville. Die Leute dachten, dass ich jetzt doch wohl am Ziel all meiner Wünsche sei. Sie konnten sich nicht vorstellen, dass mich noch immer Depressionen oder Frustrationen heimsuchten. Warum sonst sollten die Billy-Graham-Leute einen Film über dieses Mädchen im Rollstuhl drehen wollen?

Ich konnte es niemandem vorwerfen, dass er so dachte, aber es entsprach natürlich ganz und gar nicht der Realität. Ich wusste, dass ich immer würde kämpfen müssen – dass ich mich immer wieder schwach fühlen und Gott verzweifelt brauchen würde. Aber das war in Ordnung so. Es sollte so sein. Es war richtig, dass ich von Gott abhängig war. Dank Steve Estes war mir klar, dass Gott mir nur so lange seine Stärke geben würde, solange ich um meine Schwäche und Abhängigkeit von ihm wusste. Und aus ebendiesem Grund wollten sie einen Film über mich drehen.

Wirklich außergewöhnlich daran war, dass ich selbst die Joni spielen sollte.

Das einzige Stück, in dem ich je aufgetreten war, war das Musical *Oklahoma!* gewesen, das der Horse and Dog Club aufgeführt hatte. Außerdem hatte ich noch an der Junior High School eine Hexe in *Macbeth* gespielt, war im Pferdeumzug als Indianer mitgeritten neben Kathy als Cowboy, und im Ballett hatte ich einen Apfel getanzt. Und ich hatte meinem Badezimmerspiegel Zahnpasta verkauft – viele Abende lang. Ach, und noch etwas: Auf der Promenade hatte ich eine Bettlerin gegeben. Aber das war's auch schon. Wem hätte ich wohl etwas vormachen sollen? Ich verstand nicht das Geringste von der Schauspielerei.

Aber wenn die wirklich Betroffene mitspielt, überlegte ich, *dann könnte der Film wirklich eine Wirkung haben – auf echte Menschen mit echten Problemen. Gott, ich weiß nicht, was ich tun soll.*

»Wenn ich zusage, dann wird das mein Leben ändern. Für immer«, sagte ich ganz nüchtern zu Steve, Jay, Kathy, meiner Familie und meinen anderen Freunden. Wenn ich zusagte, bedeutete das, so fürchtete ich, das Ende der Kojotenaugenblicke im Mondlicht oder der Glücksmomente in alten Bahnhofshallen. Es bedeutete das Ende der ganz gewöhnlichen Packpapier-Abende auf der Veranda hinterm Haus, wo ich mit Jay zusammen sang. Die glücklichen Tage auf der Farm würden dann vorbei sein. Für sechs Monate nach Kalifornien zu ziehen, würde eine riesige Umstellung bedeuten. Ich dachte an Vater, der jetzt achtundsiebzig war. Ich dachte an meine geliebte Mutter – unsere Beziehung war seit meinem Unfall so viel enger geworden. *Will ich wirklich mein Leben ändern? Wird danach irgendetwas je wieder normal sein?*

Ich stand an einer Weggabelung. Der eine Weg war gut gebahnt und vorhersagbar: Ich konnte auf der Farm bleiben, weiterhin Kurse an der Universität von Maryland belegen und in ein paar Jahren Künstlerin werden. Ein ganz gewöhnlicher Weg.

Der andere Weg war alles andere als gewöhnlich. Ich war nicht einmal sicher, ob man ihn überhaupt als Weg bezeichnen konnte. Vor meinem geistigen Auge stand Gott auf dem Pikes Peak, deutete in die Wildnis hinaus und sagte: »Siehst du das? Geh, bahne einen Weg.« Ich hatte keine Ahnung, was mich da draußen erwartete. Wo würde dieser Weg mich hinführen? Würde ich nach dem Film *Joni* noch dieselbe Joni sein?

Ich war in einer außergewöhnlichen Lage. Und so wandte ich mich an den Menschen, mit dem ich bisher alle meine Fragen besprochen hatte.

Steves Antwort kam in einem Brief mit dem Stempel »Columbia, South Carolina«, wo er das Bible College besuchte.

»Ich konnte dir Gottes Wort näher bringen, Joni«, schrieb er. »Aber wenn es darum geht herauszufinden, was in deiner jetzigen Situation Gottes Wille ist, da kann ich dir nicht raten ... Das musst du ganz allein entscheiden.«

Kapitel 19

Denn so spricht Gott, der Herr, der Heilige Israels: Wenn ihr umkehrtet und stille bliebet, so würde euch geholfen; durch Stillesein und Hoffen würdet ihr stark sein.

Jesaja 30,15

Zart gebräunte Hände fassen die Kante des Floßes, und in einer anmutigen Bewegung stemmt das Mädchen sich aus dem Wasser. Sie nimmt die Arme hoch, streicht ihr blondes Haar zurück und dreht es zu einem winzigen Knoten zusammen. Dann zieht sie ihren elastischen Badeanzug glatt und streicht sich das Wasser von den Beinen. In einer weiteren fließenden Bewegung beugt sie die Knie, schwingt die Arme erst nach hinten, dann nach vorn, stößt sich kraftvoll ab und setzt zum Kopfsprung an. Ihr Körper taucht ins Wasser ein.

Schnitt! Das haben wir im Kasten!«, schreit der Regisseur von dem in der Nähe dümpelnden Gummifloß herüber.

Sein Ruf holt mich zurück in die Realität. Oder ist die Realität der Sprung, den ich soeben sah?

Nein, er war nicht real – das Mädchen, das da gerade gesprungen ist, ist eine Schauspielerin, und ich sitze am Strand, umgeben von Kränen und Crewmitgliedern. Ich habe mich für den außergewöhnlichen Weg entschieden und bin nach Kalifornien gekommen, um meine Rolle in dem Film *Joni* zu spielen.

Ab jetzt spiele ich selbst die Joni. Ich muss ins Wasser getragen werden und genau da weitermachen, wo die Schauspielerin aufgehört hat. Aber noch sitze ich am Strand. Der Wind hebt das Handtuch über meinem Schoß an und legt den Urinbeutel und den Katheter frei. Sie haben mir das Korsett über meinen Badeanzug geschnallt, damit ich atmen kann, während ich warte. Der Träger meines Badeanzugs rutscht, aber ich kann ihn nicht hochziehen.

»Okay, wir sind bereit für Joni. Tragen wir sie hinaus.«

Die Crewmitglieder bringen Lampen und Reflektoren in Position, Kamera und Tonausrüstung befinden sich auf dem Floß. Sanitäter heben mich hoch und tragen mich ins Wasser, vorbei am Regisseur, an Kameramännern und Tontechnikern. Alle wirken nervös.

»Keine Angst, du machst das schon«, ruft der Requisiteur vom Ufer her.

»Es geht ganz schnell« – der Kameraassistent winkt mir von einem Kran aus zu. Die Schauspielerin, die soeben den Tauchsprung absolviert hat, watet näher und sieht aufmerksam zu. Der Regisseur versucht, einen bequemen Platz auf dem Floß zu finden, von dem aus er alles gut im Blick hat.

Die Sanitäter legen mich auf dem Rücken ins kalte Wasser. Ich zittere ein bisschen, aber ich schwebe auf dem Wasser, ganz leicht nur von unten gestützt. Wir warten, dass die anderen ihre Positionen einnehmen.

Die Kamera läuft, der Ton ebenfalls. Der Regisseur nickt, ich hole Luft, so tief ich kann, die Sanitäter drehen mich um. Ich liege mit dem Gesicht nach unten und höre – in der verzerrten Akustik, wie sie unter Wasser herrscht –, wie der Regisseur »Action!« brüllt.

Ich horche angestrengt, ob ich höre, wie die Schauspielerin, die meine Schwester Kathy spielt, meinen Namen ruft. Ich höre sie planschen, höre, wie ihre Stimme dumpf meinen Namen ruft. Aber die Sekunden verstreichen. Die Bucht ist kalt und dunkel, meine Lungen hungern nach Luft.

Ich habe Angst. Beinahe schüttle ich den Kopf – das vereinbarte Zeichen für die Sanitäter, dass ich Hilfe brauche. Dann versuche ich doch noch ein wenig durchzuhalten. Ich schaffe es … nein, ich schaffe es nicht. Ich kriege keine Luft. Ich brauche Luft!

In der nächsten Sekunde greifen »Kathys« Hände nach meinen Schultern und ziehen mich aus dem Wasser. Ich spucke und schnappe nach Luft. Ich bin wirklich zu Tode verängstigt, aber Moment … ich soll ja schauspielern.

»Kathy … ich kann mich nicht bewegen. Ich kann nichts spüren.« Es gelingt mir tatsächlich, meinen Text zu gurgeln.

Die Schauspielerin spricht ihren Text, während sie sich

größte Mühe gibt, meinen schweren Körper festzuhalten. Sie beginnt damit, mich ans Ufer zu ziehen. Ein Kamerakran folgt uns. Ein Tontechniker watet mit Mikrofon neben uns her. Die Leute am Ufer machen sich Notizen, und die Beleuchter richten die Reflektoren auf uns aus.

»Schnitt! Im Kasten!«

Die gesamte Crew stößt einen Seufzer der Erleichterung aus, ich eingeschlossen. Die Sanitäter nehmen mich aus »Kathys« Armen in Empfang und tragen mich zurück zu meinem Rollstuhl, wo Jay und die zu meiner Unterstützung abkommandierte Judy Butler, eine »Leihgabe« der Graham Association, mich rasch in warme Handtücher wickeln.

Die Szene kam und ging unfassbar schnell vorüber. Die Realität, die wir soeben gefilmt haben, ist in die Ferne gerückt, säuberlich auf einem Filmstreifen konserviert. Der Zeitmanager ruft »zehn Minuten«, und die Köche aus dem Cateringwagen bringen Snacks. Alle zieht es zu Doughnuts und Kaffee. Ich blicke zurück auf das jetzt verlassen daliegende Floß, das sanft auf den Wellen schaukelt.

»Möchtest du einen Doughnut?«, fragt meine Mutter. Sie umarmt mich und balanciert dabei ihren Pappteller auf einer Hand. Sie und mein Vater sind hierher, nach Südkalifornien, gekommen, um bei den ersten Drehtagen von *Joni* in Newport Beach zuzusehen. »Hier«, drängt meine Mutter, »beiß ab.«

»Mama, ich darf nicht.« Ich schüttle den Kopf. »Du weißt doch, sie haben gesagt, ich muss abnehmen.«

Der Regisseur hat Angst, dass ich bei den Krankenhausszenen, die wir als Nächstes drehen werden, ein zu volles Gesicht habe, und hat mir nahe gelegt, nicht in die Sonne zu gehen und keine Doughnuts zu essen.

In den nächsten Tagen lasse ich das Frühstück aus und halte mich beim Mittagessen stark zurück. Wir drehen jetzt in Burbank die Krankenhausszenen. Nach dem Drehtag am Freitag fahren Jay, Judy und ich zurück in das Häuschen, das wir ein paar Straßen weiter gemietet haben. Unterwegs fällt uns eine Salatbar auf.

»Ich möchte einen Salat«, melde ich mich.

Das heutige Abendessen besteht aus grünem Salat und Tomaten, ohne Salz und Öl, einer halben gebackenen Kartoffel ohne Butter, Diätsprudel und einem fehlenden Nachtisch. Von jetzt an, so beschließen wir, machen wir eine Crash-Diät.

»He, ich hab eine Idee«, sagt Jay an einem Samstag, als wir den Ventura Boulevard entlangfahren. »Da drüben ist ein T-Shirt-Laden. Du weißt schon, wo sie einem was draufdrucken.« Schon parkt sie ein, und sie und Judy verschwinden im Laden.

Ich betrachte die Auslage: T-Shirts in allen möglichen Formen und Farben mit allen möglichen und unmöglichen Slogans. Kurze Zeit später kommt Jay wieder heraus und verkündet: »Joni, jetzt hast du die perfekte Antwort für die Typen von der Crew, die dich immer mit Doughnuts stopfen wollen.«

Sie hält ein T-Shirt mit dem Aufdruck »Bitte nicht füttern!« hoch.

»Aber«, fügt sie schnell hinzu, »du bist hier nicht die Einzige, die abnehmen muss.« Und damit zieht sie ein anderes T-Shirt aus der Tüte, auf dem steht: »Mich auch nicht!«

Hinter ihr taucht Judy auf, mit einem breiten Grinsen und einem dritten T-Shirt mit dem Aufdruck: »Und mich auch nicht!« Meine Freundin Betsy, die später eine Zeit lang Jays Stelle einnimmt, legt sich ebenfalls ein solches T-Shirt zu. Es trägt den Schriftzug: »Geben Sie alles mir.«

Die Shirts erfüllen ihren Zweck, auch das viele Adrenalin, das auf Grund meines aufregenden Lebens ständig in meinem Blutkreislauf zirkuliert, tut seine Wirkung. Meine überflüssigen Pfunde beginnen zu schmelzen. Ich fühle mich fit, schlank und voller Energie. Vor allem aber fühle ich mich hellwach und hoch konzentriert.

Eines Nachts liege ich im Bett und denke über den Weg nach, den ich eingeschlagen habe. Die Fenster unseres kleinen Hauses stehen weit offen und lassen den kühlen, feuchten Duft der Blumen aus dem Garten hinein. Von meinem Bett aus sehe ich meinen leeren Rollstuhl, der in einer Ecke des Zimmers steht. Ich erinnere mich an die Zeiten, in denen er mein Feind und mein Gefängnis war und mich in tiefe Depressionen stürzte. Doch dann wurde er mein Fahrzeug ins Abenteuer. Und jetzt, mit meinen Hosen, die über seiner Rückenlehne hängen, mit dem Korsett und den Armstützen hat er etwas von einem vertrauten

Freund. Er war ein strenger Lehrmeister, der mir viele Lektionen erteilt hat. Das Wichtigste, was er mich gelehrt hat, waren Geduld und Beharrlichkeit. Jetzt benutzt Gott ihn, um anderen Menschen zu zeigen, dass sie ihm auch vertrauen können, wenn sie schwach sind. Wer weiß, wie viele tausend Menschen den Film sehen und von ihm getröstet werden? Aus meiner Perspektive sieht der Rollstuhl seltsam aus, aber auch schön ...

»Gabe«, sage ich leise ins Dunkel hinein.

Er hat mich viel Gutes gelehrt. So viel, dass ich meine Lähmung kaum mehr als »Leiden« bezeichnen kann. Sie ist eine Gabe, denke ich. Wie es in der Bibel heißt: »Denn ihr habt nicht nur das Vorrecht, an Christus zu glauben, ihr dürft auch für ihn leiden.« Der Rollstuhl, der dort in der dunklen Zimmerecke steht, ist eine Gabe, ein Geschenk.

Am nächsten Morgen lasse ich das Frühstück wieder aus und mache mich früh auf den Weg ins Studio. Heute sollen weitere Krankenhausszenen gedreht werden.

»He, du siehst gut aus heute.« Der Regisseur lächelt mich an und bewundert mein schmal gewordenes Gesicht und meinen schlanken Hals.

Ich freue mich, dass man mir meine Diät endlich ansieht. Jeden Tag zähle ich Kalorien: ein Salat ohne Dressing, ein Kaffee ohne Milch. Morgens kein Frühstück, im Studio keine Doughnuts. Eventuell ein leichtes Mittagessen und abends ein kleines Stück gegrillte Hühnerbrust. Ich bin sowieso nicht hungrig, merke ich. Ich lebe von meiner unerschöpflichen Energie – einer nervösen Energie, die mich abends kaum einschlafen lässt.

Die Tage werden zu Wochen. Ich nehme weiter ab. »He, willst du uns Extraarbeit machen?«, necken mich die Mädchen von der Garderobe. »Wir müssen alle deine Kleider enger machen.« Insgeheim freue ich mich wie ein Schneekönig.

Auch abends komme ich nicht zur Ruhe. Da lerne ich den Text für die Szenen, die am nächsten Tag gedreht werden. »Hör dir das an!«, ruft Jay aus. Sie sitzt auf dem Sofa und isst einen Apfel, während sie mein Skript für die kommende Woche durchblättert. »Hier haben sie eine Kussszene, und rate mal, wessen Name da steht.« Sie steht auf und kommt zu mir, um mir die Seite zu zeigen. Dabei grinst sie über das ganze Gesicht.

Die Szenenbeschreibung nimmt weniger als eine halbe Seite in Anspruch. Ich habe eine oder zwei Zeilen zu sprechen, Cooper – der Schauspieler, der meinen Freund spielt – sogar noch weniger. Der Rest ist Handlung. Nur eine halbe Seite für die vielen Erinnerungen daran, wie mein Freund mich im Montebello Hospital besuchte. Wir hatten keinen Ort, an dem wir allein sein konnten – im Solarium waren Besucher, in den Vortragssaal durften wir nicht. Wenn wir nicht im Sechs-Bett-Zimmer ausharren wollten, blieb uns nur der Aufzug. Wir erwischten eine leere Kabine, drückten den Knopf für den dritten Stock und, sobald wir zwischen den Stockwerken waren, den Stopp-Knopf. Jetzt waren wir ganz für uns – bis ein Pfleger uns herunterholte.

»Ich bin froh, dass sie das mit aufgenommen haben«, sagte ich zu Jay. »Es bringt ein bisschen Spaß in die tristen Krankenhausszenen.«

»Ja, und du hast den ganzen Spaß.« Meine Schwester fuhr mir durchs Haar.

Aber wird es wirklich Spaß machen? Eine Kussszene vor der gesamten Filmcrew, mit einem Schauspieler, den ich kaum kenne? Cooper ist nett, sehr nett, aber ich weiß nichts über ihn, kenne ihn nur von dem zwanzig auf fünfundzwanzig Zentimeter großen Pressefoto, das zusammen mit den Bildern der anderen Mitspieler an die Wand meiner Garderobe gepinnt ist. Ich habe seit Ewigkeiten niemanden mehr geküsst. In dieser Nacht übe ich, als ich allein bin, die besten Küsse, an die ich mich erinnern kann – auf meinem Handgelenk.

Am nächsten Tag drehen Cooper und ich mehrere Szenen zusammen. Ich frage mich die ganze Zeit, was er wohl denkt: Hat er schon vorgeblättert im Skript? Denkt er bei der Aufzugszene dasselbe wie ich? Wahrscheinlich nicht. Er ist ein Hollywood-Schauspieler – er muss unentwegt irgendwelche Frauen küssen.

Der Tag des Kusses kommt. Wir begeben uns an den Drehort in einem Ortskrankenhaus. Ein Aufzug wird mit Bühnenlampen, Mikrofonen und allen möglichen Kabeln versehen. Auf einem Dreifuß in der Ecke wird die große Kamera verankert. Cooper tritt hinter mich. »Meinst du, wir passen hier rein?« Er wirft sich ein Pfefferminzbonbon in den Mund.

Als alles bereit ist, werde ich in eine Ecke des Aufzugs geschoben. Der Regisseur ruft Cooper herein und gibt uns noch ein paar Anweisungen. »Vergesst nicht, ihr beiden seid Freund und Freundin. Wir sind im Montebello State Hospital, und es ist das Jahr 1968, okay? Der Rest kommt dann von ganz allein«, sagt er und lächelt.

Cooper quetscht sich vorsichtig neben mich. Er achtet darauf, wie dicht er – durch das Auge der Linse gesehen – neben mir stehen soll. Die Skriptlady schnappt sich ihr Clipboard und zieht sich einen Stuhl dicht zu uns heran. Sie wird jedes Wort und jede Bewegung für die Cutter mitschreiben, die die einzelnen Szenen und den ganzen Film später schneiden.

»Action!«

Der Schauspieler dreht sich zu mir um, streicht mir mit der Hand über die Wange, legt ganz leicht die Finger unter mein Kinn und drückt es sanft hoch, seinem Gesicht entgegen. Seine Lippen berühren die meinen, und ein Ruck geht durch meinen Körper. Das fremde Gefühl seiner Lippen auf meinen ist verschwunden, Lampen und Kamera sind vergessen. Der Regisseur schreit »Schnitt!«, Cooper bricht die Umarmung ab und lässt mich im Aufruhr der Gefühle sitzen. Die Skriptlady fächelt uns mit ihrem Skript Luft zu – es ist sehr warm hier drinnen unter den vielen Lampen.

»Junge, Junge, du küsst echt gut«, lacht Cooper und tätschelt meine Hand.

»Okay, wir versuchen's noch mal«, ruft der Regisseur.

Wieder lehnt Cooper sich zu mir herüber, aber diesmal reagiere ich schneller. Ich bin überrascht, wie leicht es ist, mich bei seinem Kuss zu entspannen. Diesmal trennen wir uns nicht so schnell, als das »Schnitt!« ertönt.

»He, ihr zwei, noch einmal brauchen wir es nicht zu wiederholen«, mischt sich der Regisseur ein, und alles lacht. Ich sehe zum Kameramann und der Skriptlady hinüber und lache auch, etwas nervös. Wissen sie es? Haben sie gemerkt, dass ich überhaupt nicht gespielt habe?

Ich schürze die Lippen. Sie fühlen sich heiß an. Innerlich glühe ich vor Leidenschaft – ebenfalls ein Gefühl, das mir völlig fremd ist. Aber schon im nächsten Augenblick empfinde ich nur noch Schuld, und der Ansturm der Gefühle ebbt sogleich ab. Ich lächle, noch ein bisschen zittrig – immerhin habe ich seit zehn Jahren niemanden mehr geküsst. Ich muss daran denken, dass ich wohl auch die nächsten zehn Jahre niemanden mehr küssen werde, und mein Lächeln verschwindet ebenfalls.

In der Nacht, in unserem Häuschen, möchte ich mich im Bett drehen und herumwerfen, aber ich kann nicht. Ich bin unruhig und bedrückt und voller nervöser Energie. Immer wieder rufe ich mir den Kuss ins Gedächtnis, wie eine Schallplatte mit einem Sprung, bis ein Muskel in meinem Nacken zu zucken beginnt. Ich schlage mit dem Kopf auf das Kissen. Heftige Gefühle treiben ihr Spiel mit mir: *Wann werde ich wieder geküsst werden? Wird mich jemals ein Mann lieben? Wirklich lieben? Werde ich je heiraten?*

Mein Kopf fühlt sich an, als müsse er platzen. Ich fange an, mir vorzusagen, dass die Tetraplegie eine Gabe, ein Geschenk ist. Das Gefühl, in der Falle zu sitzen, schnürt mir den Hals zu. Ich hasse es, dass ich mich nicht bewegen kann, und das emotionale Chaos, in das ich gestürzt bin, hält mich bis lange nach Mitternacht wach. Vielleicht ist es ja das Koffein, denke ich. Oder ich bin überarbeitet. Wir filmen erst seit knapp zwei Monaten, aber ich habe stark abgenommen und fühle mich erschöpft und ausgelaugt.

Der Regisseur hatte uns gewarnt, dass wir uns, sobald wir mit dem Drehen angefangen hätten, auf einer eingeseiften Rutschbahn wieder fänden – was im Filmjargon bedeutet, das man sich in einer »im rasenden Tempo ablaufenden, nicht aufzuhaltenden Handlung befindet«. Er hatte Recht. Die ersten acht Wochen waren eine wilde Initiation, ein Leben mit ständigem Déjà-vu-Gefühl.

Am nächsten Tag finde ich in einem ruhigen Augenblick im Hof des Studios Zeit, in das Skript auf meinem Schoß zu schauen, das auf einer neuen Seite, bei einem neuen Dialog aufgeschlagen ist. Ich habe diese Zeilen nicht geschrieben, und doch sind es meine, und irgendwie spiele ich – und auch wieder nicht. Im Skript geht es um mein Leben vor zehn Jahren, aber die Szenen sind mir alle noch viel zu nah, als dass sie mir Trost geben könnten. Vor der Kamera tobe ich: »Ich kann es nicht ertragen, dass ich meine Hände nicht gebrauchen kann!« Ein paar Stunden später im Restaurant sage ich genau dasselbe, als mir ein Bissen von meiner Spezialgabel auf den Boden fällt. Solche kleinen Ausrutscher passieren mir immer öfter. *Ich darf nicht vergessen, warum ich hier bin, warum ich diesen Film drehe!*

Plötzlich beginnt die Sonne, die in den Hof fällt, zu stechen, und meine Haut prickelt vor Angst. Der Schatten eines kleinen Baumes in der Nähe bietet etwas Schutz. Ich rufe mir die Ereignisse der letzten Jahre ins Gedächtnis, denke an Diana und Steve, an die Farm, an Jay und Kathy und Linda und frage mich: *Warum sind sie mir so fern? Warum habe ich solche Angst?*

Ich habe gebetet – für die Crew und die Schauspieler und die Menschen, denen der Film Trost spenden soll – aber für mich selbst? Viele meiner christlichen Freunde haben mich vor der geistlichen Herausforderung gewarnt, die es bedeutet, indem ich mich bereit erklärte, einen Film in Hollywood zu drehen, auch wenn es ein christlicher Film ist, doch ich habe sie nicht ernst genommen. Ich habe nicht um Schutz gebetet, aber ich hätte es tun sollen. Mir wird klar, dass ich dachte, meine Vergangenheit liege so weit hinter mir, dass sie mir nichts mehr anhaben könnte. Jetzt bin ich mir da nicht mehr so sicher. Muss ich all die Lektionen über das Alleinsein noch einmal lernen? Das kann ich nicht – ich bin zu müde. Und meine Bibel – die letzten drei Wochen habe ich sie kaum aufgeschlagen. Doch, doch, ich habe jeden Morgen auf dem Weg zum Drehort ein paar vertraute Verse gesprochen, die ich vor langer Zeit auswendig gelernt habe. Aber nichts Neues, nichts Frisches. Und jetzt kommen auf dieser Rutschbahn viele Dinge ins Rutschen.

»Joni, hast du einen Moment Zeit?« Rob, der Assistent des Regisseurs, reißt mich aus meinen Gedanken. Wir sind am Set. Ich vertreibe die Müdigkeit aus meinem Gesicht und rufe mich zur Ordnung: Wir haben hier einen Film zu drehen. Rob bringt mich in den Vorführraum und legt Notenblätter auf dem Teppichboden aus. Er setzt sich ans Klavier und beginnt zu improvisieren.

»Was hältst du davon für den Schluss des Films?«, fragt er und fängt an zu singen:

Vater, lass meine Seele wie eine Wolke im Wind

frei und stark ihren Weg ziehen bis ans Ende der Reise.
Mit jeder Meile, die ich zwischen Vergangenheit und Zukunft zurücklege,
lerne ich deine gütige Vorsehung besser kennen und finde mehr heraus, wer ich bin.
Ich möchte dir danken, dass du uns deinen Sohn geschenkt hast,
für das Geheimnis des Gebets
und für den Glauben, der mir die Freiheit lässt zu zweifeln
und mir dennoch die Gewissheit schenkt, dass du da bist.

Als er fertig ist, dreht er sich zu mir um. »Der Regisseur wollte, dass ich es mit dir durchgehe«, sagt er. »Also, was hältst du davon?«

»Es gefällt mir«, sage ich zögernd. »Aber erklär mir die eine Zeile noch genauer, die, wo es heißt: ›Ich möchte dir danken ... für den Glauben, der mir die Freiheit lässt zu zweifeln und mir dennoch die Gewissheit schenkt, dass du da bist.‹«

Rob sammelt die Notenblätter ein und legt sie auf das Klavier. Er lächelt rätselhaft und beginnt: »Joni ...« Er hält inne, als müsse er überlegen, ob er weitersprechen soll, »du weißt, man kann zweifeln und trotzdem glauben. Christen können zweifeln, das weißt du. Gott ist groß genug; er kann mit unseren Fragen umgehen.«

Mir gefällt seine Antwort nicht. Zweifel ist ein Beweis für Schwäche. Heißt es in der Bibel nicht, ein Mann, der zweifelt, ist wie eine Welle im Meer, in der einen Minute vom Wind vorangetrieben, in der nächsten wieder zurückgestoßen?

Doch so sehr es mir auch zuwider ist, ich muss zugeben, dass diese Beschreibung genau auf mich passt. Diese Kussszene mit Cooper, denke ich – um nichts in der Welt könnte ich das Gefühl bei diesem Kuss abschütteln, auch wenn es nur gespielt war. Es war genau so wie an den Freitagabenden mit meinem Freund auf der High School. Jetzt rief ich mir diese Erinnerungen wieder ins Gedächtnis, stärker, als ich mir eingestehen wollte. Ich grub jede sinnliche Empfindung aus, die mir noch einfiel, und drehte und wendete sie unablässig hin und her. Die

Eindrücke waren so stark, dass ich das Gefühl hatte, ich läge wieder in meinem dunklen Schlafzimmer im Dröhnen der Klimaanlage und versänke tiefer und tiefer in der Depression.

Ich spüre, wie zwischen dem Bild, das ich nach außen biete, und dem Aufruhr, den ich innerlich empfinde, eine wachsende Kluft entsteht. Ich sage etwas und fühle etwas anderes. In der Öffentlichkeit bin ich ganz ruhig, allein bin ich ein Nervenbündel. Es ist, als lebte ich einen Film, als wäre ich aus Celluloid – hauchdünn und zerbrechlich. Aber viele Menschen setzen so große Hoffnungen in diesen Film, haben ein so großes Interesse daran, dass ich mich genötigt fühle, die Fassade des Friedens und Vertrauens in mich und in Gott aufrecht zu halten. In Wirklichkeit verkümmere ich innerlich und löse mich immer stärker von der äußerlichen Joni, die so gut mit jedermann zurechtkommt.

»Jay! Judy!«, meine Stimme klingt ängstlich. Ich bin mitten in der Nacht von hämmernden Kopfschmerzen aufgewacht. Ich weiß, dass mit meinem Körper irgendetwas ganz und gar nicht stimmt.

Jay stolpert ins Zimmer. »Was ist los?« Sie sieht die Panik in meinen Augen. »Joni, du schwitzt ja entsetzlich!«

»Ich glaube, es ist mein Katheter. Er muss verstopft oder geknickt oder so was sein.« Ich atme tief und versuche, meinen Herzschlag zu kontrollieren. Jay erschrickt, schlägt hastig meine Decke zurück und dreht mich auf die Seite. Mein Bettzeug ist völlig durchgeschwitzt. Ich habe vor dem Zubettgehen einen halben Liter Wasser getrunken – das gehört zu meiner abendlichen Routine. Diese Flüssigkeit bin ich nicht wieder losgeworden, und jetzt leide ich unter Dysreflexie – eine gefährliche Reaktion bei Querschnittgelähmten, die Hirnblutungen hervorrufen kann.

»Ich wechsle ihn«, sagt Jay, »wir haben nicht viel Zeit.« Sie wühlt in der Kommode nach einem neuen Katheter, einer Spritze und einer Schere. In meinem Kopf hämmert es immer noch, und ich weiß, dass mein Blutdruck laufend steigt. Ich versuche, nicht an einen Schlaganfall zu denken.

In wenigen Minuten hat Jay einen neuen Katheter eingeführt. »Komm schon, komm schon, lauf, Blase, lauf«, flüstert sie nervös und beobachtet ängstlich, ob der Urin endlich durch den Schlauch fließt.

»Was ist? Warum funktioniert es nicht?«

»Ich weiß nicht, mein Gott, ich weiß nicht! Ich habe alles überprüft. Der Katheter muss fehlerhaft sein.«

Jetzt steht auch Jay die Panik ins Gesicht geschrieben. Sie weiß, wie gefährlich dieser Zustand ist. Die Ärzte haben uns davor gewarnt, und wir haben in den medizinischen Nachschlagewerken alles darüber gelesen. Aber heute passiert es uns zum ersten Mal.

Ich habe das Gefühl, dass mein Kopf von einem Eisenring zerdrückt wird. »O Gott, vergib mir, vergib mir«, murmle ich, weil ich glaube, dass ich sterben muss, und vorher noch um Vergebung bitten will.

Jay läuft zum Telefon und ruft den Fahrdienst der Filmcrew an. »Bitte schicken Sie die Sanitäter zu Joni, schnell!«

»Der Herr sei gelobt … der Herr sei gelobt …«, wiederhole ich, sooft meine Schmerzen und das mühsame Atmen es mir erlauben. Ich warte – darauf, dass die Sanitäter kommen oder dass der Blutdruck aufhört zu steigen oder dass mein Kopf zerspringt.

Auf der Fahrt ins Krankenhaus lässt der Druck um meinen Kopf nach. Der Urin muss angefangen haben zu fließen. Ich weiß, dass ich die Laken und die Trage beschmutze, aber es ist mir egal. Ich bin froh, dass ich keinen Schlaganfall erlitten habe. In der Notaufnahme bekomme ich einen neuen Katheter, und etwa eine Stunde lang wird mein Blutdruck überwacht, damit wir sicher sein können, dass er stabil bleibt.

Als wir uns auf den Rückweg machen, ist es bereits halb drei Uhr morgens. Ich witzele mit Jay und Judy darüber, dass wir in ein paar Stunden wieder fit und munter für die Aufnahmen sein müssen.

»Das kann nicht dein Ernst sein«, antwortet Jay erstaunt. »Meinst du nicht, dass du dir den Tag freinehmen solltest? Die Produktion kann warten. Keiner wird etwas dagegen haben, Joni.«

Ich denke über ihren Einwand nach, aber ich weiß, dass es mir besser gehen wird, wenn ich nicht zu Hause herumliege und darüber nachgrüble, was alles hätte passieren können. »Gut, machen wir einen Kompromiss«, schlage ich vor. »Wir schlafen aus. Wir fragen den Regisseur, ob wir erst mittags mit dem Drehen beginnen können.«

Im Bett spreche ich hastig ein paar Dankgebete. Schließlich muss ich – muss ich einfach – schlafen, um für den Nachmittag fit zu sein. Ich kämpfe gegen die Schuldgefühle an und hoffe, dass Gott Verständnis hat.

Später am Tag, als wir am Set eintreffen, ist die Crew ungewöhnlich still. Kein »Wie geht's, Kindchen?«. Offenbar haben sie schon von dem mitternächtlichen Notfall gehört. Ich nehme an, ich sehe sehr müde aus. Judy träufelt mir etwas in die Augen, damit sie nicht so rot aussehen. Weil die Zeit knapp ist, beginnen wir gleich mit der ersten für heute geplanten Szene: Nr. 648, eine Szene gegen Ende des Films, in der mir klar wird, dass mein Leben nie mehr dasselbe sein wird.

JONI: »Es geht mir gut. Ich kann noch immer fühlen.«
Cut zu Jay.
JONI: (fährt fort): »Und immerhin bin ich noch am Leben. Lass mich einfach eine Weile allein.«

Als die Szene abgedreht ist, lehne ich höflich Judys Vorschlag ab, ein Nickerchen oder für heute sogar ganz Schluss zu machen. Sie und Jay können mich nicht verstehen. Ich habe eine Aufgabe – ich kann die Leute hier nicht hängen lassen. Mit dem Druck werde ich schon fertig.

Und tatsächlich, ich scheine den Druck auszuhalten, solange wir drehen – über sechs Monate. Am letzten Tag veranstaltet die Produktionsgesellschaft eine große Party. Überall stehen Platten mit Hors d'Oeuvres, Flaschen mit prickelndem Apfelwein und Punschbowlen herum. Alle sind ausgelassen und trinken auf den erhofften Erfolg des Films.

Ich bin mit ganzem Herzen dabei und danke jedem einzelnen Crewmitglied. Doch innerlich, hinter meinem Lächeln, bin ich erschöpft, völlig ausgebrannt. Ich habe jedes Quäntchen Kraft verbraucht und kann es kaum erwarten, nach Hause zu kommen. Nicht in das kleine Mietshaus in Burbank, sondern auf die Farm in Maryland.

Auf dem Flug zurück in den Osten lehne ich mich gegen die Kopfstütze und denke darüber nach, was mich erwartet. Jetzt gehört der Film nicht mehr zu meinem Alltag. Andere Leute haben die Sorge für ihn übernommen: die Cutter, die Filmmusiker und andere Techniker. Zum Schluss wird er dann den Werbe- und Vertriebsleuten und Verteilern übergeben werden. Alle werden hoffen, dass er seine Wirkung auf die Menschen nicht verfehlt und, wie Billy Graham es vorausgesagt hat, das Leben vieler ändern wird.

Doch jetzt muss zuerst einmal die Schminke jener Siebzehnjährigen auf der Leinwand abgekratzt werden, und auch ihre lang zurückliegenden Erfahrungen gehören abgeschüttelt. Irgendwie muss ich da weitermachen, wo ich vor einem Jahr aufgehört habe.

Etliche Stunden später kommen die schneebedeckten Felder von Westmaryland in Sicht. Unsere Farm wirkt mit den weißen Schneewehen, die bis zum Wohnhaus mit seinen von Kerzenlicht erhellten Fenstern reichen, wie ein Postkartenmotiv. Die Pferde tragen ihr Winterfell und pflügen neben dem Stall durch den Schnee, und in dicke weiße Mäntel verpackte Kiefern geben dem Winterbild den rechten Rahmen.

Jay fährt uns vom Flughafen durch den Schneematsch auf dem Highway, bis wir auf die Landstraße zur Farm abbiegen. Im Haus gucke ich um die Ecke in mein Arbeitszimmer, wo meine Staffelei steht. Die Bücher auf meinem Schreibtisch liegen noch genau so da, wie ich sie verlassen habe, und ein ganzer Stapel Briefe harrt der Erledigung. Die Keramikgefäße mit meinen Pinseln und Farben erwarten mich ebenfalls. Mein Skizzenblock liegt offen auf der Staffelei. Das oberste Blatt ist leer.

Es ist 1978, tiefster Winter, und seltsamerweise fühle ich mich leer wie das weiße Blatt von meinem Block.

Am nächsten Tag beschließe ich energisch, an mein altes Leben anzuknüpfen. Meinen Anrufen bei Freunden ist allerdings wenig Erfolg beschieden – die einen sind bei der Arbeit, die anderen noch in der Schule, manche haben Ferienjobs angenommen. Steve Estes ist noch auf dem College, und der Wetterbericht sagt für heute Abend Eisregen voraus.

Also gut, werde ich eben zu meiner Staffelei zurückkehren – es ist Monate her, dass ich etwas gezeichnet habe. Ich bin völlig aus der Übung, und als ich anfange, wirkt alles irgendwie falsch.

Jedes Mal, wenn ich versuche, meinen Stift auf das Papier zu drücken, fängt nach kurzer Zeit mein Nacken an zu schmerzen. Warum bin ich so verspannt? Was stimmt nicht mit mir?

Die Tage vergehen, und es fällt mir immer noch schwer zu zeichnen. Auch aufs Lesen kann ich mich nicht konzentrieren. Eines Nachts im Bett gucke ich mir einen alten Burt-Lancaster-Film an, *Der Gefangene von Alcatraz*. Diese Geschichte einer lebenslangen Gefangenschaft berührt mich tief, und jedes Mal, wenn einer der kleinen Vögel durch das Gitter des Zellenfensters flattert, bildet sich ein Kloß in meiner Kehle. Die Kamera zoomt sich auf das Gesicht des Vogelmannes, der zusieht, wie seine geliebten Freunde durch das Gitter hinausfliegen und wieder herein, hinaus, herein. Sein Gesichtsausdruck ist so leicht zu lesen: O, ich wünschte, ich wäre frei und könnte fortfliegen!

Wieder einmal hat ein Film mich getroffen – zu tief getroffen. Panik und Klaustrophobie packen mich, das Atmen fällt mir schwer. Die alte Angst überfällt mich, weil ich flach auf dem Rücken liege und mich nicht bewegen kann.

»Jay, komm schnell«, japse ich.

In Sekundenschnelle ist Jay an meinem Bett. »Was ist los?«

»Setz mich auf, setz mich auf!« Jay legt ihre Arme um mich und bringt mich in sitzende Haltung.

»Drück meinen Bauch! Hilf mir atmen!«

Sie hilft mir. Eine Minute später lässt der Panikanfall nach.

»Was ist passiert?«, fragt Jay, als sie mich langsam zurücklegt.

»Ich weiß nicht«, keuche ich, »ich fühle mich ... als ob ich ... im Gefängnis wäre.«

Jay schaut mich eine Weile an. Sie streicht mir das Haar aus der Stirn und sagt leise: »Hab keine Angst. Alles ist in Ordnung.«

Einige Tage später sitze ich wieder vor der Staffelei, aber meine Bemühungen sind nach wie vor erfolglos. Ich frage mich, ob ich meine Begabung verloren habe oder ob ich zu erschöpft bin, um jemals wieder kreativ zu sein. Ich verpfusche einen halben Skizzenblock, und meine alte Feindin, die Panik, hebt ihren Kopf. Ich starre auf meine dilettantischen Versuche, die mir höhnisch ins Gesicht zu lachen scheinen. *Ich kann nicht einmal mehr eine gerade Linie ziehen!*

Plötzlich überwältigt mich wieder die Angst. »Jay« – ich will nach meiner Schwester rufen, aber ich kriege keine Luft. Ich spucke den Stift aus und starre mit weit geöffneten Augen auf die zittrigen Linien auf dem Skizzenblock. Ich spüre, dass ich über einen Rand gestoßen werde. Das Nächste, was ich weiß, ist, dass ich meine Schulter gegen die Staffelei lehne und mit dem Arm über den Tisch wische. Block, Stifte, Bücher, alles fliegt durcheinander, gegen die Wand oder auf den Boden. Der Lärm alarmiert Jay, die im Nebenzimmer Staub saugt.

»Ich kann nicht zeichnen! Ich kann überhaupt nichts!«, schreie ich hysterisch. Jay steht sprachlos da, sieht auf die Bescherung am Boden, ein lebendes Fragezeichen.

Ich schüttle den Kopf und schluchze: »Ich weiß nicht, wer ich bin ... ich weiß nicht, wer ich bin ... ich weiß nicht, wer ich bin ...« Meine Nase läuft. Kläglich sehe ich meine Schwester an und wiederhole: »Ich weiß nicht, wer ich bin ...«

Der Sommer 1979 schien erfüllt vom Duft der Apfelblüten. Der Juni ist in Maryland eigentlich nicht Apfelblütenzeit, aber in diesem Jahr wirkte es so. Ich war wieder der Schössling, dünn und grün, aber ich wuchs und wurde mit jedem Tag ein bisschen stärker. Immer, wenn ich wieder ein oder zwei Pfund zunahm, konnte ich den Schnitt an der Pfropfstelle spüren, wie er sich tiefer in das saftige Holz meiner Seele schnitt.

Das Filmen war nicht so einfach und problemlos gewesen, wie ich erwartet hatte. Erst viel später wurde mir klar, dass ich in den letzten Monaten der Drehzeit an einer schweren Depression gelitten hatte. Doch das lag nun hinter mir. Ich nahm wieder zu und fand auch meine Ruhe wieder. Manchmal ertappte ich mich dabei, wie ich ein altes Kirchenlied vor mich hin summte: »Jesus, I am resting, resting in the joy of what Thou art ... I am finding out the greatness of Thy loving heart.« Wie bitter hatte ich die Ruhe nötig! Ich erkannte, dass die Worte Jesajas genau auf mich zutrafen: »Denn so spricht Gott, der Herr, der Heilige Israels: Wenn ihr umkehrtet und stille bliebet, so würde euch geholfen; durch Stillesein und Hoffen würdet ihr stark sein.«

Mit der Ruhe kam auch die Reue. Im Laufe des Jahres, das wir gedreht hatten, hatten sich eine ganze Menge Triebe gebildet, und wie mein Onkel Don es mit seiner Obstplantage hielt, musste auch ich Inventur machen und feststellen, was bleiben durfte und was weggeschnitten werden musste. Dinge wie die Vernachlässigung von Gottes Wort ... der leichtfertige Umgang mit dem Beten ... die überzogene Vorstellung von meiner eigenen Wichtigkeit ... und vor allem das Gefühl, ich könnte mein Leben nach der Stoppuhr führen. Ich bereute dies alles zutiefst und bat Gott um seine Kraft.

Der Film *Joni* führte weiter ein Eigenleben. Er wurde in fünfzehn Sprachen synchronisiert und von Millionen Menschen auf der ganzen Welt gesehen. Und wenn die Menschen sahen, wie ein junges Mädchen mit ihrem schweren Schicksal leben lernte und Vertrauen zu Gott gewann, fanden Tausende von ihnen zu Jesus Christus.

Diese Tatsache erfüllte mich mit tiefster Demut. Ich wusste nur zu genau, dass es allein Gottes Werk war, nicht meines, fiel es mir doch heute noch schwer, die Lektionen zu lernen, mit denen ich im Film rang. Deshalb antwortete ich auf die regelmäßig wiederkehrenden Fragen, ob ich nicht eine Fortsetzung des Films drehen wollte, stets: »Nein, es wird kein *Joni II*, kein *Jonis Rache* und kein *Jonis Sohn* geben.« Und ich war froh, dass ich hart blieb. Dies war eine Wegmarke, zu der ich nicht zurückkehren wollte.

Doch dafür gelangte ich mit meinen neunundzwanzig Jahren an einen neuen Meilenstein, der große Bedeutung für mich gewann. Er ließ sich mit den Worten aus Robs Lied beschreiben, die mir ursprünglich nicht so recht gefallen hatten: »Ich möchte dir danken ... für den Glauben, der mir die Freiheit lässt zu zweifeln und mir dennoch die Gewissheit schenkt, dass du da bist.« Ich hatte diese Zeile damals nicht verstanden, aber jetzt wusste ich, dass Rob Recht gehabt hatte. *Herr, ich danke dir, dass du groß genug bist, nicht nur mit meinen Zweifeln umzugehen, sondern auch mit meiner Sünde. Ich danke dir, dass du mir vergibst.*

In einer weiteren Zeile von Robs Lied hieß es: »Mit jeder Meile, die ich zwischen Vergangenheit und Zukunft zurücklege, lerne ich deine gütige Vorsehung besser kennen und finde mehr heraus, wer ich bin.« Ich hatte die Antwort auf meine unter Tränen vorgebrachte Bitte gefunden.

Während der Dreharbeiten in Kalifornien war etwas in mir gestorben – und zwar die Joni, für die ich mich damals hielt, eine Joni, die in geistlicher Hinsicht am Ziel angelangt war, die alles unter Kontrolle hatte, die mit jeder Belastung fertig wurde. Aber als diese Joni erst einmal gestorben, als der wilde Trieb auf die Wurzel zurückgeschnitten war, machte ich eine Entdeckung: Je näher ich Jesus kam, desto deutlicher fand ich heraus, wer ich war, im Guten wie im Schlechten, und desto deutlicher fand ich heraus, wer ich sein sollte.

Und siehe da, dies war die wirkliche Joni. Keine künstliche Figur, kein Drehbuchcharakter, sondern ein wirklicher Mensch. In der Ruhe, im Stillesein entfaltete sich langsam die Joni, wie sie gedacht war. »Mit jeder Meile, die ich zwischen Vergangenheit und Zukunft zurücklege, lerne ich deine gütige Vorsehung besser kennen und finde mehr heraus, wer ich bin.«

Ich finde heraus, wie Gott mich haben will. Wie Vater immer hoffte, dass ich sein würde, als er leise durch das Moskitonetz mit mir redete ... wie Mutter hoffte, dass ich sein würde, wenn sie mich unter den Augen der drei Engel zu Bett brachte. Die Antwort auf meinen Aufschrei: »Wer bin ich?« schien auf einer würzigen Brise aus einem Kiefernwäldchen oder mit einem Apfelblütenhauch im Frühling zu mir zu kommen und zu flüstern: *Denn du bist gestorben, und dein Leben ist jetzt mit Christus in Gott verborgen.*

Wer ich bin ... ist in Christus verborgen.

So ist der Rollstuhl tatsächlich eine Gabe, ein Geschenk geworden. Er ist noch immer meine Eintrittskarte ins Abenteuer. Und das Beste kommt erst noch.

Kapitel 20

Der Geist Gottes, der Jesus von den Toten auferweckt hat, lebt in euch. Und so wie er Christus von den Toten auferweckte, wird er auch euren sterblichen Körper durch denselben Geist lebendig machen, der in euch lebt.

Römer 8,11

Wusste sie denn nicht, dass sie auf dieser Eisscholle sterben musste?«, fragte ich naiv. Ich konnte das Bild der alten Eskimofrau, die da mitten im wirbelnden Schneesturm saß, nicht vergessen.

Vater hatte meine Schwestern und mich in den Film *The Savage Innocents* mitgenommen, aber auch er hatte nicht damit gerechnet, dass er eine so verstörende Szene enthalten würde. Eine alte Eskimogroßmutter war zu schwach, um weiter mit ihrer Familie durch die schneebedeckte Wildnis zu ziehen. Sie wurde zurückgelassen, zum sicheren Tod verurteilt.

»Sie wusste, dass ihre Zeit gekommen war, Schatz«, versuchte mein Vater mir zu erklären. Ich hielt seine Hand fest umklammert, als wir zum Auto zurückgingen, und überlegte, wie viele Jahre ich wohl noch hatte, bis ich so alt war wie die Eskimofrau.

Auf dem Heimweg sprachen wir über den Film. Ich weiß zwar nicht mehr genau, was Vater damals sagte, aber ich bin sicher, dass er die gleiche Entscheidung getroffen hätte, wenn er an der Stelle dieser alten Indianerin gewesen wäre. Wir – seine Eskimokinder – hätten bitten und betteln können, so viel wir wollten, er hätte die Arme verschränkt, gegrunzt und sich auf die Eisscholle gesetzt, wie die Frau in dem Film. So war er eben – er hatte keine Angst vor dem Tod, auch damals nicht, als er ihm auf dem Pikes Peak ins Gesicht sah.

Ich hatte nicht mehr an diesen Film gedacht – bis zum Frühjahr 1990. Unsere ganze Kindheit über war das Bild dieser alten

Frau ein erschreckender Alpdruck geblieben, den meine Schwestern und ich immer wieder zu verdrängen versuchten. Doch jetzt lag unser Vater im Sterben. Er war neunzig Jahre alt. Wie konnte Vater so alt sein; wie konnte das geschehen? Wo waren die Jahre geblieben?

Die Sonne ging unter, der Abendstern erschien am Himmel. Vater war im Begriff, seinem Steuermann zu begegnen; er war im Begriff, die Grenze zu überschreiten.

Das bedeutete Dämmerung und Abendläuten für Millionen Erinnerungen, die mein Vater mitnehmen würde ...

Weißt du noch, als ich mit meinem Malbuch zu deinen Füßen saß und versuchte, so zu malen wie du? Wie du mich auf Thunder gesetzt hast? Weißt du noch die Nachmittage am Strand, als du mich an der orangefarbenen Rettungsweste festhieltest und mich auf den Wellenkämmen reiten ließest? Wie du immer »Laard« gesagt und »Let the Lower Lights Be Burning« gesungen hast?

Ich erinnere mich noch gut an die Nacht, in der ich von einem misstönenden lauten Brummen aus den Bäumen vor meinem Schlafzimmerfenster geweckt wurde. Vater und ich lehnten uns über den Fenstersims, und er leuchtete mit der Taschenlampe hinaus ins Dunkel. Damals wurde ich Zeuge der wundersamen Wanderung der Siebenjahres-Heuschrecken, die sich aus den Tiefen der Erde emporarbeiten und auf der Suche nach einem Gefährten die Bäume hinaufklettern. »Das geschieht nur alle sieben Jahre«, staunte mein Vater.

Diese und andere Erinnerungen waren im Laufe der Jahre verblasst wie alte Fotografien. Jetzt hatte ich Angst, dass sie mit meinem Vater zusammen ganz verschwinden würden. *Das kann nicht, darf nicht sein! Mein Vater – fort?*

Unser schönes, rustikales Haus – das Heim der gemalten Engel, in dem noch heute tausend Echos kleiner trippelnder Füße zu hören waren, die Verstecken spielten – stand zum Verkauf. Das Geschenk meines Vaters an seine Familie, das geräumige Heim aus Holz und Ziegeln, mit massiven Feuerstellen und Gewölbedecken, mit Bärenfellen und den Glocken an der Hintertür, die uns zum Abendessen riefen, mit der Einfahrt, in der wir »Himmel und Hölle« gespielt hatten – das alles würde fort sein. Mutter schaffte es einfach nicht, in dem weitläufigen Haus für Vater zu sorgen.

Sie zog mit ihm zusammen nach Florida, wo er in einem hübschen kleinen Pflegeheim unterkam und sie nur ein paar Straßen weiter im Haus von Onkel Eddie wohnen konnte. Jeden Morgen ging sie zu Vater ins Heim und versorgte ihn, und abends, nachdem er zu Bett gebracht worden war, ging sie wieder nach Hause. Meine Schwestern und ich kamen oft zu ausgedehnten Besuchen und unterstützten sie nach Kräften.

Meine Mutter tat, was sie schon für ihre Mutter getan hatte, dann für Tante Lee, als diese Krebs hatte, für Kelly und für mich während der Monate, die ich im Krankenhaus war. Sie widmete sich ganz Vaters Pflege und machte sich daneben noch nützlich, wo sie konnte. Wenn zum Beispiel für den Nachmittag ein Bingospiel angesagt war, trug sie dafür Sorge, dass alle Bewohner eingeladen wurden. Wenn ein Sonntagnachmittagsgottesdienst stattfand, sorgte sie dafür, dass drei Mal so viele Besucher kamen wie sonst. Niemand hat wohl das Verdienstabzeichen für ehrenamtliche Helfer, das sie vom Direktor des Heims bekam, mehr verdient als meine Mutter.

Aber auch sie konnte nichts tun, um das Gespenst des Todes abzuwehren. Vaters eingeschrumpfte, knochige Gestalt war nur noch ein Schatten seiner früheren kräftigen Statur, und eine ununterbrochene Reihe kleiner Schlaganfälle hatte die Klarheit seines furchtlosen Geistes getrübt, der jetzt nur noch selten aus seinen blauen Augen hervorblitzte.

Wenn ich nun neben ihm saß und ihn über das Bettgeländer beobachtete, empfand ich tiefe Dankbarkeit für die unzähligen Male, da er mir nach meinem Unfall im Krankenhaus neuen Mut gemacht hatte, wenn ich mich schon aufgeben wollte. Dann stand er an meinem Bett, umklammerte das Bettgeländer, dass die Knöchel seiner Hand weiß hervortraten, und flüsterte mir mit Tränen in den Augen zu: »Joni, es geht dir von Tag zu Tag besser und besser und besser ...«

Ganz tief in meinem Innern hatte ich gehofft, dass er Recht behalten würde. Ich hatte gehofft, dass der Arzt ihm etwas gesagt hatte, was ich nicht wusste, dass die Lähmung sich wieder zurückbilden würde und es mir irgendwann wirklich besser gehen würde. In Wirklichkeit änderte sich jedoch an meinem Zustand nichts, absolut nichts, aber das wollte mein Vater nicht wahrhaben. Und im Rückblick hatte er sogar Recht. Es ging mir mit jedem Tag besser – vielleicht nicht äußerlich, aber innerlich.

»O Johnny«, flüsterte ich, »ich wünschte, es könnte dir auch wieder besser gehen.«

Ich sah zu, wie die leichte Bettdecke sich mit jedem seiner schweren Atemzüge hob und wieder senkte und dachte daran, wie er mich in der ganzen Zeit meiner Behinderung getröstet und mich aufgerichtet hatte. Er war so stolz in jener Nacht des Jahres 1979, als der Film *Joni* im Baltimore Civic Center Premiere hatte, und konnte es kaum fassen, dass er tatsächlich Billy Graham kennen lernen sollte. Er stand mir bei in den langen Monaten nach dem Abdrehen des Films, in denen ich meine Kraft nur langsam wiedergewann, und half mir, als ich mit Judys Unterstützung begann, mich der Flut von Briefen, Einladungen und Anfragen zu widmen, die aus der ganzen Welt eintrafen. Die Organisation, die wir zu diesem Zweck gründeten und die damals noch in den Kinderschuhen steckte, nannten wir *Joni and Friends*.

Er war einverstanden, dass ich meinen Wohnort nach Südkalifornien verlegte und in der Nähe des Hauses, das ich dort bezog, ein Büro eröffnete. Er freute sich, als ich Unterricht bei Jim Sewell, dem Artdirector des Films *Joni*, nahm. Er war begeistert, als ich ankündigte, dass ich lernen wollte, ein Wohnmobil zu fahren, ja er zuckte sogar kaum zusammen, als ich sagte: »Es hat nicht einmal ein Lenkrad!« Vor allem aber war ich ihm dankbar, dass er lange genug lebte, um den Mittelgang der Kirche mit mir hinunterzuschreiten und mich meinem Mann zuzuführen.

Mein Vater und meine Mutter waren ebenso erfreut wie erstaunt, als ich ihnen 1980 einen jungen Mann namens Ken Tada vorstellte, den ich in der Kirche kennen gelernt hatte. Sie mochten ihn zwar auf Anhieb, fragten sich aber natürlich, warum um alles in der Welt dieser kräftige, gut aussehende Mann sich zu ihrer an den Rollstuhl gefesselten Tochter hingezogen fühlte.

Im Sommer 1981 wollten wir alle zusammen zelten, um vertrauter miteinander zu werden. Als wir mein Wohnmobil beluden, beobachteten Vater und Mutter diesen Amerikaner japanischer Abstammung mit Argusaugen. Ken setzte sich ans Steuer – oder vielmehr an den Joystick, und wir fuhren aus dem San Fernando Valley hinauf auf die Hochebene der Wüste, an dem Städtchen Mojave vorbei, heraus aus den heißen Ebenen ins Hinterland der kühlen High Sierras. Unser kleiner Campingplatz lag im Schatten des Mammoth Mountain. Wir schlugen unsere Zelte zwischen zwei türkisblauen Seen am Fuß eines Ponderosa-Kiefernwäldchens auf.

Vater konnte wegen seiner Arthritis nicht mithelfen, die Zeltpflöcke einzuschlagen. Er setzte sich in einiger Entfernung hin und sah Ken zu, der geschickt sein Beil handhabte. Später suchte ich mit Vater zusammen nach Feuerholz und Tannenzapfen. Mein Rollstuhl war das perfekte Transportmittel für kleine Äste, und Vater lächelte, als Ken sich zu uns gesellte, um uns zu helfen.

»Möchtest du vielleicht morgen mit mir angeln gehen?«, fragte Ken. Vater strahlte. Neben den vielfältigen Outdooraktivitäten, die er zeit seines Lebens betrieben hatte, war das Angeln immer etwas zu kurz gekommen.

Am nächsten Morgen mietete Ken zwei Boote am Lake George Bootshaus – eines für meine Eltern und Judy und eins für uns beide. Im Handumdrehen hatte er einen alten Strandstuhl in unser Boot gestellt, und Vater sah mit großen Augen zu, wie er mich geschickt aus dem Rollstuhl hob und ins Boot setzte. Wir stießen ab, ließen den Motor an und hielten langsam auf das schattige Ufer am anderen Ende des Sees zu, wo die Fische besonders groß sein sollten.

Wir wählten einen Platz, und Ken kettete die beiden Boote am Bug aneinander. Dann versah er zwei Angelruten mit Haken und Ködern, wobei er Wörter wie »auswerfen« und »einholen« benutzte. Meine Eltern guckten ihn an, als spräche er eine Fremdsprache. Er präparierte auch für mich eine Angelrute und warf die Schnur weit hinaus. »Hier«, sagte er dann und befestigte die Rute an meinem Strandstuhl, »die ist für deinen Fisch.«

»Aber ich habe die Leine nicht ausgeworfen. Das hast du gemacht.«

»Ja. Und du wirst sie auch nicht einholen. Aber du hältst sie und passt auf, und deshalb ist es dein Fisch.«

Unsere beiden Boote trieben langsam auf dem vom leichten Wind gekräuselten See nebeneinander her, und wir plauderten und tranken Limonade. Plötzlich schrie Mutter laut auf. An ihrer Leine zappelte und kämpfte ein Fisch, aber sie musste sich abwenden, weil sie es nicht mit ansehen konnte. Ken grinste und erklärte ihr, wie sie ihn einholen musste. Mutter fing gehorsam an zu kurbeln, weigerte sich aber immer noch hinzuschauen. Ken holte die Forelle schließlich mit dem Netz für sie aus dem Wasser, und wir versuchten, unsere Aufregung zu verbergen, damit die Angler, die aus einiger Entfernung hersahen, nicht merkten, dass wir völlige Anfänger waren.

Ich wurde zur »Halterin der Fische« ernannt. Ken fädelte die Forelle an den Kiemen durch einen metallenen Kleiderhaken und befestigte diesen an meiner Armschiene. Ich ließ die Hand ins Wasser hängen und sah zu, wie meine gefangenen Fische neben unserem treibenden Boot her schwammen. Sie taten mir Leid. Ich gab jedem einen Namen und hoffte, Ken überreden zu können, zum Abendessen Steaks statt Fische zu grillen.

Es war unbeschreiblich entspannend, zuzuhören, wie das Wasser leise gegen das Boot schwappte, und sich dem leichten Schaukeln zu überlassen. Ich musste immer wieder zu Ken hinüberschauen, der vorn saß und wie gebannt auf die Wasseroberfläche starrte, unter der seine Leine verschwunden war. Unter seinem dicken schwarzen Haar strahlten dunkelbraune Mandelaugen. Er lächelte gern und hatte einen breiten Rücken. Aus seinem Umgang mit der Campingausrüstung konnte man schließen, dass er Geduld hatte. Sein Wesen schien mir so rein und klar wie dieser See. *Er kennt den Herrn. Und er liebt meine Familie. Hmmm.*

Wir trafen uns nun seit etwa einem Jahr. Ken war unter den Zuhörern gewesen, als ich bei einer Versammlung von Young Life in der Nähe von Los Angeles sprach, und hatte mich anschließend zum Essen eingeladen. Als ich wegen einem Druckgeschwür einen Monat ans Bett gefesselt war, gelang es Ken, meine Staffelei so über meinem Bett aufzustellen, dass ich weitermalen konnte. Er überredete mich auch, in Disneyland das Matterhorn hinunterzufahren. Er setzte mich in den Doppelschlitten, fasste mich um die Taille – und an mehr erinnere ich mich leider nicht. Ich hielt die Augen die ganze Fahrt über fest geschlossen und kreischte wie verrückt. Wenn er an einem Tennisturnier teilnahm, hielt er jedes Mal auf der Zuschauertribüne nach mir Ausschau. Wir waren rasch Freunde geworden, und vor kurzem hatte er angefangen, von Heirat zu sprechen.

»He, alle mal herschauen. Ich hole noch einen raus!« Mutter fand allmählich Gefallen am Angeln und warf die Leine nach einer zweiten Forelle aus. Ken und mir fiel auf, dass mein Vater uns den Rücken zugewandt hatte und intensiv mit irgendetwas beschäftigt schien. Hin und wieder hörten wir ihn etwas murmeln, und wenn wir zu ihm hinübersahen, schüttelte er den Kopf. Schließlich sprang Ken zu meinen Eltern ins Boot, um nachzusehen, was da los war. Entsetzt hielt er Vaters Leine hoch, die voller Knoten war. Mein linkshändiger Vater hatte seine Leine rückwärts eingeholt. Mutter, Judy und ich konnten nicht anders, wir platzten los. Unser Lachen hallte weithin über den See. Ken drohte Vater mit dem Finger. Als wir Mittagspause machten und Sonne, See und Sandwichs genossen, war er immer noch mit Entknoten beschäftigt.

Eine Stunde lang arbeitete er beharrlich und geduldig, zog hier ein wenig und schob dort ein Ende durch eine Schlaufe. Mutter wollte, dass er aufhörte und sich auch ein bisschen ausruhte, aber er war zu sehr in seine Aufgabe vertieft. Und je länger ich ihm zusah, desto beeindruckter war ich.

Inzwischen hatten wir eine Unmenge Fische gefangen, und Ken hakte die Kette aus, die die beiden Boote verband. Meine Eltern und Judy merkten anfangs kaum, dass sie dabei waren, sich von uns zu entfernen, so sehr waren sie mit Auswerfen und Einholen und dem Spinnen von Seemannsgarn beschäftigt.

Ken setzte sich ins Heck unseres Bootes, löste die Ruder und fing langsam an zu rudern, bis wir uns ein Stück von den andern entfernt hatten. Dann legte er die Ruder über seine Knie und ließ unser Boot treiben. Wir drehten uns langsam im Wasser, bis Kens Kopf die Nachmittagssonne verdunkelte und diese einen goldenen Heiligenschein um sein Gesicht legte. Ich konnte seine Gesichtszüge nicht erkennen, nur die dunkle Sonnenbrille und das Weiß seines Lächelns. Er sah sehr anziehend aus in seiner Anglerweste, den Khakishorts und der roten Bandana, die er sich um den Hals geknotet hatte.

»Möchtest du etwas hören, das ich in meinem Kopf geschrieben habe?«, wagte ich mich vor.
Ken nickte.
»Es ist ein Lied. Es ist noch nicht fertig, aber –«

O High Sierras, weiß behelmte, ewige Gipfel,
bunte Bergtäler, Pinien, alle preisen
den Gott, der sie schuf, und eure Rotholzbäume
erzählen mir euer Geheimnis, High Sierras, nur mir.

»Das ist schön«, flüsterte Ken. Und unvermittelt fügte er hinzu: »Ich liebe dich, Joni.«
Ich lächelte, antwortete aber nicht.
»Seit ich dich vor einem Jahr gesehen habe, als du den Vortrag gehalten hast.«
Ich hob meinen Arm aus dem Wasser und zeigte ihm die Leine mit den Fischen, die daran hing.
»Wechsle nicht das Thema«, sagte er.
Ich ließ meinen Arm wieder ins Wasser fallen.
»Weißt du was?«, sagte ich. »Ich liebe dich auch.«
Jetzt war die Reihe zu lächeln an ihm. Er sagte nichts mehr. Wir ließen das Boot treiben, genossen die Stille und die Gegenwart des anderen. Nach einiger Zeit fing Ken wieder an.
»Es könnte funktionieren.«
Ich blickte fragend auf.
»Ich habe Judy all die Monate zugeschaut, wie sie dir geholfen hat. Ich weiß, dass ich das genauso gut für dich tun kann wie die anderen.«
»Du sprichst von Heirat?«
»Unser gemeinsames Leben …«, begann er.
Der Gedanke verursachte mir eine Gänsehaut – aber ihm auch, wie ich deutlich sehen konnte.
»… es könnte ein wahrer Dienst für den Herrn sein.« Er lehnte sich nach vorn und drückte die Zehen meiner Mokassins.
Ich schüttelte vorsichtig den Kopf.
»Du hast gerade gesagt, dass du mich liebst.«
»Ja, aber …«, ich lächelte nervös, »na ja, eine Heirat ist ein großer Schritt. Ich bin Tetraplegikerin. Ich kann weder Hände

noch Beine gebrauchen. Da wäre also die Behinderung ... und ... und ... Joni and Friends ... und ...«

Es war die Art Gespräch, von der man das ganze Leben träumt, und plötzlich, wenn es so weit ist, stottert man, als hätte man nie auch nur einen Gedanken an Heirat und Ehe verschwendet. Eine Ehe war schon an sich keine leichte Sache – aber wenn einer der Ehepartner unter Tetraplegie litt, dann bedeutete das nicht Entlastung, sondern die massive Konfrontation mit Erschwernissen und Anforderungen in allen Bereichen. Ein fortwährendes Opfern und Selbstaufopfern. Ein ständiges An-den-anderen-Denken, tagein, tagaus. Es würde sehr schwierig sein, Dinge zu finden, die wir wirklich zusammen *tun* konnten.

Ich wollte nicht, dass mein Jawort davon abhing, ob wir eine Lösung für alle diese Probleme fanden. Es wäre kein richtiges »Ja«, wenn Bedingungen daran geknüpft waren.

Der Sommer ging; es wurde Herbst. An einem regnerischen Nachmittag im November 1981 kam Ken in mein Studio. Er blieb stehen, um den Topf mit den roten Geranien zu bewundern, die ich gerade malte. Überall im Zimmer war Rot – Tuben mit roter Farbe, rote Flecken auf Tüchern, rot gefärbte Pinselborsten, Flecken an der Wand, wo ich die Farbe ausprobiert hatte, das Öl auf der Leinwand. Er berührte meine Staffelei, seufzte und drehte sich zu mir um.

»Joni, willst du mich heiraten?«

Plötzlich erglühte der ganze Raum in der Aura der warmen roten Farbe. Das Phänomen raubte mir schier den Atem, und ich antwortete: »Ja.«

Die nächsten acht Monate, bis Juli 1982, war jeder wache Augenblick den Hochzeitsvorbereitungen gewidmet. Dazu gehörte auch die feierliche Entgegennahme der Hochzeitsgeschenke. Anfangs kam ich mir in meinem sperrigen Rollstuhl zwischen den vielen liebevoll verpackten Geschenken und erlesenen Dekorationen recht linkisch vor. Um mich herum türmten sich die Gaben, und zwei kleine Töchter von Freunden genossen die Ehre, sie für mich auspacken zu dürfen.

Die Menschen hatten uns Töpfe, Pfannen und Kasserollen, eine Kaffeemaschine und ein Bügelbrett geschenkt. Eines der Mädchen mühte sich, ein neues Bügeleisen aus dem Karton zu befreien, und hielt es mit beiden Händen hoch, damit es alle sehen konnten. Dann drehte sie sich zu mir um und fragte aufrichtig besorgt: »Kannst du das denn gebrauchen, Joni? Deine Hände funktionieren doch nicht.«

Es wurde totenstill im Zimmer.

»Weißt du, ich werde dieses Bügeleisen genauso benutzen wie die Topfhandschuhe dort drüben.«

»Wie denn?«, fragte sie und setzte das schwere Eisen ab.

»Indem ich mir die Hände von jemand anderem leihe. So wie ich mir jetzt deine leihe, um diese Geschenke auszupacken.«

Sie dachte einen Augenblick nach und schien dann zufrieden zu sein. Als sie sich dem nächsten, geschmackvoll verpackten Päckchen zuwandte, ging ein Seufzer der Erleichterung durch die Gäste. Doch dann hielt das Mädchen ein wunderschönes, langes, nachtschwarzes Satinnachthemd hoch. Wieder wurde es ganz still.

Ich merkte deutlich das Unbehagen. »Keine Sorge, meine Damen«, spöttelte ich, »auch darum werden sich andere Hände kümmern.« Alle lachten.

Ich spürte, dass dies ein denkwürdiger Augenblick war. Irgendwie hatte Gott mir nicht nur ermöglicht, ihn und seinen Willen freudig anzunehmen, er hatte auch bewirkt, dass ich die Ängste meiner Mitmenschen beruhigen konnte.

Nachdem die Geschenke alle geöffnet und Punsch und Gebäck herumgereicht worden waren, war es Zeit, dass ich eine kleine Ansprache hielt. Ich blickte nachdenklich auf all die Frauen, die ich so mochte – neue Freundinnen, die ich kennen gelernt hatte, seit ich nach dem Abdrehen des Films nach Kalifornien umgezogen war – und beschloss, ein Stück von mir selbst zu offenbaren.

»Kurze Zeit nach meinem Unfall – das ist jetzt fünfzehn Jahre her – war die Vorstellung, dass ich je heiraten könnte, entsetzlich für mich. Und zu meinen größten Ängsten in diesem Zusammenhang gehörten – auch wenn das heute albern klingt – die Hochzeitsgeschenke. Ich hatte schreckliche Angst, in einem Zimmer voller Freundinnen und Bekannter sitzen zu müssen und meine Geschenke nicht auspacken, ja nicht einmal die Geschenkbänder aufknüpfen zu können.«

Mit einem Mal hörten meine Gäste auf, Punschgläser einzusammeln. Ein paar kamen aus der Küche zu uns herein. Ich starrte auf den Karton mit zerknülltem Geschenkpapier neben meinem Rollstuhl.

»Ich hatte solche Angst, dass ich vielleicht ein Bügeleisen bekommen würde, und alle würden wissen, dass ich es nicht benutzen kann. Aber in der Bibel heißt es, dass die ›vollkommene Liebe alle Angst vertreibt‹. Und ich spüre, dass ihr alle mir solche Liebe entgegenbringt – jede Einzelne von euch.«

Ich sah mich um und sah Kens Mutter und Schwester, meine neuen kalifornischen Freunde und Freundinnen, meine Schwestern und ein paar ehemalige Klassenkameradinnen aus der High School.

»*Und*«, fügte ich hinzu und schaute mein schwarzes Nachtgewand an, »ich freue mich über alles, was Gott in meinem Leben tut, ob meine Hände nun ein Bügeleisen halten können oder nicht.«

Unsere Hochzeit war anders als alle anderen, da bin ich ganz sicher. Es begann schon im Brautzimmer der Kirche, wo meine Freundinnen mich auf ein Sofa legten. Sie mussten meinen gelähmten Körper viele Male drehen und wenden, bis sie mir das bauschige Hochzeitskleid übergestreift hatten. Nachdem ich ins Korsett gesteckt, zugeknöpft und wieder in den Rollstuhl gesetzt worden war, drapierten sie das Gewand sorgsam über ein dünnes Drahtgestell, das die Räder meines Rollstuhls bedeckte, damit der Stoff sich nicht in den Speichen verfing.

Als die Orgel zu spielen begann, rollte ich zur Tür, wo ich für einen Augenblick vor einem bis zum Boden reichenden Spiegel anhielt. Ich sah ein bisschen wie ein Festwagen in der Rosenparade aus.

Die Glastüren des Kirchenschiffs schwangen auf, und ich hielt ganz oben am Mittelgang. Ich musste tief durchatmen; meine Nerven flatterten. Vater sah in seinem grauen Anzug mit Windsor-Krawatte blendend aus. Ich hatte ihn noch nie so formell gekleidet gesehen – er mich im Übrigen auch nicht. Sein Lächeln sagte mir: *Du bist nicht mehr mein kleiner Kamerad, nicht mehr mein Cowgirl. Und ich freue mich darüber!*

Ich lehnte mich zu ihm hinüber und erklärte in lautem Flüsterton – immerhin musste ich die Orgel übertönen –, dass ich ganz langsam fahren würde, damit er mit mir Schritt halten konnte. Er gab Judy eine seiner Krücken und hielt sich an der Armlehne meines Rollstuhls fest.

»Du heiratest einen guten Mann, Schatzkind«, sagte er zu mir.

Von meinem Platz aus konnte ich John MacArthur, den Pastor unserer Kirche, und Steve Estes sehen, die beide vorn standen. Steve war den langen Weg aus Pennsylvania gekommen, um bei der Trauzeremonie zu assistieren, und ich musste lächeln, als ich mich an unsere Bibelstudien vor dem Herdfeuer erinnerte, wie wir die Bibel durchforsteten, Cola tranken und unsere Freude über Gott in die Nacht hinausheulten. *Das war vor zehn Jahren,* wurde mir plötzlich klar, *und jetzt steht er da – ein Pastor, verheiratet, mit einem Stall voller Kinder. Und gleich wird er Ken und mich zu Mann und Frau erklären.* Zu jedem anderen Zeitpunkt hätte ich ein Kojotengeheul ausgestoßen.

Kurz bevor der Hochzeitsmarsch einsetzte, sah ich auf mein Kleid hinunter und stöhnte auf. Ich war über den Saum gefahren, und der Reifen des Rollstuhls hatte einen riesigen schmierigen Fleck hinterlassen. Das Kleid war hochgeschoben und fiel jetzt völlig schief, und durch das Drahtgitter, über das es gebreitet war, sah man das Gestell und die Räder des Rollstuhls. Mein Gänseblümchenstrauß war verrutscht, weil meine Hände ihn nicht halten konnten. Ich war alles andere als die perfekte Braut.

Ich hasste Schmierflecken. Plötzlich überfielen mich wieder alte, längst beigelegt geglaubte Fragen und Ängste, als ich an die Flecken auf meiner Seele erinnert wurde. Ich hatte mich oft gefragt – auch noch nach den unglaublichen Ereignissen der letzten Jahre: *Sieht Christus irgendetwas Liebenswertes an mir?* Ich wusste, dass ich von meiner Sünde gereinigt worden war, aber ich war immer noch unrein. Ich wusste, dass ich vor Gott gerechtfertigt war, aber ich musste noch viele Meilen der Heiligung gehen, bevor ich ruhig schlafen konnte. Ich war in Gottes Haus, aber noch fern von zu Hause. Die Augen waren mir geöffnet worden, aber wie alle anderen sah ich vorerst nur durch einen trüben Spiegel. Ich fühlte mich so – unwürdig, unwert. Und das ganz besonders jetzt, als ich hier oben am Kirchengang saß.

Als meine letzte Brautjungfer nach vorn gegangen war, rauschte die Orgel auf und ich rollte näher an die hinterste Kirchenbank heran, um einen Blick auf Ken zu erhaschen. Da stand er, hoch gewachsen und elegant in seinem Smoking. Ich schlug die Augen nieder; mein Gesicht war ganz heiß und mein Herz klopfte. Noch nie hatte ich etwas Ähnliches empfunden. Als ich wieder aufblickte, sah ich, wie er den Kopf hin und her drehte und sein Blick mich suchte. Unsere Augen trafen sich, und – es war erstaunlich – von diesem Augenblick an änderte sich alles.

Es spielte keine Rolle mehr, wie ich aussah. Ich vergaß meinen Rollstuhl. Schmierflecken und Blumen waren mir gleichgültig. Ich fühlte mich nicht mehr hässlich oder unwert. Die Liebe in Kens Augen wusch alles fort. Ich war die reine, vollkommene Braut – seine Braut. Das sah er – und das veränderte mich.

Auf dem Weg zum Flughafen fragte ich meinen Mann, ob er die Schmierflecken auf meinem Kleid bemerkt hatte. Vielleicht hatte es ihn ja amüsiert, dass seine Braut alles andere als ein Modell für Brautkleidwerbung abgab. »Ist dir aufgefallen, dass mir die Gänseblümchen vom Schoß gerutscht waren? Und hast du die Reifenspuren am Saum meines Kleides gesehen?«

Er schüttelte den Kopf. »Nein. Ich dachte nur, dass du großartig aussiehst. Ehrlich.«

Er wusste es nicht, aber gerade hatte Ken mich auf eine höhere Ebene gehoben. An jenem Tag, dem Tag meiner Hochzeit, half er mir, dem Himmel etwas näher zu kommen.

Und dasselbe galt für meinen Rollstuhl. Wieder einmal hatte er sich als ein zwar seltsames, aber schönes Geschenk herausgestellt, als mein Passierschein ins Abenteuer. Er lehrte mich, dass es halb so schlimm ist, sich unwürdig zu fühlen, sogar am eigenen Hochzeitstag. Und eines Tages, an jenem strahlend hellen, ewigen Morgen, werden wir von allen Flecken des irdischen Lebens gereinigt sein – durch einen einzigen Blick aus Gottes Augen. Sein Blick wird uns für immer verwandeln. Ich werde erröten, mein Herz wird klopfen, und es wird schöner sein als alles, was ich mir erträumt, als alles, was ich mir ersehnt habe.

»O Vater, erinnerst du dich noch an meine Hochzeit?«, sagte ich leise, damit ich ihn nicht aufwecke. Schwestern gingen leise über den Flur, und gelegentlich wurde über die Sprechanlage ein Arzt ausgerufen.

»Du hast mich Ken zugeführt. Du hast deine Prinzessin einem anderen König übergeben. Alle Träume und Hoffnungen, die du für mich hattest – sie sind wahr geworden und werden weiterhin wahr.«

So saß ich lange Zeit und erzählte ihm von Ken, von Joni and Friends, von den Menschen, die ich kennen lernte, den Orten, an die ich reiste. »Wir haben jetzt einen richtigen Mitarbeiterstab, Vater«, flüsterte ich, »und in ein paar Monaten veranstalten wir den ersten Kongress über das Thema ›Kirche und Behinderung‹.«

Vater antwortete nicht.

»Und nächsten Monat bin ich ins Weiße Haus eingeladen. Kannst du dir das vorstellen?«

Ich erkannte, dass mein Vater, selbst wenn er wach gewesen wäre, wahrscheinlich nichts mit meinen Erlebnissen hätte anfangen können.

»Danke, dass du mir geholfen hast, die Mitte zu finden. Dass du mir gezeigt hast, wie ich ein Leitlicht sein kann. Ich lasse das Licht leuchten, Vater. Ich zeige den Menschen den rettenden Weg.«

Leise begann ich das alte Lied zu singen, das Anna Verona ihre Jungen gelehrt hatte – und das Vater wiederum am Lagerfeuer seinen Mädchen beigebracht hatte. Und während ich sang, schnarchte Cap'n John leise.

In den letzten zwei Wochen hatte sich sein Zustand rapide verschlechtert. Meine Mutter und meine Schwestern hatten auf einer Notliege neben seinem Bett geschlafen und alles getan, um ihm die Zeit zu erleichtern. Am 17. Mai 1990 erhielt ich einen Anruf von Kathy: Unser Vater hatte die Grenze endgültig überschritten.

Ihre Stimme klang tief traurig, zugleich schwang aber auch Freude mit. »Du glaubst nicht, was geschehen ist, Joni. Zum ersten Mal seit Tagen hat Vater sich zu Mutter gewandt und die Augen weit geöffnet. Sie waren die ganze Zeit so tief eingesunken gewesen, aber jetzt sahen sie ganz blau aus, so blau, wie ich sie noch nie gesehen habe. Auch seine Wangen waren nicht mehr so eingefallen. Und seine aschgraue Haut wurde plötzlich ganz rosig.

Und dann lächelte er – o mein Gott – das schönste Lächeln, das ich je gesehen habe. Er schaute an uns vorbei, als sähe er etwas hinter uns. Wieder lächelte er dieses unbeschreiblich schöne Lächeln, und dann erstrahlte er plötzlich in einem unglaublichen Leuchten. Es muss das Leuchten der Gegenwart Gottes gewesen sein, denn in diesem Augenblick starb er. Joni, es war ein Wunder.«

Meine Mutter, meine Schwestern und ein befreundeter Entspannungstherapeut standen danach an seinem Bett, fassten einander an den Händen und sangen den Lobpreis. Dann gingen meine Schwestern hinaus in die Flure und Gemeinschaftszimmer und erzählten den anderen: »Vater ist gerade in den Himmel zu Gott gegangen. Vater ist in den Himmel gegangen!«

Ein paar Wochen nach Vaters Tod unternahmen Kathy, Mutter, Ken und ich eine Fahrt nach Colorado Springs. Als unser Wohnmobil den Hügel hinter der Stadt hinaufrollte, bot sich uns der erste Blick auf das majestätische Gebirgsmassiv mit seinen wie schlafende Riesen wirkenden Gipfeln. Wir fanden die Abbiegung zu der alten, unbefestigten Straße, die zum Pikes Peak hinaufführte. Oben auf dem Kamm half Ken mir aus dem Wagen und in den Rollstuhl.

Der Tag war kristallklar und blau; die Wolken segelten tief unter uns. Der Ausblick hatte sich seit unserer Kinderzeit nicht geändert – Sawtooth Range lag noch immer im Süden und Denver im Norden. Und dort neben dem kleinen Handelsposten war auch der Steinhaufen, den Johnny Eareckson in jenem Schneesturm des Jahres 1933 so knapp verfehlt hatte.

Wir fanden einen Platz am Rand des Abhangs, wo wir ganz für uns waren. Tief unter uns breiteten sich grüngoldene Täler aus, Patchworkmuster aus Sonnenlicht und Wolkenschatten. Der eisige Wind zerzauste uns das Haar, und Kathy und Mutter hielten ihre Wollmützen fest. Als Ken das Book of Common Prayer aufschlug, schraubte sich neben uns ein Adler in die Luft. Ken las:

»*Da es nun Gott dem Allmächtigen in seiner weisen Vorsehung gefallen hat, die Seele unseres geliebten Vaters, John Eareckson, aus dieser Welt zu nehmen, übergeben wir hiermit seinen Leib der Erde; Erde zu Erde, Asche zu Asche, Staub zu Staub; in Erwartung der Auferstehung beim Kommen unseres Herrn Jesus Christus, bei dessen Wiederkunft die Erde und das Meer ihre Toten herausgeben werden; und die verweslichen Leiber derer, die in ihm schlafen, werden verwandelt werden und werden sein wie sein eigener herrlicher Leib.«*

Danach wählte Ken einen Vers aus dem Römerbrief: »Und so wie er Christus von den Toten auferweckte, wird er auch euren sterblichen Körper durch denselben Geist lebendig machen, der in euch lebt.«

Er schlug das Buch zu. »Okay, Mutter«, sagte er, »du bist dran.«

Meine Mutter trat einen Schritt näher an den Abhang. Der Wind löste ein paar Strähnen ihres grauen Haars, und sie schauderte leicht. Doch ihrem Lächeln konnte die Kälte nichts anhaben – und ihre Tränen auch nicht. Ken holte ein Fläschchen hervor, öffnete es und schüttete meiner Mutter ein wenig Asche meines Vaters auf die offene Handfläche.

Sie drehte sich zum Abhang, zögerte kurz und warf die Asche dann in den Wind. Ich sah mit nassen Augen zu, wie ein Windstoß die Asche meines Vaters forttrug, über die Wolken hinaus. Asche zu Asche, Staub zu Staub.

»Das ist die letzte Wanderung, die ich mit dir unternehme, Cap'n John«, sagte Mutter mit fester Stimme. Sie hatte sich noch nie vor der Zukunft gefürchtet. Jetzt beschattete sie die Augen mit der Hand und winkte ihm ein letztes Lebewohl.

Kapitel 21

Der Herr aber ist der Geist, und wo immer der Geist des Herrn ist, ist Freiheit.

2. Korinther 3,17

Brauchen Sie diese abgepackte Portion Butter noch?«

Die Frage, die uns Jan, unser holländischer Verbindungsmann, da stellte, klang etwas merkwürdig. Wir waren fast fertig mit dem Frühstück. Ken, Jay, Judy und ich hatten es eilig. Wir mussten unbedingt rechtzeitig auf dem Amsterdamer Flughafen sein, denn wir hatten vor, heute noch nach Rumänien zu fliegen – ein Flug, bei dem wir mehrere Landesgrenzen überqueren würden. Dort wollten wir uns mit rumänischen Regierungsbeamten treffen, die mit uns über die Organisation Joni and Friends sprechen wollten. Der eigentliche Grund unseres Besuchs waren jedoch die beiden Themen, die unsere Organisation sich zum Anliegen gemacht hatte: die christliche Kirche und behinderte Menschen.

Unsere Reise war nicht ganz ungefährlich. Es war das Jahr 1982; der kommunistische Diktator Nicolae Ceausescu hatte das Land noch fest im Griff.

»Und diese kleinen Marmeladendöschen?«, fragte Jan und nahm ein paar aus dem Körbchen auf unserem Tisch.

»Was ist mit der Butter und der Marmelade?«, fragte Ken und wischte sich den Mund ab.

Unser holländischer Freund lächelte. »Das werden Sie schon sehen«, antwortete er. »Stecken Sie ein paar davon ein, bevor wir das Restaurant verlassen.«

Ich machte mir mehr Sorgen um unsere Pässe als um Butterportionen, doch Ken griff sich ein paar von den Minipackungen und schob sie in meine Handtasche. Bevor wir aufbrachen, ließen wir noch ein paar von den kleinen Hotelseifen mitgehen, und am Flughafen kauften wir mehrere Dosen holländischen Kaffee.

An Bord des alten klapprigen Aeroflot-Flugzeugs lief ein alter James-Bond-Film. Die Uniformen der Flugbegleiterinnen stammten offensichtlich aus den Sechzigerjahren, und aus den Lautsprechern erklang statt der üblichen Musik – möglicherweise uns zu Ehren – Elvis Presleys »Heartbreak Hotel«. Sicherheitsvorkehrungen gab es keine. Eine Stewardess verstaute mehrere Stangen Kent-Zigaretten über unseren Köpfen.

»Wetten, die sind für den Schwarzmarkt«, flüsterte Ken.

Als wir über Deutschland und Österreich flogen, bewunderten wir die herrliche grüne Landschaft mit den sauberen kleinen Dörfern. Nach der Hälfte der Strecke merkte ich jedoch auf einmal, dass die Welt unter uns ein stumpfes, rostiges Braun angenommen hatte. Selbst aus einer Höhe von fünfzehntausend Fuß konnte man erkennen, dass die Städte dort unten ärmlich und ungepflegt waren und die Straßen sich in einem traurigen Zustand befanden.

»Wir haben gerade den Eisernen Vorhang überquert«, rief ich.

Eine Flugbegleiterin starrte zu uns herüber.

»Schhhhh«, mahnte Judy. »Das dürfen wir nicht sagen.«

Bei Sonnenuntergang landeten wir in Bukarest. Ken sah aus dem Fenster und konnte kaum an sich halten, als er tatsächlich Armeefahrzeuge und bewaffnete Soldaten erblickte.

»Sir, Sie müssen Ihre Kamera wegpacken«, wies ihn eine der Stewardessen barsch an. »Fotografieren ist hier verboten.«

Unser Flugzeug rollte zum Terminal – einem alten, grauen Gebäude, das offensichtlich schon bessere Tage gesehen hatte. Ich wurde die Gangway hinuntergetragen. Als Nächstes mussten wir uns mit Zollbeamten herumschlagen, die, wie wir erst später erfuhren, ein Bestechungsgeld von uns erwarteten. Unser Gepäck fand sich schließlich auf einem rostigen alten Transportband wieder, und als wir vor das Flughafengebäude traten, bot sich unseren Augen ein verstörender Anblick.

Holland, wo wir unseren Zwischenstopp eingelegt hatten, schien im Vergleich hierzu einer anderen Welt anzugehören, Amerika einer anderen Galaxie. Rumänien wirkte wie ein Land im Kriegszustand – geplündert, verwüstet, zerstört. Der schöne alte Boulevard, der nach Bukarest hineinführte, war zur Buckelpiste verkommen und wurde weniger von Autos als von Pferdekarren frequentiert, deren Fahrer mit hängenden Schultern traurig auf ihren schäbigen Fuhrwerken hockten. Altmodische Straßenlaternen säumten die Straße, doch sie brannten nicht. Die einzigen Lichter in der Stadt, so schien es, waren die Ampeln an den Straßenkreuzungen, aber auch sie funktionierten nicht alle. Die wenigen Menschen, die wir sahen, waren geisterhafte Schatten, in graue Gewänder gehüllt. Den gleichen Eindruck machten die Gebäude.

Als wir die einstige Prachtstraße hinunterfuhren, versuchte ich mir die Stadt im 19. Jahrhundert vorzustellen, als sie eines der geistigen und gesellschaftlichen Zentren Mitteleuropas war. Mir fiel eine Melodie ein, die ein bisschen wie ein Straußwalzer klang, und vor meinem geistigen Auge sah ich Grafen und Gräfinnen in eleganten schwarzen Kutschen, gezogen von hochbeinigen Pferden, vorbeifahren. Ich sah Damen in Turnürenkleidern, die mit aufgespannten Sonnenschirmchen zierlich die Straße hinuntertrippelten. In den Parks hinter den kunstvollen schmiedeeisernen Gittern wurde gepicknickt, Kinder spielten, Studenten lasen, und unter den Bäumen saßen Liebespaare. Ich stellte mir gelbe und rote Blumen und Lavendelwägelchen an den Straßenecken vor und Männer, die einander in den Straßencafés zutranken.

Die Parks und Barockbauten, die wir heute sahen, waren verwahrlost, heruntergekommen und über und über verschmutzt. Alles lag voller Unrat, der von zahllosen Hunden durchwühlt wurde. Eine dicke dunkle Wolke aus Trübsal und Trostlosigkeit schien über der einst so herrlichen Hauptstadt zu hängen, und die Luft war verpestet durch den Gestank von bleihaltigem Benzin und Kohlenstaub.

Wir waren auf dem Weg zum Intercontinental Hotel, wo wir einquartiert waren. Wir erwarteten einen hübschen, hell erleuchteten Bau, der seinem Namen Ehre machen würde. Doch auch das Hotel war ein schlampig geführtes, schmutziges Gebäude, wahrscheinlich aus den Fünfzigerjahren. Unser Zimmer im zweiten Stock fast am Ende des Gangs war allerdings recht ordentlich. Jan hatte uns jedoch davor gewarnt, uns wie gewohnt ganz unbekümmert zu unterhalten. Wir sollten erst beide Wasserhähne im Badezimmer aufdrehen, damit der Lärm des fließenden Wassers verhinderte, dass wir durch Mikrofone belauscht wurden. Und die Namen unserer christlichen Verbindungsleute durften wir grundsätzlich nicht, auch nicht in unserem eigenen Zimmer erwähnen.

Als Judy mir den Mantel ausziehen wollte, flüsterte Ken leise und eindringlich: »Seht mal!« Wir sahen zu, wie er versuchte, den Spiegel über der Kommode zu verrücken. Er rührte sich keinen Zentimeter. Daraufhin versuchte er, dahinter zu schauen, ebenfalls ohne Erfolg. Schließlich trat er zur Seite, aus dem Blickfeld des Spiegels heraus, und formte fast lautlos die Worte: »Er ist ein Teil der Wand!«

Erstaunt sahen wir uns an. Dann fiel uns die Tür neben unserer Zimmertür ein, die irgendwie merkwürdig gewirkt hatte – sie trug keine Zimmernummer –, und uns wurde klar, dass wir uns tatsächlich in einer anderen Welt befanden: einer Welt voller unsichtbarer Augen und Ohren.

Am nächsten Tag standen wir früh auf, um uns mit Angestellten der Amsterdamer Botschaft und Beamten des rumänischen Ministeriums für Erziehung und Gesundheit zu treffen. »Wir möchten Ihnen gern eine Schule für die Rehabilitation behinderter Kinder zeigen«, boten die Rumänen zuvorkommend an. Auf der Fahrt bombardierten wir sie mit Fragen, doch wir konnten die Mauer aus Misstrauen und Geheimnistuerei nicht durchdringen.

Im Rehabilitationszentrum angekommen, wurden wir in ein Zimmer voller Teenager in blauen Uniformen geführt, die stumm und aufrecht dasaßen. Einer zeigte mir seine Beinschiene, ein anderer seinen Armstumpf. Judy, Jay, Ken und ich wechselten verwunderte Blicke. Das sollten die Behinderten sein?

»Und jetzt fahren wir in ein anderes Rehabilitationszentrum.«

Als wir vorfuhren, fielen mir die hohen Bordsteinkanten und die vielen Stufen zum Vordereingang auf. »Wie kann das ein Ort für Behinderte sein?«, flüsterte ich.

Ein großer, muskulöser Mann erwartete uns – er war eigens abgestellt, um mich die Stufen hinaufzutragen. Die schmuddeligen Gänge wurden nur von ein paar nackt von der Decke baumelnden Glühbirnen erhellt, die kaum Licht spendeten. Wir wurden in einen der zahlreichen weiß gekachelten Nebenräume geführt, wo man uns ein paar altmodische Beinprothesen und Schienen zeigte. In einem anderen Raum lief ein Diafilm aus den Vierzigerjahren über kriegsversehrte Soldaten. Ich spähte die ganze Zeit die Gänge auf und ab und fragte mich: *Wo sind die Menschen in Rollstühlen?*

Schließlich, am Ende unseres Besuchs, wurden ein paar Behinderte, einer in einem Rollstuhl, die anderen auf Krücken, zu uns auf den Gang gebracht. Ich bemühte mich nach Kräften, ein Gespräch in Gang zu bringen, aber sie waren zu schüchtern und zu verängstigt. Es war nur zu deutlich zu spüren, wie sehr sie hofften, wir würden bald wieder gehen.

Auf der Rückfahrt waren wir alle schweigsam. Ich stützte mich auf meine Armschiene, sah wieder einmal aus dem Fenster und dachte an das, was ich vor Jahren im Geschichtsunterricht über den Kommunismus gelernt hatte. Ich erinnerte mich noch genau, welche Angst ich vor den Menschen hinter dem Eisernen Vorhang gehabt hatte, als gehörten sie einer anderen Rasse an, durch die Bank stramm und stark wie die imposanten Skulpturen von Bauern mit Sicheln und Arbeitern mit Hämmern in den Fäusten. Ich war felsenfest überzeugt, dass sie nichts anderes im Sinn hatten, als die Grenze zu überschreiten und im Westen einzufallen.

An diesem Abend kletterten wir in das kleine rote Auto unseres Gastgebers, Pastor Sarac. Er hatte uns zum Essen bei sich zu Hause eingeladen, und danach sollte ich in seiner Kirche sprechen. Wir schienen eine höchst umständliche Route zu nehmen; es dauerte Ewigkeiten, bis wir endlich durch zwei breite Holztore in einen kleinen Hof fuhren. Das Haus lag auf der linken Seite, die Kirche gleich daneben.

Ich war immer noch ganz verwirrt von den Eindrücken, die ich an diesem Tag gewonnen hatte, und fragte Pastor Sarac: »Wir haben kaum wirklich Behinderte gesehen, es muss doch einfach mehr geben. Wenn sie nicht in diesen Rehabilitationseinrichtungen sind, wo sind sie dann?«

»Ich wünschte, ich könnte es Ihnen sagen«, sagte er traurig, schien jedoch mehr zu wissen, als er zugeben wollte. Nachdem er den Motor abgestellt hatte, stieg er nicht aus, sondern blieb im Wagen sitzen. Ich wollte schon fragen, warum wir nicht ausstiegen, da drehte er sich plötzlich zu uns um und warnte uns: »Bitte – stellen Sie solche Fragen nicht in meinem Haus. Hier im Auto macht es nichts. Wir wissen, dass es hier drin«, seine Augen suchten das Innere des Wagens ab, »sicher ist. Hier belauscht uns niemand. Aber in meinem Haus ist es nicht sicher. Vor ein paar Wochen waren Arbeiter da. Wir wissen nicht, was sie hinterlassen haben.«

Wir holten tief Luft, nickten gehorsam und folgten ihm ins Haus.

Drinnen setzten wir uns auf eine Seite des Abendbrottisches, unseren Gastgebern gegenüber. Alle lächelten etwas verlegen, bis Ken schweigend ein Marmeladendöschen aus der Tasche holte und auf das Leinentischtuch stellte. Pastor Sarac warf seiner Frau einen raschen Blick zu. Jay und Judy folgten Kens Beispiel und kramten Marmeladendöschen, Butterpäckchen und die kleinen Hotelseifen aus, die Ken fein säuberlich in einer Linie anordnete. Dahinter legte er eine zweite Reihe Marmelade und ein paar Schokoriegel und stellte die Kaffeedosen hin. Pastor Saracs Frau strahlte.

»Das ist sehr freundlich von Ihnen«, sagte unser Pastorenfreund gütig. Schweigend verteilte er die Sachen unter den Angehörigen der Familien, die mit am Tisch saßen. »Wir müssen teilen«, sagte er mit sanftem Lächeln.

Er sprach einen Segen, und dann trugen zwei ältere Frauen in langen Röcken große Platten mit Knoblauchhühnchen, dampfender Wurst und Zwiebeln auf. Wie wir später erfuhren, hatten die beiden gemeinsam mit anderen Frauen stundenlang vor den Lebensmittelgeschäften anstehen müssen, um die beiden Hühner und ein paar Zwiebeln zu ergattern.

Draußen hatte es angefangen zu regnen. »Wir müssen uns beeilen, damit wir rechtzeitig in die Kirche kommen«, sagte der Pastor und wischte sich die Hände an der Serviette ab.

»Aber der Gottesdienst beginnt doch erst um neun Uhr«, erinnerte ich ihn. »Wir haben noch genügend Zeit.«

»Das glaube ich nicht, liebe Schwester«, lächelte er.

Der Anblick, der sich uns bot, als wir heraustraten, machte uns sprachlos. Es regnete wie aus Kübeln – auf ein wahres Menschenmeer herab. Da standen ältere Männer, dicht an ihre Frauen gedrängt, junge Mütter mit Babys auf dem Arm, Väter, die ihre Kinder fest an der Hand gefasst hielten – und alle lächelten und sahen mich erwartungsvoll an. Den Regen schienen sie überhaupt nicht wahrzunehmen.

»Hallo, hallo«, sagte ich fröhlich, während Ken und ich uns langsam einen Weg durch die Menge bahnten. »Aber Sie brauchen mich bei diesem Wetter doch nicht draußen zu begrüßen.« Jay und Judy schüttelten unzählige Hände und wiederholten unablässig: »Danke, aber bitte, kommen Sie doch in die Kirche hinein!« Keiner rührte sich, nur meinem Rollstuhl machten sie Platz.

Als wir die Kirche betreten wollten, merkten wir auch, warum: Sie war proppenvoll. Die Älteren drängten sich auf den Kirchenbänken zusammen, die Jüngeren standen in den Gängen, Schulter an Schulter, immer drei nebeneinander, Reihe um Reihe. Auf den Treppen zur Empore hockten die Kinder wie Sardinen zusammengequetscht, und die Empore selbst schien vom Gewicht der Besucher beinahe durchzuhängen. Die Luft war warm und feucht, und als ich mich umblickte, um zu sehen, ob die Fenster geöffnet waren, guckte ich in die lächelnden Gesichter kleiner Kinder und Teenager, die auf den Simsen saßen. Hinter ihnen drängten sich weitere Menschen und versuchten, einen Blick ins Kircheninnere zu erhaschen.

Pastor Sarac sprach ein paar Worte auf Rumänisch und stimmte dann ein Lied an, in das alle einfielen. Noch nie hatte ich einen so rührenden, schlichten Gottesdienst erlebt. Als die Melodie anschwoll, füllten sich meine Augen mit Tränen.

Dies war die verfolgte Kirche.

Nach der Einführung schob Ken meinen Rollstuhl nach vorn, und zum ersten Mal saß ich der Menge gegenüber. Wie auf ein Stichwort traten Frauen und Kinder nach vorn und brachten mir Blumen. Sie legten sie mir in den Schoß oder neben den Rollstuhl. Ich war in einem Maße ergriffen, wie ich es ebenfalls noch nie erlebt hatte – aber nicht nur um dieser rührenden, liebevollen Geste willen. Links und rechts von mir saßen auf dünnen Matratzen oder Decken oder in Rollstühlen, die aus Fahrradteilen zusammengebaut waren, Männer und Frauen mit verkrümmtem Rückgrat oder verkümmerten Beinen. Manche hatten wahrscheinlich Kinderlähmung gehabt, bei zweien oder dreien konnte ich die Anzeichen von Zerebralparese erkennen. Meine Augen blieben an einer kleinwüchsigen jungen Frau hängen, die sich auf einen Stock stützte. Alle waren gekommen, um die Amerikanerin zu sehen, die gelähmt war wie sie.

Ich hatte über das Vertrauen zu Gott und den Gehorsam ihm gegenüber sprechen wollen und gehofft, ihnen am Beispiel meines Vollblutpferds Augie deutlich machen zu können, was ich darunter verstand. Ich wollte beschreiben, wie mein Pferd im Parcours stets volles Vertrauen in die Zügel hatte und mir bedingungslos gehorchte, trotz des Labyrinths von Hindernissen, die sich vor ihm auftürmten. Aber mir war noch rechtzeitig klar geworden, dass diese Menschen ein anderes Verhältnis zu Pferden hatten.

»Als ich in Ihre Stadt kam«, begann ich, »sah ich viele Pferde, die schwere Karren zogen. Ich liebe Pferde und habe mein Leben lang mit ihnen zu tun gehabt.« Die Menschen schienen sich zu freuen, dass auch ich in Amerika ein altes Pferd und einen Karren hatte. »Eure Pferde gehorchen euch, sie arbeiten und gehen ihren Weg ohne Widerspruch. Sie gehorchen ihrem Fahrer und halten oder wenden, wenn er es von ihnen verlangt. Ein Pferd liefert sich dem Menschen, der seine Zügel hält, ganz aus. Das nennt man Vertrauen und Gehorsam.«

Ich sprach eine Stunde lang. Dann fasste ich meine Rede zusammen: »›Wenn ihr also leidet, weil Gott es so will, dann hört nicht auf, Gutes zu tun, und vertraut euch Gott an, der euch geschaffen hat.‹ Gutes zu tun heißt, ihm zu gehorchen.«

Während ich sprach, versuchte ich, zu so vielen Menschen wie möglich Augenkontakt herzustellen. Aber mein Blick kehrte immer wieder zu der kleinwüchsigen jungen Frau zurück, die sich in der Nähe des Fensters auf ihren Stock stützte. Ihre jettschwarzen Augen leuchteten vor Intelligenz, und sie hing förmlich an meinem Mund. Nachdem ich meine Ansprache beendet hatte, blieb ich noch ein wenig und grüßte viele Teilnehmer persönlich, aber ich sah weiterhin in regelmäßigen Abständen zu der jungen Frau mit dem Stock hinüber, die geduldig am Ende der Schlange wartete.

Schließlich humpelte sie nach vorn. »O Joni«, sagte Maria auf Englisch, »ich habe immer gespürt, immer gewusst, dass wir viel gemeinsam haben, dass wir eins sind im Geist Christi.«

Ich hob schwerfällig den Arm in einer Geste, die ihr zeigte, dass ich sie umarmen wollte, und sie lehnte ihren Stock gegen meinen Rollstuhl und drückte mich. Als ich mein Gesicht an Marias Schulter presste, musste ich weinen bei dem Gedanken, dass mich mit diesem jungen Mädchen aus Rumänien mehr verband als mit meinen Nachbarn in Kalifornien.

Maria trat zurück, als Pastor Sarac sich zu uns gesellte. »Dies ist eine ganz besondere Freundin«, sagte er zu mir und legte Maria die Hand auf die Schulter. »Sie hat dein und Steve Estes' Buch *A Step Further* übersetzt« – ich war sprachlos vor Überraschung und Freude – »und zwar ganz allein, bei sich zu Hause, auf ihrer Schreibmaschine.«

Maria errötete. Auf der Rückfahrt zu unserem Hotel erzählte sie uns, wie sehr die rumänische Ausgabe von *Joni* sie bewegt hatte. Danach hatte ihr jemand eine englische Ausgabe von *A Step Further* gegeben, das Buch, in dem Steve und ich die Erkenntnisse aus unseren gemeinsamen Bibelstudien zusammengefasst hatten. »Ich musste es einfach in unsere Sprache übersetzen«, sagte Maria, »hier gibt es so viele Menschen, die die Bestätigung brauchen, dass Gott der Herr ist und alles lenkt. Diese Tatsache hat mein Leben verändert. Ich habe gelernt, dass meine Lähmung und meine Kleinwüchsigkeit nichts sind, dessen ich mich schämen müsste.«

Als wir im Hotel eintrafen, war ich restlos erschöpft, aber ich wollte unbedingt noch mehr hören. »Kommt doch mit herein und trinkt eine Tasse Kaffee mit uns«, sagte ich zu Maria und Pastor Sarac. Es nieselte noch immer. Maria humpelte glücklich die Treppe zum Hotel Intercontinental hoch, doch als sie den Türsteher sah, blieb sie plötzlich stehen.

»Maria?«, fragte ich.

Ihre Augen waren ganz ernst und ein wenig ängstlich. Sie wanderten zwischen dem Türsteher und mir hin und her.

»Stimmt etwas nicht?«

Pastor Sarac, die Arme voller Blumen, neigte sich zu mir herunter und sagte mir ins Ohr: »Sie lassen sie hier nicht rein, Joni. Sie ist ein Krüppel.«

Mir fiel die Kinnlade herunter.

»Menschen wie sie dürfen sich nicht an einem öffentlichen Ort wie diesem zeigen.«

Ich war schockiert – und entrüstet. »Und was ist mit mir? Ich bin wie sie«, sagte ich, laut genug, dass der Hoteldiener mich hören konnte.

»Bitte«, warnte unser Freund mich, »denken Sie daran, was ich im Auto gesagt habe. Bei uns ist alles anders.«

Ich rollte wieder hinaus in den Nieselregen, umarmte Maria und sagte ihr Auf Wiedersehen. »Sie halten dich vielleicht für unwürdig, aber Gott denkt anders«, sagte ich mit erstickter Stimme. »Wie du gesagt hast – er ist der Herr. Er lässt zu, was er hasst, damit seine Macht an Menschen wie dir und mir sichtbar wird. Daran musst du immer denken.«

Ich wäre dem Türsteher liebend gern über die Zehen gefahren, aber ich wusste, dass ich Maria und ihrer Kirche damit nur Schwierigkeiten bereitet hätte. So konnte ich ihr nur nachblicken, wie sie in der Nacht verschwand, und dann saß ich da und lauschte auf den Regen. Meine Augen suchten die Straße ab, schweiften über die unheimlichen, dunklen, stillen Gebäude, und ich atmete den Gestank von nassem Kohlenstaub und Benzin ein. Unmittelbar hinter der Stadt tauchten schemenhaft die nebelverhangenen Berge von Transsilvanien auf, und mir fiel ein nur halb scherzhaft gemeinter Kommentar von Jay ein, den sie zu einem früheren Zeitpunkt der Reise geäußert hatte: Dies war das Land Draculas – des Fürsten der Finsternis.

Wieder in unserem Zimmer, strich meine Schwester sich das nasse Haar hinter die Ohren. »Ich wurde beinahe totgetrampelt, als wir die Kirche verließen«, sagte sie und seufzte. »Die Leute hatten nur eines im Sinn, Joni: zu dir durchzudringen. Und dann haben sie mir unablässig kleine Zettel mit Botschaften zugesteckt. Guck nur«, rief sie aus und holte ganze Hände voll winzig klein zusammengefalteter Zettelchen aus ihren Taschen und warf sie aufs Bett.

Auch Judy und Ken waren solche Zettel zugesteckt worden,

und so bildete sich rasch ein ganz ansehnlicher Haufen auf meinem Bett. Wir setzten uns zusammen und machten uns daran, die kurzen, in holprigem Englisch verfassten Nachrichten zu lesen. Die Menschen flehten um Hoffnung oder Hilfe, baten uns, Briefe für sie zu befördern oder ihnen Nachrichten zukommen zu lassen. Ein paar baten um die Nennung eines Heilmittels für geistige oder körperliche Behinderungen, Schlaganfälle oder Gehirnverletzungen. »Können Sie meinem Sohn helfen, der Spastiker ist?« »Bitte, meine Tochter braucht dringend einen Rollstuhl.«

Nach einer Weile schauten wir einander an. Uns war etwas vor Augen geführt worden, über das nur wenige Menschen im Westen Bescheid wussten, und wir empfanden alle vier dasselbe: Es war, als hätte uns jemand eine schwere Bürde, eine Last der Verantwortung auf die Schultern gelegt.

Ohne den Wasserhahn aufzudrehen, der unsere Worte ertränkt hätte, stellten wir uns vor den Spiegel und beteten: »Herr, die Behinderten, die wir heute Abend gesehen haben, sind nur die Spitze eines Eisbergs von vielen Tausenden, die noch dort draußen sein müssen. Bitte gebrauche uns, um sie mit deiner Liebe zu erreichen.«

Wieder daheim bei unserem Team von Joni und Friends merkten wir rasch, dass wir noch viel lernen mussten. So erfuhr ich unter anderem, dass Maria verhört und ihre Schreibmaschine konfisziert worden war, nachdem ich ihr geschrieben hatte, um ihr für die Übersetzung von *A Step Further* zu danken. Doch unsere Reise blieb nicht unser letzter Vorstoß hinter den Eisernen Vorhang. Und jedes Mal wurden wir ein wenig gewitzter, trugen mehr Informationen zusammen und konnten den Menschen besser helfen. Bei einer Gelegenheit bestand die Hilfe in Armschienen für einen polnischen Teenager, der an Tetraplegie litt. Ein anderes Mal war es ein Sitzkissen für jemanden in der Tschechoslowakei. Und bei jedem einzelnen dieser Besuche säten wir die Saat der Hoffnung und zündeten das Licht der Ermutigung an.

Manche Orte aber befanden sich jenseits jeder Hoffnung.

Auf einer unserer Reisen beschlossen wir, Auschwitz zu besuchen. Als Ken mich durch das schwere Eisentor auf das Lagergelände schob, auf dem man nur Baracken und Stacheldraht, Galgen und Wachttürme und die Ruinen der Gaskammern, Öfen und Kamine sah, dachte keiner von uns an Hoffnung. Wir besichtigten ein kleines Museum nahe am Eingang, und ich saß lange vor einer gläsernen Vitrine, die Unmengen von Brillen, Spazierstöcken, Krücken, orthopädischen Schuhen und Hörgeräten barg. Daneben lagen ganze Stapel gelber, staubiger Bücher, in denen fein säuberlich die Namen tausender von Menschen verzeichnet waren – Menschen mit Behinderungen –, denen diese Hilfsmittel weggenommen worden waren.

Ich las eine Tafel, auf der beschrieben wurde, wie Hitlers Ärzteteams am Anfang des Holocaust systematisch die Behinderteneinrichtungen nach geistig Behinderten durchsucht hatten. Dabei konzentrierten sie sich zunächst auf Personen, die keine Angehörigen mehr hatten und nie Besuch bekamen. Diese Unglückseligen wurden nachts aus dem Bett geholt, auf Viehkarren verladen und nach Osten in die Gaskammern transportiert. Ja, die ersten Opfer des Holocaust waren Menschen mit geistigen oder körperlichen Behinderungen.

Nach den Erlebnissen in Auschwitz fuhren wir weiter nach Birkenau. Hier hatte man in bitterkalten Winternächten Waggonladungen voller Juden und Dissidenten ausgeladen. Die Kinder trieb man auf die eine Seite, ihre Mütter – mit Hilfe von Gewehren – auf die andere. Die Männer wurden in Altersgruppen aufgeteilt, in Alte und Junge. Die meisten von ihnen – und es waren Millionen – endeten nach ihrer Qual an ein und demselben Ort: dem Verbrennungsofen, der jetzt, von Gestrüpp überwuchert, am Rand des Lagers lag.

Ich dachte an Arvin Solomon und Alan Silverstein aus der Woodlawn Elementary School – Arvin und Alan, die an hohen jüdischen Feiertagen mit Kippa auf dem Kopf in den Unterricht kamen – und versuchte mir vorzustellen, dass Kinder wie sie – Kinder, die Ball spielten, an Rechtschreibwettbewerben teilnahmen, Eis aßen und mit Freunden wie mir spielten – sich nackt ausziehen mussten und in den Tod getrieben wurden. Mir fiel ein, wie unsere sechste Klasse gejubelt hatte, als wir hörten, dass Adolf Eichmann verhaftet worden war. Wir hatten ja keine Ahnung, nicht den Hauch einer Ahnung.

Wir hielten bei dem neuen großen Denkmal, das erst vor kurzem neben den Überresten des Verbrennungsofens aufgestellt worden war. In der Mitte des Denkmals war ein einziges Wort in Stein gehauen: *Gedenke*.

Lange Zeit saß ich da und versuchte, mich an die Qual zu erinnern, die mein eigenes Leiden mir bereitet hatte, daran, wie ich Gott in Frage gestellt und ihn angeklagt hatte, wie ich von ihm verlangt hatte, dass er sich rechtfertigte für all die Ungerechtigkeiten und Enttäuschungen. Ich versuchte, die Bitterkeit wieder heraufzubeschwören, die ich empfand, als ich vor so vielen Jahren nicht glauben konnte, dass Gott gut ist und trotzdem etwas so Schreckliches wie Lähmungen zulässt. *Andere Besucher dieses Ortes müssen dasselbe empfinden*, dachte ich.

Doch ich erkannte auch, dass viele Menschen – Menschen wie ich – sozusagen Scheuklappen tragen. Wir hadern mit Gott wegen des Bösen, das wir ertragen müssen, und verschwenden dabei keinen Gedanken an das Böse in unseren eigenen Herzen. Als ich zum Verbrennungsofen hinüberblickte, dachte ich daran, dass Gott, indem er dies alles zuließ, einfach nur zugelassen hatte, dass die Menschen ihrer eigenen Schlechtigkeit nachgaben.

Wie schrecklich ist der Feind der menschlichen Seele, drängte es sich mir fast wie ein Gebet auf die Lippen, *wie finster sind unsere Herzen. Und wie bitter nötig haben wir die Erlösung. Die Sünde ist ein Ungeheuer, das sich in alle unsere Gedanken drängt, das ständig wie ein Schatten über uns hängt. Wäre deine gnädige und barmherzige Hand nicht, Herr, die die Flut des Bösen zurückhält, dann würden wir in einem ununterbrochenen Holocaust leben. Wie nötig hat diese Welt deine Hilfe, Gott, deine Hoffnung. Ohne dich sind wir verloren, dem Untergang geweiht.*

Noch einmal blickte ich über das große Gelände. Im Grunde war nichts geblieben. Die Eisenbahngleise waren herausgerissen oder verrottet, das bisschen Stacheldraht, das noch zu sehen war, war verrostet. Doch etwas anderes fiel mir auf: die weißen Gänseblümchen, die den Boden bedeckten, auf dem einst die Todeskammern und Baracken standen. Wie ein blühender Teppich erstreckten sie sich, so weit das Auge reichte, und wiegten sich im sanften Sommerwind. An dieser Todesstätte wirkten sie vollkommen deplatziert, aber gerade das berührte mich wie noch kaum ein Anblick in meinem Leben. Sie wirkten wie Millionen glückliche kleine Siegesfähnchen und beanspruchten dieses Gelände für seinen rechtmäßigen Herrscher.

Viele Jahre später sahen wir im Fernsehen einen Beitrag über Rumänien, der uns tief bewegte. Nun wussten wir, wo die behinderten Rumänen während unseres ersten Besuchs in Rumänien gewesen waren. Aus schmutzigen Bettchen und kahlen Käfigen starrten die eingesunkenen Gesichter nackter Kinder in die Kamera – manche taub, andere blind oder geistig behindert. Offenbar war das Böse, das in Auschwitz und Birkenau losgetreten worden war, nicht aus der Welt verschwunden. Es lebte weiter in diesen Waisenhäusern in Rumänien und in wer weiß wie vielen anderen Einrichtungen.

Diese Bilder erschütterten uns so, dass Joni and Friends eine Organisation namens Wheels for the World ins Leben rief. Diese Organisation führte uns schließlich auch wieder nach Rumänien. Wir brachten Rollstühle, Physiotherapeuten und offene Augen, Ohren und Herzen mit. Es war die erste greifbare Antwort auf das Gebet, das Ken, Judy, Jay und ich damals vor dem »Spiegel« im Hotel gesprochen hatten. Und es blieb nicht dabei.

Mit der Initiative Wheels for the World, die Rollstühle und Bibeln ins Land brachte, getrieben von dem Wunsch, ein wenig Licht in die Dunkelheit zu tragen, pflanzte Joni and Friends tausende kleiner glücklicher Fahnen und begann, den lange vergessenen Bereich von Behinderung und enttäuschter Hoffnung in das Reich Gottes hineinzuholen.

Unser Auto stand im Stau inmitten einer langen Karawane von Fahrzeugen, die im Schneckentempo auf die österreichisch-rumänische Grenze zurollte. Eine böse Vorahnung befiel uns, als wir mit jedem Meter den drohenden Türmen und massiven Betonmauern näher rückten, die uns vom Westen trennten. Mit Maschinengewehren ausgerüstete Wachen patrouillierten langsam neben der wartenden Autoschlange auf und ab. Andere hielten Schäferhunde an der Leine.

»Seht mal, dort«, nickte Ken und wies mit den Augen auf einen glatten Sandstreifen entlang der Mauern und mit Ketten und Stacheldraht bewehrten Zäune. »In dem Sand sind keinerlei Fußspuren zu sehen. Sie achten darauf, dass er ganz glatt und sauber bleibt, damit sie die Fußspuren erkennen, wenn jemand sich dem Zaun nähert.«

»Schhhhhh«, warnte unser Reiseleiter, »sprechen Sie bitte leise. Wir nähern uns der Grenze; Sie dürfen keine Bemerkungen über die Sicherheitsvorkehrungen machen. Schauen Sie nicht aus dem Fenster und auch nicht zu den Wachttürmen hoch. Unterhalten Sie sich einfach und versuchen Sie, keine Aufmerksamkeit zu erregen.«

»Warum sollten wir jetzt schon still sein?«, fragte ich in lautem Flüsterton. »Wir sind doch noch knapp fünfzig Meter vom Grenzübergang entfernt.«

Der Reiseleiter antwortete leise: »Sehen Sie das schwarze Glas da oben in den Türmen? Das sind hoch empfindliche Richtmikrofone, mit denen sie jeden Laut aufzeichnen, auch was in den Autos gesprochen wird. Und jetzt schweigen Sie bitte«, beendete er die Unterhaltung. Er legte beide Hände ans Steuer und blickte streng geradeaus. Wir hielten den Atem an.

Eine Stunde später stellten wir am Grenzübergang den Motor ab. Man ließ sich unsere Pässe aushändigen, suchte die Unterseite unseres Autos mit Spiegeln ab, fragte uns aus, befahl uns, unsere Koffer zu öffnen und durchsuchte penibel unser Gepäck und unsere Taschen. Ich fragte mich, ob sie etwas zu der tschechoslowakischen Kristallvase sagen würden, die ich für zwölf Dollar gekauft hatte. Aber nach einer halben Stunde winkten sie uns ungnädig durch.

Als die mikrofonbewehrten Türme hinter uns verschwanden und wieder einmal ein Rumänienbesuch hinter uns lag, grübelte ich darüber nach, was mit einer Kultur geschieht, wenn Gott aus ihr vertrieben wird. Wir hatten die trübe, gebrochene Seele eines Landes gesehen, in dem die Schwachen vergessen, die Lahmen beiseite geschoben und die Alten und Armen ausgenutzt werden und die Korruption alle Gesellschaftsschichten durchdrungen hat. Das Böse breitete sich ungehindert aus, jeder verdächtigte jeden, jegliches Gefühl für Anstand war verloren gegangen.

Und doch hatten wir auch das Gegenteil kennen gelernt. Wir waren Zeugen der Macht des Evangeliums geworden, wir hatten gesehen, was das Evangelium bewirkt, wenn es ausgestreut wird wie Salz, und wie es das Wenige, das übrig geblieben ist, bewahrt und erhält. Wir hatten einen Vorgeschmack von der Güte Gottes bekommen, wie sie in der Ewigkeit waltet, und staunten darüber, wie das Leben Christi Licht in erstorbene Augen bringt, wie es mutlosen Herzen Hoffnung gibt und geängstigten Seelen Frieden schenkt. Wir sahen, was geschieht, wenn die ewige Wahrheit die Macht des Fürsten der Finsternis durchbricht.

Der Eiserne Vorhang begann brüchig zu werden, und die Hoffnung, das Licht und der Friede Gottes machten auch den Menschen, die unter so erbarmungslosen Diktatoren wie Nicolae Ceausescu litten, neuen Mut. »Demagogen enden schließlich immer in der Hinterstube der Geschichte«, hatte Mrs. Krieble gesagt.

Der Stacheldraht der Unterdrückung lag nun schon viele Kilometer hinter uns, und nachdem wir eine kleine Anhöhe erreicht hatten, breiteten sich plötzlich die saftig grünen österreichischen Wiesen und Felder voll reifen, goldenen Korns vor uns aus, so weit unser Auge reichte. Wie auf Verabredung kurbelten wir die Fenster herunter, ließen uns vom Wind das Haar zerzausen und schmetterten aus vollen Kehlen das schönste Freiheitslied, das ich kenne:

O beautiful for spacious skies,
For amber waves of grain,
For purple mountain majesties,
Above the fruited plain!
America! America!
God shed His grace on thee,
And crown thy good with brotherhood,
From sea to shining sea!

Kapitel 22

Der Bosheit der Gottlosen mach ein Ende, aber hilf dem, der dir gehorsam ist. Denn du bist ein gerechter Gott und prüfst die Menschen auf Herzen und Nieren.

Psalm 7,10

Heute, am 8. Dezember 1987, kam es zu einem historischen Durchbruch«, verkündete die Stimme im Radio. »Michail Gorbatschow und Präsident Ronald Reagan unterzeichneten den INF-Vertrag. Sie verzichten damit auf zwei Klassen von Waffensystemen in Europa und gestatten den beiden Nationen die Inspektion der beiderseitigen militärischen Einrichtungen. Die Welt ist sicherer geworden.«

In der Sowjetunion propagierte Gorbatschow *glasnost* und die *perestroika*. Er führte privaten Landbesitz wieder ein, baute die Zensur ab und setzte freie Wahlen an. Die Geschichte machte Riesenschritte vorwärts; es kam zu Veränderungen, ja radikalen Umwälzungen nicht nur in der Sowjetunion, sondern in ganz Osteuropa, als die Sowjetarmee sich aus Polen und Rumänien zurückzog. Immer, wenn ich in den Nachrichten Neues aus Polen hörte oder sah, wie die Menschen in Rumänien mit kleinen Fahnen winkten, dachte ich an Maria und die anderen Gelähmten und Blinden, die in jener Nacht in Pastor Saracs Kirche gekommen waren, und betete, dass der Wind der Freiheit auch ihnen so bald wie möglich ein neues Leben bringen möge.

1989 nahm der Veränderungsprozess die Ausmaße einer Sturmflut an. Sogar in China kam es zu Protestmärschen, die rasch zu großen Demonstrationen auf dem Tiananmen-Platz in Peking anwuchsen.

Als ich im Zuge des Lausanner Kongresses für Weltevangelisation nach Manila reiste, war ich überrascht, dort Pfarrern aus der Volksrepublik China und aus der Sowjetunion zu begegnen.

»Wir haben drei Tage gebraucht, bis wir hier waren«, sagte einer der russischen Pastoren aufgeregt und ergriff meine Hände. »*Drei Tage!* Aber wir haben es geschafft, Gott sei Dank. Wir haben es geschafft!«

Was hatte Gott vor?

Im Juli sollte ich im Rahmen einer Evangelisation der Billy Graham Association in Ungarn sprechen. Als ich in das riesige Fußballstadion in Budapest fuhr, war die Luft schwül und drückend. Um vier Uhr nachmittags waren bereits Tausende von Menschen versammelt. Wie ein Buschfeuer hatte sich die Nachricht verbreitet, dass viele Besucher Flüchtlinge aus Rumänien und Ostdeutschland waren, denen es gelungen war, nach Ungarn einzureisen. Hier warteten sie nun, in der Hoffnung, irgendwie nach Österreich gelangen zu können, und waren gekommen, um den berühmten Evangelisten zu hören.

Der Wind zauste die großen Kumuluswolken, die über das Stadion segelten, und mit jedem fernen Donnergrollen konnte man spüren, wie der Barometerdruck stieg. Aber wir spürten noch einen anderen Druck. Auch die Atmosphäre im Stadion war aufs Äußerste angespannt. Das Gefühl war fast greifbar: *Hier bricht etwas auf. Hier bricht sich etwas Bahn.*

Als ich über das Stadion blickte und das Lachen, den Applaus und das spontane Singen hörte, spürte ich auch, was sich hier Bahn brach ... die Freiheit. Ich sah die Euphorie auf allen Gesichtern, hörte sie in allen Liedern und spürte sie in dem strahlenden Sonnenschein, der wie auf einem Gemälde immer wieder durch die Wolkendecke brach und die Versammlung gleichsam mit dem Segen des Himmels vergoldete. Verwundert schüttelte ich den Kopf.

Während sich das Stadion weiter füllte, machte ich eine Tonprobe mit einem christlichen Lied, das ich in Ungarn gelernt hatte. Als wir fertig waren, fragte Judy: »Sollen wir ins Rednerzimmer zurückgehen?«

Ich blickte noch einmal zu der Menge hinüber, und da sah ich etwas, das mich innehalten ließ. »Ich kann nicht, Judy«, sagte ich. »Sieh doch nur. Sieh nur. Sieh doch auf dem Spielfeld!«

Da strömten Blinde, Gelähmte, Männer und Frauen an Krücken und in Rollstühlen und Eltern mit ihren behinderten Kindern ins Stadion. Hunderte, vielleicht Tausende behinderter Menschen drängten durch die Eingänge herein. Manche setzten sich auf die Tribünenplätze, doch die meisten konnten die Stufen nicht hinaufsteigen und blieben unten auf dem Spielfeld. Viele wurden von Freunden oder Familienangehörigen getragen, andere wurden auf Strohmatten hereingezogen. Decken wurden herbeigeschleppt, auf die liebevoll ein Kind oder ein Elternteil gebettet wurde. In kurzer Zeit war der gesamte Rand des Stadions von Behinderten gesäumt.

»Wie sind die nur alle hergekommen?«, fragte ich einen der Organisatoren.

»Die Billy Graham Association hat sie kostenlos mit Bussen und Zügen hertransportiert«, erklärte er. »Wir wussten, dass sie sonst nicht hätten kommen können.«

Judy und ich blieben im Stadion, bei diesen Menschen, denen im Rahmen von Joni and Friends mein Leben gewidmet ist. Ich hatte mittlerweile fast fünfundzwanzig Länder besucht, hatte Hunderte von Rollstühlen auf die Philippinen bringen lassen und mich in der Tschechoslowakei, der DDR, Polen, Rumänien und anderen Ländern engagiert, in denen, wie ich wusste, Menschen wie ich die unterste Gesellschaftsschicht bildeten. Ich musste jetzt ganz einfach bei diesen Leuten bleiben.

Langsam rollte ich um das Feld herum, um die Freunde willkommen zu heißen, ihre Namen zu erfahren, zu fragen, woher sie kamen, und mich über ihre persönliche Situation zu informieren. Sie erzählten: »Wir haben Ihr Buch in Bulgarien gelesen«, oder: »Ihre Geschichte ist in russischer ... deutscher ... polnischer ... litauischer Sprache erschienen.« Ich antwortete: »Hören Sie genau zu, was Mr. Graham heute Abend sagt. Er wird über Freiheit sprechen – die Freiheit, die über den Rollstuhl hinausreicht!«

Einige Stunden später waren über einhundertzehntausend Menschen im Stadion versammelt. Es war der größte evangelistische Gottesdienst, der je in einem kommunistisch regierten Land Osteuropas gehalten wurde. Als wir auf die Bühne gingen, sah man in der Ferne Blitze und schwarze Wolkenbänke, und der Wind frischte auf. Zur Eröffnung sang ein Chor. Als er geendet hatte, kam ein Dirigent auf die Bühne der Mitwirkenden und klopfte mit dem Taktstock an seinen Notenständer. Das ungarische Orchester war reine Konzentration – sämtliche Geigenbögen schwebten wartend über den Saiten, und auch Trompeten, Flöten und Klarinetten harrten auf ihren Einsatz.

Die Musik setzte ein, schwoll langsam an. Zuerst erkannte ich das Stück nicht, doch es war bereits zu spüren, dass es keine gewöhnliche Darbietung war. Ich sah eine Träne auf dem Gesicht des ersten Geigers, dann weinte auch der Cellist. Die Musiker spielten mit besonderer Inbrunst, und nun, als ich genauer hinhörte, erkannte ich auch das Stück. Es war mir vertraut wie kaum ein anderes: Sie spielten das herzzerreißende Bach'sche »Gloria sei dir gesungen«.

Als die ersten Fahnen flatterten, fiel ich ebenfalls ein. Ich kannte jede Zeile auswendig. Und während ich sang, befand ich mich plötzlich wieder in dem holzgetäfelten Chorraum der Woodlawn High School. Mr. Blackwell hatte die Klassiker immer geliebt, und wir hatten natürlich auch diesen Choral eingeübt. Seine Schönheit hatte mich schon damals zu Tränen gerührt, und genau so erging es mir auch heute.

Gloria sei dir gesungen
mit Menschen- und mit Engelzungen,
mit Harfen und mit Zimbeln schön.
Von zwölf Perlen sind die Tore
an deiner Stadt; wir stehn im Chore
der Engel hoch um deinen Thron.

Es fühlte sich so durch und durch richtig an, wie wir hier alle sangen, so frei. Und die Freiheit, die ich spürte, die einfach in der Luft lag, passte zu meinem weit geöffneten Herzen. *Wie kommt es, dass du mich hierher gebracht hast, Gott?*, dachte ich, während meine Augen voll ehrfürchtigen Staunens über die dicht gedrängte Reihe von Abertausenden von Menschen glitten. *Wer bin ich, dass ich zu einem solchen Zeitpunkt der Geschichte hier sein darf? Wer bin ich, dass ich eine Verwalterin dieser Gabe sein darf?*

Ich konnte es nicht erklären. Ich konnte nur weitersagen, was ich wusste und an mir selbst erfahren hatte: die befreiende

Wahrheit, dass die Freiheit einen Preis hat, und zwar einen schmerzlichen Preis. Ich hatte diesen Preis in jener Nacht in Rumänien kennen gelernt, vor dem Intercontinental Hotel, als Marias Tränen sich mit dem Regen mischten. Und ich hatte ihn dunkel geahnt, als ich zum ersten Mal das Kreuz sah und eine allererste Vorstellung davon bekam, welch hohen Preis Jesus für meine Freiheit gezahlt hatte. Ich hatte gelernt, dass man nur dann eine Krone tragen kann, wenn man zuvor ein Kreuz trägt – unser Erlöser hatte durch Leiden Gehorsam gelernt, und das wurde nun auch von uns erwartet.

In jener Nacht brach etwas auf, brach sich etwas Bahn. Über fünfunddreißigtausend Menschen liefen – sie gingen nicht, sie liefen – nach vorn, um Christus anzunehmen. Sie fanden zum Glauben, als Billy Graham aus der Bibel vorlas: »Wo immer der Geist des Herrn ist, ist Freiheit.«

Doch nicht alle waren begeistert von den Veränderungen. Im Herbst sollte mir in Washington vom National Institute of Rehabilitation ein Preis überreicht werden. Jeder Preisträger durfte eine ausländische Botschaft wählen, die ihm zu Ehren ein Essen geben würde.

»Also«, meinte Ken, »in welche Botschaft würdest du denn gern gehen?«

Ich hatte gerade im Fernsehen gesehen, wie sich in Berlin die Menschen um das Brandenburger Tor sammelten, und war tief bewegt von den Bildern junger Deutscher, die vor der Berliner Mauer Mahnwachen hielten und gegen die achtundzwanzigjährige Teilung ihrer Stadt demonstrierten.

Damit war die Entscheidung für mich klar. Ich sagte zu Ken: »Ich möchte gern die Botschaft der DDR besuchen.«

Wir trafen zu früh im Haus des Botschafters ein. Die mächtigen Säulen des alten georgianischen Herrenhauses vermittelten dem Besucher einen Eindruck politischer Bedeutung und Wichtigkeit. Nach dem Eintreten wurden wir sozusagen ins Arbeitszimmer des Botschafters gescheucht mit der Aufforderung fernzusehen, bis der Botschafter selbst wieder im Hause sei. Egal, welchen Kanal wir einschalteten, überall sah man Menschenmengen, junge und alte Leute, die Fahnen schwenkend und jubelnd auf das Brandenburger Tor zumarschierten.

Kurz darauf kam der Botschafter zurück und betrat energischen Schrittes das Zimmer, in das man uns geführt hatte. Er begrüßte uns kurz und erklärte dann, er komme eben erst von einer Aufzeichnung des *MacNeil-Reports* für das Fernsehen. »Lassen Sie mich das Programm wechseln«, meinte er und wählte PBS.

Ken und ich saßen neben dem Botschafter und verfolgten mit, wie er von Robert MacNeil interviewt wurde. Der Journalist fragte ihn: »Und was sagen Sie zu den vielen Demonstranten, die zurzeit in Ihrem Land auf die Straße gehen?«

Der Botschafter, der neben uns stand, sah aufmerksam auf den Bildschirm.

»Das ist nur eine vorübergehende Erscheinung«, sagte er im Interview und bewegte unbehaglich die Schultern unter den heißen Studioscheinwerfern. »Es wird vorbeigehen. Sie werden schon sehen.«

Meine Augen wanderten zwischen dem Fernseher und dem Botschafter hin und her. Hier saß ich neben dem Hüter einer vergangenen Epoche, steif und pompös, der sich mit Händen und Füßen verzweifelt gegen den Untergang eines überlebten Regimes wehrte. Er und andere führende kommunistische Politiker wollten einfach nicht glauben, *konnten sich nicht vorstellen,* dass ihr Regime stürzen könnte. Ich sah die Angst auf seinem Gesicht – tief innen musste er wissen, dass seine Tage hier in Washington gezählt waren.

Und so war es auch. Drei Tage später, am 9. November 1989, öffnete die DDR die Berliner Mauer. Nun konnten die Menschen sich frei in beiden Stadtteilen bewegen. Die Berliner kletterten mit Sektflaschen in der Hand auf die Mauer und tanzten die ganze Nacht. Jahrzehntelang getrennte Familien strömten durch die einst streng bewachten Kontrollpunkte und fanden zum ersten Mal wieder zusammen. Grenzposten standen da und sahen zu, wie die Berliner die verhasste Mauer mit eigenen Händen abtrugen. Kurze Zeit später sollten Ken und ich selbst am Fuß dieser Mauer stehen, und auch mein Mann hielt einen Hammer in der Hand.

Im Dezember stürzte schließlich auch das rumänische Regime. Als ich es erfuhr, dachte ich an die hungrigen, verängstigten Gesichter, die ich in jener Regennacht in Bukarest gesehen hatte. Und ich dachte wieder einmal an Maria. Bei dem Gedanken, dass sie jetzt vielleicht mit hoch erhobenem Kopf ins Intercontinental Hotel ging, lächelte ich.

1991 unternahmen wir eine Reise nach Moskau, auch diesmal wieder auf Einladung von Billy Graham, der mich bat, bei einer seiner Veranstaltungen in der Stadt zu sprechen. Gorbatschows Zeit war lange vorüber, und die ehemaligen Sowjetrepubliken waren größtenteils durchaus offen für Anregungen aus dem Ausland. Unser Team von Joni and Friends besuchte Kranken- und Waisenhäuser und Behinderteneinrichtungen. Manche dieser Institutionen waren von Müttern behinderter Kinder gegründet worden. An eine dieser auf Privatinitiative zurückgehenden Einrichtungen war ein Kunst- und Kulturzentrum angeschlossen, das in einem alten Backsteinbau untergebracht war. Die Initiatorinnen, alles Mütter, luden uns ein, entlang der Wände eines kleinen Saales Platz zu nehmen, um gemeinsam mit ihren Kindern die Vorführung einer russischen Tanztruppe zu sehen.

Der Auftritt begann damit, dass die gesamte Truppe sich in der Mitte der Bühne aufstellte – hoch gewachsene, kräftig wirkende Männer und Frauen in leuchtend bunten Bauernkostümen und schwarzen Stiefeln. Als die Musik einsetzte, begannen die Tänzer sich langsam im Kreis zu drehen, in die Hände zu klatschen, zu tanzen und zu singen. Ihre Schritte beschleunigten sich mit dem Tempo der Mandolinen, immer schneller, lauter, schneller ... bis die Tänzer, die zu den Klängen herumwirbelten, nur noch ein einziger Wirbel aus Klang und Farbe waren.

Das war mehr als ein Tanz – es war ein Erdbeben stampfender Stiefel, ein Tornado aufblitzender Farben, eine Symphonie wilden Jubels, dessen kraftvoller Düsenjetstrahl uns förmlich an die Wand presste. Mir wurde klar, dass ich zum ersten Mal die Schönheit echten Tanzens erlebte – die Tänzer waren von ganzem Herzen, mit ganzer Seele und mit ihrer ganzen körperlichen Präsenz bei der Sache und schufen dabei etwas Transzendentes, Unwiederholbares. Am Schluss waren wir genauso atemlos wie sie. Wir waren Zeugen von Leidenschaft und Poesie geworden, Zeugen des überfließenden Pathos der slawischen Seele, die ihr Innerstes zuäußerst kehrt um des Tanzes willen.

Am Vortag der Evangelisationsveranstaltung brachten wir Rollstühle ins Hospital 19, eine berühmte russische Institution, von der ich kurz nach meinem Unfall zum ersten Mal gehört hatte. Das Hospital gehörte zu den weltweit führenden Forschungszentren auf dem Gebiet der Rückenmarksverletzungen. Jetzt, vierundzwanzig Jahre später, konnte ich es kaum erwarten, es mit eigenen Augen zu sehen.

Doch die mehr als zwei Jahrzehnte, die mittlerweile verstrichen waren – wir schrieben das Jahr 1991 –, waren auch an der Klinik nicht spurlos vorübergegangen. Als wir die tristen Gänge sahen und man uns die völlig veraltete medizinische Ausstattung vorführte, geriet der Ruf, den die berühmte Klinik genoss, in unseren Augen zwangsläufig ins Wanken.

»Sie sagen, Sie sind Tetraplegikerin?«, fragte mich eine der Ärztinnen, als wir durch die Eingangshalle fuhren.

»Ja, meine Arme und Beine sind gelähmt. Ich hatte vor über zwanzig Jahren einen Unfall.«

»Darf ich Ihre Hände einmal sehen?«, bat sie mich. Sie nahm sie behutsam in ihre und rieb und massierte sie. Es war eine nette Geste, auch wenn ich nichts spüren konnte. Nachdem sie einen Augenblick meine Handfläche gedrückt hatte, sagte sie: »Bitte versuchen Sie, diesen Finger zu bewegen, wenn ich vorsichtig daran ziehe.«

»Wie bitte?«, fragte ich ungläubig.

»Bitte konzentrieren Sie sich ganz darauf, diesen Finger zu bewegen«, wiederholte sie.

Ich wollte ihr erklären, dass mein Rückenmark durchtrennt war, aber sie schüttelte nur den Kopf. »Sehen Sie sich diese Leute an«, sagte sie und deutete auf ein paar Gelähmte, die in Rollstühlen an uns vorbeifuhren. »Wenn die es können, können Sie es auch.«

Zuerst war ich schockiert, doch dann begann ich zu verstehen. Offenbar hatten die Ärzte in Hospital 19 nur selten mit Tetraplegikern zu tun – Menschen wie ich überlebten in der Regel nicht lange. Die Erfahrungen dieser Ärzte beschränkten sich auf Querschnittgelähmte, und ihre Vorstellung von Rehabilitation bestand darin, die Patienten zu lehren, ihre Finger »in Bewegung zu denken«. Sie waren einfach naiv.

Am Abend der Evangelisation mit Billy Graham wiederholte sich praktisch die Szene, die wir vor ein paar Jahren in Budapest erlebt hatten. Riesige Menschenmengen strömten in das Stadion, so viele, dass die Organisatoren die Tore schließen mussten. Doch die Massen drängten weiter von draußen gegen die Tore an, bis plötzlich ein kollektiver Schrei aufstieg – ein Jubeln, das wir im Stadion hören konnten. An den Eingängen wurden riesige Fernsehbildschirme aufgestellt, damit die, die nicht mehr hereingekommen waren, zuhören und zusehen konnten.

Mein Dolmetscher war ein Bibelschüler namens Oleg Shevkun, ein junger Mann mit einer außergewöhnlichen Begabung für die englische Sprache. Aber er war in noch einer anderen Hinsicht außergewöhnlich: Oleg war blind. Wir saßen zusammen mit Billy Graham auf der Bühne, als die Mitglieder des Chores der russischen Nationalarmee, der berüchtigten Roten Armee – hoch gewachsene, aufrecht in ihren Uniformen dastehende Männer –, die »Hymne der Republik« sangen. Ihre kräftigen Stimmen trieben Tränen in Olegs blinde Augen, als sie schmetterten: »Glory, glory hallelujah!«

Auch in Ken löste dieser Augenblick ganz besondere Empfindungen aus. Er neigte sich zu mir und flüsterte: »In dieser Woche ist der dreißigste Jahrestag der Kubakrise.«

Ich hielt überrascht den Atem an. Und während ich dem Chor der russischen Soldaten lauschte, wurde mir bewusst, dass wir Zeugen eines historischen Augenblicks waren, der turmhoch aus dem Lauf der Geschichte herausragte, ja der alles überstieg, was wir bis jetzt von unserer Welt gedacht und gewusst hatten. Ich durfte einen Höhepunkt der Zeit miterleben, einen vollkommenen Augenblick, der unvorstellbar und fast nicht einzuordnen war.

Anschließend erhob sich Billy Graham und trat mit einer ganz leichten Unsicherheit in der Bewegung zum Rednerpult – damals machten sich bereits die ersten Anzeichen der Parkinson'schen Krankheit bei ihm bemerkbar. In diesem Moment lehnte Oleg sich zu mir herüber und sagte: »Joni, denk doch nur – heute gebraucht Gott einen blinden Jungen und eine gelähmte Frau, um zu meinem Volk, das in sieben Zeitzonen lebt, zu reden.«

Ich blickte auf Billy Graham. »Oleg«, fügte ich hinzu, »heute gebrauchte Gott einen blinden Jungen, eine gelähmte Frau und einen alten Mann mit Parkinson, um dein Volk anzusprechen.«

Nachdem Billy Graham gepredigt und die Menschen eingeladen hatte vorzutreten, öffneten sich fast zehntausend Menschen der Freiheit Christi. Ich dachte dasselbe wie damals in Budapest: *Herr, dieser Augenblick ist zu groß für mich. Ich kann die Verantwortung, die du mir auferlegt hast, die Verantwortung für das, was ich sehe, nicht tragen. Warum sitze ausgerechnet ich hier neben Oleg, hinter Billy Graham, und nicht jemand anders?*

Mich überwältigte dasselbe Gefühl wie bei der Premiere des Films *Joni* in einem Vorführsaal im Kreml. *Dies ist der Kreml,* hatte ich mir damals wieder und wieder vorgesagt, *hier hat Chruschtschow regiert. Wie oft mussten wir in der Grundschule unter unsere Schreibtische kriechen – und jetzt sieht man sich im Kreml einen christlichen Film an.*

Die Lichter wurden gedimmt, die Gespräche erstarben, und wieder sah ich, wie die braun gebrannte Schauspielerin ihre Arme anmutig nach hinten schwang und zum Sprung ansetzte. Ich sah mich mit dem Gesicht nach unten treibend, sah, wie die Schauspielerin, die Kathy spielte, nach mir griff und mich aus dem Wasser hob, spuckend und nach Luft schnappend. Doch diesmal war ich in Russland. Der Film war synchronisiert worden, und ich redete in einer fremden Sprache.

Als ich über die Brüstung auf das voll besetzte Haus blickte und sah, wie die Menge gebannt auf die Leinwand starrte, konnte ich es nicht länger ertragen. Wenn ich meine Hände hätte bewegen können, hätte ich mein Gesicht darin vergraben. *Das ist zu viel! O Gott, du sagst:* »Von den Menschen jedoch, denen viel anvertraut wurde, wird viel verlangt.« *Ich kann diese Verantwortung nicht tragen.*

Ich wusste, dass ein wahrhaft verantwortungsvoller Umgang mit diesem Erlebnis ein heiliges Leben erforderte. Und genau ein solches Leben führte ich nicht. Manchmal wünschte ich, Gott würde mir weniger Freiheit lassen. Manchmal hoffte ich, er würde mich zwingen, das Richtige zu tun, würde mich selbst heiligen. Dann wäre es leichter.

Ich wusste, dass Gott Entscheidungen von mir verlangte. Er

zeigte mir Mauern in meinem Leben, die er einreißen wollte – nicht Mauern von der Größe der Berliner Mauer, wie es die Beschränkung auf den Rollstuhl war, sondern kleine: den Stolz, der hin und wieder sein hässliches Haupt erhob; die Versuchung, mit Erfolgen zu prahlen; meinen immer noch wachen Wunsch, meine Kräfte mit anderen zu messen; die Erwartung, dass immer alles nach meinem Kopf gehen sollte. Jetzt machte sich Jesus selbst mit dem Hammer daran, meine grässlichen Mauern zu zerschlagen, und erinnerte mich daran, dass seine Freiheit nicht nur bedeutet: »Gehorche meinen Geboten«, sondern »Gehorche mir«. Das Alte bröckelte, Gott selbst lockerte den Griff der eisernen Regeln. Dies war der Gott, den ich zu lieben begann – der Gott, dessen Gebote nicht schwer waren, der Gott, der mein Herz veränderte.

Im Sommer 1990 wurde ich in meiner Funktion als Mitglied des National Council on Disability mit anderen Gästen im Weißen Haus empfangen. Wir waren gekommen, weil Präsident Bush die *Americans with Disabilities Act* (ADA) unterzeichnen wollte, die unser Komitee entworfen hatte.

Später im Hotel, in der engen Lobby, forderte unsere kleine Delegation unseren Vorsitzenden auf, eine Rede zu halten.

»Wir leben in einer Ära der Rechte und Vorrechte. Es ist schön, in einer solchen Zeit die Segnungen der Freiheit zu genießen. Aber wir wollen uns daran erinnern ...«

Er hielt inne und räusperte sich, als nehme ihm sein nächster Gedanke den Atem.

»... dass dieses neue Gesetz zwar vielleicht mehr Jobs schaffen wird, aber es wird nicht die Herzen der Arbeitgeber verändern. Es wird vielleicht für neue Hebevorrichtungen für Rollstühle in den Bussen sorgen, aber es wird nicht das Herz der Busfahrer verändern. Es wird garantieren, dass wir über Rampen besseren Zugang zu Restaurants und Theatern haben, aber es wird die Herzen der Kellner nicht verändern.«

Er schwieg und sah sich im Raum um, stellte Blickkontakt zu jedem von uns her.

»Auf die Veränderung der Herzen«, sagte er und hob sein Glas.

Die Herzen verändern.

Seine Worte ließen mich erkennen: Im Evangelium geht es einzig und allein um die Veränderung der Herzen.

Als die *Winds of Change* gegen Ende des Jahrzehnts langsam einschliefen, waren viele osteuropäische Völker enttäuscht. Manche stöhnten unter den ungewohnten Forderungen der Demokratie. Sie hatten erwartet, dass die Freiheit ihnen unbegrenzte Rechte einräumen würde. Nun mussten sie lernen, dass man nicht einfach die eigenen willkürlichen Beschlüsse als »Rechte« deklarieren und ihnen so einen Anstrich von Rechtmäßigkeit verleihen kann.

Wahre Veränderung geschieht nur im Herzen. Und diese Veränderung wird durch den Geist Gottes herbeigeführt. Ich dachte wieder einmal an die Worte des Apostels Paulus:»Wo immer der Geist des Herrn ist« – ob in meinem Herzen oder irgendwo auf der Welt – »ist Freiheit.«

Kapitel 23

Ich schätze mich selbst noch nicht so ein, dass ich's ergriffen habe. Eins aber sage ich: Ich vergesse, was dahinten ist, und strecke mich aus nach dem, was da vorne ist.

Philipper 3,13

Das Ergebnis des Tests ist da, Joni«, sagte der Facharzt am Telefon.

Ich holte tief Luft und wartete.

»Er ist – negativ«, seufzte er.

Wieder einmal waren meine Hoffnungen enttäuscht worden.

»Hör zu«, sagte er, »es hat nichts mit deiner Rückenmarksverletzung zu tun. Du gehörst ganz einfach nur zu den Typ-A-Frauen, die keine Kinder bekommen können.«

Ich war schrecklich enttäuscht.

Seit Ken und ich vor sieben Jahren geheiratet hatten, hatten wir versucht, eine Familie zu gründen. Jetzt, am Vorabend meines vierzigsten Geburtstags im Oktober 1989, war es endgültig: Ich würde keine Kinder bekommen.

Ich rief Ken in seiner Mittagspause in der Schule an. »Ich bin nicht schwanger«, sagte ich, noch wie betäubt vor Schmerz.

Ich hatte oft von dem Kummer der Frauen gehört, die unfruchtbar waren. Jetzt traf es also mich. Ich dachte an die Stofftiere, die Kinderbücher, die Spiele, die ich ganz oben in unserem Schlafzimmerschrank versteckt hatte. Und die Skizze fiel mir ein, auf der ich aufgezeichnet hatte, wie wir mein Atelier in ein Kinderzimmer verwandeln konnten. Wir hätten einen Autokindersitz auf einem Querbrett an meinem Rollstuhl befestigen können. Ich dachte an die Freundinnen, die ich gebeten hätte, mir zu helfen. Und an den winzigen hellblauen Strampelanzug, der ganz unten in meiner Kommode lag.

Die Menschen heiraten, um eine Familie zu gründen. Wie sollen Ken und ich damit fertig werden?

Große Tränen liefen mir übers Gesicht, und ich versuchte erst gar nicht, mit dem Weinen aufzuhören.

Als Ken und ich abends im Bett lagen, hing der Kummer wie eine feuchte Nebeldecke über uns. Wir wechselten nur hin und wieder ein Wort, meist schwiegen wir. Wir verstanden uns auch ohne Worte. Ich spürte es nicht, aber ich wusste, dass er meine Hand hielt, und der ruhige Rhythmus seines Atems tröstete mich.

»So«, sagte mein Mann sanft, »und was machen wir jetzt?«

Seit einigen Jahren hatte ich gespürt, dass dieser Augenblick kommen würde. Bis jetzt war der Straßenverlauf meines Lebens vorhersagbar gewesen: Joni heiratet, Joni bekommt ein Kind – meine Rückenmarksverletzung war einfach nur eine Unebenheit auf dieser Straße gewesen. Doch jetzt fand ich mich plötzlich vor einer Weggabelung, an einer dieser unübersichtlichen Autobahnausfahrten, die immer irgendwie ins Nichts zu führen scheinen, und wartete darauf, dass jemand kam und mir den richtigen Weg wies.

Wo würde er hinführen?

Vielleicht war es ja auch gar keine Gabelung. Vielleicht war es ja ein Autobahnkreuz, das mich, wenn ich ihm folgte, auf eine andere Autobahn leiten würde, die wiederum Hunderte von Abfahrten hatte, sodass mir eigentlich die ganze Welt offen stand. Diese andere Autobahn war gesäumt von Reklameschildern mit den Gesichtern Tausender von Menschen, denen ich im Laufe der Jahre begegnet war.

Viele dieser Gesichter waren die Gesichter von Kindern. Ich dachte an das Mädchen auf den Philippinen, das auf den Händen ging und seine Beine nachzog. Das blinde Kind in Polen, das eine zerfledderte Ausgabe von *A Step Further* umklammerte und flüsterte: »Es hat mein Leben verändert!«

Und ich dachte an die kleine blonde Elfe, der ich in Ungarn begegnet war. Wir waren damals über die DDR und die Tschechoslowakei nach Ungarn eingereist. Ich hatte in Wittenberg in der Martin-Luther-Kirche und in Leipzig in der Thomaskirche gesprochen. Auf diese Weise verkündigten wir das Evangelium in einer Kirche nach der anderen, und keine dieser Veranstaltungen dauerte unter zwei Stunden. Als wir schließlich an unserer letzten Station ankamen, einer großen Kirche auf einer Anhöhe bei Budapest, war ich völlig ausgelaugt. Ich hatte mich bewusst schon sehr früh auf den Weg gemacht, doch sie war bereits voller Menschen, als wir ankamen. Auch hier quollen die Kirchenbänke beinahe über. Es dauerte Ewigkeiten, bis ich mich nach vorn durchgearbeitet hatte, und ich betete in meiner Erschöpfung: *Herr Jesus, gib mir die Worte, die ich hier sagen soll.*

Gott erhörte mich. Die Veranstaltung war ein großer Erfolg, und als sie zu Ende war und ich den überfüllten Gang langsam wieder hinunterrollte, hielt ich immer wieder inne, um die Menschen mit dem bisschen Ungarisch, das ich beherrschte, zu begrüßen.

Plötzlich drängelte sich ein blondes Mädchen energisch nach vorn. Dabei redete sie aufgeregt auf Ungarisch vor sich hin und stolperte immer wieder über die Erwachsenen. Männer und Frauen wichen zur Seite, amüsiert über das Kind, das offensichtlich einen Auftrag auszuführen hatte.

»Ich kann dich nicht verstehen«, sagte ich lächelnd zu dem Kind, doch das spielte keine Rolle. Sie warf die Arme um mich, brach in Tränen aus und redete weiter auf mich ein.

»Was sagt sie?«, fragte ich die Umstehenden. »Wie heißt sie?«

Keiner reagierte auf meine in englischer Sprache gestellte Frage. Schließlich richtete das blonde Mädchen sich auf, ließ etwas in meinen Schoß fallen, fuhr sich über die Augen und trat zurück in die Menge.

»Halt!«, rief ich. »Wie heißt du?« Ich blickte mich nach meinem Dolmetscher um, aber als ich mich wieder umdrehte, war das Mädchen verschwunden. Ich sah auf das Geschenk in meinem Schoß hinunter. Es war ein kleines, blassgrünes Plüschkaninchen mit einer zerfransten Schleife um den Hals. Man sah gleich, dass es von Hand genäht war. Nach seinem Aussehen zu schließen, war es ein sehr alter Spielkamerad des Mädchens.

Ich behielt das Plüschkaninchen den ganzen Rückweg zum Hotel auf dem Schoß und nannte es Rabbie. Auf der Fahrt durch die heruntergekommenen Straßen blickte ich auf das schäbige Tierchen hinunter und fragte mich, wessen Hände es wohl genäht hatten, welche Geheimnisse das Mädchen ihm ins Ohr geflüstert hatte, wenn sie es auf Reisen mitnahm und ihm neue Ausblicke zeigte, und ob sie wohl eine ältere Schwester hatte, von der sie wegen ihres Kaninchen-Freunds aufgezogen wurde. Ich fragte mich, wie wohl das Zimmer des Mädchens aussah. Las ihr Vater ihr aus einem großen roten Buch Märchen vor? Teilte sie ihr Bett mit einer Schwester? Kuschelte sie sich mit ihrem kleinen Plüschfreund unter die Decke?

Vielleicht lag es daran, dass ich so erschöpft war. Vielleicht reute es mich, dass ich zu sehr von meiner Mission getrieben war, zu sehr eine Typ-A-Frau, um ein Kind bekommen zu können. Vielleicht waren es auch Schuldgefühle, weil ich wusste, dass meine anstrengenden Reisen eventuell meine Fähigkeit, mit Ken ein Kind zu bekommen, beeinträchtigt hatten. Was auch immer der Grund war, das Kaninchen und das Kind hatten eine tiefe Sehnsucht in mir geweckt.

Plötzlich wollte ich mit aller Macht ein kleines Mädchen in die Welt setzen. Ein Kind wie meine blondhaarige ungarische Freundin. Es sollte lernen zu vertrauen, zu staunen und Gottes Gaben zu lieben. Ein Mädchen, das Freude hatte an Lagerfeuern am Strand, am Reiten und am Cowboy-und-Indianer-Spielen. Ein Kind, das mit mir unter den Sternen saß und sich die Sternbilder erklären ließ, ein Kind, das neben mir saß, wenn ich malte, und mich fragte: »Was ist eine Komposition?« Ein Kind, dem ich die Bäume und Vögel erklären und *Black Beauty* vorlesen konnte. Ein kleines Mädchen, das nichts dagegen hatte, wenn es für einen Klaviervortrag ein Kleid mit Rüschen anziehen sollte, und dem es gefallen würde, wenn ich neben ihm saß und zuhörte, wie es eine Tarantella übte. Wir könnten Songs und Choräle zusammen singen, und nachts könnten wir uns auf den Balkon hinaussetzen und den Grillen lauschen.

»Ich wünsche es mir so sehr« – es war kaum mehr als ein Flüstern. Ken wandte sich um und sah mich an. »Aber es wird nie Wirklichkeit werden.«

»Was wird nie Wirklichkeit werden?«, fragte er.

»Eine Familie«, sagte ich sehnsüchtig. »Meine Hoffnungen und Träume, eine Familie zu haben. Ich muss sie aufgeben.«

Ken strich mir übers Haar.

»Wir müssen an die Zukunft denken«, seufzte ich.

Jetzt nahm mein Leben vor meinem inneren Auge eine andere Autobahnausfahrt, zurück in Zeiten, in denen ich mit anderen Kindern zusammen war. Ich dachte an Nicole und ihren rosafarbenen Kinderrollstuhl. Er hatte Fahrradwimpel an den Griffen gehabt. Ich war Nicole bei einer der Familienfreizeiten begegnet, die Joni and Friends für Familien mit behinderten Kindern veranstaltete – fünf Tage Rollstuhlwandern, Schwimmen, Kurse in Kunst und Kunsthandwerk, Bibelstudium und Stille Zeit. Eines Abends, während eines allgemeinen Eisessens, rollte ich zu der kleinen rothaarigen Nicole in ihrem Rollstuhl hinüber, zu ihrer Freundin Tiffany und zu Rachel, die in Beinschienen neben ihr stand. Kurze Zeit darauf spielten wir Fangen – Rollstuhlfangen. Nicht lange und ein Junge in einem Laufstuhl und seine Schwester schlossen sich uns an, dann ein Mädchen mit Downsyndrom und ihr Bruder. Wir lachten und kreischten, während wir uns zwischen den Erwachsenen hindurchschlängelten, wir lachten, wenn die Pedale unserer Rollstühle sich ineinander verhakten, und wir kicherten, wenn wir zusammenstießen wie Boxautos.

Als die Eiskugeln zu schmelzen begannen, sah der Leiter der Freizeit auf die Uhr und versuchte, die Familien in ihre Hütten zu scheuchen. Aber die Kinder und ich spielten einfach weiter. Wir waren so ins Spiel vertieft, dass ich jedes Zeitgefühl verlor.

Als wir einander schließlich Gute Nacht wünschten, nahm Nicole mich fest in die Arme. Wir pressten unsere warmen Wangen aneinander und ich schaukelte und summte in ihrer Umarmung. Irgendwann merkte ich, dass sie mich zu weit zu sich hinübergezogen hatte. Ich hatte das Gleichgewicht verloren und lag schwer auf ihrer Schulter.

Eine volle Minute verging. »Sind wir jetzt fertig mit Drücken?«, fragte ich.

»Warum?«, fragte sie. Ihre Stimme klang erstickt, weil sie den Kopf in meinem Pullover vergraben hatte.

»Weil, wenn wir fertig sind, musst du mich in meinen Rollstuhl zurückschieben.«

Nicole entwand sich der Umarmung und fing an zu kichern. Sie versuchte mit ihrer ganzen Kraft, mich in den Stuhl zurückzuschieben.

»Kannst du dich nicht selbst wieder hinsetzen?«, fragte sie.

»Nö«, antwortete ich und versuchte, meinen Kopf von ihrer Schulter zu heben. »Dazu brauche ich deine Hilfe.«

»He«, sie strahlte plötzlich, »ich kann einer Erwachsenen helfen!«

Erst nachdem wir uns noch einmal zugewinkt hatten, merkte ich, dass dieser Abend wie im Himmel gewesen war. Es war wieder einmal einer dieser ganz gewöhnlichen, in braunes Packpapier gewickelten Augenblicke – randvoll mit Freude angefüllt –, die mir zuflüsterten: »Mach weiter so. Eines Tages wirst du in solcher Freude baden. Und sie wird ewig andauern.«

Bevor ich an diesem Abend in meiner Hütte verschwand, blickte ich zu den Sternen auf und dankte Gott dafür, dass er die Leere in mir nicht nur mit sich selbst ausgefüllt hatte, sondern mit *Kindern*. Ich war mit Jungen und Mädchen zusammen, die an Spina bifida, Zerebralparese oder Rückenmarksverletzungen litten, an Autismus, am Downsyndrom oder an Osteogenesis imperfecta. Ich sah ihnen zu, wie sie sich mutig in jedes Spiel stürzten, wie sie im Schwimmbecken tauchten oder sich auf ein Pferd setzen ließen. Und mir wurde warm ums Herz, wenn sie zu mir herüberblickten und riefen: »Guck mal, was ich kann!« und »Nein, guck lieber, was *ich* kann!«, als wäre ich eine Mutter.

Die Erinnerung an Nicole und ihre Umarmung begann den Kummer, der immer noch über unserem Bett hing, zu vertreiben, und ein heller Gedanke zeichnete sich ab: Wir konnten zwar kein eigenes Kind haben, aber wir durften uns an den Kindern von anderen freuen.

»Hältst du noch meine Hand?«, fragte ich.

Ken hob sie hoch, sodass ich es sehen konnte.

Ich atmete tief ein. »Wenn wir keine eigene Familie haben können«, schlug ich vor, »dann können wir unsere Vorstellung von ›Familie‹ doch einfach erweitern, oder nicht?«

Er drehte seinen Kopf auf dem Kissen. »Was meinst du damit?«

»Nun ja, zum Beispiel ... warum nicht deine Schüler? Wir könnten uns ein bisschen um sie kümmern. Sie hierher zum Grillen einladen. Ihren Weg begleiten, wenn sie aufs College gehen.«

Er dachte einen Augenblick nach. »Mm-hm.«

»Und denk nur an all die Länder, die wir besucht haben«, fuhr ich fort. »An die Symposien, die wir in Europa gehalten haben. Die Rollstühle, die wir gespendet haben. Und an die Waisenhäuser für behinderte Jungen und Mädchen. Wir können vielleicht keine eigenen Kinder bekommen ...«

»... aber wir haben Kinder auf der ganzen Welt«, beendete er den Gedanken.

»Ja, behinderte Kinder.«

Ken blickte zur Decke hoch und dachte nach.

»Also«, flüsterte ich im Dunkeln, »warum können wir nicht unsere Zeit, uns selbst, da hineininvestieren? O Ken«, sagte ich, als er näher an mich heranrückte, »wir wollen uns den Kindern widmen. O bitte, können wir – können wir nicht die Kinder auf der ganzen Welt lieb haben?«

Mit einem Mal wirkte die Weggabelung überhaupt nicht mehr Furcht einflößend. In dieser Nacht beschlossen Ken und ich, nicht nur ein Leben, sondern tausend Leben zu leben, uns dem Dienst für das Gottesreich zu widmen, ganz gleich, wo Gott uns hinschicken würde. In der folgenden Woche verschenkte ich die meisten Stofftiere und das andere Spielzeug aus meinem Schrank und warf die Skizze meines in ein Kinderzimmer umgebauten Ateliers fort. Auch den kleinen blauen Strampelanzug verschenkten wir. Wir beschlossen, uns ganz auf Joni and Friends zu konzentrieren und unsere Fürsorge auf noch sehr viel mehr Jungen und Mädchen auszudehnen.

Und indem wir das taten, erfüllte Gott mein Herz mit immer mehr Kindern.

Ich traf die kleine Hannah Slaight und Joey, ihren Bruder, bei unserer Joni and Friends-Familienfreizeit bei Chicago. Der Mond stand hoch, die Nacht war lau und duftete, und ich hatte gerade die Eröffnungsfeier hinter mir und war ein Stückchen hinausgefahren. Ich sah Hannah und Joey in ihren schicken kleinen Rollstühlen, prüfte kurz den langen, sanften Abhang zu unseren Zimmern hinunter und forderte sie zu einem Rennen auf.

»Ein Rennen?«, fragte Hannah.

»Ja«, antwortete ich herausfordernd. Im Mondlicht konnte ich sehen, dass ihre Gesichter ein einziges Fragezeichen waren.

»Seid ihr schon mal in euren Stühlen mit jemandem um die Wette gefahren?« Verlegen schüttelten sie den Kopf.

Sie scheinen noch nicht lange im Rollstuhl zu sitzen, dachte ich. Aber bevor ich noch sagen konnte »Auf die Plätze, fertig, los!«, waren sie schon losgerast, lachend und immer wieder über die Schulter zurücksehend. Ich musste mich ganz schön anstrengen, um sie einzuholen. Wir rasten in Höchstgeschwindigkeit den Hügel hinunter und stießen unten um ein Haar zusammen. Wir waren drei glückliche Camper, die im Mondlicht tanzten und Unsinn trieben.

Plötzlich merkte man kaum noch, dass das Leben im Rollstuhl neu für die beiden war. Noch vor einem Jahr waren Hannah und Joey Treppen hinauf- und hinuntergerannt und hatten sich mit ihren jüngeren Schwestern Hope und Haley auf das Ferienlager ihrer Gemeinde gefreut. Die vier Kinder sangen Lagerlieder, während ihre Eltern, Jim und Janet, im Wohnwagen die Straße entlangfuhren. Knapp drei Kilometer von ihrem Haus entfernt fuhr ein Betrunkener mit fast hundert Stundenkilometern frontal auf den Wagen auf. Die Jüngste, Hope, starb noch am Unfallort. Haley erlitt furchtbare Gesichtsverletzungen und musste an der Wirbelsäule operiert werden. Jim und Janet erlitten mehrfache Knochenbrüche und innere Verletzungen. Hannahs und Joeys Rückgrat wurde bei dem Zusammenprall zerschmettert – sie würden nie wieder gehen können.

Als mir jemand einen Zeitungsartikel über das Schicksal der Familie Slaight schickte, schrieb ich ihnen einen Brief und lud sie zur nächsten Familienfreizeit von Joni and Friends ein. Ich hätte mir nie träumen lassen, dass diese Einladung die Antwort auf die Gebete der Slaights war. Ängstlich, verzagt und immer noch zutiefst verstört hatte die neunjährige Hannah darum gebetet, eine Freundin mit Rückenmarksverletzung zu finden – jemand, der verstand, wie es war, wenn man so jung plötzlich nicht mehr gehen konnte. Am ersten Tag der Freizeit erhielt Hannah ihre Antwort. Sie traf die elfjährige Abby, die ebenfalls im Rollstuhl saß.

Die Mutter in mir sah mit zärtlichen Gefühlen zu, wie Hannah und Abby ihre Rollstühle neben dem See parkten. Es sah aus, als seien sie damit beschäftigt, sich Gänseblümchenketten zu flechten. Ein leichter Wind zauste Hannahs Haar, und sie wirkte zutiefst zufrieden. Die Mädchen kicherten und zeigten einander, wie weit sie gekommen waren. Ich fragte mich, wie Hannah mit der Tatsache umging, dass sie niemals Spitzentanz lernen oder Dodgeball spielen konnte wie die anderen Kinder. Litt sie noch unter dem Unfall? Wenn man zusah, wie die Mädchen Gänseblümchen in den See warfen, wirkte es nicht so. *Wo ist dein Zorn, Hannah? Wo ist der Hitzkopf, wo sind die Anklagen gegen Gott?*

Ich musste schlucken. Der Anblick zweier kleiner Mädchen, die einfach über die dunkle Seite hinwegsahen und sich am Segen des Glücks durch das wohl kleinste und unschuldigste aller Vergnügen freuten – am See sitzend an Gänseblümchenblättern abzuzählen »Er liebt mich, er liebt mich nicht« –, machte mich grenzenlos stolz auf diese Mädchen. Und stolz auf Gott. Er neigte sich über sie, um ihren Schmerz zu lindern, ihre Tränen zu trocknen, ihre Last leichter zu machen, ihr Herzweh zu heilen und ihnen den Weg zu Frieden, Freude und Zufriedenheit zu zeigen. Gott tat, was er konnte, um ihnen zu helfen.

Und ich erlebte etwas bei Hannah, das ich an mir vermisst hatte, als ich selbst verunglückt war: Sie tat ebenfalls, was sie konnte. Am nächsten Tag verkündete sie ihrer Mutter: »Sie haben mich gefragt, wofür ich dankbar bin, und ich habe gesagt, ich bin dankbar für meine Behinderung. Ich habe es wirklich ernst gemeint. Ich habe hier so viele neue Freunde gefunden, denen es viel schlechter geht als mir und die trotzdem glücklich sind! Wenn sie dankbar und glücklich sein können, wie kann ich mich dann beklagen? Ich habe noch meine Arme; ich kann mich spüren. Zum ersten Mal bin ich wirklich dankbar für meine Behinderung.«

Die kleine Hannah hatte mir auf ihre liebreizende, sanfte Art die Augen für wahre Weisheit geöffnet. Wahre Weisheit liegt nicht darin, dass man weiß, warum Gott Tragödien zulässt. Wahre Weisheit liegt im Vertrauen auf Gott, wenn man *nicht* weiß, warum etwas geschieht. Dazu war ich zu Beginn meiner Krankheit noch nicht fähig. Fast ein Jahr nach meinem Unfall fuhr ich in meinem Hass auf Gott meinen Rollstuhl gegen eine Wand, setzte wieder zurück und fuhr wieder dagegen, wieder und wieder, bis der Putz zu bröckeln begann. Hannah und Nicole waren anders, sie hatten das Stadium, in dem man nur noch Hass auf Gott empfindet, ausgelassen. Sie würden zu jungen Frauen heranwachsen, die ihr Leben im Glauben meistern und Gott bewusst und dankbar annehmen konnten.

Gott, du bist wirklich erstaunlich. Ich lächelte, als ich sah, wie Hannah und Abby von ihrem Spiel abließen und zum Aussichtspavillon rollten. *Deine Gnade und deine Macht, mit der du diese Kinder trägst und erhältst, machen mich demütig.*

Diese bewegende Erfahrung wiederholte sich auf einer Reise in den Osten. Mir stand ein medizinischer Untersuchungstermin bevor. Judy und eine andere Freundin von mir, Francie, brachten mich nach Baltimore zu einer urologischen Untersuchung am University of Maryland Hospital. Nach dem Termin rollte ich die vertrauten Gänge entlang. Hier herrschten noch immer die bekannten Geräusche – das leise Quietschen der gummibesohlten Schuhe der Schwestern, die Stimmen in der Sprechanlage, das Rattern des vorüberrollenden Wagens mit Obstsaft. Ich hatte gehofft, mein altes Zimmer besuchen zu können, aber Umbaumaßnahmen und neue Wandanstriche hatten alles verändert. Es war über dreißig Jahre her, und die Station, auf der ich so viele Wochen verbracht hatte, gab es längst nicht mehr.

»Ich weiß einen Ort – wetten, dass der noch genauso aussieht wie früher?«, trumpfte ich auf.

Wir kletterten ins Auto, fuhren etwa eine Meile weiter und parkten vor dem Johns Hopkins Hospital. »Mir nach«, sagte ich zu meinen Freundinnen, und wir tasteten uns durch das Labyrinth der Gänge zum ältesten Teil des Hospitals vor, zu seinem Herzstück.

»Wo ist die alte Eingangshalle?«, fragte ich einen Sanitäter.

Ich rollte voraus und Francie und Judy hasteten hinter mir her; ich konnte es kaum erwarten zu sehen, ob die Halle sich verändert hatte. Ich umrundete einen mahagonigetäfelten Treppenschacht und rollte auf den spiegelnden Marmorboden hinaus in die große alte Eingangshalle mit der hohen Dachkuppel, an die ich mich so gut erinnerte. Und dort, in der Mitte der Halle, stand die Marmorstatue von Christus. Links befand sich noch die gleiche getäfelte Wand, vor der der rothaarige Sanitäter vor so vielen Jahren meine Trage abgestellt hatte.

»Sie hatten mich hierher gebracht, um mir die Fingernägel zu ziehen«, erzählte ich meinen Begleiterinnen. »Ich war damals so verzweifelt und fühlte mich so verloren ...« Ich erklärte ihnen, dass ich mir immer vorgestellt hatte, ich säße am Teich von Bethesda und wartete darauf, geheilt zu werden, wartete, dass Jesus zu mir käme. »Mein Zustand besserte sich einfach nicht, und ich bat den Herrn, zu kommen und mir zu helfen, sich ganz konkret zu zeigen. Aber Jesus schien immer an mir vorbeizugehen. Bis sie mich hierher brachten«, sagte ich leise und schaute auf die riesige Statue. »Hier haben sie mich hingelegt, ihm zu Füßen.«

Ich rollte zum Sockel der Statue und las die vertrauten Worte: »Kommt alle her zu mir ... ich will euch Ruhe schenken.« Christi Arme waren noch immer ausgestreckt, bereit, die Leidenden zu umfangen. Schwestern und Besucher eilten an mir vorbei, doch ich saß ganz in mich versunken und erinnerte mich daran, was es hieß, ein Teenager zu sein, so jung und so völlig aus der Bahn geworfen. Was es hieß, gegen die Verbitterung anzukämpfen, gegen den Gedanken, dass Gott mich vergessen hatte, dass mein Schicksal schlimmer war als das aller anderen Menschen. Was es hieß, sich nach einer Freundin zu sehnen, die in meinem Alter war, mit der ich mich identifizieren konnte und die begriff, wie es war, so jung zu sein und nicht mehr gehen zu können.

In der Ecke der Eingangshalle stand ein hölzernes Pult mit einem großen, in Leder gebundenen Gästebuch. Ich sah es mir an und stellte fest, dass hier Besucher niedergeschrieben hatten, was sie beim Anblick der Statue empfanden. Als ich die Einträge überflog, fiel mir auf, dass sie aus aller Herren Länder kamen. Einige hatten Gebete hineingeschrieben. Ein oder zwei gaben ihrer Dankbarkeit Ausdruck. Ich bat Francie, den Stift zu nehmen und einen Text für mich in das Buch zu schreiben.

»Vor über dreißig Jahren erlitt ein siebzehnjähriges Mädchen einen Tauchunfall, nach dem es am ganzen Körper gelähmt war. Sie wurde zu einer kleineren Operation hierher gebracht. Man stellte ihre Trage zu Füßen der Christusstatue ab. Das war die Antwort auf ein Gebet. Sie hatte darum gebetet, dass Gott ihr doch zeigen möge, dass er sie nicht ganz vergessen hatte und noch an sie dachte. Und ich kann voller Freude und Dankbarkeit sagen, dass er heute, nach dreißig Jahren, immer noch an sie denkt.«

Eine Stunde später, als wir in der Cafeteria des Hospitals saßen, trat eine Frau auf mich zu und fragte: »Sind Sie ... Joni?«

Ich nickte.

»Mein Name ist Glenna«, stellte sie sich vor. »Was machen Sie hier?«

»Wir waren heute Morgen in einer anderen Klinik, aber ich wollte meinen Freundinnen die Christusstatue zeigen. Haben Sie sie gesehen?«

»Ich kann nicht glauben, dass Sie es wirklich sind«, rief sie enthusiastisch und schlug die Hände zusammen. »Ihre Bücher haben mir so sehr geholfen. Ich komme aus Ohio und bin mit meiner Tochter Angela hier. Sie leidet an Spina bifida. Wir warten wieder einmal auf eine Operation. Sie ist schon viele Male hier operiert worden.«

Einen Augenblick lang sah ich meine eigene Mutter in dieser Frau. Ich dachte daran, dass sie täglich den umständlichen Weg ins Krankenhaus auf sich genommen hatte, um mich zu sehen. Und ich sah die gleiche Verzweiflung, das gleiche Festklammern an der Hoffnung wie an einer dünnen Drachenschnur.

»Haben Sie vielleicht noch ein bisschen Zeit – meinen Sie, Sie könnten mit hochkommen auf die Kinderstation, zu meiner Tochter?«

Ich zögerte keine Sekunde. Wir aßen rasch fertig und nahmen den Aufzug in den vierten Stock. Ich rollte einen bunten Gang hinunter und nach rechts in Angelas Zimmer. Sie hatte hellbraunes Haar und ein liebes Lächeln und sah sehr erschöpft aus. Unmengen von Schläuchen führten in ihren Körper hinein und aus ihm heraus. Als ich sagte: »Hi, mein Name ist Joni«, leuchtete ihr Gesichtchen auf.

»Ich weiß, wer Sie sind«, sagte sie mit schwacher, aber glücklicher Stimme. »Ich höre Sie immer im Radio.«

Ich sah einen Kinderrollstuhl in der Zimmerecke stehen. Er war schwarz und rosa und erinnerte mit seiner niedrigen, geschwungenen Lehne an einen kleinen Rennwagen. Ich sagte etwas darüber, wie todschick er sei. »Ja«, stimmte sie zu, »meinen alten Rollstuhl habe ich *Wheels of the World* gestiftet. Ich wollte, dass ein anderes Kind ihn bekommt, ein Kind in Afrika oder irgendwo.«

Da warst du wieder, Herr – und segnetest mich durch den Mut eines Kindes!

Gott gebrauchte Angela – so wie er Nicole und Rachel, Hannah und Joey und das kleine blonde ungarische Mädchen gebraucht hatte –, um die Lücke, die meine Unfruchtbarkeit verursachte, zu füllen. Jetzt, so wurde mir klar, konnte man wahrlich nicht mehr von einer Leere sprechen. Ich war so stolz auf Angela, wie eine Mutter es gewesen wäre – eine geistliche Mutter. Ich musste mich richtig beherrschen, meine Freude über den Entschluss dieses schwer kranken Mädchens, deren einziger Halt die Gnade Gottes und die Hoffnung auf Christus war und die trotzdem darüber nachdachte, wie sie anderen helfen konnte, nicht allzu deutlich zu zeigen.

Bevor wir das Johns Hopkins verließen, wollte ich noch ein letztes Mal die Statue sehen. Während ich in der Ecke saß und zusah, wie die Menschen vorüberhasteten, schüttelte ich den Kopf voller Staunen darüber, wie die Jahre verflogen waren. Ich hatte bisher kaum einmal über jene schwierige Zeit nachgedacht – ich meine, *wirklich* nachgedacht –, jene Zeit, in der meine Mutter und ich mit Operationen und Kathetern, Bluttests und offenen Druckstellen vom Liegen kämpften. Ich sah hinunter auf meine Fingernägel; sie waren klein und blassblau von der jahrelangen Untätigkeit. *Herr, hilf mir, mich an diesen Schmerz zu erinnern*, flüsterte ich.

Vor mir erhob sich die Christusstatue, sich immer gleich bleibend in ihrer stillen Erhabenheit, und ich versuchte, alte Bilder wieder zu beleben ... Erinnerungen an die Anfangszeit meiner Krankheit, als es mir ging wie Nicole und Hannah, als ich immer wieder Operationen über mich ergehen lassen musste wie Angela. Ich erinnerte mich an das Gesicht des rothaarigen Sanitäters und an die blutigen Verbände um meine Finger – aber das wirkliche Leid konnte ich nicht wieder lebendig werden lassen. Die Filme, die ich vor meinem inneren Auge ablaufen ließ, als ich jetzt zu Füßen von Jesus saß, waren voller leerer Stellen. Sie hatten nichts mehr mit dem schmerzlichen Drama zu tun, das sich vor drei Jahrzehnten abgespielt hatte.

Die Zeit ist etwas schwer Fassbares. Im Rückblick sieht die Vergangenheit immer anders aus als »damals«. Von dem vielen, was geschah, bleiben nur einige wenige Augenblicke von unvergänglicher Bedeutung im Gedächtnis haften. 1968, als ich auf jener Trage lag und zu der Marmorstatue aufblickte, hatte ich einfach nicht die Perspektive, die ich heute hatte. Damals hatte ich nur ein senfkorngroßes Stückchen Hoffnung, eine dünne, brüchige Drachenschnur. Damals hatte ich mir nicht vorstellen können, wie alles ausgehen würde. Damals suchte ich nur nach einem Weg, der mich aus dem Schmerz herausführte – und fand ihn nicht. Doch heute, an dem Tag, an dem ich Angela begegnet war, so viele Jahre später, konnte ich das gesamte Autobahnnetz mit sämtlichen Auf- und Abfahrten überblicken. Und ich sah die Reklameschilder, die die Straßen säumten, Unmengen von Reklameschildern ... und alle zeigten sie Gesichter von Kindern.

Ich bin froh, dass ich mich nicht an den Schmerz erinnere, dachte ich, als wir aus Baltimore hinausfuhren. Geblieben waren nur die Ergebnisse, Dinge von bleibender Bedeutung – wie mein Mitgefühl für Angela. Mitgefühl und Mut, Zuversicht und die Perspektive der Ewigkeit waren es, die blieben, wie Trittsteine, die aus einem reißenden Wasserlauf herausragen. Sie waren es, die mich auf die andere Seite des Leidens brachten, in die Gegenwart, an den Ort, wo ich das Gefühl des Angekommenseins habe, wo ich stärker ich selbst bin als damals, als ich verzweifelt weinte: »Ich weiß nicht, wer ich bin.«

Der Gott, den ich liebe, versucht immer wieder, mir zu zeigen, dass das Leben genau so richtig ist. Unbeirrt pflanzt er die Perspektive der Zukunft in meine Gegenwart, wie eine Stimme, die mir zuraunt: »So wird alles enden. So wird es sein, wenn alles vorbei ist – es wird besser sein. Ich verspreche es.« Es ist ein Standpunkt, der unterscheidet zwischen dem, was bleibt, und dem, was neben den Weg fallen muss. Selig ist der Mensch, den Gott zurechtweist, heißt es in der Bibel. Und selig ist das Kind, das Gott zurechtweist – auch wenn dieser Segen zunächst eine Wunde schlägt.

Ich weiß nicht, wer den kleinen blauen Strampelanzug bekommen hat. Ich erinnere mich nicht mehr an den Namen des Spezialisten, den Ken und ich wegen meiner Unfruchtbarkeit konsultierten. Viele Freundinnen in meinem Alter haben Kinder, die bereits an ihrem zweiten akademischen Titel arbeiten oder selbst schon Kinder haben. Ich vermisse nichts, nur weil ich keine Oma oder Mutter bin. Auch diese Träume sind neben den Weg gefallen. Ich weiß kaum noch, wie die Skizze aussah, auf der ich mein Atelier in ein Kinderzimmer verwandelt habe; es ist nur noch ein sehr verblasstes Foto in meiner Erinnerung. Stattdessen leben Angela, Hannah und die anderen Kinder in ihren Rollstühlen in meinem Herzen. Sie helfen mir, mich auf das zu konzentrieren, was wichtig ist: Frieden und Zufriedenheit, Mut und Hingabe. Sie alle haben mir gezeigt – falls mir je Zweifel kommen sollten –, dass Gott die Macht hat, auch inmitten eines schweren Verlusts Treue in einem Menschen zu wecken. Und weil diese Kinder mir geholfen haben und helfen, liebe ich sie, bete für sie und umarme sie, als wären sie meine eigenen.

»Du hättest Vater heute sehen sollen«, sagte Ken, nahm seinen Matchsack von der Schulter und warf ihn auf den Küchentisch. »Ich habe ihn dazu gebracht, eine ganze Schale Sushireis zu essen und ein halbes Glas grünen Tee zu trinken!«

Es war spät am Sonntagabend. Ken war gerade aus seinem Elternhaus in Burbank zurückgekommen, wo er seiner Mutter geholfen hatte, seinen kranken Vater zu pflegen. Vater Tada war nach seiner dritten Bypassoperation, die mehrere kleine Schlaganfälle nach sich zog, so hilflos wie ein Kleinkind.

Kens Vater war ein starker, hoch gewachsener, ernster japanischer Geschäftsmann im Bereich Import-Export gewesen. Er war ein äußerst disziplinierter Mensch und überzeugter Buddhist, und meine klarsten Erinnerungen an ihn waren, dass er stets untadelig gekleidet war: dreiteiliger Anzug mit einer Krawattennadel aus schwarzen Perlen. Vater Tada hatte es anfangs ganz und gar nicht gebilligt, dass sein Sohn sich mit einem Mädchen traf, das an Tetraplegie litt, doch mit der Zeit hatte sich vieles geändert. Er hatte mich lieben gelernt, und seine Gesundheit hatte gelitten. Jetzt, Jahre später, hatte er seinen Anzug gegen einen Pyjama getauscht und sein schönes Auto gegen einen Rollstuhl.

Aber er hatte auch noch etwas anderes eingetauscht.

»Ich habe ihm heute die ganze Bergpredigt vorgelesen«, sagte Ken lächelnd. Vater Tadas strenge religiöse Haltung war unter der Last seiner vielen Krankheiten, vor allem aber unter dem sanften Druck der Liebe seines Sohnes aufgebrochen. Fast vier Jahre lang hatte Ken jedes Wochenende auf sein geliebtes Angeln verzichtet, um seinen Vater pflegen und bei ihm sein zu können. Eine solche Liebe und Fürsorge konnte ganz einfach nicht ignoriert werden. Und wenn Ken jetzt vergaß, aus der Bibel vorzulesen, erinnerte sein Vater ihn selbst daran.

Eines Tages, Ken hatte seinem Vater gerade nach dem Essen den Mund abgewischt, sah er ihm tief in die Augen. »Ich liebe dich, Vater«, sagte er, und sein Gesicht lief rot an.

Und sein Vater formte mühsam die Worte: »Ich liebe dich auch.«

Der Vater war das Kind geworden ... das Kind der Vater. Dieser Rollentausch, diese Umkehrung des Vater-Sohn-Verhältnisses, füllte eine Leere in Kens Herz. Jetzt endlich wurde ihm zuteil, was er als kleiner Junge und als Heranwachsender so schmerzlich vermisst hatte – zärtliche Berührungen und liebevolle Worte von seinem Vater. Aber auch der Vater bekam etwas geschenkt – bevor er starb, öffnete er sein Herz Christus.

Der Gott, den Ken und ich immer mehr lieben lernten, war ein Paradoxon. Er verschloss Türen, und dann merkten wir auf einmal, dass die Fenster offen standen. Und immer bot das Fenster eine viel, viel schönere Aussicht.

Kapitel 24

Seine Barmherzigkeit gilt von Generation zu Generation allen, die ihn ehren. Sein mächtiger Arm vollbringt Wunder! Wie er die Stolzen und Hochmütigen zerstreut! Er hat Fürsten vom Thron gestürzt und niedrig Stehende erhöht. Die Hungrigen hat er mit Gutem gesättigt und die Reichen mit leeren Händen fortgeschickt.

Lukas 1,50-53

Ich saß im Büro vor meinem Computer, als Judy hereinplatzte, eine Ausgabe von *USA Today* schwenkend. »Du glaubst nicht, worauf ich beim Mittagessen gestoßen bin«, rief sie. »Wir können gewinnen. Ich bin ganz sicher.«

»Was gewinnen?«, fragte ich ohne aufzusehen.

»Einen Wettbewerb – den ›Bridge the World‹-Wettbewerb, ausgeschrieben von KLM Airlines«, sagte sie. »Sie feiern dieses Jahr ihren fünfundsiebzigsten Geburtstag und haben einen Wettbewerb ausgeschrieben. Der Preis besteht in fünfundzwanzig Freiflügen mit so viel Freigepäck, wie man braucht, um an jeden beliebigen Ort der Welt zu gelangen mit dem Ziel, die Unterschiede zwischen den Menschen auf der Welt zu überbrücken. Wir müssen nur einen Artikel verfassen, siebenhundertfünfzig Wörter Umfang, in dem wir beschreiben, was wir mit den Tickets machen werden!«

Atemlos hielt sie mir die Zeitschrift hin, damit ich selbst lesen konnte. Ich studierte über den Rand meiner Brille die ganzseitige Anzeige und las sie Wort für Wort durch, erst die Überschriften, dann das Kleingedruckte. Als ich fertig war, schaute ich zu Judy hoch, und wie auf Verabredung grinsten wir beide gleichzeitig. Ich war ihrer Ansicht: »Wir können gewinnen!«

Wir eilten in die Halle, um John Wern, den Direktor von Wheels for the World, aufzusuchen und ihm ebenfalls die

Anzeige unter die Nase zu halten. Mittlerweile hatte sich Wheels for the World zu einem internationalen Hilfsprogramm entwickelt. Wir sammelten gebrauchte Rollstühle, ließen sie in Gefängnissen wieder instand setzen und engagierten christliche Ärzte und Therapeuten, die mit unseren Teams an Orte auf der ganzen Welt flogen und die Rollstühle an behinderte Kinder und Erwachsene verteilten. Dazu verschenkten sie Bibeln und boten Kurse für Behindertenarbeit in den Ortsgemeinden an.

»John, sieh nur«, sagte ich und hielt ihm die Zeitung vors Gesicht. »Ich könnte darüber schreiben, wie unser Hilfsprogramm Brücken zwischen behinderten Menschen auf der ganzen Welt schlägt.«

Er las die Anzeige durch, und dann breitete sich auch auf seinem Gesicht ein Strahlen aus.

»Komm schon, John«, sagte ich, »du kannst die fünfundzwanzig Freiflüge doch wahrlich gebrauchen. Also, über welches Land soll ich schreiben?«

Er rieb sich das Kinn und sagte: »Ich wüsste schon einen Ort.«

Anfang des Jahres hatte John ein Wheels for the World-Team nach Ghana in Westafrika begleitet. Von der Hauptstadt Accra aus waren sie weitergefahren nach Norden, in die Stadt Kumasi. Die Reise war mit großen Schwierigkeiten verbunden gewesen. Es war dort schwülheiß und drückend, und die unbefestigten Straßen waren streckenweise kaum passierbar. Das Schlimmste aber war, dass im Norden des Landes ein Bürgerkrieg ausgebrochen war, und das machte die Fahrt nicht nur beschwerlich, sondern höchst gefährlich. Doch unsere afrikanischen Verbindungsleute hatten uns mitgeteilt, dass die Situation der Armen in der Region verzweifelt sei.

»Wir fanden einen großen Betonschuppen mit Blechdach und fingen an, die Rollstühle auszuladen«, erzählte John. »Wir waren noch längst nicht fertig, als die Leute schon aus allen Richtungen herbeizuströmen begannen. Es war sofort abzusehen, dass es viel mehr Menschen waren, als Rollstühle zur Verfügung standen. Mütter waren meilenweit gewandert, ihre behinderten Kinder in Tuchschlingen auf dem Rücken. Sie waren so voller Hoffnung und Erwartung, Joni, es hat mir fast das Herz gebrochen, als ich ihnen sagen musste, dass wir nicht genügend Rollstühle hatten.«

Dann beschrieb er eine dieser afrikanischen Frauen, die einen zwölfjährigen behinderten Jungen auf ihrem Rücken getragen hatte. Sie war schwarz und schön, sagte er, aber die jahrelange harte Arbeit hatte tiefe Falten in ihr noch junges Gesicht gegraben, und ihr Rücken war gebeugt vom Gewicht ihres Kindes. Als John ihr sagte, dass keine Rollstühle mehr übrig waren, sagte sie mit absoluter Gewissheit:»Sie werden wiederkommen. Sie werden uns mehr Rollstühle bringen.«

John prallte förmlich zurück vor der Bestimmtheit, mit der die Frau gesprochen hatte. Er sah sie zweifelnd an.

Aber sie nickte ihm nur zu und lächelte strahlend.»Wir wissen, dass Sie wiederkommen«, sagte sie.

»Wenn man bedenkt, wie enttäuscht sie waren«, sagte John kopfschüttelnd,»dann bewiesen diese afrikanischen Frauen eine unglaubliche Hoffnung. Sie waren die vielen, vielen Meilen gegangen, nur um festzustellen, dass sie vergeblich gekommen waren. Trotzdem waren sie nicht ärgerlich. Sie waren so sicher, so überzeugt, als sie sagten: ›Wir werden beten, dass Sie wiederkommen. Gott wird Sie mit mehr Rollstühlen zu uns zurückschicken.‹

»Und«, fragte ich,»was hast du ihnen gesagt?«

»Ich hab ihnen versprochen, dass wir wiederkommen.«

»Warum hast du das nur gesagt?«, stöhnte ich.»Ghana steht nicht auf dem Plan. Noch eine Reise nach Afrika übersteigt unser Budget. Jetzt werden sie alle dort bitter enttäuscht sein, und ...«

Ich hielt inne. Unsere Blicke trafen sich. Schweigend wendete ich meinen Rollstuhl, rollte schnurstracks in mein Büro, parkte vor dem Computer und fing an zu schreiben.

Die Worte kamen völlig mühelos. Ich schilderte den Fall dem KLM-Wettbewerbskomitee und bat darum, die Freiflüge und Freifracht der Organisation Wheels for the World zur Verfügung zu stellen, damit wir nach Kumasi zurückkehren konnten:

»Liebe Freunde von KLM ... hier in den USA besitzen die Menschen mit Behinderungen so viel, manche haben sogar zwei Rollstühle, doch in Afrika gibt es Menschen, die auf der Straße leben und durch den Dreck kriechen müssen, weil sie keinen Rollstuhl haben. Bitte helfen Sie uns, die tiefe Kluft zwischen Menschen wie mir hier in den USA und unseren Freunden in Afrika zu überbrücken! Ein Geschenk von fünfundzwanzig Freiflügen und Freifracht wird es uns ermöglichen, das Leben dieser Menschen ganz entscheidend zu verbessern!«

Ein paar Stunden später war der Artikel fertig, und wir schickten ihn an das KLM-Büro nach Amsterdam.

Zwei Tage später stiegen Ken, Judy und ich an Bord einer KLM-747 nach Budapest, wo Joni and Friends eine Konferenz für Behindertenarbeit in Osteuropa veranstaltete. Auf dem Flughafen Amsterdam-Schipol mussten wir umsteigen. Dabei sahen wir, dass im Flughafengebäude überall riesige »Bridge the World«-Plakate angebracht waren. An jedem Flugsteig hing eines, eingerahmt von Ballons und Wimpeln. Mit jedem Gate, das wir passierten, wuchs meine Zuversicht. Ich sah Ken an und sagte: »Siehst du das? Wir werden gewinnen.«

»Ja, klar«, winkte er ab, »und ich bin Ed McMahon von Publisher's Clearing House Sweepstakes.«

Aber Judy und ich ließen uns nicht aus der Ruhe bringen. Und John Wern ebenso wenig. Wir versuchten auch unsere Mitarbeiter davon zu überzeugen, dass wir gewinnen würden, doch das war gar nicht so leicht. Manche lachten uns einfach aus und meinten, wir hätten sowieso keine Chance. Unsere Hoffnung wurde neu belebt, als ein Brief vom Wettbewerbsbüro in Amsterdam eintraf. »Sie sind in die Endausscheidung gekommen«, hieß es da.

Ich fuhr durchs Büro und erzählte allen: »Wir sind in der Endausscheidung! Wir werden es schaffen!« Immerhin – ein paar Köpfe fuhren hoch, und der eine oder andere kam, um den Brief mit eigenen Augen zu sehen. Einer wischte sogar mit angefeuchtetem Finger über die Unterschrift, um zu prüfen, ob sie echt war. Aber die meisten zuckten nur die Achseln und widmeten sich wieder ihren Computern. »Wir glauben es erst, wenn wir es sehen«, war die immer wiederkehrende Antwort.

Sie mussten nicht lange warten. Wenige Tage später kam ein Anruf mit der Nachricht: Mein Artikel hatte gewonnen!

Ich sprang beinahe aus meinem Rollstuhl. Von fünfzehntausend Bewerbungen aus aller Welt hatte meine Bitte, unsere Rollstühle nach Kumasi befördern zu dürfen, die Zustimmung der Leitung von KLM gefunden! Nun hatten wir die Möglichkeit, unsere Afrika-Pläne wahr zu machen.

Im Juni 1995 traf unser Team, fünfundzwanzig Mann stark, in Amsterdam ein, wo wir von KLM-Mitarbeitern begrüßt wurden, die uns gratulierten und uns T-Shirts und Kameras für die Reise schenkten. Wenige Stunden später waren wir unterwegs nach Afrika, in einem KLM-Jet, der bis unters Dach mit Rollstühlen für behinderte Kinder und Hilfsmitteln für Blinde und geistig Behinderte beladen war.

Als wir die Sahara überquerten, schaute ich über die endlose Fläche rosafarbenen Sandes. Es war ein exotischer, wunderschöner Anblick. Die Wüste erstreckte sich, so weit das Auge reichte, und tauchte die Wolken in ein zartes, rosiges Licht. Ich lehnte mich ans Fenster und fragte mich, welchen Menschen ich wohl auf der Autobahnausfahrt, die Gott uns gerade wies, begegnen würde. Ich dachte an die Familien in der kleinen Stadt Kumasi. An die Bilder der mit Bananenblättern gedeckten Hütten und Behausungen aus rostigem Wellblech, die ich gesehen hatte. An die Jungen und Mädchen mit Zerebralparese, die seit Jahren auf Strohmatratzen in dunklen Ecken lagen. An die Gerüchte und an die Tabus, mit denen diese Kinder von den Medizinmännern belegt wurden, die behaupteten, ihre Krankheit sei ein Fluch der Geister. *So viel Finsternis und herzbeklemmende Armut*, dachte ich.

Als unser KLM-Jet auf dem Flughafen von Accra gelandet war und ausrollte, sah ich mir die Umgebung an. Die Ränder der Landebahnen waren ungepflegt, völlig von Unkraut überwuchert, und das kleine Flughafengebäude sah heruntergekommen aus. Es gab keine fest installierten Gangways. Stattdessen rollten Männer in Straßenkleidung fahrbare Treppen an die Tür unseres Jets.

Beim Aussteigen traf mich der erste Atemzug in der feuchtheißen Luft wie ein Keulenschlag. Es roch nach feuchter Erde, und wenn ich schnupperte, konnte ich den nur wenige Meilen entfernten Ozean riechen. Dschungelgewächse und Schlingpflanzen drohten den mit Ketten bestückten Zaun des Flughafens unter sich zu begraben. Doch plötzlich hörten wir Klatschen, Gelächter und Musik auf der anderen Seite des Terminals. Ich drehte mich verwirrt zu einem der Flughafenarbeiter um. Er lächelte und teilte uns fröhlich mit: »Das ist eine Begrüßungsparty für Sie.«

Als wir das Gebäude verließen, ging gerade die Äquatorsonne hinter dem Dschungel unter und tauchte die Wolken über uns in breite Streifen von Orange und Rot. Doch die Farbenpracht währte nicht lange; rasch legte sich eine schwüle, rauschende Dunkelheit auf uns, in der die Trommeln exotisch und geheimnisvoll klangen. Wir traten von dem bröckelnden Gehweg vor dem Flughafengebäude in einen großen Kreis fröhlicher Menschen und stellten fest, dass wir mitten in einen Gottesdienst geraten waren. Mehrere Autos fuhren vor, die die Szenerie gut ausleuchteten, und ich sah leuchtende Farben, Perlen und schwingende Röcke. Manche der Tanzenden waren im Scheinwerferlicht gut zu erkennen, andere zeichneten sich nur als undeutliches Gemisch dunkler Silhouetten ab. Es war ein Durcheinander von Dunkel und Licht, Farben und Schatten, summender Harmonie und stakkatoartigem Händeklatschen, und schon bald war ich umgeben von hoch gewachsenen, schönen Frauen, die sich drehten und in die Hände klatschten, während ein größerer Kreis von Trommlern und Männern um sie herum tanzten. Es war eine wilde, fesselnde Feier, und ich wagte erst nicht, mich zu bewegen. Mein Atem beschleunigte sich und mein Herz begann zu rasen. Allmählich gab ich mich dem Augenblick hin und legte alle westliche Gehemmtheit ab, warf den Kopf vor und zurück, lächelte und schwang meine Arme im Rhythmus des Tanzes.

»Willkommen in Afrika, wo unser Gott größer ist«, sagte ein Pastor, die Arme weit ausgebreitet.

Die Feier dauerte fast dreißig Minuten. Danach wurden die Rollstühle und anderen Hilfsmittel aus dem Flugzeug ausgeladen, und wir fuhren in ein Hotel in der Nähe des Flughafens. In dieser Nacht fand ich keinen Schlaf. *Wir sind in Afrika*, flüsterte ich in mein Kopfkissen. Die Laute von Fröschen, Grillen und anderen Tieren erfüllten die Nacht vor meinem Fenster, und ich wünschte mir, Vater wäre hier. *Es würde ihm gefallen*, dachte ich.

Ich dachte auch über die erstaunliche Fügung nach, die uns hierher gebracht hatte. *Herr, ich danke dir dafür, dass du die Hoffnungen der Frauen in Kumasi, denen John versprochen hat zurückzukehren, nicht enttäuscht hast.* Das war vor zwei Jahren gewesen. So viel Zeit war vergangen. *Noch vor ein paar Monaten schien es völlig ausgeschlossen. Und jetzt sind wir hier! Alles wegen dir, Herr Jesus, und wegen eines verrückten Wettbewerbs. Wer hätte das gedacht?*

Wir teilten uns in mehrere Gruppen auf und fuhren in verschiedene Küstendörfer. Ich gehörte zu einem Team, das Rollstühle und medizinische Ausrüstungsgegenstände in eine kleine AIDS-Klinik in den Außenbezirken von Accra brachte. Wir wurden von einem britischen Arzt und mehreren afrikanischen Assistenzärzten und Schwestern begrüßt, die uns in einen niedrigen, lang gestreckten Betonbau führten. Draußen in der Mittagssonne war es erstickend heiß, doch hier drinnen, hinter den nackten Betonmauern, war es kühl und feucht. »Ich möchte Sie gern mit einer Frau bekannt machen«, sagte der Arzt und führte mich in ein Zimmer am Ende des Ganges. »Ihr Name ist Vida. Sie ist Prostituierte, und sie stirbt an AIDS.«

Ich rollte in das kleine Zimmer. Es war wie alle anderen Zimmer in der Klinik: nackter Beton – sauber, aber nackt. Vida, spindeldürr und völlig ausgemergelt, lag auf einer Liege unter einem dünnen Laken. Sie hatte die Hand über die Stirn gelegt, und ich sah, dass sie Schmerzen hatte.

»Vida, wir sind gekommen, um Ihnen ein paar Dinge zu geben«, sagte ich leise, während ich näher heranrollte. Eine Freundin legte eine Tube Zahnpasta, ein Stück Seife und ein paar andere Dinge auf den Tisch neben Vidas Bett.

Sie brachte ein Lächeln zustande und streckte mir die Hand entgegen. Ich konnte sie nicht greifen, deshalb lehnte ich mich nach vorn und legte einfach meine Handfläche auf ihre. Ihre Augen waren fest auf mein Gesicht geheftet, als ich anfing, einen afrikanischen Choral zu singen, den ich in der Nacht unserer Ankunft gelernt hatte.

Cast your burdens upon Jesus, 'cause he cares for you.
Cast your burdens upon Jesus, 'cause he cares for you.

Higher, higher, higher, higher, higher, higher ...
Higher, higher, lift up Jesus higher.

Ich blieb lange an ihrem Bett sitzen und ließ es zu, dass ihre Augen den Anblick dieser fremden, weißen Besucherin im Rollstuhl tief in sich aufnahmen. Ich versuchte mir die Umstände vorzustellen, die sie hierher geführt hatten. Gerade an diesem Tag hatte ich von einer Reihe strohgedeckter Ställe hinter einem Marktplatz gelesen, in denen Prostituierte sich für fünfzig Cent an einen Mann verkauften.

Ich biss mir auf die Lippen, als ich Vidas Gesicht genauer betrachtete. Sie war keine attraktive Frau, vielleicht Anfang dreißig, auf einer Seite ihres Gesichts waren Narben zu sehen, Erinnerungen von Stammesritualen. Ihre Augen waren müde und verschwollen. Ich fragte mich, wie viele Jahre sie sich wohl schon verkaufte. Als ich ihr erzählte, wie ich mir das Genick gebrochen hatte, wimmerte sie vor Mitleid. *O Herr, diese Frau liegt im Sterben, und ihr Herz fühlt mit mir.*

»Kennst du Jesus?«, fragte ich und deutete auf mein Herz. »Vida, kennst du ihn, hier drinnen?«

Sie nickte. Der Arzt sagte uns später, dass Vida von ihrer Familie verstoßen worden war, dass sie keine Freunde hatte und nie Besuch bekam. »Ihr Besuch heute bedeutete ihr sehr viel«, sagte er. »Und machen Sie sich keine Sorgen um Vida. Gott wird für sie sorgen.«

Drückende Hitze, das Vollbild von AIDS, dachte ich, als wir wieder wegfuhren. *Menschen, die Kinderlähmung überlebt haben und sich am Wegrand kriechend fortbewegen. Kinder, die verlassen wurden, weil sie Zerebralparese haben. Grenzenlose Armut.*

Und doch nahmen die Afrikaner Christus voller Freude auf – viele von ihnen Menschen wie Vida, aber auch andere, Menschen mit Behinderungen. Ich hatte noch die Worte des Arztes im Ohr: »Gott wird für sie sorgen.«

Hier, südlich der Sahara, gewann man den Eindruck, je schwächer die Menschen waren, desto fester verließen sie sich auf Gott – und je fester sie sich auf Gott verließen, desto größer war ihre Freude. In Amerika ist es ganz anders, dachte ich. Im Westen denken wir, Gott ist da, um unser Leben glücklich, sinnvoll und sorgenfrei zu machen. Das Wort »Leiden« ist uns verhasst, und wir tun alles, um Leiden abzustellen, zu behandeln, zu vermeiden oder sogar ganz abzuschaffen. Wir bauen Krankenhäuser und gründen Einrichtungen, in denen Leid gelindert werden soll. Hier in Ghana schienen die Menschen eher bereit, mit leeren Händen, in geistlicher Armut, vor Gott zu treten und aus seiner Hand zu nehmen, was immer er ihnen gab.

»Der Glaube der Christen ist hier sehr groß«, erzählte ich Ken abends am Telefon. »Und dabei haben sie so wenig.«

Ich merkte, dass mein eigener Glaube in Afrika wuchs, nicht nur wegen der Erfahrungen anderer, sondern sozusagen aus erster Hand. Die KLM-Mitarbeiter hatten für mich ein Treffen mit dem Präsidenten von Ghana arrangiert. Nach einer Pressekonferenz saßen wir mit Präsident Rawlings in seinem tropischen Garten unter einem üppig grünen, von Moos überwucherten Baum. Aras und andere Papageienarten schrien in dem dichten Dschungel, der gleich hinter dem Tor begann, und von den Ästen hingen riesige Philodendronpflanzen. Gelegentlich wurde die schwere, warme Luft von einer leichten Brise vom Ozean her bewegt, die den Duft von Früchten und Blumen mitbrachte.

»Dieses Schloss hier«, sagte Präsident Rawlings und deutete auf die weißen, sonnenwarmen Mauern hinter sich, »wurde im siebzehnten Jahrhundert von den Engländern erbaut. Von hier aus wurde unser Volk in Ketten gehalten und auf die Sklavenschiffe verfrachtet.« In seiner Stimme schwang kein Hauch von Verbitterung mit; er wusste, dass wir alle, die wir hier versammelt waren, die Sklaverei verabscheuten. Er erzählte uns einfach die Geschichte seines Landes. »Ihr Mr. Lincoln, das war einmal ein Präsident!«, sagte er und warf die Arme hoch.

Nachdem wir einen Imbiss eingenommen hatten, fragte uns Präsident Rawlings, ob er etwas tun könne, um uns unsere Aufgabe in Ghana zu erleichtern.

»Das können Sie in der Tat«, antwortete ich, ein wenig überrascht über das Angebot. »Die Idee für diese Reise begann mit einem Versprechen, das einer Frau aus Kumasi gegeben wurde.«

»Kumasi? Nördlich dieser Stadt kämpfen wir gegen Rebellen.«

»Wir würden gern dorthin gehen, das heißt, ich würde gerne dorthin gehen«, sagte ich. »Aber alle sagen, die Straße befände sich in sehr schlechtem Zustand, sie sei zum Teil unterspült, und die Fahrt wäre zu anstrengend für mich.«

Sofort wandte der Präsident sich an seinen Sekretär und sagte etwas in seiner Sprache zu ihm. Sie überlegten eine Weile, dann wandte Präsident Rawlings sich wieder zu uns und verkündete: »Morgen steht Ihnen ein Flugzeug unserer Luftwaffe zur Verfügung.«

Es ließ sich wirklich kaum vermeiden, dass mein Glaube in Ghana wuchs.

Doch es gab noch mindestens einen Menschen, dessen Glaube sehr viel größer war.

Am nächsten Tag, als ich darauf wartete, an Bord des Flugzeugs nach Kumasi gehen zu können, war John Wern schon längst auf dem Weg nach Norden, auf einer langen, beschwerlichen Fahrt mit dem Lastwagen. Er wollte vor mir ankommen und die Rollstühle bereits für die Verteilung fertig machen. Als er eingetroffen war und mit dem Abladen begann, trat eine Frau in leuchtender Stammeskleidung auf ihn zu. Sie trug einen behinderten Sohn in ihren starken Armen.

»Erinnern Sie sich an mich?«, fragte sie John und lächelte strahlend.

John sah von seinem Clipboard auf. Die Frau schaukelte ihren Sohn auf der Hüfte. »Sie haben etwas für mich«, sagte sie mit einem zuversichtlichen Lächeln, »ganz bestimmt.«

Johns Augen wurden groß, als er sie erkannte. »Ja, ich weiß, wer Sie sind«, sagte er, ebenfalls lächelnd. »Sie waren ganz sicher, dass ich wiederkommen würde.« Er legte sein Clipboard beiseite. »Und jetzt sind wir tatsächlich hier. Ist das nicht unglaublich?« Staunen schwang in seiner Stimme.

»Unglaublich?«, antwortete sie mit dem schon vertrauten afrikanisch-britischen Akzent. »Warum sollte es unglaublich sein? Ich wusste, dass Sie wiederkommen würden. Wir haben dafür gebetet.«

Sie sagte es so selbstverständlich, dass sie John damit völlig aus der Fassung brachte. Sie hatte nicht die blasseste Ahnung von den vielen Hebeln, die Gott in Bewegung gesetzt hatte, um uns in ihr Land zurückzubringen. Sie wusste nichts von dem Wettbewerb – aber wenn sie davon gewusst hätte, hätte es sie

keineswegs überrascht zu hören, dass wir ihn gewonnen hatten.
»Gott erhört unsere Gebete immer«, fuhr sie fort. »Wir wussten, dass er Sie zurückbringen würde.«
Wir waren in Afrika, wo die Menschen an einen größeren Gott glauben. Den Menschen, die Gott am meisten brauchen, erscheint er wohl immer größer.
Afrika zeigte mir, dass Gott mit den Schwachen und Bedürftigen ist, dass er denen nahe ist, die ihre geistliche Armut eingestehen, wie die Frau, die mit ihrem Sohn auf dem Rücken zwei Meilen nach Kumasi gewandert war. Afrika zeigte mir, dass Gott seine Gnade immer über die ausschüttet, die überzeugt sind, sie nicht verdient zu haben – wie Vida und andere, denen ich in der AIDS-Klinik begegnete. Und Afrika machte mir ganz neu bewusst, was Jesus meinte, als er sagte: »Gott segnet die, die erkennen, dass sie ihn brauchen, denn ihnen wird das Himmelreich geschenkt« und »Hört mir zu, meine lieben Brüder! Hat Gott nicht besonders die Armen in dieser Welt dazu erwählt, im Glauben reich zu sein? Sie werden das Reich Gottes erben, das er denen versprochen hat, die ihn lieben«.
Die Bilder der von Freude erfüllten Christen, denen ich in Afrika begegnete, sind mir jahrelang in Erinnerung geblieben, frisch wie am ersten Tag, deutlicher als die meisten anderen meiner Erinnerungen. Sie sind nicht in der Rückschau verblichen, sie sind scharf und klar geblieben. Das Leben in Afrika ist schwer, die Armut ist schrecklich und die Arbeit mit AIDS-Kranken hat nichts, aber auch gar nichts Romantisches oder Heroisches an sich. Auch der lange Fußmarsch einer Frau mit einem schweren Kind auf dem Rücken hat nichts Romantisches. In Afrika wird Gott auf die Probe gestellt, weil die Menschen ihn wirklich brauchen.
Mehrere Monate nach der Reise mit KLM, als ich längst wieder in Amerika war, erzählte ich noch immer bei jeder Gelegenheit von Ghana. Auf sämtlichen Konferenzen und Zusammenkünften berichtete ich von den Menschen, denen ich begegnet war – von dem afrikanischen Jungen, der sich drei Meilen mit den Händen vorwärts zog, weil er hoffte, einen Rollstuhl von uns zu bekommen, von dem strahlenden Lächeln der Gottesdienstteilnehmer, von dem Singen und den Trommeln, dem

Händeklatschen, Sich-Wiegen und Tanzen der Menschen, die Gott feierten. Und immer, wenn ich davon erzählte, dachte ich an Vida.

In der Pause einer Konferenz begab ich mich in den Waschraum. Während ich wartete, glitten meine Augen über die kühlen Borde aus Carraramarmor, die kupfernen Armaturen, die ordentlich gefalteten Handtücher und die hübschen kleinen Gästeseifen in muschelförmigen Seifenschalen. Eine gut gekleidete junge Frau, die sich gerade die Lippen nachzog, fing meinen Blick im Spiegel auf und meinte: »O Joni, Sie sehen immer so zufrieden, ja glücklich aus in Ihrem Rollstuhl. Ich wünschte, ich hätte Ihre innere Freude!« Mehrere Frauen um uns herum nickten. »Wie machen Sie das bloß?«, fragte sie und steckte ihren Lippenstift wieder ein.

Ich schaute die Frauen an. Sie waren alle überaus sorgfältig gekleidet und trugen schönen Schmuck. Ich sah ihre teuren Kleider, die von erstklassigen Designern stammten, und ihre rot lackierten Fingernägel. Die Tagung wurde in erster Linie von Teilnehmerinnen und Teilnehmern aus den reichen Vororten besucht. Plötzlich stand mir das Bild von Vida und ihrer ledrigen, dunklen, straff über die Knochen gespannten Haut vor Augen.

»Möchten Sie wirklich wissen, wie ich das mache? Die Wahrheit ist, nicht ich mache es.«

Mehrere Augenbrauen gingen in die Höhe.

»Soll ich Ihnen erzählen, wie es war, als ich heute Morgen aufgewacht bin?«

Einige Frauen lehnten sich an die Waschbecken, um mir zuzuhören.

»Ein Durchschnittstag sieht für mich folgendermaßen aus«, sagte ich und holte tief Luft. »Nachdem Ken um sechs Uhr früh zur Arbeit gegangen ist, bin ich allein, bis ich um sieben Uhr dreißig höre, wie die Haustür aufgeht und eine Freundin kommt und mir beim Aufstehen hilft. Während ich höre, wie sie Kaffee kocht, bete ich: ›O Herr, meine Freundin wird mich jetzt baden, anziehen und in den Rollstuhl setzen. Sie wird mich kämmen und mir die Zähne putzen. Jesus, ich habe nicht die Kraft, diese Routine auch nur noch ein einziges Mal zu überstehen. Ich habe keine Kraft mehr. Ich habe kein Lächeln mehr, mit dem ich in den Tag gehen könnte. Aber du hast es. Darf ich mir dein Lächeln leihen? Ich brauche dich, Herr, ich brauche dich wirklich. Ich habe dich verzweifelt nötig.‹«

Mit einem Mal entspannten sich die Frauen um mich herum. Unter dem Make-up und trotz allem Schmuck sah ich ihnen an, dass auch sie ihr Päckchen zu tragen hatten. Sie waren erschöpft, ausgelaugt, manche waren innerlich tief verletzt und wie erstarrt. Und sie wollten mehr wissen: »Und was passiert dann, wenn Ihre Freundin das Schlafzimmer betritt?«

»Ich drehe meinen Kopf auf dem Kissen«, seufzte ich, »und schenke ihr ein Lächeln, das direkt aus dem Himmel kommt. Es ist nicht mein Lächeln – es ist Gottes Lächeln. Die Freude, die Sie heute sehen ...«, sagte ich und deutete auf meine gelähmten Beine, »ist heute Morgen schwer errungen worden.«

Es war ganz still geworden.

»Ich versichere Ihnen, es ist die einzige Möglichkeit zu leben. Es ist die einzige Möglichkeit, ein Leben als Christ zu führen. Und vielleicht sind es ja noch nicht einmal die behinderten Menschen, die Gott am nötigsten haben.«

Ich wusste, dass die meisten dieser Frauen abends zu überquellenden Mülleimern und gleichgültigen Ehemännern heimkommen würden. Ihre Knöchel würden angeschwollen sein, ihre Füße schmerzen. So Gott wollte, würden sie sich daran erinnern, dass sie die Gnade des Herrn dringend, ja verzweifelt nötig hatten. Die Lektion, die die Frauen in Kumasi mich lehrten, habe ich seither immer wieder bestätigt gefunden: Je schwächer wir sind, desto stärker müssen wir uns auf Gott verlassen – und je mehr wir uns auf ihn verlassen, als desto stärker erweist er sich.

Kapitel 25

Er war der Allerverachtetste und Unwerteste, voller Schmerzen und Krankheit. Er war so verachtet, dass man das Angesicht vor ihm verbarg; darum haben wir ihn für nichts geachtet.

Jesaja 53,3

Der 30. Juli 1997 begann nicht mit einem Geburtstagskuchen, aber doch immerhin mit einem Napfkuchen mit einer Kerze darauf.

»Wünsch dir was«, sagte Ken halb im Scherz. Er versuchte, den dreißigsten Jahrestag meines Unfalls mit Humor zu nehmen. Immerhin gibt es nicht viele Menschen, die den Tag feiern, an dem sie sich das Genick gebrochen haben.

Doch wir beide wussten, dass mein Rollstuhl immer noch mein Lehrmeister war, und ich verließ mich weiterhin voll und ganz auf Gott. »Mach schnell, das Wachs läuft auf den Zuckerguss«, drängte Ken und leckte sich die Finger.

Ich wusste nicht, was ich mir wünschen sollte. *Drei Jahrzehnte ist es nun her, dass ich mir das Genick gebrochen habe ... dass ich den High School-Abschluss gemacht habe ...*

»Ich hab's!«, rief ich. Fast hätte Ken den Kuchen fallen lassen. »Ich wünsche mir, dass du mit mir zu meinem dreißigsten High School-Klassentreffen fährst.«

»O neiiiiin«, stöhnte er, »willst du wirklich zu einem *Klassentreffen* gehen?«

»Ja«, erklärte ich, »und du musst mitkommen, damit meine Freundinnen dich endlich kennen lernen.«

Als er die Kerze ausblies, schenkte er mir ein gequältes Lächeln.

Es war Jahre her, dass ich meine Freunde aus dem Chor, aus dem Hockey- und dem Lacrosseklub und von Young Life gesehen hatte. Ich freute mich darauf, die Mädchen wieder zu treffen, die mir nach dem Unfall treu zur Seite gestanden hatten, vor allem Jacque und Diana, und musste kichern, als ich daran dachte, wie sie mich wie einen Sack Kartoffeln auf dem Vordersitz von Jacques Camaro verstaut hatten. Wir hatten damals noch nicht einmal Sicherheitsgurte, und wenn Jacque wegen einer roten Ampel bremste, rutschte ich praktisch auf die Fußmatte hinunter.

Das wiederum erinnerte mich daran, wie Diana mit mir in Disneyland eine Karibik-Piraten-Fahrt machte. Wir glitten ganz zufrieden dahin, bis wir auf einmal vor uns einen Wasserfall rauschen hörten. Wir rissen den Kopf hoch und sahen gerade noch, wie das Boot vor uns senkrecht abtauchte. Diana warf sich geistesgegenwärtig so schnell sie konnte auf mich drauf, klammerte sich an mir fest, und wir kreischten beide aus Leibeskräften, während wir den Wasserfall hinunterstürzten. Ich habe diese Fahrt nie wiederholt.

Das waren schöne Zeiten – auch wenn die Zeit davor natürlich alles andere als schön war. Ich erinnerte mich an jene lang zurückliegende Nacht, als ich, eine verängstigte Siebzehnjährige, in einem dunklen Krankenhauszimmer bewegungslos flach auf dem Rücken lag und mich verzweifelt fragte, ob Gott mich vergessen hatte. In den Gängen waren die Lichter gelöscht, und die Besuchszeit war lange vorüber. Da kletterte plötzlich meine Freundin Jacque, mit der ich so viele Milchshakes geteilt hatte, zu mir ins Bett. Sie hatte instinktiv gewusst, was mich als Einziges trösten würde, und in das Dunkle hinein sang sie mit mir:

Man of Sorrows! What a name!
For the Son of God who came
Ruined sinners to reclaim!
Hallelujah, what a Saviour!

Jedes Mal, wenn mich jemand in den letzten dreißig Jahren gefragt hatte: »Was war der Wendepunkt?«, hatte ich diesen Augenblick genannt. Es war das Beste, was jemand für ein gelähmtes junges Mädchen tun konnte. In den langen Stunden in meinem Bett hatte ich mir zahllose Verse über den Sinn des Leidens, das Gott den Menschen schickt, ins Gedächtnis gerufen, aber die Wahrheit, die sicherlich in ihnen enthalten war, war nie bis auf den Grund meiner Qual vorgedrungen. Antworten und vernünftige Schlussfolgerungen, so begründet sie auch sein mochten, drangen nicht bis dahin, wo der Schmerz saß – in mein Innerstes, in mein Herz.

Wieder und wieder fragte ich Gott: »Warum?«, wie ein Kind, das zum Gesicht seines Vaters hinaufblickt. Damals suchte ich weniger nach Antworten als nach einem Vater, einer allmächtigen Ausgabe meines Vaters, der mich aufheben, mir den Rücken klopfen und mir sagen würde, dass alles wieder gut wird. Mein unausgesprochenes Gebet war die Bitte um die Zusicherung – die väterliche Zusicherung –, dass meine Welt sich nicht in ein alptraumhaftes Chaos verwandelt hatte. Ich brauchte einen Vater, der größer war als mein Vater, der mich beschützte und ganz für mich da war.

Damals wusste ich es noch nicht, aber mein himmlischer Vater tat genau das. Er war mein Fels und mein Erlöser, jedes Mal, wenn Diana mir den achtzehnten Psalm vorlas. Er war mein Wunderrat, wenn sie aus dem neunten Kapitel des Propheten Jesaja las. Ich begriff es nicht gleich, aber wenn Gott wirklich im Mittelpunkt des Universums ist und es zusammenhält, damit es nicht von seinen Rändern her zerfällt, wenn alles, was ist, sich durch ihn bewegt und atmet und sein Sein in ihm hat, wie es in Apostelgeschichte 17,28 von Gott heißt – dann kann er uns keine größere Antwort, keinen besseren Grund, kein herrlicheres Geschenk geben als sich selbst.

Das war die entscheidende Einsicht, zu der mir Jacque in jener Nacht verhalf. Gott machte keine Worte, er gab das Wort – Jesus, den geschmähten, blutenden Schmerzensmann.

Ich rief den Organisator des Klassentreffens an, um mich anzumelden und zu fragen, wer sonst noch kommen wollte. Als ich mich nach meinen Hockeyfreundinnen erkundigte, herrschte erst einmal Schweigen am anderen Ende der Leitung.

»Joni, du weißt wahrscheinlich noch nicht …«

»Was weiß ich nicht?«

»Wir haben es erst vor kurzem erfahren. Jacques Sohn, Josh – er war noch im Teenageralter – hatte Probleme. Er … Joni, er hat sich das Leben genommen.«

Ich erschrak zutiefst.

Nachdem ich aufgelegt hatte, wurde ich von einer wahren Flut von Erinnerungen überwältigt. Wie Jacque und ich auf der Heimfahrt von einem Hockeyspiel im Bus sangen, bis wir heiser waren. Wie wir als Oberstufenschülerinnen den Unterricht schwänzten, um nach Washington zu fahren und ein Bier zu trinken. Wie sie, Diana und noch ein paar andere mich nicht im Stich ließen, zu mir ans Bett kamen und mit mir lernten, mich badeten und meine Dehnübungen mit mir machten. Und wie glücklich Jacque an ihrem Hochzeitstag gewesen war.

Ich spürte, wie mir große Tränen über die Wangen rannen, als ich an die Unschuld, an die völlige Arglosigkeit dachte, die unsere High School-Zeit prägten. Wenn wir nach dem Hockeytraining duschen gingen, hätten wir uns nie träumen lassen, dass uns das Leben mit Tod und Behinderung konfrontieren würde.

Ich wollte Jacque anrufen, aber ich erreichte niemanden. Und doch musste ich einfach irgendetwas tun. Ich wünschte mir so sehr, an ihrem Schmerz ebenso Anteil nehmen zu dürfen, wie sie es damals bei mir getan hatte. Deshalb schrieb ich ihr einen Brief:

Liebe Jacque ...
Ken und ich wollen zum Klassentreffen nach Hause kommen, und ich hoffe, dass wir uns bei diesem Anlass sehen werden. Wenn es möglich ist, möchte ich deine Hand halten, wie du damals im Krankenhaus meine Hand gehalten hast, und ich werde leise das Lied singen, das du damals mit mir gesungen hast: »Man of Sorrows, what a name ...« Ich wüsste nicht, was ich dir sonst sagen sollte. Möge der Schmerzensmann dein Trost sein. Ich hoffe, dass du, wie damals im Krankenhaus, spürst, was ich empfand und was ich bis heute nicht vergessen habe. Frieden. Keine Antworten, aber Frieden. Erinnerst du dich noch an jene Nacht vor über dreißig Jahren? Ich habe sie nie, nie vergessen.

Einige Wochen später waren Ken und ich in meiner alten Heimat Baltimore. Wir hatten uns mit Jacque allein verabredet und saßen ihr nun am Tisch gegenüber. Sie fühlte sich nicht imstande, die Fragen ihrer alten Klassenkameradinnen zu ertragen, deshalb war sie zu uns gekommen, bevor wir zu dem Treffen aufbrachen. Ihre Augen waren traurig, und dennoch hatten dreißig Jahre, eine Scheidung und der Tod ihres Sohnes ihrem bezwingenden, jugendlich-zuversichtlichen Lächeln keinen Abbruch tun können.

Als ich sie fragte, wie es ihr gehe, wurde meine alte Freundin ernst. Sie presste ihre Hände auf ein Kreuz, das sie um den Hals trug. Es war vergoldet, mit facettierten Kanten, und hing an einem dünnen Kettchen. Jacque hielt es umfasst, als sie sagte: »Ich kann nicht ertragen, was passiert ist. Ich kann nicht mit Gott reden. Ich kann nicht beten. Ich bin wütend. Aber ich kann auch nicht ohne ihn leben.«

Wir kamen zu spät zum Klassentreffen. Aber es tat trotzdem gut, sie alle wieder zu sehen, sogar Benjamin Wallace, der immer so getan hatte, als sei er ein Rennauto, das den Gang hinunterraste. Als ich mich umsah, stellte ich fest, dass so manches rote Haar grau geworden war und manch blondes dunkle Ansätze zeigte. Es gab keine Bürstenschnitte und schmalen Krawatten mehr, und die meisten der alten Freunde hatten ein Bäuchlein und zeigten eine Neigung zur Glatzenbildung. Gelegentlich sprach jemand über Jacques Sohn.

Aber immer, wenn der DJ einen Oldie-but-Goodie von den Supremes auflegte – die Songs, zu denen Jacque und ich am liebsten getanzt hatten –, erinnerte ich mich an ihr Gesicht, wie es heute Abend ausgesehen hatte. Und mir fiel ein, wie sie das Kreuz, das sie am Hals trug, berührt hatte – nicht wie einen Kunstgegenstand oder ein Schmuckstück, sondern wie etwas, das in Wirklichkeit aus getrocknetem Blut, Hautfetzen, summenden Schmeißfliegen und mit Nägeln gespicktem Abscheu bestand. Das Kreuz, das Jacque umklammerte, war nicht mehr die durch einen Juwelier veredelte Version, es war keine Antwort, keine Begründung – sondern der Ort, an dem Gott sich selbst gab.

Jacque ist im Begriff herauszufinden, was das bedeutet. So wie ihre gelähmte Freundin.

Kapitel 26

Auch warnt er ihn durch Schmerzen auf seinem Bett und durch heftigen Kampf in seinen Gliedern.

Hiob 33,19

Die Sonne stand niedrig und verlieh der holländischen Landschaft einen rosa Schimmer. Windmühlen, Weiden und in der Ferne grasende Kühe vermittelten einem das Gefühl, sich inmitten eines alten Gemäldes zu befinden, einer Bilderbuchszenerie, in der die Welt in Ordnung war. Auf der Gracht schwammen Schwäne, und über die Wiesen schritten weiße Reiher. Wir waren in der Heimat von Jan, einem guten Freund von uns. Doch während wir noch entspannt um seinen Tisch saßen, der mit Kerzen, Porzellan und Tulpensträußen wunderschön gedeckt war, und mit den anderen Gästen plauderten, spürte ich, dass ich nicht länger in diesem vollkommenen Bild bleiben konnte. Plötzlich hörte ich mich laut in die Runde sagen: »Es tut mir Leid, aber ich muss die Tafel verlassen. Ich muss mich hinlegen.«

Es wurde still im Zimmer.

Bitte, flüsterte ich Ken und Judy ängstlich zu, *ich muss mich unbedingt hinlegen.* Starke Schmerzen zwischen meinen Schulterblättern peinigten mich wie Messerstiche. Den größten Teil des Abends hatte ich sie in Schach gehalten, aber irgendwann zwischen Hauptspeise und Nachtisch war es unerträglich geworden.

Die beiden legten mich in einem Nebenraum auf ein Sofa, öffneten mein Stützkorsett und schoben mir Kissen unter den Rücken. Ich versuchte, tief zu atmen und den Eispickel zwischen meinen Schultern aufzulösen. Judy machte es mir so bequem wie möglich. Während wir warteten und den leisen Gesprächen im Nebenzimmer lauschten, biss ich mir nervös auf die Lippen.

Es war das erste Mal, dass der Schmerz mich kleingekriegt hatte. Er hatte es schon früher versucht, aber ich hatte lächeln und ihn ertragen, hatte die Zähne zusammenbeißen und durchhalten können. Jetzt war daran nicht mehr zu denken. Ich konnte seiner nicht mehr Herr werden. Als ein Lachen aus dem Nebenzimmer erklang, stieg die jähe Angst in mir auf, dass das Leben, an dem ich mich zu freuen gelernt hatte, mir entgleiten könnte.

Ich hatte immer mit einem gewissen Grad an Unwohlsein gelebt, wie mit einem ständigen leichten Fieber. In den letzten sechs Monaten aber verdrehte und krümmte ich mich immer öfter in meinem Rollstuhl, entschuldigte mich frühzeitig in langen Besprechungen und ging abends eher um acht als um neun Uhr zu Bett. Nachts weckte ich Ken häufiger, damit er mich drehte.

»Das Leiden ist wie ein Schäferhund, der nach Ihren Fersen schnappt und Sie zum Hirten treibt«, pflegte ich meinen Zuhörern zu sagen. »Möge es Sie in die Arme des Heilands treiben.« Und ich meinte, was ich sagte. Aber wenn ich dann ins Hotel zurückkam und in den Spiegel blickte, sah ich in die Augen einer müden Frau. *Werde ich heute Nacht schlafen können? Werden die Schmerzen morgen immer noch so schlimm sein?*

»Wir machen einen Termin beim Arzt, sobald wir wieder zu Hause sind«, sagte Ken.

»Ich war schon beim Arzt«, antwortete ich mutlos.

»Dann gehen wir eben noch mal hin.«

Als wir wieder in den Staaten waren, ließ ich eine Reihe von Untersuchungen machen. Urologische Tests, Blutproben, Röntgenuntersuchungen. Schließlich dachten wir, wir hätten das Problem auf Gallensteine eingegrenzt, doch beim Ultraschall meinte eine Ärztin: »Gute Nachrichten. Sieht alles prima aus.«

»O nein ...« Mein Mut sank wieder.

»Sie freuen sich nicht?« Sie zog die Augenbrauen hoch.

»Ich hatte so gehofft, wir hätten die Ursache der Schmerzen gefunden«, seufzte ich. »Jetzt müssen wir weitersuchen.«

Weitere Tests folgten. Vielleicht war es ja ein Knochenbruch? Nein. Krebs? Wieder nein. Aspirin und Advil brachten keine Erleichterung. Auch stärkere Medikamente halfen nicht. Die

Monate verstrichen, meine Hoffnung schwand. Was, wenn sie die Ursache nicht finden?

Mein Arzt kratzte sich am Kopf. Er war mit seiner Weisheit am Ende. Trotzdem gab er nicht auf. »Ich möchte, dass Sie noch einen Spezialisten aufsuchen«, sagte er und schrieb eine Überweisung. »Dr. Hedge in der Abteilung für Rückenmarksverletzungen am Northridge Hospital.«

Ich vereinbarte einen Termin, aber ich hatte wenig Hoffnung. Ich war inzwischen bei so vielen Ärzten gewesen.

Der Schmerz war jetzt rasiermesserscharf. Er beherrschte meine Tage, bestimmte darüber, was ich tat und wohin ich ging. Ich konnte nicht mehr malen. Ich konnte nicht mehr auf ein Buch hinuntersehen. Ich konnte nicht mehr Auto fahren. Ich konnte kaum noch schreiben. Der Schmerz war allgegenwärtig.

»Joni? *Joni*?«, sagte eine Mitarbeiterin und lehnte sich über meine Schulter. »Hast du gehört, was ich gesagt habe?«

»Ja ... oder vielmehr nein.« Ich konnte mich nicht mehr konzentrieren. *O Herr, hilf mir, auch dies durchzustehen*, betete ich, aber das Gebet kam mir nicht von Herzen. Es war eine Aussage über meine Erschöpfung, keine Bitte.

Der Schmerz war allgegenwärtig wie das ständige Stöhnen und Knarzen im Innern eines hölzernen Schiffsrumpfes, und langsam, aber sicher wurde mein Vertrauen in Christus untergraben. Die Allmacht Gottes, die mein Leben immer erhellt hatte – »Ich möchte Ihnen allen sagen, dass mein Unfall kein Unfall war« – wurde zur dunklen, ja unheimlichen Macht.

Am Sonntagmorgen saß ich in der Kirche und hätte so gern die Predigt verfolgt oder mit der Gemeinde gesungen. Doch nach der Hälfte des Gottesdienstes schluckte ich schwer, drehte mich nach rechts und links, um eine bequemere Position zu finden, und hoffte nur noch, dass ich bis zum Segen durchhielt. Es schien so ungerecht. Ich hatte es doch wohl am nötigsten von allen Anwesenden, das Wort Gottes zu vernehmen, aber im Gegensatz zu allen anderen – einschließlich Ken, der aufmerksam und entspannt dasaß – konnte ich die Botschaft vor lauter Schmerzen nicht hören.

Eines Nachts wurden meine Ängste so groß, dass ich zu ersticken glaubte. Ken hatte mich auf die Seite gedreht und mir die

Kissen aufgeschüttelt; dann war auch er zu Bett gegangen. Sein Wecker war auf halb sechs Uhr gestellt. Ich nickte ein und wachte immer wieder auf, bis zwei Uhr nachts, als mich wieder einmal der bohrende Schmerz in meinem Nacken weckte. Jetzt tat auch die Schulter rasend weh, die Schulter, auf der ich lag. Ich drehte den Kopf hin und her. Ich konnte nur ein oder zwei Zentimeter zur Seite rücken, um meine Schulter wenigstens ein bisschen zu entlasten. Doch es half nicht.

Ich wollte Ken nicht aufwecken – er hatte mich schon einmal gedreht. Deshalb drückte ich meinen Nacken durch und blieb so steif liegen, auch wenn es mir nur minimale Erleichterung brachte. *Da liege ich, eine Tetraplegikerin, in völlig verzerrter Haltung, steif, und der einzige Bereich meines Körpers, den ich spüren kann, tut mir furchtbar weh.* Ich wollte beten, aber ich konnte nur ständig den Namen Jesus wiederholen.

Jesus, Jesus, Jesus, jammerte ich leise. *Ich möchte dem Vater auch jetzt noch vertrauen, aber er ist so ... so allmächtig. Und das ist mir unheimlich. Ich habe Angst, ihm zu vertrauen. Ich kann nicht, ich kann nicht.* Meine Gedanken drehten sich im Kreis.

Ich konnte nicht schlafen, war hellwach, mein Verstand arbeitete wie verrückt. *Gott, du lässt das zu. Du hast es geschickt, hast erlaubt, dass es mich packt und peinigt,* stöhnte ich. *Wie kannst du zusätzlich zu meiner Lähmung so furchtbare Schmerzen zulassen?*

Ich dachte an sorglosere Tage zurück, an die Zeit vor meinem Unfall, als die Allmacht Gottes harmlos und hilfreich zu sein schien. In meiner High School-Zeit war diese Allmacht ein Trostpflaster für einen enttäuschenden Freitagabend ohne Verabredung oder für einen Streit mit meiner Schwester um eine geborgte Bluse. Sie war nützlich, wie übrigens die meisten christlichen Aussagen es damals waren. Ich pflegte müßig in der Bibel zu blättern auf der Suche nach einer Stelle, die mich elektrisierte, die mich ansprach oder die mit meinen jüngsten Erfahrungen übereinstimmte. Ich las hier ein paar Verse in einem Kapitel, pickte dort heraus, was mir gefiel, und schlug sie dann wieder zu. So nahm ich etwa Römer 8,28 und goss den Text wie Alkohol auf eine Wunde. Ich verzerrte kurz das Gesicht, aber es tat auch gut, weil ich wusste, »dass für die, die Gott lieben und nach seinem Willen zu ihm gehören, alles zum Guten führt«.

Damals war ich nicht verzweifelt wegen Gott, sondern suchte verzweifelt nach einer Antwort, nach jemandem, der meine Probleme löste.

Dann brach ich mir das Genick. Mit einem Mal fand ich mich auf dem Hochseil einer unheilbaren Behinderung wieder, eine Seiltänzerin, die den ersten zögernden Schritt auf ein Seil hinaus wagt, das über einen gähnenden Abgrund gespannt ist. Mit aller Kraft klammerte ich mich dabei an meine Balancierstange – Römer 8,28, diesen Vers, der mir die Überzeugung schenkte, dass alles, sogar das Gelähmtsein, in einen göttlichen Plan gehörte, der letztlich zu meinem Besten war. Ich war sicher, dass Gott am anderen Ende des Seiles stand, mir die Arme entgegenstreckte und mir zurief: »Du schaffst es – komm nur, du schaffst es ganz sicher!« Und Wunder über Wunder, ich schaffte es tatsächlich. Die Jahre vergingen, und ich wahrte das Gleichgewicht, entwickelte Geduld und Beharrlichkeit und erlebte, wie sich alles zum Besten fügte.

Doch nicht mehr jetzt. Der ständige, nagende Schmerz hatte das Seil in Schwingung versetzt, und ich konnte Gott am anderen Ende nicht mehr erkennen. *Vielleicht ist er ja auch gar nicht mehr da. Vielleicht ist er fortgegangen. Oder schlimmer noch, vielleicht ist er es, der das Seil in Bewegung gesetzt hat. Vielleicht ist er auch dabei, es durchzuschneiden.* Ich blickte nach unten und sah kein Sicherheitsnetz, keine ausgestreckten Arme, die mich auffangen würden.

Gegen zwei Uhr dreißig hörte ich plötzlich in der Dunkelheit eine leise kleine Stimme in meinem Herzen. Sie sagte: *Du kannst mir vertrauen. Vertrau mir. Ich bin der Schmerzensmann, ich bin mit Schmerzen vertraut. Ich bin der Freund der Sünder und der Tröster der Traurigen. Ich kenne den Schmerz. Ich kenne ihn gut. Wende deine Augen vom Schmerz ab und sieh mich an. Vertrau mir.*

Ich biss die Zähne zusammen vor lauter Anstrengung, in die Dunkelheit zu lauschen. Der Gedanke – die unhörbare Stimme, was immer es war – zerfloss, und ich wollte mehr hören. Aber es kam nichts mehr. Nur ein hohes Wimmern drang an mein Ohr.

Ich fasste ein bisschen Mut, als endlich der Termin mit Dr. Hedge da war. Bis zu einem gewissen Grad konnte ich mich mit ihm identifizieren – er war querschnittgelähmt. Er würde mich wenigstens verstehen. Nachdem er meine Röntgenbilder und Testergebnisse durchgesehen hatte, kam er wieder ins Zimmer gerollt und überprüfte meine Sitzposition.

»Vom medizinischen Gesichtspunkt aus kann ich keine Ursache finden, Joni«, sagte er, »aber wir probieren noch etwas anderes. Ich würde Ihnen raten, meine Assistentin Paulette aufzusuchen. Sie ist Physiotherapeutin und hat sich auf eine Methode mit der Bezeichnung Myofaszial-Massage spezialisiert, mit der sie große Erfolge in der Schmerzbehandlung hat.«

Drei Tage später lag ich mit dem Gesicht nach unten auf meinem Bett. Paulette stand über mir und untersuchte meine Wirbelsäule und meine Schulterblätter mit ihren Daumen. Sie drückte und knetete meine Muskeln, und dazwischen hörte ich gelegentlich ein »Hm-m« und wieder »Hm-m«. Nach fünfzehn oder zwanzig Minuten verkündete sie: »Ich denke, in fünf Sitzungen habe ich Ihr Problem gelöst.«

»*Was* haben Sie?«, fragte ich undeutlich in die Matratze hinein.

»Ihr Problem ist mechanischer Natur. Sie haben falsch gesessen. Sie haben unmögliche Positionen eingenommen, wenn Sie gemalt haben. Ihre Muskeln sind völlig verhärtet. Aber es ist nicht hoffnungslos.«

Bei diesem Wort – hoffnungslos – wurde mein Gesicht brennend rot und ich begann leise zu weinen. »O, ich hoffe so sehr, dass Sie Recht haben«, schluchzte ich und tränkte das Laken mit meinen Tränen, »ich hoffe es so sehr.«

Ich hatte seit langem keine Hoffnung mehr gekannt. Genau genommen hatte ich auch jetzt keine. Aber da war doch jemand, der das Wort gebrauchte, der es mir hinhielt mit der Verheißung, dass mein Zustand sich bessern würde.

Das Gesicht noch immer in die Kissen gepresst, sprach ich langsam einige Verse, die ich vor langer Zeit auswendig gelernt hatte: »Wir sehen voller Freude der Herrlichkeit Gottes entgegen. Wir freuen uns auch dann, wenn uns Sorgen und Probleme bedrängen, denn wir wissen, dass wir dadurch lernen, geduldig zu werden. Geduld aber macht uns innerlich stark, und das wiederum macht uns zuversichtlich in der Hoffnung auf die Erlösung. Und in dieser Hoffnung werden wir nicht enttäuscht werden.«

»O, das ist schön«, sagte Paulette, »ist das aus der Bibel?«
»Ja. Aus dem Römerbrief.«
»Und was bedeutet es?«, fragte sie und knetete weiter meine Schultern.

Ich merkte, dass ich nun, wie bei ähnlichen Gelegenheiten auch, entweder etwas sagen konnte, was ich auswendig gelernt hatte, oder mich ganz persönlich einbringen musste. Ich entschied mich für Letzteres. »Erinnern Sie sich an den Film *Shawshank Redemption*?«

»Mm-hm.«

Es ist eine herzzerreißende Geschichte, die schonungslos die Zustände schildert, die hinter Gefängnismauern herrschen. Der Hauptperson, Andy – einem Unschuldigen, der für einen Mord verurteilt worden ist, den er nicht begangen hat –, gelingt nach jahrzehntelangem Planen und unermüdlichen Versuchen, den bösen Aufseher nicht nur kaltzustellen, sondern zu entlarven, endlich die Flucht. Er flieht über die mexikanische Grenze, lässt sich in einem Küstenstädtchen am Pazifik nieder und bereitet alles vor, um seinen alten Freund aus dem Gefängnis, einen Schwarzen namens Red, bei sich aufzunehmen, falls Red Hafturlaub erhält.

In der Schlussszene erhält Red tatsächlich Hafturlaub. Er findet einen Brief vor, den Andy ihm hinterlassen hat und in dem er ihm den Fluchtweg in das kleine mexikanische Dorf beschreibt, wo er auf ihn wartet. Red zögert noch, doch dann liest er die Worte: »Hoffnung ist eine gute Sache – vielleicht die beste. Und etwas Gutes stirbt nie.«

Der alte Mann lässt den Brief sinken, lächelt und macht sich auf den Weg zur Bushaltestelle. Als er sich aus dem Busfenster lehnt, weiß er, dass er entweder für immer ins Gefängnis zurück muss, weil er gegen die Auflagen des Hafturlaubs verstoßen hat, oder aber für den Rest seines Lebens frei sein wird. Er hat Angst, aber er wagt trotzdem zu hoffen: »Ich fühle die Erregung, die nur ein freier Mann empfinden kann – ein freier Mann zu Beginn einer langen Reise, deren Ausgang unsicher ist. Ich hoffe, meinen Freund wieder sehen und ihm die Hand schütteln zu können. Ich hoffe, der Pazifik ist so blau, wie er es in meinen Träumen war. Ich hoffe, ich hoffe!«

Als ich den Film zum ersten Mal sah, hoffte auch ich: *Red muss es über die Grenze schaffen, er muss seinen Freund finden. Dann wird seine Not ein Ende haben. Du kannst es schaffen, Red, du schaffst es!*

Die letzte Szene war die zwei Stunden Filmdauer inklusive der dreißig entsetzlichen Minuten, die den Alltag im Gefängnis beschrieben, wahrlich wert. Ich spürte, wie mir die Tränen übers Gesicht liefen, als ich sah, wie Red sich den Mantel über die Schulter warf und den weiten, weißen mexikanischen Strand entlangging. Andy, der gerade den Rumpf eines Bootes abschmirgelt, blickt auf, erkennt in der Ferne seinen Freund und winkt, voller Freude, dass Red den Weg der Hänsel-und-Gretel-Hoffnung gegangen ist, den er ihm beschrieben hat. In der letzten Aufnahme schwenkt die Kamera langsam auf den Ozean hinaus, bis das türkisblaue Meer die ganze Leinwand ausfüllt. Ich hatte das Gefühl, in den Himmel zu schauen.

»Es war eine Geschichte von Hoffnung und Erlösung«, murmelte ich. Und ich wiederholte die eine Zeile, die ich mir gemerkt hatte: »Hoffnung ist eine gute Sache – vielleicht die beste. Und etwas Gutes stirbt nie.«

»Sie ist das Beste«, bestätigte Paulette, während sie weiter an meinem Rücken arbeitete.

»Ich möchte so gern eine solche Hoffnung haben«, sagte ich leise. »In der Bibel steht, wir dürfen sicher sein, dass Gott uns hilft, ihn zu verherrlichen, wie schrecklich der Schmerz auch sein mag.«

»Einschließlich der Schmerzen in Ihrem Nacken?«

Ich zögerte, bevor ich mir ein schwaches Ja abrang. Als Paulette nach unserer Sitzung zusammenpackte, tätschelte sie mir die Schulter und sagte: »Sie werden wieder fit, Sie werden schon sehen.« Ich hatte das Gefühl, sie sei Andy und ich Red, der gegen alle Hoffnung hoffte, dass der andere wusste, wie man diesem Schrecken entkam.

Die nächsten Wochen, zwischen den Behandlungen bei Paulette, waren ein ständiges Auf und Ab der Gefühle gegenüber Gott und seiner Allmacht. Ich wünschte mir so sehr, in dem Gedanken Ruhe finden zu können, dass ihm alles unterstand, dass er alles unter Kontrolle hatte, aber immer, wenn ich es versuchte, packte mich die Angst. Meine Schmerzen hatten meine Wahrnehmung des Gottes verzerrt, der mir in seinem Wort verheißen hatte: »Denn ich weiß wohl, was ich für Gedanken über euch habe, spricht der Herr: Gedanken des Friedens und nicht des Leides, dass ich euch gebe Zukunft und Hoffnung.«

Dieser Verheißung war ich nicht mehr verlässlich.

Ich fragte mich, ob andere Gläubige – vor allem an Orten wie dem vom Grauen des Krieges heimgesuchten Bosnien – ebenfalls mit dem Gefühl der Furcht, ja der nackten Angst vor Gott zu kämpfen hatten. Der Alptraum auf dem Balkan hatte dreihunderttausend Opfer gefordert, und es war noch nicht einmal vorbei. Der Krieg war lediglich weitergezogen, in den Kosovo. *Herr, ich weiß – ich glaube wirklich –, dass du das Böse hasst, das dort geschieht, und dass es, wenn du nicht auch in dieser Situation der Herr wärst, noch viel, viel schlimmer wäre. Aber dennoch müssen alte Frauen in Höhlen verhungern und junge Mädchen werden in Scheunen eingesperrt und systematisch vergewaltigt. Du verlangst von ihnen, dass sie das Unerträgliche ertragen.* Und schließlich stellte ich die unausweichliche Frage: *Wie kannst du von ihnen verlangen, dass sie dir vertrauen?*

Ich wünschte, Gott wäre so, wie er früher war. Sozusagen ein paar Stufen niedriger. Ich wünschte mir, er wäre hoch genug, um mir helfen zu können, aber nicht ganz so unkontrollierbar enthoben. Ich sehnte mich nach seiner wärmenden Gegenwart, wie damals, als Steve Estes und ich zusammen am Kaminfeuer saßen und die Bibel lasen. Als Jay und ich im Mondschein auf der Veranda Choräle sangen. Wie in den Zeiten, als er einfach ... verlässlicher schien.

Wo ist die Sicherheit, die Gewissheit jetzt? Gott – wo bist du?

Ich erinnerte mich vage, dass es jemanden gab, der diese Fragen ebenfalls gestellt hatte. Und dann fiel mir auch ein, wer das war: Lucy in C. S. Lewis' Buch *Der König von Narnia*. In dem Buch wird die Geschichte zweier Kinder erzählt, die sich auf die Suche nach ihrem Bruder machen, der unter dem Fluch einer bösen weißen Hexe steht. Während Lucy und ihre Schwester Susan sich im Haus von Herrn und Frau Biber verstecken, erzählen ihnen die Bibers unter dem Siegel der Verschwiegenheit von einem Gerücht, das sie gehört haben: Aslan, der lang verschollene König von Narnia, wurde gesehen und wird zurückerwartet. Der Löwe ist das Symbol Christi, des Gott-Menschen.

»Ist ... ist er ... ein Mensch?«, fragte Lucy.
»Aslan ein Mensch?«, sagte der Biber empört. »Keine Rede davon! Ich habe euch doch gesagt, dass er der König der Wälder ist und der Sohn des Großen Königs jenseits der Meere. Wisst ihr denn nicht, wer der König der Tiere ist? Aslan ist ein Löwe, der Löwe, der große Leu.«
»O«, rief Suse. »Ich dachte, er sei ein Mensch. Ist man dann auch sicher vor ihm? Vor einem Löwen habe ich Angst.«
»Das macht nichts, mein Kind, du sollst auch Angst haben«, sagte die Biberin. »Wenn jemand vor Aslan erscheint, ohne dass ihm die Knie zittern, dann ist er entweder unerhört mutig oder bloß ein Narr.«
»Dann ist man also doch nicht sicher vor ihm?«, meinte Lucy.
»Sicher?«, wiederholte Herr Biber. »Ja, hast du denn nicht gehört, was meine Frau sagte? Wer hat denn von sicher geredet? Natürlich, man ist nicht sicher vor ihm, aber er ist gut, und er ist der König.«

Vor Gott ist man nicht sicher. Ich ließ diesen Gedanken auf mich wirken. Und dabei spürte ich, wie das Hochseil unter mir nachgab. Ich fiel und fiel ... tiefer und tiefer, in einen dunklen Schacht, zurück in mein altes Schlammloch. Doch dann wiederholte ich: *Aber er ist der König, und er ist gut.*

»O Gott, du bist gut, du musst gut sein. An wen könnte ich mich wenden, wenn nicht an dich? Du bist der Einzige, der das Wort des Lebens hat«, betete ich. Und in diesem Augenblick – als würde ich von unsichtbaren Armen aufgefangen – durchströmte mich wie so oft in der Vergangenheit eine vertraute Gewissheit: *Joni, wenn ich dich so sehr geliebt habe, dass ich für dich gestorben bin, dann darfst du sicher sein, dass ich dich bewahre – auch jetzt. Du bist geborgen. Du bist in Sicherheit.*

»Dann, Herr«, antwortete ich, »lege deine Hände unter mich. Gibt mir die Kraft zu hoffen – nicht, dass es mir besser gehen wird, sondern dass du mir genug bist. Ich brauche die Hoffnung, dass du genug bist.«

Damit wurde die Dunkelheit zwar nicht augenblicklich zu Licht, und ich war auch nicht von einer Sekunde auf die andere getröstet und voll ruhiger Zuversicht – aber das war in Ordnung so. Es war gut so. Gott war in meine Hölle herabgestiegen und hatte mich erlöst. Ich spürte seine Arme, und das genügte.

Nach fünf Sitzungen bei Paulette kam es zu einer dramatischen Änderung: Ich spürte, dass die Intensität meiner Schmerzen nachließ. Ich musste meine Sitzposition verändern, mehr Wasser trinken, mein Korsett loser tragen und mich öfter strecken, aber Paulette hatte Recht – es war kein hoffnungsloser Fall. Ich hätte es nie geglaubt, aber es ging mir wirklich besser. Viel besser. Ich konnte hinausfahren und mich über den Sonnenaufgang freuen. Ich schlief nachts durch und wachte voll Erstaunen auf. Ich ergriff mit den Zähnen einen Pinsel und dankte Gott, dass ich weiterhin an meiner Staffelei arbeiten konnte. Und ich hatte jedes Mal einen Kloß im Hals, wenn ich im Badezimmerspiegel das kleine Goldkreuz sah, das an einer Kette um meinen Hals hing. Das Leiden hatte mir wieder einmal gezeigt, woraus ich bestand – und wieder einmal war es keine schöne Erkenntnis gewesen. Sobald es über meine Grenzen hinausging, glitt mir alles aus den Händen. Wenn man mir mehr auferlegte, als ich tragen konnte, geriet ich in Panik. Aber ich wusste, dass das alles nur geschah, damit ich mich ganz auf ihn verließ, auf ihn allein. Damit ich die Gewissheit gewann, dass er genug ist – und damit ich mich nicht fürchtete.

Herr, eines ist gewiss: Ich kann mir meiner Liebe zu dir nicht sicher sein – aber ich vertraue fest auf deine Liebe zu mir. Und doch fragte ich mich immer noch, was ich tun würde, wenn die Schmerzen wiederkämen. *Diese Brücke werde ich überqueren, wenn ich vor ihr stehe. Heute kann ich nur sagen: Ich habe gelernt, mich heute auf dich zu verlassen, Gott. Ganz und gar!*

»Ich kann nicht zulassen, dass ich in mein früheres Leben zurückfalle«, sagte ich am Telefon zu Steve Estes. »Diese Schmerzerfahrung war im Grunde eine Glaubenskrise.«

»Erinnerst du dich an die Lektion, die wir vor Jahren durchgenommen haben?«, fragte Steve. »Die über Philipper 3?«

»Ja«, seufzte ich und musste lächeln, als ich an die Zeit zurückdachte, als wir im Haus meiner Eltern am Feuer saßen. »Es ging darum, dass wir Christus und die Macht seiner Auferstehung kennen lernen wollten.«

»Und die Gemeinschaft mit seinem Leiden. Aber in dieser

Stelle steckt noch mehr, Joni. Am Schluss heißt es: ›Mein Wunsch ist es, Christus zu erkennen.‹ Ja, ich gehe so weit, mir sogar zu wünschen, dass ›ich an seinem Tod teilhabe‹«, erklärte Steve. »Du sagtest, deine Schmerzen seien gewesen, als stündest du auf einem hohen Seil und blicktest in einen Abgrund – das war ein Vorgeschmack dessen, was es bedeutet, am Tod Christi teilzuhaben.«

Ich lehnte mich zurück und schloss die Augen. Jesus starb am Kreuz für meine Sünden – das wusste ich. Jetzt muss ich mein Kreuz aufnehmen und selbst der Sünde sterben. Ich muss dem hohlen, beiläufigen Vertrauen auf Gott sterben. Ich muss dem Nichtglauben sterben, dem Zweifel und der Furcht, der Angst und der Sorge. Dem Irrtum, dass ich alles im Griff habe und dass meine Anfechtungen sich problemlos in meinen Tagesplan einordnen lassen, dass Gott sie mir in gemäßigten Dosen zuteilt. Ich muss dem Stolz und der Selbstgenügsamkeit sterben, der Selbstgewissheit und der Überzeugung, alles aus mir selbst holen zu können. Ich muss dem Selbst, dem Selbst, dem Selbst sterben – mir, mir, mir.

Die Monate vergingen. Ich machte weiterhin Termine mit Paulette aus, die an meinem Nacken und meinen Schultern arbeitete, damit die Schmerzen in erträglichen Grenzen blieben. Eines Tages griff sie, nachdem sie mich behandelt hatte, in ihren Matchbeutel und zog ein in Geschenkpapier verpacktes Päckchen heraus. »Das ist für Sie.« Sie lächelte mir zu und fing an, das Band für mich zu lösen. »Sie haben mir etwas über Hoffnung beigebracht, und ich möchte mich gern revanchieren. Deshalb haben mein Mann und ich eine Freundin von uns gebeten, dies für Sie aufzuschreiben. Sie hat den Film ausgeliehen und die Stelle ein paar Mal abgespielt.«

Paulette hielt ein von Hand graviertes Täfelchen in hölzernem Rahmen hoch. Ich las laut vor, was darauf stand:

Der alte Mann faltete den Brief auseinander und las: »... Denk daran, Red: Hoffnung ist eine gute Sache. Vielleicht die Beste. Und etwas Gutes stirbt nie.«

Red denkt nach und sagt dann leise zu sich selbst:
»Fang an zu leben oder fang an zu sterben.«

Ich fing wieder an zu leben.

Die folgenden Jahre waren die lebendigsten in meinem ganzen Leben. 1999 saß ich auf der Bühne, hinter dem schweren Samtvorhang des Thousand Oaks Civic Arts Plaza, das ganz in der Nähe des Büros von Joni and Friends lag. Während ich auf meinen Auftritt wartete, hörte ich der kleinen Kara zu, die in ihrem Rollstuhl im Scheinwerferlicht saß und gerade die letzten Worte ihrer kleinen Ansprache sagte. Mit leiser Stimme erklärte das Kind dem Publikum, dass es seinen Rollstuhl für Wheels for the World stiften wolle.

»Ich will, dass ein kleines Mädchen in Afrika oder Asien Jesus kennen lernen und in einem Rollstuhl fahren kann!«, rief sie zum Schluss. Und dann schob ihre Mutter ihren alten Rollstuhl aus dem Schatten ins Rampenlicht hinaus, sodass alle das wunderschöne, breite goldene Band sehen konnten, mit dem ihre Tochter ihn geschmückt hatte. Das Publikum – es mussten über tausend Personen sein – applaudierte.

Und es gab wahrlich Grund zum Applaus. Die Galaveranstaltung im Civic Arts Plaza fand anlässlich der Zwanzigjahrfeier von Joni and Friends statt. Während ich zusah, wie Kara sich in ihrem Rollstuhl verbeugte, dachte ich an die unzähligen Menschen wie sie, denen durch Familienfreizeiten und Wheels for the World geholfen werden konnte. Die Organisation wuchs rasch, überall im Land wurden Zweigstellen eröffnet, und inzwischen arbeiteten viele internationale Behindertenorganisationen in irgendeiner Form mit Joni and Friends zusammen. Bis jetzt hatten wir über siebentausend Rollstühle und ebenso viele Bibeln verteilt und zahllose Christen in Gemeinden auf der ganzen Welt geschult. Jedes Jahr boten wir mehr Familienfreizeiten an. Ich konnte es manchmal kaum fassen, was Gott durch meinen Unfall vor so vielen Jahren in Gang gebracht hatte – und weiterhin am Laufen hielt.

Doch die besten, lebendigsten Zeiten sollten erst noch kommen.

Zum Glück konnte ich meine Schmerzen inzwischen einigermaßen in Schach halten, denn Francie, Judy und mir stand ein endlos langer Flug bevor – in die Volksrepublik China, mit Abstechern nach Japan und Australien. Wir und das Team von

Wheels brachten dreihundert Rollstühle in drei Städte jenes unvorstellbar großen Landes mit über einer Milliarde Einwohnern. Unsere Gabe an die Behinderten in China war nicht mehr als ein Tropfen auf dem heißen Stein, das wussten wir wohl, aber wir betrachteten unseren Besuch als eine Art »Seestern-Mission«. In der Geschichte von den Seesternen gehen ein alter Mann und ein Junge an einem Strand entlang, an den nach einem heftigen Sturm zahllose Seesterne angeschwemmt worden sind. Der Junge hebt einen Seestern aus dem Sand auf und wirft ihn zurück ins Meer, dann noch einen und noch einen. Der alte Mann schimpft mit ihm: »Was kannst du damit schon ausrichten? Hier liegen doch Tausende von Seesternen, die an den Strand gespült wurden!« Das Kind hebt noch einen Seestern auf, wirft ihn ins Meer und antwortet: »Aber für diesen einen habe ich etwas Wichtiges getan.«

So gingen auch wir unsere Reise nach China an: Wir wollten etwas ausrichten, etwas bewirken, und wenn es auch nur ein Leben nach dem anderen berührte. Zum Beispiel das Leben von Dr. Zhang Xu, eines Mannes, der hoch oben in den Bergen nördlich von Peking lebte, wo die eiskalte Arktisluft über die mongolischen Ebenen heranbraust und seine Heimatstadt Anshan fest im Griff hat. Im Krankenhaus der Stadt, im dritten Stock, sitzt an einem Fenster Zhang Xu. Er ist einer der wenigen Querschnittgelähmten, der in diesem erbarmungslosen Klima überlebt hat.

Ich konnte es kaum erwarten, diesem herrlichen Seestern zu begegnen.

Zhang Xu war Orthopäde gewesen und hatte im Nahen Osten, im Jemen, für die chinesische Regierung gearbeitet. An einem freien Wochenende war er mit Freunden an einen See gefahren, wo er einen schicksalhaften Kopfsprung machte – wie ich. Seine Mitarbeiter taten alles, um ihm zu helfen, aber er bekam zusätzlich zu seiner Querschnittlähmung eine Infektion, und Zhang Xus Eltern wurden unterrichtet, dass ihr Sohn sterben würde. Sie baten darum, dass er seine letzten Tage nicht in einem Außenposten in der Wüste, fern von seinen Angehörigen, verbringen musste, sondern dass er in seiner geliebten Heimat sterben dürfe. Nachdem er nach Hause verfrachtet worden war, unternahmen seine Freunde im Rehabilitationsforschungszentrum in Peking noch einmal alles Menschenmögliche, um ihn zu retten. Und wirklich – langsam gewann er seine Kraft zurück.

Damals gab ein japanischer Arzt – ein Christ – Zhang Xu ein zerfleddertes altes Exemplar von *Joni* in englischer Sprache. Nachts, wenn der kalte Wind an den Fenstern des Krankenhauses rüttelte, saß seine Mutter neben ihm am Bett und hielt das Buch für ihn, damit er es im Licht der Nachttischlampe lesen konnte. Mit dieser Geschichte konnte er sich identifizieren. Die Autorin war ein Mensch, der die gleichen Fragen stellte wie er. Und sie hatte auch Antworten auf diese Fragen. Sie hatte *die* Antwort.

Dr. Zhang wurde seltsam warm ums Herz. Auf der Stelle beschloss er, die Geschichte ins Chinesische zu übersetzen. Er diktierte, und seine Mutter, eine Journalistin, schrieb jedes Wort nieder. Schon bald hielten sie zum Lohn für ihre Mühe ein dickes, handschriftliches Manuskript in Händen.

Nach vielen Monaten, zahllosen E-Mails, persönlichen Kontakten und Gesprächen – mit einem Arzt der amerikanischen Botschaft in Peking, mit einem der Partner unserer Organisation in Bangkok, mit der Abteilung für Auslandsrechte beim amerikanischen Zondervan-Verlag und mit unserem Team von Joni and Friends – wurde das Buch von einem chinesischen Verlagshaus herausgebracht. Die Geschichte selbst und die Bibelstellen waren nicht zensiert worden. Es war das erste christliche Buch, das je von einem staatlichen Verlag in China veröffentlicht wurde. Und das bedeutete, dass es auch in nicht-christlichen Buchhandlungen erhältlich war.

Wir trafen völlig erschöpft in Peking ein. Doch die vielen neuen Eindrücke, die fremdartigen Geräusche und die Atmosphäre in einem Land, dessen Sprache und Kultur so völlig anders waren als unsere, belebten uns überraschend schnell. Dennoch war ich froh, dass Ken rechtzeitig vor unserer Fahrt an die Chinesische Mauer zu uns stoßen konnte. Er und zwei andere Männer trugen mich in meinem Rollstuhl die vielen Treppen bis ganz nach oben. Das erinnerte mich daran, wie Ken meinen Rollstuhl zur Premiere des Films *Joni* vor Jahren die

Treppen des Parthenontempels in Athen hinaufgetragen hatte. Damals hatte ich ein Lied gesungen, das sehr gut zur Situation passte: »Die Liebe trug mich empor.« Jetzt sang ich es wieder.

Als der Tag kam, an dem Zhang Xus Übersetzung meines Buches im Rahmen einer Pressekonferenz im Rehabilitationszentrum öffentlich vorgestellt werden sollte, hatten sich Vertreter der Medien, Regierungsbeamte und Angestellte der Universität Peking eingefunden. Sie hielten Ansprachen, fassten Ergebnisse zusammen und sprachen Gratulationen aus. Der große Raum war zum Bersten voll mit Lampen, Mikrofonen, Kameras und Würdenträgern, die Luft war zum Schneiden. Ganz hinten saßen ein paar Behinderte still in ihren Rollstühlen, neben sich einen Familienangehörigen, und bemühten sich, niemandem im Weg zu sein. Keiner schenkte ihnen viel Beachtung. Man hatte jedem ein Exemplar von *Joni* in die Hand gedrückt, und manche blätterten es still durch. Gelegentlich blickte einer auf und lächelte uns zu.

Die Pressekonferenz verlief höchst feierlich und würdig, die Reden nahmen kein Ende. Mit der Zeit wurde es immer heißer und stickiger. Endlich war die Reihe zu sprechen an Zhang Xu. Ich lehnte mich weiter zu meinem Dolmetscher hinüber und hörte zu, wie er die Details einer langen Reise voller Schmerzen und Enttäuschungen beschrieb. Während er sprach, bemerkte ich, dass es in der hintersten Reihe, dort wo die Behinderten saßen, unruhig wurde. Als Zhang Xu schließlich beschrieb, wie *Joni* ihm geholfen hatte, hörte ich vereinzelt ein Aufschluchzen. Ich versuchte, durch die Lichter der vielen Scheinwerfer und Kameras einen Blick nach hinten zu werfen, und sah, dass die meisten derer, die dort hinten saßen, weinten.

»Ich dachte, ich sei ganz allein«, fuhr Zhang Xu auf Chinesisch fort, »aber durch die Geschichte dieser Frau wurde mir bewusst, dass es einen Gott gibt, dem an den Menschen liegt, auch an uns.« Als ich mich im Raum umschaute, sah ich, dass auch andere Leute weinten, als sie vom Leid dieses Mannes hörten. Ein kleiner Junge mit Zerebralparese und seine Eltern. Die Mutter und der Vater eines behinderten Kindes in der dritten Reihe. Ein alter Mann, der einen Schlaganfall gehabt hatte. Dr. Zhang – oder vielmehr Gott – war es gelungen, viele Menschen zu erreichen.

Ich bin immer wieder erstaunt darüber, was wir bewirken können, wenn wir nur ein kleines bisschen Hoffnung haben. Und darüber, dass die meisten Menschen entweder dabei sind zu sterben oder zu leben. Zu Beginn der Pressekonferenz waren die meisten Teilnehmer wahrscheinlich eher dabei zu sterben – doch als Zhang Xu seine Rede beendet hatte, hatte sich die heiße, stickige Luft gereinigt. Ich glaube – nein, ich bin sicher –, dass es an der Hoffnung lag. Gott hatte den zerbrochenen Körper und die zarte Stimme dieses chinesischen »Helden« – nicht die Worte einer Amerikanerin, die in einem Rollstuhl saß, der mit allen nur denkbaren technischen Finessen ausgestattet war – gebraucht, um den Raum mit dem frischen Wind neuer Hoffnung zu erfüllen. Ich sah es in den Augen des kleinen Jungen mit Zerebralparese, in den Augen der Eltern des behinderten Kindes und in den Augen vieler anderer.

Plötzlich spürte ich ein Taschentuch an meiner Wange. Dr. Zhangs Mutter beugte sich zu mir, um die Tränen zu trocknen, die ich nicht mehr hatte zurückhalten können. Ihre sanfte Berührung ließ sie jedoch nur heftiger strömen.

Ich kann sehen, wie der Gott allen Trostes auf allen Kontinenten, in aller Herren Länder, Menschen wie Zhang Xu erweckt, die bereitwillig Zeugnis davon ablegen, dass seine Kraft in den Schwachen mächtig ist. Der Vater des Erbarmens hebt einen Seestern nach dem anderen auf und wirft ihn zurück in den Ozean seiner Liebe.

Kapitel 27

Jesus fragte: »Wie kann ich das Reich Gottes noch beschreiben? Womit könnte ich es vergleichen? Es ist wie ein winziges Senfkorn. Obwohl das Senfkorn zu den kleinsten Samenkörnern gehört, wächst es doch zu einer der größten Pflanzen heran, mit langen Zweigen, in denen die Vögel Zuflucht finden.«

Markus 4,30-32

Und was ist das?«, fragte eine Freundin eines Morgens. Sie half mir, mich für den Tag herzurichten. Wir waren in meinem Badezimmer, und sie hatte gerade den Deckel eines kleinen Pillendöschens aus Porzellan abgehoben und ein paar trockene, verschrumpelte Samenhülsen darin entdeckt.

»Ach, das sind Senfkörner.« Ich hatte sie fast vergessen, so lange war es her.

»Aber sie sehen so groß aus.« Sie runzelte die Stirn und wühlte mit den Fingern in den kleinen Dingern herum. »Ich dachte, Senfkörner seien die kleinsten Samenkörner überhaupt.«

»Das habe ich damals auch gesagt«, meinte ich und musste lächeln, als ich zurückdachte. Ich erklärte ihr, dass das, was sie sah, nur die Samenkapseln, quasi die Behältnisse, der Senfsamen waren. Sie lagen seit Jahren in meinem Badezimmer und waren mit der Zeit zu leeren Schoten verkümmert, die keine Körner mehr enthielten.

»Möchtest du sie behalten oder soll ich sie wegwerfen?«, fragte sie und hielt das Pillendöschen über den Abfalleimer.

Ich schüttelte den Kopf. »Ich will sie behalten«, sagte ich. Auch wenn die Senfsamenkörner verschwunden waren – der Glaube, den sie bewirkt hatten, hielt stand.

Es war im Herbst 1998. Ken und ich waren zusammen mit Judy

und einer anderen Freundin namens Bunny in Israel. Wir fuhren die enge, kurvenreiche Straße hinter dem Ölberg entlang, als Jan, unser holländischer Gastgeber, uns in seiner ruhigen Art warnte: »Wir verlassen jetzt das israelisch kontrollierte Gebiet. Dahinter sieht alles etwas anders aus.«

Er hatte Recht. Wir sahen weniger Armeefahrzeuge und Soldaten und sehr viel mehr Esel und arabische Ziegenhirten. Die Straße war weiterhin sehr kurvenreich. Sie führte nach Betanien, einem kleinen Dorf mit weiß getünchten Häusern ein paar Meilen östlich von Jerusalem. Ken und Judy brachen zu einer Besichtigungstour auf und stellten fest, dass Betanien sich seit der Zeit von Lazarus, Maria und Marta offenbar kaum verändert hatte. Bunny und ich warteten im Wagen. Da entdeckte Bunny einen alten, bärtigen Araber, der ganz in der Nähe von uns an einem Tisch auf der Straße saß.

»Ich schaue mal, was er verkauft«, sagte sie und sprang aus dem Auto.

Ein paar Augenblicke später kam sie mit leuchtenden Augen wieder zurück. »Guck mal, Joni«, sagte sie und hielt mir ein paar getrocknete, erbsengroße braune Samenkapseln hin. »Senfsamen. Wenn unser Glaube nur so groß ist wie eins dieser Körner«, sagte sie und nahm eines in die Hand, »können wir Berge versetzen.«

»Aber sie sehen gar nicht klein aus«, sagte ich. »Ich dachte, Senfsamen sei der kleinste Samen, den es gibt.«

»Das Gleiche habe ich zu dem alten Araber gesagt«, meinte Bunny. »Warte, ich zeige dir, was er gemacht hat.« Sie knackte eine der Samenkapseln und verteilte ihren Inhalt vorsichtig auf ihrer Handfläche. »Guck mal«, sagte sie und legte ihre andere Hand schützend darum herum, damit der Wind die Körnchen nicht fortwehe. Ich musste mich vorbeugen und ganz genau hinschauen, aber dann sah ich sie: winzige schwarze Punkte – Senfsamen. Eine einzige Samenkapsel enthielt Tausende davon.

Bunny pustete über ihre Hand und steckte das Tütchen mit den übrigen Samenkapseln ein. »Die werden wir überall dort verstreuen, wo wir auf dieser Reise beten.«

Wir verließen Betanien und fuhren die Straße ins Jordantal hinunter, in das von Palästinensern bewohnte Jericho. Arabische

Kinder, schmutzig und ärmlich gekleidet, umringten uns und boten uns Perlenketten an. Wir kauften ein paar, sprachen ein Gebet für den Ort und setzten unseren Weg nach Norden fort. Bunny blies eine Hand voll Senfsamen aus dem Fenster.

Bald gelangten wir wieder in israelisches Territorium. Die Armeefahrzeuge und Soldaten mehrten sich wieder. Jedes Mal, wenn wir sie trafen, duckten wir uns unwillkürlich. Bunny kurbelte das Autofenster herunter und blies eine Hand voll Senfsamen hinaus. Wir hatten das Gefühl, als ob unser Glaube jedes Mal, wenn sie das tat, wachse. Wir befanden uns in einem Land, das Fürbitte bitter nötig hatte, bei einem Volk, das nichts nötiger als Frieden brauchte.

Nach etwa einer Stunde erreichten wir den See Genezareth. Wir parkten an einem Punkt, von dem aus wir die weite blaue Fläche überblicken konnten. An der einen Seite des Hangs lag ein natürliches Amphitheater. Es war schon spät am Tag, die Ausflugsbusse waren bereits wieder fort. Im hohen Sommergras zirpten die Grillen, und durch die Baumkronen wehte eine leichte Brise. Wir standen an einem sanften Hang über den Ruinen von Kapernaum, ganz nah der Stelle, wo Jesus die Bergpredigt gehalten hatte.

Ein trockener Wind zerzauste Kens Haar, als er die Hände hinter dem Rücken verschränkte, das Gesicht der Abendsonne zuwandte und begann: »Eines Tages, als sich immer mehr Menschen um Jesus sammelten, stieg er mit seinen Jüngern auf einen Berg und setzte sich dort hin, um sie zu unterrichten. Und das lehrte er sie: ›Gott segnet die, die erkennen, dass sie ihn brauchen, denn ihnen wird das Himmelreich geschenkt ...‹« Der Wind trug seine Worte fort und liebkoste das Land mit den gleichen Segensworten, die einst Christus gesprochen hatte: »›... Gott segnet die, die sich um Frieden bemühen, denn sie werden Kinder Gottes genannt werden.‹«

Ken hatte die drei Kapitel des Matthäusevangeliums vor langer Zeit einmal auswendig gelernt. Doch keiner von uns hätte sich träumen lassen, dass wir den Ort, an dem Jesus sie gesprochen hatte, einmal mit eigenen Augen sehen würden. Während Ken weitersprach, war ich voller Staunen, nicht nur, weil ich stand, wo einst Jesus stand, sondern auch darüber, dass ich an einem Ort war, an dem er ganz offensichtlich auch in diesem Augenblick gegenwärtig war – er leuchtete aus den Augen meines Mannes, erfüllte jede Faser seines Wesens, ließ seine Stimme klar und entschlossen klingen und machte ihn in meinen Augen stärker und schöner denn je.

»Gott segnet die, die sich um Frieden bemühen«, rief ich Ken zu.

»Gott segnet die, die sich um Frieden bemühen«, kam das Echo von Bunny. Wieder blies sie aus ihrer offenen Hand Senfsamen in den Wind.

Ken wandte sich um und gab sich ganz dem Anblick hin. Oberflächlich gesehen wirkte alles still und ruhig, doch dahinter spürten wir eine tiefe Ruhelosigkeit, ja ein Unbehagen. Wir vernahmen Friedlosigkeit selbst im Seufzen des Windes in den Bäumen. Wir spürten sie in der bleiernen Stille des Bodens unter unseren Füßen. Wir erkannten die Sehnsucht in den Schaumkronen auf dem See Genezareth. Wir sahen sie in den Graffiti auf dem Abfallbehälter am Parkplatz. Auch in den angespannten Gesichtern der jungen Soldaten, denen wir an diesem Tag überall begegnet waren, war sie nicht zu übersehen. Dieser Planet hatte keinen Frieden. Er wartete darauf, dass Gottes Füße erneut die Erde berühren und für immer Frieden bringen würden. Als wir die Hügel über Kapernaum wieder verließen, tauchte die Dämmerung die Landschaft in ein trübes, staubiges Rosa. Am nächsten Tag wollten wir mit unserer Reiseführerin Fanny, einer dreiundsiebzigjährigen holländischen Jüdin und Holocaust-Überlebenden, die Altstadt von Jerusalem besichtigen. Sie riet uns, unsere Tour erst gegen Mittag zu beginnen, wenn die meisten Besucher bereits wieder fort waren.

»Diesen Tag werden Sie nicht vergessen«, verkündete Fanny, als wir vor dem Jaffator standen. Der Duft von frischem Mandelbrot und heißen Würstchen und die Klänge arabischer Musik empfingen uns.

»Kommen Sie«, forderte unsere Führerin uns auf und nahm uns mit in die engen Gässchen. Ich rollte an Reihen von Verkaufsständen vorüber, an Körben voller Datteln, Feigen, Trauben und Oliven. Es gab bunte Perlen, persische Teppiche und Holzschnitzer, die ihre Werke ausstellten. Bärtige Verkäufer wogen

Säckchen mit Kümmel und Henna ab und feilschten mit Frauen. Lammkeulen hingen an Haken, und eine junge Ziege, die angebunden war, blökte. Mehrere Katzen sahen von einem höher gelegenen Beobachtungsposten aus zu, wie die Fischhändler den Morgenfang filetierten. Vor einem kleinen runden Ofen kniete ein Mann und belegte ein flaches Pitabrot mit Fleisch. In die Mitte des Brotes schlug er ein Ei, dann schob er die Pita in den Ofen. Trotz des Schmutzes und des Rauchs war das Ganze, als es fertig war, außerordentlich schmackhaft. Das war Jerusalem, wie ich es mir vorgestellt hatte.

Nur eines wirkte fehl am Platz: die ständige Gegenwart der Soldaten mit ihren Maschinengewehren. Sie waren jung und gut aussehend, viele Frauen darunter. Mit ernstem, wachsamem Blick suchten sie unablässig die Menge ab und achteten dabei auf das leiseste Anzeichen einer Unregelmäßigkeit.

Fanny nahm uns mit in ein Geschenklädchen. »Dieser Laden wird von Palästinensern geführt«, sagte sie, »und das ist eine gute alte Freundin von mir.« Stolz lächelnd umarmte sie eine Frau, die etwa gleich alt sein musste wie sie. Die beiden hätten Schwestern sein können mit ihrem sonnenverbrannten, vom Wetter gegerbten Gesicht, dem strahlenden Lächeln und dem grauen Haar. Ihre Hände waren kräftig und von blauen Adern durchzogen, ihre Augen weise und gütig. Sie sprachen arabisch und hebräisch miteinander. Und ich dachte wieder an Jesu Worte: »Gott segnet die, die sich um Frieden bemühen.«

Als wir den Laden wieder verließen, sagte Fanny: »Jetzt gibt es noch einen Ort, den Sie unbedingt sehen müssen.«

Wir fuhren um die Mauern der Altstadt, an noch mehr Soldaten vorbei, und kamen zu einem Kontrollpunkt mit Straßensperren aus Beton, Verkehrspolizei und Militärs, die die Pässe prüften. Die Soldaten trugen Maschinengewehre, und alle, die wir sahen, ob Mann oder Frau, hatten einen melancholischen Gesichtsausdruck und suchende Augen. Während die Leute vor uns das bewachte Tor passierten, wurden ihre Taschen und Börsen durchsucht. Ich fragte mich, wo Fanny uns hinbrachte.

Als wir den Kontrollpunkt hinter uns hatten, öffnete sich die Straße auf einen weitläufigen Platz, der vorn von einer riesigen alten Mauer aus massiven Steinblöcken begrenzt war.

»Dies ist ein heiliger Ort für uns Juden«, sagte Fanny ehrfürchtig. »Es ist die Westmauer – oder, wie manche sie nennen, die Klagemauer. Sie ist das Einzige, was vom alten Tempel übrig geblieben ist. Die Araber kontrollieren zwar den oberen Teil dieses Platzes«, sagte sie und deutete auf die Moschee auf dem Tempelberg, »aber hier leben all unsere Hoffnungen und Träume.«

Auf dem Platz vor der Mauer drängten sich die frommen Juden förmlich in Trauben; manche der Männer trugen schwarze Hüte und Gebetsschals. Das Gebiet hatte jahrelang der Kontrolle der Araber unterstanden, und während dieser Zeit hatten die Juden hier nicht einmal beten dürfen. Das änderte sich nach dem Krieg von 1967, als Israel Ostjerusalem eroberte. Jetzt standen Israelis vor der Mauer, pressten ihre Hände und Gesichter an die kalten Steine, küssten sie und ließen ihre Tränen auf sie fallen.

Fanny verschränkte die Arme und blickte sehnsüchtig auf die Mauer, als hätte sie sie selbst für ihr Volk zurückerobert. »Möchten Sie auch an der Mauer beten?«, fragte sie mich. »Sie können hingehen, dort rechts. Dort dürfen die Frauen beten.«

Ich rollte in den Schatten der Mauer; Judy und Bunny folgten mir. Mit einem Mal spürte ich das ganze Gewicht der jüdischen Geschichte – die Makkabäerkriege, die Diaspora, die babylonische Gefangenschaft, die Auslöschung des Warschauer Gettos, die Kriege König Davids und vor allem Auschwitz und Birkenau. Als ich vor der Mauer stand, legte auch ich meinen Kopf an den kühlen Stein. Linker Hand, hinter einer Absperrung, verneigten sich junge Männer und wiegten sich vor und zurück und sprachen Verse aus der Heiligen Schrift. Rechts und links neben mir standen weinende Frauen, die ihre Arme gegen den Stein stützten. Überall hörte man Gebete und Psalmen.

Als ich aufblickte, erkannte ich oben mehrere Soldaten. Ich dachte an das Stadtviertel unmittelbar hinter der Mauer, wo Hass und Wut gärten, dachte an den endlosen Kampf zwischen Allah, dem Gott Ismaels, und Jahwe, dem Gott Isaaks.

Plötzlich erschreckte mich ein Flattern und Rascheln in den Zweigen über mir. Ich blickte auf und sah einen großen Busch, der aus einem Felsspalt herauswuchs. Angestrengt versuchte ich zu erkennen, was seine Zweige bewegt hatte.

»Seht nur«, sagte ich zu Bunny und Judy, »es ist ein kleiner Spatz.«

Wir hielten uns ganz still und sahen zu, wie der kleine Vogel geschäftig zwischen den Zweigen hin und her flog. Bunny schlug ihre Bibel beim vierundachtzigsten Psalm auf und las: »Wie herrlich sind deine Wohnungen, allmächtiger Herr. Ich sehne mich, ja ich vergehe vor Sehnsucht, die Vorhöfe des Herrn zu betreten, wo ich den lebendigen Gott mit frohem Herzen anbeten will. Selbst ein Vogel findet dort ein Heim, und die Schwalben bauen ihr Nest und ziehen ihre Jungen auf, nahe bei deinen Altären, allmächtiger Herr, mein Gott und König! Wie glücklich sind die, die in deinem Hause wohnen dürfen, sie werden dich jederzeit loben ... Denn Gott, der Herr, ist für uns Sonne und Schutz. Er schenkt uns Gnade und Ehre. Der Herr wird denen nichts Gutes vorenthalten, die tun, was recht ist.«

Da standen wir in den Vorhöfen des Herrn und sahen einem Spatz zu, der sich ein Nest baute in dem, was einst der Wohnort Gottes gewesen war. Bunny schloss ihre Bibel wieder. Wir beobachteten den kleinen Vogel noch lange Zeit. Dann wandten wir unsere Aufmerksamkeit wieder den Menschen zu, die kleine Zettel, auf denen Gebete aufgeschrieben waren, zusammenfalteten und in die Lücken zwischen den Steinen steckten. Dies war, wie Fanny gesagt hatte, der Ort, an den sie ihre Träume und Hoffnungen brachten.

Das ist es, dachte ich. »Judy, hast du ein Stück Papier?«

Judy hielt Stift und Papier hoch, bereit zu schreiben, und ich diktierte ihr die Statuten von Joni and Friends: »Das Evangelium zu verbreiten und christliche Gemeinden auf der ganzen Welt in die Lage zu versetzen, behinderten Menschen das Evangelium zu verkünden und sie darin zu unterweisen.«

Als Judy fertig war, faltete sie das Papier zusammen, und ich betete: »Herr Jesus, du bist der Friedensfürst. Du bringst Heilung dahin, wo Schmerz ist. Reiß die Mauern der Feindseligkeit ein. Hebe die Grenzen auf. Gebrauche uns, Herr, um zu denen vorzudringen, die am meisten leiden – Menschen, die an körperlichen und geistigen Behinderungen leiden. Amen.«

Bunny wandte sich zur Mauer und entdeckte einen Platz direkt unter der Stelle, wo der Spatz noch immer in den Zweigen des Busches raschelte. Sie fand einen kleinen Spalt, in den sie das zusammengefaltete Papier so weit wie möglich hineinschob. Als wir die Mauer wieder verließen, hatten wir neue Hoffnung im Herzen. Vor uns lag eine Aufgabe – die Aufgabe, Mauern einzureißen und den Gelähmten Frieden zu bringen – Menschen, die durch eine Behinderung oder durch Hass gelähmt waren.

An diesem Abend blies Bunny vor dem Zubettgehen wieder eine Hand voll Senfsamen in die Nacht.

Drei Tage später kamen wir in Bosnien an. Über Sarajewo hing ein feuchter, rauchiger Schleier. Wir passierten ein von Bomben zerstörtes Gebäude nach dem anderen. Wir waren hierher gekommen, in diese gespaltene Gesellschaft, in der die Städte durch Stacheldraht, Geschützstellungen aus Beton und Minenfelder getrennt waren, um denen, die nach dem Krieg mit einer Behinderung leben mussten, Hoffnung und Hilfe zu bringen. Am nächsten Tag wurden wir vom Ruf des Muezzin geweckt, der die Menschen über einen Lautsprecher von der Moschee aus zum Gebet rief.

»Ich glaube, darauf haben wir eine Antwort«, sagte Bunny und lief mit ihren Senfsamen ans Fenster. »Dies ist der Tag, den der Herr gemacht hat«, sagte sie fest, zog den Vorhang zurück, lehnte sich so weit wie möglich aus dem Fenster und blies den winzigen Samen in die Luft. Sie blickte die leere Straße auf und ab und begann zu singen, wie ein Muezzin in einem Minarett: »Unser Vater ... im Himmel ... dein Name werde geehrt!«

Unsere eigentliche Mission begann am nächsten Tag. Die Straße nach Tuzla führte durch tiefe Bergschluchten, an grünen Wiesen vorbei. Immer wieder sahen wir kleine Bauernhäuser und Hütten; wir fuhren an zweien vorüber, die frisch verputzt und liebevoll mit Blumen geschmückt waren. Dann, nur etwa fünfzig Meter weiter, stand nur noch das geschwärzte Skelett eines Hauses. Das Dach war halb verbrannt, die Wände von Gewehrfeuern durchlöchert. Es folgten ein oder zwei Häuser, die verschont geblieben waren, danach fuhren wir wieder an mehreren ausgebombten vorbei.

»Ethnische Säuberung«, bemerkte unser Gastgeber. »Sie gehen sehr selektiv vor.«

Ethnische Säuberung. Als ich den Begriff hörte, kribbelte

meine Gesichtshaut in dem schwachen Versuch, eine widerliche Realität abzuwehren wie eine Schmeißfliege. *Das ist ungefähr so, als wenn man eine Lähmung als »Einschränkung der Mobilität« bezeichnet,* dachte ich und schüttelte den Kopf.

Was ich nicht abschütteln konnte, war, dass hier ganz klar bei der Zerstörung der Häuser selektiv vorgegangen worden war. Zwei Häuser niedergebrannt und geplündert; drei unberührt, umgeben von weiß gestrichenen Zäunen und üppigen Blumen; dann wieder ein zerstörtes; das nächste wieder verschont. *Diese Menschen waren einmal Nachbarn,* dachte ich, als wir an den Häusern vorbeifuhren. *Sie unterhielten sich miteinander und brachten sich Milch und Käse. Ihre Tiere grasten gemeinsam auf der Weide. Doch eines Tages brach die Hölle los, und sie wurden erbitterte Feinde.*

Als wir im Krankenhaus von Tuzla ankamen, empfingen uns die Ärzte und Schwestern – die meisten Moslems – zunächst mit Misstrauen. Aber als wir dann zusammen starken türkischen Kaffee tranken und über Rehabilitation fachsimpelten, über die Taktiken der Politiker lachten und gemeinsame Probleme erörterten, tauten sie rasch auf. Schließlich erlaubten sie uns, die behinderten Männer und Frauen im Krankenhaus zu besuchen. Wir sahen fast nackte Männer, die auf alten Matratzen im Gang lagen. Später fragten die Ärzte uns sogar, ob wir wiederkommen und Rollstühle mitbringen könnten. Der Abschied verlief geradezu herzlich. Wir hatten etwas ausgerichtet. Die Mauern der Feindschaft begannen einzustürzen. Damals hatte ich noch keine Ahnung, dass Gott auf dieser Reise die Abbruchbirne auf mein eigenes Herz niedersausen lassen wollte.

Es begann mit Dario, dem jungen bosnisch-kroatischen Soldaten, der uns als Fahrer zugeteilt wurde. Drei Jahre lang hatte er in einer Welt des Tötens und Blutvergießens gelebt. Als ich seine Geschichte mit den Nachrichten in Verbindung brachte, die ich zu Hause gehört, und den Bildern, die ich gesehen hatte, musste ich unwillkürlich an die Vergewaltigungen und Morde denken und empfand einen solchen Abscheu vor ihm, dass ich ihn nicht einmal mehr ansehen konnte. Als meine Vorstellungskraft mir die zu seinen Worten passenden Bilder vor Augen führte, fragte ich mich: *Wie konnte dieser Mann so unvorstellbare Grausamkeiten begehen?*

Ich saß im Auto neben ihm und spürte, wie sich eine unsichtbare Mauer zwischen uns auftürmte. Ich konnte nicht anders: Ich war fest überzeugt, ein besserer Mensch zu sein als er. Im Vergleich zu seinen Sünden waren meine gering. Doch in dem Augenblick, in dem dieser Gedanke in mir aufstieg, wurde ich auch schon meiner Schuld überführt. Ich hatte zwar keinen Menschen getötet, wohl aber in Gedanken, in meinem Herzen jemanden »umgebracht«.

Ich hörte Dario zu, der stockend und mit Mühe erzählte; die Schrecken des Krieges hatten ihm die Fähigkeit genommen, sich klar auszudrücken. Sein Stottern verriet, dass auch er zu den durch den Krieg Behinderten gehörte. Leise beschrieb er mir, wie die Landminen tagsüber neben ihm explodierten und nachts in seinem Kopf weiter Schrecken verbreiteten. Einmal versagte ihm die Stimme, als habe er keine Kraft mehr, sich weitere Erinnerungen ins Gedächtnis zu rufen.

Während wir durchs Land fuhren und unsere Termine wahrnahmen, erzählte Dario uns immer wieder Episoden aus seiner Vergangenheit. Je tiefer er uns in sein Herz schauen ließ, desto stärker empfand ich ein gemeinsames Band zwischen uns: Wir waren beide Sünder, und wir wussten es. Die Mauer begann zu bröckeln.

Am letzten Tag, als wir zum Flughafen von Sarajewo fuhren, bot Dario all seine Kraft auf, um seine Geschichte zu Ende zu erzählen. Nachdem wir ausgeladen und uns zum Abschied umarmt hatten, steckte er einen Brief in die Seitentasche meines Rollstuhls. »Wenn Sie möchten, können Sie das später lesen«, sagte er mit einem schüchternen Lächeln.

Im Flugzeug, viele Meilen von Bosnien entfernt, faltete ich seinen Brief auseinander und las:

Ich habe einen deutschen Missionar, der mich und meine Mutter besucht hat, gefragt, ob Gott auch so große Sünden wie meine vergeben kann. Er sagte, dass Jesus vor zweitausend Jahren ALLE Sünden dieser Welt bezahlt habe. Später in der Nacht fiel ich auf die Knie und fing an zu beten, zu weinen und Gott zu bitten, mir zu vergeben und mein Leben zu ändern. In dieser Nacht hatte ich schreckliche Alpträume. Als ich am nächsten Morgen aufwachte, empfand ich einen seltsamen, tiefen Frieden und eine überwältigende Freude. Es war ein heller, sonniger Morgen, und ich hörte die Vögel singen. Ich wollte weiterbeten und die Freude, die ich empfand, mit anderen teilen.

Ich drückte meine Stirn ans Fenster des Flugzeugs. Darios Geschichte barg die Lösung für Arm und Reich, für Behinderte und Nichtbehinderte, für Dunkelhäutige und Weiße, für Moslems, Kroaten und Serben, die Lösung für die, die viel besitzen, und für die, die nichts haben, für Juden und Nichtjuden, für Stadt- und für Landbewohner, für Soldaten und Zivilisten. In Epheser 2,14-16 ist sie beschrieben:

Denn Christus selbst brachte Frieden ... Er hat die Mauer der Feindschaft, die uns früher trennte, niedergerissen. Durch seinen Tod hat er dem Gesetz mit seinen Geboten und Verordnungen ein Ende bereitet und dadurch Frieden gestiftet, indem er beide in sich zu einem einzigen neuen Menschen schuf. Er hat sie in einem Leib vereint und durch das Kreuz mit Gott versöhnt, sodass die Feindschaft ein Ende fand.

»Gott segnet die, die sich um Frieden bemühen ... denn Christus selbst ist unser Friede«, sagte ich zu meiner Freundin. Wir waren noch immer im Badezimmer, und sie hielt noch immer das Porzellandöschen in der Hand. »Und bevor wir an Bord des Flugzeugs gingen, hat meine Freundin Bunny ...«
»... noch einmal Senfsamen in die Luft geblasen«, schloss sie den Satz für mich. Ich lächelte. Sie auch.
Bevor wir das Badezimmer verließen, taten wir, was wir immer taten – wir beteten.
An diesem Morgen beteten wir für die Menschen in Bosnien und in Israel. Wir beteten um Frieden und darum, dass die Samenkörner Wurzeln schlagen und wachsen – Senfsamen, die zu großen Pflanzen heranwachsen, deren Zweige so ausladend werden, dass ihnen nichts standhält.
Wie wenig wir wissen und wie sehr wir seinen Frieden brauchen, dachte ich still bei mir.
Ich sollte schon bald am eigenen Leib erfahren, wie Recht ich damit hatte.

Kapitel 28

Ein guter Ruf ist besser als gute Salbe und der Tag des Todes besser als der Tag der Geburt. Es ist besser, in ein Haus zu gehen, wo man trauert, als in ein Haus, wo man feiert; denn da zeigt sich das Ende aller Menschen, und der Lebende nehme es zu Herzen! Trauern ist besser als Lachen; denn durch Trauern wird das Herz gebessert.

Prediger 7,1-3

M« is for the many things she gave me .... ›O‹ is that she's only growing old ...«, sang ich leise und hoffte, dass meine Mutter zuhörte. Es war ein Lied, das sie immer unserer Großmutter vorgesungen hatte, und jetzt war ich an der Reihe, es ihr vorzusingen.

»›T‹ is for the tears she shed to save me ... ›H‹ is for her heart as pure as gold ... ›E‹ is for her eyes, they shine like diamonds ... ›R‹ is that she's right, and right she'll be ... put them all together, they spell ›MO-O-OTHER‹«, sang ich wie Al Jolson, meine Arme so weit ausgebreitet, wie ich konnte, »the word that means the world to me.«

Mutter bewegte sich nicht. Sie saß steif und mit verschränkten Armen auf dem Sofa, und nichts ließ erkennen, ob sie mich gehört hatte. Sie starrte einfach weiter mit leeren Augen in den Regen hinaus, der gegen die gläserne Schiebetür ihrer Eigentumswohnung in Ocean City trommelte.

Bunny, Judy und ich waren in den Osten gefahren, um meine Schwestern bei der Pflege meiner achtundsiebzigjährigen Mutter abzulösen. Es war die Osterwoche des Jahres 2001, und wir wohnten bei ihr in ihrem behaglichen Apartment im obersten Stock von Harbour Island. Die kleine Ferienhaussiedlung lag auf einer schmalen Landzunge, die nach Westen über die Sinepuxent Bay und den Atlantik blickte. Wenn man auf Mutters

Balkon hinaustrat, war es, als beträte man den Bug eines Schiffes, das in Richtung Nordwesten fuhr – man konnte die Augen mit der Hand beschatten und von Norden nach Süden über den ganzen Horizont schweifen lassen.

Ich rollte zu der gläsernen Schiebetür, um nachzusehen, ob die Wolken sich nicht bald verziehen würden – nein, der Regen fiel jetzt auf den Innenhof; es würde also weiterregnen. Dennoch lag eine unendliche Ruhe und Schönheit über diesem erfrischenden Frühlingstag am Meer. Ich blickte über das Wasser – der Himmel und die Bucht zeigten das gleiche schlammige Graublau, getrennt nur durch den Horizont, den dünnen Purpurstreifen der Ostküste von Maryland.

Mutter begann leise zu schnarchen; dabei sank ihr Kopf langsam auf ihre Brust. Ich seufzte erleichtert auf. Der Schlaf war ihre einzige Zuflucht vor Verwirrung und Schmerz – eine Zuflucht, die sie gleichzeitig immer weiter von mir entfernte.

Unser Alltag gestaltete sich sehr gemächlich. Morgens standen wir auf, frühstückten, machten unsere Übungen und lasen ein bisschen. Dann fuhren wir entweder an den Strand, um eine Zeit lang die Brandung zu beobachten, oder wir setzten uns in die Schaukelstühle vor dem Philipp's Hotel. Nach dem Abendessen spielten wir gewöhnlich eine Runde Scrabble, doch das machte längst nicht mehr so viel Spaß wie früher. Mutter, einst unsere Wortkönigin, hatte jetzt Schwierigkeiten, Buchstabenblöcke zu entziffern. Mehrere Schlaganfälle und immer wiederkehrende Probleme mit dem Herzen hatten ihren einst so beweglichen, scharfen Verstand getrübt.

Es begann 1998, als sie nach einer Herzoperation auf dem Tennisplatz stürzte und sich die Schulter brach. Sie konnte nie wieder spielen. Ich weiß nicht, was sie mehr entmutigte – die Schmerzen und die Steifheit, die nach dem Unfall zurückblieben, oder die Tatsache, dass sie nicht mehr Tennis spielen konnte. Das Altwerden machte ihr sehr zu schaffen. »Es tut mir nur Leid, dass ich, wenn ihr erst mal in meinem Alter seid, nicht mehr da sein werde, um euch zu sagen: ›Seht ihr, ich hab's euch ja gesagt‹« – das war einer ihrer Lieblingsscherze. »Altwerden ist nichts für Weichlinge.«

Während Judy sich um die eingegangenen E-Mails kümmerte, Bunny las und Mutter schlief, fuhr ich meinen Rollstuhl zum Esstisch und blätterte in einem alten Familienalbum. Da war meine Mutter, Lindy Landwehr, Medaillengewinnerin in einem Schwimmwettbewerb; ein anderes Bild zeigte sie als Gewinnerin eines Tennisturniers. Auf vielen Seiten waren Zeitungsausschnitte eingeklebt, die von ihren Siegen beim Badminton und Lacrosse berichteten. Und wenn einmal nicht sie die Siegerin war, dann todsicher eine ihrer Schwestern, die sich am Schwimmbeckenrand festhielten und Grimassen schnitten für die Kamera.

Ich betrachtete ein vergilbtes Foto von Lindy auf dem Tennisplatz und musste lächeln, als mir einfiel, dass ich früher immer an der Farbe ihrer Tennisschuhe, die sie stets vor der Hintertür abstellte, erkennen konnte, auf welchem Platz sie gespielt hatte. Orangefarbener Staub bedeutete Sandplatz in Leakin Park. Grasflecken deuteten auf den Mount Washington Club. Schwarzer Teer hieß Woodlawn Senior High.

Ein anderes Bild zeigte Mutter und ihre Schwestern in kurzen Röcken, mit Perlenkette und Strohhut, wie sie zur Musik einer Big Band tanzten. »Das hättet ihr sehen sollen«, flüsterte ich Bunny und Judy zu, bemüht, Mutter nicht aufzuwecken.

»Mrs. E. war eine *Emanze*?«, fragte Bunny erstaunt.

»Du hättest sie am vierten Juli im Dunes Hotel sehen sollen«, sagte Judy und rollte mit den Augen.

»Ja«, fuhr ich fort, »das Klavier im Tearoom spielte die ersten Noten von ›It's a Grand Old Flag‹, und ehe wir wussten, wie uns geschah, hatte Mutter die Stars and Stripes aus der Hotelhalle gepackt, marschierte, die Fahne schwingend, durch den Raum und forderte die anderen auf, sich ihrer Parade anzuschließen.«

Bunny lachte ungläubig. »Du machst Witze.«

»Ehrenwort«, versicherte ich. »Sie hatte rasch eine ganz schön lange Menschenschlange hinter sich, und alle waren begeistert. Ken und meine Nichte allerdings weniger. Die beiden türmten, ehe Mutter sie ebenfalls rekrutieren konnte.«

Ich schwieg. Lächelnd dachte ich daran, wie Ken jetzt im Nachhinein mit Mutters Patriotismus angab. »Eine Dame lehnte sich zu mir herüber – sie wusste nicht, dass ich ihre Tochter war –«, flüsterte ich, »und fragte mich allen Ernstes: ›War sie früher mal Showgirl?‹«

»Wetten, sie dachte, deine Mutter sei Carol Channing!«

»Wie sie leibte und lebte!«

»Joni«, stellte Judy richtig, »nicht einmal Carol Channing konnte deiner Mutter das Wasser reichen!«

»Ja. So was wie sie gibt es nicht noch einmal«, sinnierte ich. Die beiden betrachteten noch ein paar Albumseiten mit mir, dann begaben sie sich zurück an ihre E-Mails und ihr Buch.

Als wir klein waren, war mein Vater die strahlende Sonne, um die wir alle kreisten. Er hatte mir immer näher gestanden als meine Mutter – er war nicht so streng mit uns wie sie. Wenn er die Treppen hinaufstieg, um uns zu versohlen, stellte ich den Grund dafür nie in Frage, sondern legte mir nur ein Kissen über das Hinterteil, um die Schläge etwas abzumildern. Mutters Strafmaßnahmen waren hart und folgten auf dem Fuße. Ich weiß noch, dass ich einmal am Abendbrottisch »verdammt« sagte – keine Ahnung mehr, warum. Mutter griff wie der Blitz nach der Reitpeitsche, während ich auch schon unter den Tisch abtauchte, drunter durchkrabbelte und in mein Zimmer sausen wollte. Sie erwischte mich gerade noch am Knöchel, ehe ich unter meinem Bett verschwand. »Nein, Mama, nein!«, bettelte ich und grub meine Fingernägel in den Holzfußboden. Zu spät. Als ich nachher die Striemen an meinen Beinen rieb, dachte ich, dass kein Schimpfwort der Welt diesen Schmerz wert war.

Mutter war streng, und doch habe ich nie an ihrer zärtlichen Liebe zu uns gezweifelt. Ich weiß noch, wie ein kanadischer Fernsehreporter sie einmal im Publikum erkannte und zu mir vor die Kamera bat. »Mrs. Eareckson, ich weiß, es weckt schmerzliche Erinnerungen …«, seine Stimme troff vor Mitleid, »… aber könnten Sie als Jonis Mutter … wären Sie bereit …«, seine Stimme geriet ins Tremolo, »… würden Sie uns sagen, was Sie empfanden, als Sie von Jonis schrecklichem Unfall erfuhren?«

Ich hielt den Atem an. Mutter wiederholte: »Mein erster Gedanke?«

Der Reporter nickte stumm und schmerzerfüllt.

»Mein erster Gedanke«, erklärte sie akzentuiert, »war: ›Wie konnte sie so etwas Dummes tun und in zu flaches Wasser springen?‹ Sie hatte doch gerade erst vor einer Woche ihr Rettungsschwimmerabzeichen gemacht. Ich konnte es nicht fassen.« Und damit setzte sie sich wieder, befriedigt, vergnügt, mit leuchtenden Augen.

Ich konnte es ebenfalls nicht fassen. Der Reporter genauso wenig. Aber das war echt Lindy.

Meine Mutter gab den zärtlichen Gefühlen, die sie für uns empfand, weniger durch Umarmungen und Küsse als auf ganz praktische Weise Ausdruck. Und wenn ich vor meinem Unfall je an ihrer Zuneigung gezweifelt haben sollte, so war das danach ein für alle Mal vorbei. Keine andere Mutter im Montebello State Hospital nahm für ihre Tochter jeden Tag die lange Fahrt nach Norden zum Lock Raven Boulevard auf sich. Kein anderer Besucher wartete jeden Morgen an der Eingangstür, dass die Besuchszeit begann. Ihr Auto war das letzte, das abends vom Parkplatz fuhr. Sie schmuggelte selbst gemachte Krabbenpasteten zu uns hinein und brachte mir immer frische Blumen mit. Sie sorgte dafür, dass alle Mädchen in unserem Sechsbettzimmer einmal die Woche frische Bettwäsche bekamen und dass ihnen einmal in der Woche die Haare gewaschen wurden. Meine Zimmergenossinnen verliehen ihr dafür den Ehrentitel »Zimmermutter«.

Ich blickte von dem Album auf, um mir ein anderes Bild ins Gedächtnis zurückzurufen. Ich sah meine Mutter an meinem Krankenhausbett stehen und ein Buch halten, damit ich lesen konnte. Jetzt, in der Erinnerung, bemerkte ich Dinge, die mir früher nicht aufgefallen waren. Wie sie sich gegen das Bettgeländer gelehnt und immer wieder die Hand gewechselt hatte, mit der sie das Buch für mich hielt, damit ihre Arme nicht so schnell ermüdeten. Oder wie sie sich entschuldigte, wenn sie sich einmal am Rücken kratzen musste. All das hatte ich damals nicht bemerkt. Ich war ein Teenager, und Mütter taten das eben. Es war völlig normal für mich.

Das Nachmittagslicht begann zu schwinden, ich konnte die verblassten Fotografien kaum noch erkennen. Ich legte das Album beiseite – die Bilder waren mir ohnehin zu nahe gegangen. Das Lächeln meiner Mutter, so jugendlich und taufrisch, zeigte ein mutiges junges Mädchen, furchtlos und stets bereit zu schwimmen, zu laufen, in die Zukunft zu tanzen. Jetzt war die Zukunft da.

»Mrs. E.? Ist Ihnen warm genug?«, fragte Judy Mutter, die weiterhin steif und aufrecht auf dem Sofa saß. »Sollen wir Feuer machen?« Meine Mutter rührte sich nicht.

Ein Windstoß ließ den Regen gegen das Fenster schlagen, und wir beschlossen, auf jeden Fall ein Feuer anzuzünden. Das knackende Holz tauchte das Zimmer in fröhliches, tanzendes Licht. Es war Abend geworden, und das eintönige Grau draußen vor dem Fenster verwandelte sich rasch in Dunkelheit. Bunny legte Mutter eine Wolldecke über die Knie.

»Mutter E., heute Abend gibt es Krabbenpasteten«, lockte Judy, lehnte sich zu ihr hinüber und legte ihr die Hand auf die Schulter. »Die mögen Sie doch, oder?«

Wir hielten den Atem an, um zu sehen, ob ihr Lieblingsthema – die Zubereitung von Maryland-Krabben – sie aufwecken würde. Aber sie wandte lediglich ihren leeren Blick vom Fenster zu Judys Arm, als wollte sie sagen: Wer sind Sie?

»Mama«, schlug ich vor, »möchtest du Judy nicht helfen, Sellerie und Zwiebeln zu schneiden?« Uns lag sehr daran, dass sie vom Sofa aufstand und sich auf etwas anderes als auf die Dunkelheit draußen vor der gläsernen Schiebetür konzentrierte.

»Ihr braucht meine Hilfe nicht.«

Wir fuhren förmlich zurück. Das waren heute ihre ersten Worte. Und sie waren so klar, so völlig bewusst gesprochen.

Ich bat: »Mama, natürlich brauchen wir deine Hilfe. Niemand macht so gute Krabbenpasteten wie du. Judy kommt aus England und Bunny aus Texas. Du bist hier die Einzige, die aus Maryland stammt.«

Sie drehte sich zu mir und bedachte mich mit einem eisigen Blick. Ich schreckte unwillkürlich zurück. So hatte sie auch meine Schwestern angesehen. Es war ein unheimlicher Blick, als schaue jemand anderes mich durch ihre Augen an. »Wer sind Sie?«, fragte sie mit ausdrucksloser Stimme.

»Ich bin Joni, deine Jüngste«, antwortete ich leise.

»Nein, das sind Sie nicht«, sagte sie bestimmt und schaute wieder hinaus in den Regen.

Ich dachte, mir müsse das Herz brechen. *Sie erkennt mich nicht mehr. Wie kann sie mich nicht erkennen?* Es bekümmerte mich zutiefst, dass meine Mutter ihre Familie nicht mehr erkannte –

dass sie denken musste, ihre Töchter hätten sie Fremden überlassen.

Gerade wollten mir die Tränen kommen, da überfluteten mich wieder Kindheitserinnerungen und schenkten mir neuen Mut. Ich sah vor mir, wie meine Mutter auf Knien unseren Holzfußboden wachste. Wie ich neben ihr im Hof stand und den Sonnenuntergang beobachtete. Ich hörte abends, wenn der Abwasch gemacht war, ihren fröhlichen Ruf: »Die Küche ist geschlossen!« Sah sie im Sommer jeden Abend im Hof stehen und ihre geliebten Azaleen gießen. Sah, wie wir beide »Himmel und Hölle« spielten und wie sie mit mir zusammen »I'll Be Loving You, Always« sang. Und wie sie für Steve Estes und meine anderen Freunde bis Mitternacht Sandwichs machte.

Ich erinnerte mich, wie ich Kathy bat, im Bett meine Hand zu halten, weil ich Angst hatte, dass ich aufwachen würde und meine Eltern nicht da wären oder Vater in der Nacht gestorben wäre. Mir fielen Zeiten ein, in denen ich mich so verloren fühlte, so klein, und ich dachte: *Vater, bitte, finde mich. Ich bin hier, bitte, finde mich!* Jetzt war Vater fort. Und bald – allzu bald – würde auch Mutter fort sein. *Mama, hier bin ich – ich bin Joni. Bitte erkenn mich doch!*

Der Regen trommelte aufs Dach und gegen die Fenster, trübte die fernen Lichter und verlieh allem etwas beklemmend Unwirkliches. Unsere Krabbenpastete war insofern ein Erfolg, als Mutter mit am Tisch saß und tatsächlich etwas zu sich nahm – die Krabben. Doch ehe wir sie noch zurückhalten konnten, wanderte sie schon wieder zum Sofa.

Und dort blieb sie sitzen.

Gegen zehn Uhr versuchten wir sie zu überreden, zu Bett zu gehen, aber sie weigerte sich. Wieder nahm sie ihre störrische Haltung ein, die Arme fest vor der Brust verschränkt. »Bitte, es ist Zeit, schlafen zu gehen«, bat ich sie sanft.

»Macht, was ihr wollt.«

Ich beschloss mitzuspielen. »Lindy!«, sagte ich scharf, »steh jetzt auf. Wir gehen alle ins Bett!«

Sie sah mich finster an und schüttelte den Kopf.

Judy blickte auf ihre Armbanduhr. Es war fast elf Uhr, und Mutter hatte noch nicht einmal mit dem Auskleiden begonnen.

Wir wussten uns nicht mehr zu helfen. Schließlich schlug ich vor: »Rufen wir Kathy an.« Mutter hatte die letzten zehn Jahre mit Kathy zusammengelebt. Meine Schwester hatte sicher Erfahrung mit solchen Situationen. Sie würde wissen, was zu tun war. Wir benutzten das Telefon im Nebenzimmer.

Nachdem ich Kathy unseren launischen Tag und ermüdenden Abend beschrieben hatte, fragte sie: »Wo ist Mama jetzt?«

»Sie ist immer noch angezogen, sitzt auf dem Sofa und weigert sich aufzustehen«, sagte ich leise.

Ich hörte einen wissenden Seufzer am anderen Ende der Leitung. »Lass sie einfach da sitzen. Gib ihr ein Kissen und lege ihre Beine hoch, wenn sie es zulässt.«

Ich traute meinen Ohren nicht. »Sie hat noch Schuhe und Strümpfe an. Du lässt Mama die ganze Nacht in ihren Kleidern schlafen?«

»Nur, wenn es nicht anders geht.«

Seltsamerweise war ich erleichtert.

»Joni«, sagte Kathy, »Mama wird nicht für immer bei uns sein, und wir können nicht dauernd mit ihr streiten. Wenn sie in Schuhen auf dem Sofa schlafen will, dann lass sie. Wenn sie nur Eis zum Abendessen will, gib es ihr. Es ist die Aufregung nicht wert – weder für sie noch für dich, Joni. Jay wird dir das Gleiche sagen.«

»Gut. Wir lassen sie auf dem Sofa.«

Kathy fügte noch hinzu: »Aber achte darauf, dass sie ihre Medizin nimmt. Diesen Kampf musst du gewinnen.«

Der Gedanke, dass ich mich überhaupt auf irgendeinen Kampf einlassen musste, war mir verhasst. Vor knapp zwei Jahren, als Mutter noch nicht so verwirrt war, hatte sie Ken und mich drei Monate lang in Kalifornien besucht. Damals, 1999, verlangte das Zusammenleben mit ihr noch keine Kämpfe. Sie war froh, bei ihrer Tochter und ihrem Schwiegersohn sein zu können. Sie freute sich, dass sie an der Zwanzigjahrfeier von Joni and Friends und an der Party zu meinem fünfzigsten Geburtstag teilnehmen konnte. Vor allem aber war sie glücklich, jeden Tag mit mir zur Arbeit zu fahren und mir zu helfen.

»Pilot an Copilot«, sagte ich dann an der Ampel, »jemand von rechts?«

Und: »Bahn frei, roger«, antwortete Mutter.
»Abflug.«
»Fahrzeug von links«, warnte sie.
»Roger«, antwortete ich. Wir spielten eines von Vaters Spielen, aber irgendwie war es jetzt Realität.

Einmal hörte sie im Büro von unserer neuen Partnerschaft mit Maersk-Sealand, einer Firma, die bereit war, unsere Rollstühle in Häfen zu verschiffen. Am nächsten Tag schnappte sie nach Luft, als ein riesiger Truck mit der Aufschrift Maersk uns auf der Schnellstraße überholte. »Joni, guck mal!«, schrie sie. »Da fahren unsere Rollstühle! Vielleicht nach Afrika oder nach Peru!«

Meine Augen füllten sich mit Tränen – wir waren ein Team, Freundinnen, kleine Mädchen in einem wunderbaren Abenteuer. Ich wollte ihr die Freude nicht verderben, indem ich ihr sagte, dass der Lastwagen wahrscheinlich bloß Waschmaschinen nach San Francisco brachte. *Schließlich*, dachte ich, als ich den Laster auf der 101 entschwinden sah, *könnte er genauso gut unsere Rollstühle nach China bringen.*

In Kalifornien waren Mutter und ich unzertrennlich gewesen. An dem Tag, als sie nach Maryland zurückfahren wollte, standen wir zusammen mit Jay, die hergeflogen war, um sie zurückzubegleiten, in der Küche. Jay war genauso beglückt wie ich, dass unserer Mutter der Besuch offenbar gefallen hatte. »Mama, du weißt, du brauchst uns noch nicht zu verlassen«, sagte ich und warf Jay einen Blick zu. Meine Schwester lächelte und nickte. »Du kannst hier bleiben, wenn du willst«, sagte sie.

Mutter sah erst ihre eine Tochter an, dann ihre andere. Drei Monate waren eine lange Zeit gewesen. Schließlich sah sie wieder mich an und sagte vergnügt: »Ich möchte bei dir bleiben!«

Ich konnte es kaum fassen. Meine Mutter war lieber bei mir als in Baltimore, auf der Farm, bei all ihren Enkeln und Urenkeln! Seit meinem Krankenhausaufenthalt hatten wir nicht mehr so viel Zeit zusammen verbracht. Nein, seit ich ein Kind war, nicht mehr – tagein, tagaus, drei Monate lang. Ich hätte gedacht, dass es mir allmählich zu viel werden würde, dass ich insgeheim gar nicht erfreut sein würde, wenn sie tatsächlich noch bleiben wollte. Doch das war nicht der Fall. Ich stellte fest, dass ich sie immer noch brauchte. Oder vielleicht war es ja auch so, dass sie mich brauchte.

Sie blieb noch zwei Wochen. Am Morgen des Tages, an dem sie uns endgültig verlassen wollte, hielten wir vor dem Drugstore, wo ich einige Besorgungen zu machen hatte. Als wir mit unseren Päckchen zum Auto zurückkehrten, berührte ich versehentlich den Kippschalter, mit dem der Wagen geöffnet und geschlossen wurde, und das Relais brach. Da standen wir – meine alte Mutter und ich im Rollstuhl, vor einem kaputten Auto.

»Mama, jetzt bleibt uns nur noch eins«, sagte ich, »und das ist Beten.« Wir müssen sehr hilflos gewirkt haben, wie wir da auf dem Parkplatz saßen, uns an den Händen hielten und beteten. Ich hörte erst auf, als ein netter junger Mann zu uns trat, der wohl spürte, dass etwas nicht stimmte. Es dauerte keine fünf Minuten, und er hatte unser Auto geöffnet. Er entpuppte sich als Profi-Motorradfahrer, der alles über gebrochene Relais wusste.

»Möge Gott auf dich aufpassen, wenn ich fort bin, Schatz«, sagte meine Mutter, als wir losfuhren.

»Und möge er auch auf dich aufpassen, Mama«, sagte ich jetzt leise, als Judy und Bunny das Licht löschten. Es regnete die ganze Nacht über weiter. Meine Mutter schnarchte leise auf dem Sofa. Sie hatte für diesmal den Kampf gewonnen. Während ich im Bett wach lag, hoffte ich, dass es ihr am Morgen besser gehen und dass ihr Kopf etwas klarer sein würde. Ich wusste, dass ich den Kampf um die Einnahme der Medizin gewinnen musste.

Es war seltsam, so für sie sorgen zu müssen. Aber dieser Rollentausch hatte auch etwas Schönes – vor allem für mich, als Querschnittgelähmte. So viele Jahre hatten Menschen mir geholfen – im rein praktischen Sinne –, hatten mich gebadet und angezogen, mich gekämmt, mir die Zähne geputzt und so vieles mehr getan. Mein Mann, meine Schwestern, meine Freundinnen, meine Mitarbeiter – alle hatten sich nach Kräften bemüht, den Verlust meiner beweglichen Hände und Füße wettzumachen. Und jetzt war ich zum ersten Mal im Leben für einen anderen Menschen verantwortlich. Ich musste immer wieder fragen: »Mama, hast du deine Medizin genommen?« und:

»Mama, hast du deine Übungen schon gemacht?« Ich betete, dass es am Morgen keine Kämpfe geben würde.

Der Schlaf wollte nicht kommen. Jedes Mal, wenn der Wind an der Balkontür des Wohnzimmers rüttelte, fragte ich mich, ob Mutter wohl gerade versuchte, sie zu öffnen. Ich stellte mir vor, wie sie draußen stand, im Regen, in der dunklen Nacht, in ihrem dünnen Pullover zitterte, verstört und durchnässt, wie sie sich fragte, wo sie war, und immer näher an das Geländer heranrückte. *Mama?*, schrie ich in Gedanken. *Mama, ist alles in Ordnung?* Das Schlimme war, dass ihre Demenz sie in gefährliche Situationen bringen konnte. Sie hatte in den letzten Monaten so viel verloren. Wieder heulte der Wind auf und rüttelte an der Glastür. Es klang kalt und einsam, wie das Rütteln des Todes an der Tür, wie die Schritte des grimmigen Schnitters.

Eigentlich komisch, wie wir stillschweigend voraussetzen, dass die Parade des Lebens immer weitergeht. Und wenn sie dann schließlich zu Ende ist, fühlen wir uns betrogen, so als hätte uns jemand sagen sollen, dass es so kurz, so schwer, so endgültig sein würde. Ich wusste nicht, wie ich mit meiner Mutter umgehen sollte, und fragte einen befreundeten Pastor, dessen Mutter gestorben war, um Rat.

»Ich habe viel über das schreckliche Leiden meiner Mutter nachgedacht«, antwortete er und rieb sich nachdenklich das Kinn. »Vielleicht muss der Tod so schwer sein. Vielleicht ist er ein Vorgeschmack der Hölle.«

Seine Worte ließen mich etwas schwindelig fühlen.

»Wenn der Tod der Sünde Sold ist«, fuhr er fort, »dann sollen wir nach Gottes Willen vielleicht ein kleines bisschen von dem spüren – wirklich spüren –, was der Heiland ertragen hat. Oder vielleicht will Gott uns auch nur daran erinnern, was die Sünde uns eingetragen hätte, wenn Christus nicht gewesen wäre.«

Wir schwiegen beide und sannen eine Weile über diesen Gedanken nach. Schließlich sagte er: »Vielleicht sind die Todesqualen unsere Geburtswehen, bevor wir in die Seligkeit eingehen.«

Das war eine ernüchternde Vorstellung. Der Tod und das Leben – beide schienen manchmal Zumutungen von gleicher Härte zu sein. Ich dachte daran, wie ich einmal in Deutschland vor einer kleinen Gruppe von Pastoren und ihren Ehefrauen gesprochen hatte. Sie nutzten die Möglichkeit, mich, diese Frau, die über das Leiden schrieb, zu fragen, warum ein guter Gott so viel Leid in der Welt zuließ. »Diese schreckliche Flut vor zwei Wochen in Mexiko«, sagte eine Frau, »und die vielen Menschen, die dabei ums Leben kamen, darunter so viele Kinder ... Was ist mit ihnen? Warum mussten sie sterben?«

Ich fragte mich, welche Denkvoraussetzung ihrer Frage zu Grunde lag. Sie ging offenbar davon aus, dass all die umgekommenen Mexikaner gute, ehrliche Dorfbewohner waren, die Besseres verdient hätten. Aber was hatten sie wirklich verdient? Was verdiente diese Deutsche, was verdiente ich, was verdienten wir alle in Wirklichkeit? War uns bewusst, wie selbstgerecht wir waren? *Gute Frau*, dachte ich, bevor ich antwortete, *Gott ist heiliger, als Sie sich das in Ihren kühnsten Träumen vorstellen. Sie – genau wie diese Menschen in Mexiko – haben ihn schlimmer gekränkt, als Sie je wissen werden. Und für uns alle gilt: Der Tod ist der Sünde Sold.*

Ich holte tief Luft und antwortete: »Wenn jemand stirbt, dann sollte das wie ein Weckruf sein – eine Sirene, eine rote Flagge, die uns warnt: ›Wach auf! Prüfe dich selbst! Hast du Frieden mit Gott geschlossen?‹ Und wenn ein ganzes Dorf untergeht, sollte die Sirene umso lauter tönen. Ich weiß nicht, was Gott mit dieser Flut oder irgendeinem anderen Unglück bezweckt hat. Was ich Ihnen sagen kann, ist: Wir alle sind unterwegs zum Grab, und manche von uns kommen schneller dort an als andere. Deshalb sollten wir bei solchen Gelegenheiten aufhorchen und überlegen: Was haben wir mit Jesus gemacht?«

In der Nacht ging ich diese Gedanken wieder und wieder durch, bis sich der Wind schließlich legte. Die geistigen Qualen und körperlichen Schmerzen meiner Mutter waren nichts Außergewöhnliches. Sie waren ein Vorgeschmack der Hölle, der sie entkommen war. *Ich danke Gott, dass du in Christus geborgen bist, Mama*, dachte ich. Und ich dachte auch an mehrere Freunde unserer Familie, vor allem an einen, der kürzlich gestorben war. Er war Agnostiker gewesen. Dieser Mann hatte in seinen letzten Tagen ebenso gelitten wie meine Mutter. *Waren seine Leiden ein*

Löffel voll Hölle, den er etwas verfrüht hatte einnehmen müssen? Dieser Freund war immer stolz auf sein ehrliches, aufrichtiges Leben und seine guten Werke gewesen. Doch die Schrift deckt die Wahrheit über die Menschen erbarmungslos auf: »Keiner ist gerecht – nicht ein Einziger. Keiner ist klug; keiner fragt nach Gott. Alle haben sich von Gott abgewandt; alle sind für Gott unbrauchbar geworden. Keiner tut Gutes, auch nicht ein Einziger.« *Nicht einmal der gute, gütige, mildtätige alte Freund meiner Mutter.*

O, ich danke dir, ich danke dir für diesen Rollstuhl!, betete ich. *Die Tatsache, dass ich die Hölle in diesem Leben erfahren musste, hat mich gezwungen, ernsthaft darüber nachzudenken, was mich im nächsten Leben erwartet. Meine Lähmung ist die größte Gnade, die ich erfahren habe.*

Ich dachte zurück an die wilden Partys auf der Junior High School, an die laute Musik und die weichen Sofas in spärlich erleuchteten Kellern. Der High Schoolabschluss fiel mir ein, der Stolz und die Unabhängigkeit, die Auflehnung und die Zornesausbrüche. Die Überlegungen, wie ich mich »schützen« könnte, wenn ich und mein Freund aufs College gingen. Und dann ... mein Unfall.

Das war eine Straßensperre von dir, Gott, die mich davor bewahrte, ein völliges Chaos aus meinem Leben zu machen. Dafür danke ich dir von Herzen. Auf dem College wäre meine Sünde noch größer geworden. Und ich weiß, ich weiß ganz genau, dass ich für immer für dich verloren gewesen wäre.

Seltsam, dass die schwindende Gesundheit meiner Mutter mich zwang, so heilsame Gedanken zu denken. Andererseits kam es mir irgendwie auch sehr richtig und passend vor. Wie jeder Vater und jede Mutter es im Sterben tun würden, brachte auch meine Mutter mich dazu, Bilanz zu ziehen und zu meinem eigenen Besten die Folgen meines Handelns abzuwägen. Aber trotzdem war es seltsam: Mutter hatte es immer gehasst, alt zu werden, und sie hatte auch meinen Rollstuhl nie ganz akzeptiert. Wenn sie zusehen musste, wie ich mich abmühte, litt sie selbst und litt auch für mich. *Aber, Mama, unser Leiden hat uns etwas gelehrt, auch dich: Unsere Anfechtungen haben uns gezeigt, dass etwas Kosmisches auf dem Spiel steht. Und nur fünf Minuten im Himmel, das verspreche ich dir, machen alles Frühere wett, versöhnen uns mit allem.*

Am folgenden Morgen wurde ich vom Duft von Kaffee und Gebratenem geweckt. Die Sonne schien in mein Schlafzimmer, und ich hörte, wie meine Freundinnen sich in der Küche leise unterhielten. Ich konnte auch hören, wie Mutter auf dem Sofa schnarchte, und fragte mich, was für ein Tag wohl vor uns lag.

Nach meiner zweistündigen Morgenroutine schlief Mutter immer noch. Als ich fertig war, rollte ich zu ihr hinüber. Sie hatte sich selbst hingelegt, und irgendwann in der Nacht hatte ihr jemand ein Kissen unter den Kopf geschoben. Sie hatte es bequem, auch wenn sie noch die Kleider von gestern trug.

»Mama?«

Sie blinzelte, und da wusste ich, dass sie wahrscheinlich schon eine ganze Weile wach war.

»Wie wär's mit Frühstück?«, fragte Judy.

Es war dasselbe wie gestern. Nach vielem guten Zureden setzte sie sich auf und knabberte ein bisschen an Rührei mit Schinken. Wir schalteten das Radio ein und ließen Morgenmusik laufen, sprachen in positivem, fröhlichem Ton über die Möwen und staunten gemeinsam darüber, wie schnell die Flut die Sandbank in der Bucht überspülte.

»Die Leute, die da gerade rausgehen, werden klatschnass werden«, rief Bunny, »und sie haben auch noch einen Hund dabei. Mrs. E., kommen Sie doch und sehen sich das an!«

Wir warteten und hofften, dass sie aufstehen und zu uns ans Fenster kommen würde. Sie tat es nicht.

Der Morgen ging geruhsam weiter. Judy setzte sich an ihren Computer, und wir beschlossen, an dem Manuskript für meine zweite Autobiografie weiterzuarbeiten. Als sie mir die ersten Kapitel vorlegte, damit ich sie korrigieren konnte, blickte ich kurz über die Schulter zu meiner Mutter hinüber. Ich war so traurig, dass es nichts zu geben schien, das sie in die Realität zurückholen konnte. Nichts, was wir getan hatten, schien den Schleier der Dunkelheit, der über ihrem Geist lag, heben zu können. Ich seufzte und begann, das erste Kapitel zu lesen:

Ich grub meine Zehen in den Sand am Ufer des Delaware, schlang die Arme um die Knie und rückte so nah wie möglich ans Feuer. Die Flammen wärmten unsere Gesichter, aber am Rücken froren wir in der kalten Nachtluft. Ich saß eng zusammengedrängt mit meinen Schwestern und meinem Cousin, roch die brennenden Scheite und atmete die Hitze des Feuers ein. Ehrfürchtig blickten wir zu meinem Vater auf. Hoch aufragend stand er vor dem Lagerfeuer, der Umriss seiner Gestalt verschwamm in der aufsteigenden Hitze und dem Rauch, sein Gesicht wurde von den Flammen erhellt. Er sah aus wie ein Prophet auf dem Sinai. Wir klammerten uns aneinander, während er seine Geschichte erzählte, und wagten nicht ein einziges Mal, uns zum Ozean hinter uns umzudrehen, denn dann hätten wir ihn erblickt –

»Den Fliegenden Holländer!«.

Plötzlich kam mir eine Idee. Ich bat Judy, das Kapitel auf meinen Schoß zu legen und fuhr zu meiner Mutter hinüber. »Mama? Hör mal. Hör einfach zu …«

Ich fing an, von der Sargassosee zu lesen, von Vaters Seemannstanz, davon, wie meine Schwestern und ich gesungen hatten: »Let the Lower Lights Be Burning.« Nach jedem Abschnitt machte ich eine Pause und fragte: »Erinnerst du dich?«

Sie nickte.

»Habe ich es richtig aufgeschrieben?«

Sie murmelte: »Mm-hm.«

Judy und Bunny schauten von der Küche aus zu, so gebannt, dass sie den Atem anhielten. Als ich zu der Passage kam, wie wir über die Dünen zu unserem Zelt zurückwanderten, schüttelte Mutter den Kopf und sagte sanft: »Das ist schön.«

Ich musste schlucken. Dann drehte ich mich zu meinen Freundinnen, um ihnen zu zeigen, wie erleichtert ich war.

Ich machte eine kurze Pause, um umzublättern. Ich war so froh, dass sie mir zuhörte, dass mir gar nicht aufgefallen war, dass der eisige Blick, mit dem sie mich immer angesehen hatte, verschwunden war. Ich hatte mich so sehr darauf konzentriert, gut und ausdrucksvoll zu lesen, dass mir das leichte Lächeln, das auf ihren Lippen lag, entgangen war. Plötzlich spürte ich, dass sie mich direkt ansah.

»Mama?«, fragte ich aufmunternd, »war es so? Mit dir und Papa und uns Kindern?«

»Du bist die echte Joni«, sagte sie staunend. Es war, als sei ein Schleier gelüftet worden.

Ich hatte beinahe Angst zu antworten. Ich fürchtete, beim Klang meiner Stimme würde sie sich wieder in jene furchtbare Dunkelheit zurückziehen. Schließlich sagte ich unter Tränen: »Ja, Mama, ich bin die echte Joni. Ich bin es, die echte Joni. Ich bin hier«, wiederholte ich eindringlich, »ich bin hier, ich bin es. Es ist alles gut.«

Es gab noch mehrere solcher atemloser Augenblicke des Wiedererkennens für mich und meine Familie, bis Mutter uns Ende August 2001 endgültig entglitt. Aber keiner war so überwältigend, so tröstlich und so ermutigend für mich wie der an jenem strahlenden Frühlingsmorgen auf Harbour Island, als Mutter mich zwischen den Dünen und Zelten wiederfand, wie ich mit Kathy, Jay und Linda lachte und herumtollte, Krabben fing und mit den Wellen Fangen spielte.

Am 1. September 2001 wurde Lindy neben ihrem Liebsten zur Ruhe gebettet. Während wir unter der Zeltplane saßen, die das Grab überspannte, und alte Choräle sangen, betrachtete ich die Inschrift auf dem Grabstein. *Cap'n John* stand auf der linken Seite, *Lindy* auf der rechten. Zwischen ihnen schlief Kelly. Ich sah zu Linda hinüber – ich wusste, dass sie an ihr kleines Mädchen dachte, das, wenn es die Krebskrankheit überlebt hätte, jetzt Ende dreißig wäre. Auch zu Kathy musste ich hinsehen; sie und Jay und Jays Tochter hatten Mutter während ihrer letzten Jahre so liebevoll umsorgt. Dann wanderten meine Augen zu Jay. Sie lächelte zurück und begann zu singen: »Let the Lower Lights Be Burning.«

Als der Beerdigungsgottesdienst vorüber war, wollte ich meinen kalifornischen Freunden, die aus diesem Anlass in den Osten gereist waren, gern die alte Eareckson'sche Heimat zeigen. Ken fuhr uns die knappe Meile nach Woodlawn, zum Poplar Drive 2321, wo das Haus stand, das Vater gebaut hatte. Ich wusste nicht, wer jetzt dort lebte, aber es sah so aus, als sei keiner zu Hause. Wir stiegen aus und schlenderten beziehungsweise fuhren die Einfahrt hinauf.

»Da ist mein altes Zimmer«, sagte ich und deutete auf das kleine Seitenfenster. »Und das ist der Balkon, auf dem ich abends Gitarre gespielt habe.« Wir gingen noch ein bisschen herum, und ich deutete wieder hoch: »Seht ihr die Wohnzimmerfenster dort? An den Sommerabenden habe ich sie geöffnet, und mein Klavierspiel war bis auf die Straße hinaus zu hören.« Ich lehnte mich zurück und sah zu den alten Eichen hinauf, die in meinen Augen heute noch genauso groß wirkten wie damals, als ich ein Kind war. »Hört!«, flüsterte ich, als der Wind in die Blätter über uns fuhr und sie leise rauschen ließ. Ich hätte schwören können, dass ich ein Glockenspiel hörte.

Dann saß ich in meinem Rollstuhl in der Einfahrt, wo Mutter und ich immer Himmel und Hölle gespielt hatten, und prägte mir jeden Winkel und jede Spalte unseres schönen, mit Zedernholzschindeln verkleideten Hauses mit den steinernen Kaminen ein. Ich fragte mich, wie Menschen, die keine Hoffnung auf eine Zukunft haben, es schafften, an die Vergangenheit zurückzudenken. Wie konnten sie so vielen süßen Erinnerungen ins Auge sehen, ohne innerlich zusammenzubrechen?

Bevor wir gingen, fuhr ich noch einmal ganz nah ans Haus heran. Ich wollte nachsehen, ob die alte Glocke, die Mutter immer zum Abendessen geläutet hatte, noch neben der Seitentür hing – an der Tür, die zu dem Esszimmer führte, wo Steve Estes mit mir Bibelstudien betrieben hatte. Dann fiel mir ein, dass Jay sie mitgenommen hatte, als das Haus verkauft wurde. Die leere Backsteinwand, wo sie früher hing, sah so ganz anders, so nackt aus. Überhaupt war alles irgendwie anders. Mein Leben fand jetzt nicht mehr hier statt – jetzt war ich in Kalifornien zu Hause. Oder genauer, auf der ganzen Welt – oder noch genauer, jenseits dieser Welt.

Aber wohin ich auch reiste, wo immer ich auch hinkam, meine Wurzeln lagen hier, in diesem Haus, in jenem Zimmer mit den gemalten Engeln. Engel, die uns Mädchen unsere ganze Kindheit über behütet hatten. *Papa, liebe Mama ... ich danke euch für das Leben, das ihr mir geschenkt habt. Kein gewöhnliches Leben, sondern ein Eareckson-Leben. Ein Leben, das irgendwie anders ist, ja.*

Auf dem Rückflug nach Kalifornien spürte ich, wie die Entfernung zwischen mir und den Eareckson-Wurzeln im Osten wuchs. Nun, da meine beiden Eltern tot waren, hatte ich das Gefühl, eine weitere Sprosse auf einer Leiter emporgestiegen zu sein, die bis in die Stratosphäre reichte. Lindy und Cap'n John waren über die oberste Sprosse hinausgelangt, so wie ihre Eltern vor ihnen. Es gab keine Earecksons mehr – zumindest nicht in der Linie meiner Eltern. Jetzt war ich allein – und hielt mich an der Familienleiter fest, so gut ich konnte. Zwar hatte ich immer noch Ken, meinen Mann, aber jetzt, da Vater und Mutter nicht mehr nur einen Telefonanruf entfernt waren und ich nur noch ein paar alte Fotografien von ihnen besaß, da meine Schwestern eigene Familien hatten und ihr eigenes Leben führten, fühlte ich mich ... allein.

Als wir endlich zu Hause waren, war es schon spät. Ken und ich waren erschöpft. Wir ließen unsere Koffer unausgepackt stehen und blätterten nur rasch die Post durch. Dabei fielen mir ein paar Umschläge auf, die nach Beileidskarten aussahen. Ich öffnete den ersten, der den Poststempel von Maryland trug. Aus dem Umschlag fiel etwas heraus. Als ich genauer hinsah, legte sich mir ein eiserner Ring um die Brust. Es war eine Todesanzeige der *Baltimore Sun*. Dort las ich: »Margaret J. Eareckson starb am 21. August 2001.«

Heiße Tränen schossen mir in die Augen. Zum ersten Mal verlor ich die Fassung.

Wendungen wie »nach Hause gehen«, »entschlafen« oder »zu Jesus heimgehen« waren leichter zu ertragen als »Tod« und »sterben«. Die nackten Tatsachen in der Todesanzeige waren kalt und hart wie Eis.

Ich legte den Zeitungsausschnitt beiseite und öffnete einen anderen Umschlag. Es war eine Beileidskarte von einer Freundin in Texas. Immerhin, dachte ich, es ist wirklich eine Beileidskarte. Sie sah völlig anders aus als die erste. Auf der ersten Seite sah man Lilien, und innen standen die Worte: »Christus, der Herr, ist heute auferstanden.«

Es war eine Osterkarte. Der handschriftliche Text lautete: »Joni, irgendwie bringt diese Osterkarte meine Gefühle zum Ausdruck. Deine so lebhafte, glückliche Mutter ist jetzt frei von allen Schmerzen. Und tut es nicht gut zu wissen, dass wir bei der Auferstehung alle wieder vereint sein werden? Ich bin so froh, dass er auferstanden ist.«

Soar we now where Christ has led, Alleluia!
Following our exalted Head, Alleluia!
Made like Him, like Him we rise, Alleluia!
Ours the cross, the grave, the skies, Alleluia!

Die Wärme und Freude der Auferstehung ließen die eiskalte Tatsache des Todes meiner Mutter schmelzen. Nie habe ich tröstlichere Worte des Mitgefühls gehört als diese Erinnerung meiner Freundin an die Auferstehung Christi. *Ich bin nicht allein*, rief ich mir ins Gedächtnis. *Ich bin eine Eareckson und ich bin eine Tada. Aber mehr als beides bin ich eine Bürgerin des Himmels. Ich bin auf dem Weg nach Hause.*

»Papa, Mama, ich bin dicht hinter euch«, sagte ich laut, obwohl ich allein im Raum war. »Wieder einen Tag weiter – wieder dem Himmel einen Tag näher.«

Kapitel 29

Ich habe euch das alles gesagt, damit ihr in mir Frieden habt. Hier auf der Erde werdet ihr viel Schweres erleben. Aber habt Mut, denn ich habe die Welt überwunden.

Johannes 16,33

Zehn Tage später brach die Hölle los.
»Joni, wach auf!« Judy rüttelte mich hart an der Schulter.
»W-was ist los?« Trotz meiner Benommenheit wusste ich sofort, dass etwas Schreckliches geschehen war.
Judy schaltete den Fernseher ein und setzte sich auf meine Bettkante. Ich blinzelte. Dann erkannte ich hinter dicken Rauchsäulen die Türme des World Trade Centers.
»Zwei Flugzeuge sind in die Twin Towers geflogen«, sagte sie gepresst.
Es klang wie ein Alptraum.
»War es ein Unfall?«
An Judys Blick sah ich, dass es keiner war. »Im Radio haben sie gesagt, es waren Entführer. Ein drittes Flugzeug ist ins Pentagon geflogen. Es könnte noch mehr passieren.«
Überall waren Trauben von Fernsehreportern zu sehen, die nervös nach Worten suchten, ihre Mikrofone schüttelten und im Stakkato ihre grauenhaften Nachrichten verkündeten: »Die oberen Stockwerke sind ein einziges Inferno ...« »Aus den Bürofenstern schlagen die Flammen ...«
Alles, was sie sagten, schien irgendwie unwirklich, genauso unwirklich wie die Liveaufnahmen: Büroangestellte, die auf Fenstersimsen kauerten; kurze Filmszenen, die die Berichte bestätigten, dass Menschen aus den Fenstern sprangen; Tausende, die in Todesangst fliehend durch die Straßen rannten; und – o nein, nein! – die beiden riesigen Türme, die in einer immer höher werdenden Rauchwolke einstürzten, wie ster-

bende Giganten, und Hunderte, vielleicht Tausende unter sich begruben.

Mein Verstand begriff nicht, was meine Augen sahen. Ich machte mich fertig, so schnell ich konnte, und rief meine Schwestern in Baltimore an. Ich wusste, dass sie weit entfernt von Washington und dem Pentagon waren, aber das Entsetzen darüber, was geschehen war, gab mir, gab uns allen plötzlich das Gefühl, verletzlich und schutzlos zu sein, sodass wir uns nur eines wünschten: die Stimmen unserer Angehörigen zu hören. Wir trösteten einander am Telefon: »Ist mit dir alles in Ordnung?« – »Ja, ja, mir geht es gut. Und dir?«, und hatten das Gefühl, wieder in unserem Haus am Poplar Drive zu sein und uns bei dem beängstigenden Klang der Feuerwehrsirene zusammenzudrängen, die uns aufforderte, Schutz zu suchen, weil die Russen jeden Augenblick die Bombe zünden konnten. Wir hatten den Atem angehalten und gewartet, dass das entsetzliche Sirenengeheul aufhörte, hatten nicht einmal zu flüstern gewagt, aus Angst, dass der Feind uns hören und durch die Hintertür ins Haus eindringen könnte.

Die gleiche Angst packte mich jetzt. Nur, dass es sich hier nicht um eine Luftschutzübung handelte wie damals in den Fünfzigerjahren. Wir lebten in einer neuen Ära, einem neuen Millennium, und fürchteten neue Feinde. Die furchtbaren Bilder im Fernsehen glichen so sehr den Schreckensszenen aus dem Film *Stirb langsam*, dass ich mir ständig in Erinnerung rufen musste: *Dies ist kein Kinofilm!*

Immerzu musste ich daran denken, dass Millionen Menschen jetzt fühlten und dachten und handelten wie ich: dass sie Familienangehörige anriefen, weinend und betend vor dem Fernseher kauerten, Stunde um Stunde warteten, wie gelähmt von den entsetzlichen Bildern, und gegen jede Hoffnung hofften, dass die Feuerwehrmänner und Polizisten nicht wirklich in die brennenden Gebäude hineingehen müssten, dass die Angestellten, das Reinigungspersonal und die Hausmeister noch rechtzeitig herauskommen würden, dass die Flugzeuge ohne Passagiere gewesen waren.

Es klopfte; ich fuhr zusammen. Mir fiel ein, dass ich einen Termin mit unserem Architekten ausgemacht hatte. Unser Haus sollte einen Anbau erhalten, und wir hatten eine Farbe für den Verputz aussuchen wollen. Angesichts der jüngsten Ereignisse schien mir eine derartige Beschäftigung geradezu absurd; ich bat um Vertagung. Der Architekt wirkte ebenfalls erleichtert.

Aber ich konnte nicht den ganzen Tag zu Hause vor dem Fernseher sitzen. Ken war in der Schule und unterrichtete, und ich sollte schon längst im Büro von Joni and Friends sein. Dort liefen bereits E-Mails aus der ganzen Welt ein, in denen die Menschen ihrem Entsetzen und ihrer Sorge Ausdruck gaben. Es hatte den Anschein, als fürchte die ganze zivilisierte Welt, dass die Vereinigten Staaten ausgelöscht würden. Jede Nachricht enthielt die Versicherung: »Wir beten für Amerika und sein Volk.«

Es fiel uns allen schwer, uns auf die Arbeit zu konzentrieren. Über etwas anderes als den Terroranschlag zu sprechen – inzwischen hieß es, es sei ein Terroranschlag gewesen –, schien fast unmöglich, irgendwie zu banal. Auf dem schwarzen Brett listeten wir auf, für wen wir beten wollten: Überlebende ... Familienangehörige ... Feuerwehrleute und Rettungsdienste ... und die vielen, die höchstwahrscheinlich ihren Verbrennungen und Verletzungen erliegen würden. Gegen vier Uhr nachmittags waren wir völlig erschöpft und wie betäubt. Wir machten Feierabend.

Judy fuhr mich nach Hause – ich war zu erschüttert, um selbst zu fahren. Unterwegs hörten wir Radio. Die ganze Nation fragte: *Wer sind diese Ungeheuer, die Flugzeuge als Raketen benutzen und Tausende von Menschen umbringen? Wer ist dieser Feind? Warum sind wir zum Gegenstand eines so leidenschaftlichen Hasses geworden? Welche großen Städte sind als nächste an der Reihe? Vielleicht Los Angeles?* Eine unheimliche dunkle Wolke begann den Horizont meines Geistes zu verfinstern. Nie zuvor hatte ich solche Gedanken gehegt. Gedanken an Krieg. Einen Krieg, der nicht im Persischen Golf oder in Vietnam stattfand, sondern in unserer Heimat.

Es hatte etwas Befremdliches, wegen einer solchen Banalität wie dem Abendessen am Supermarkt anzuhalten, doch als wir auf den Parkplatz einbogen, wurde meine Aufmerksamkeit von einer kleinen Gruppe von sechs oder sieben Teenagern mit Irokesenhaarschnitt und Skateboards abgelenkt, die mit unvorstellbarem Lärm und Gegröle vor dem Supermarkt auf und ab fuhren und das Schild, das direkt über ihnen hing und auf dem zu lesen war »Skateboards verboten«, völlig ignorierten.

»Schau nur diese Kinder«, sagte ich zu Judy, »ich fasse es nicht, dass sie an einem Tag wie heute so etwas tun können. Jemand sollte mit ihnen sprechen.«

Judy schwieg. Dann sagte sie: »Warum machst du es nicht?« *Warum eigentlich nicht?*, dachte ich. Ich fuhr zu der Gruppe hinüber und sprach sie mit fester Stimme an: »Meine Herren, haben Sie einen Augenblick Zeit für mich?«

Das Klappern der Skateboards verstummte. Mein plötzliches Erscheinen – vielleicht auch mein Rollstuhl – hatte sie so verblüfft, dass erst einmal Stille herrschte. Ich sah, dass sie sich nicht entscheiden konnten, ob sie weglaufen oder mich anpöbeln sollten. Ich fuhr fort: »Ich möchte Ihnen etwas sagen.«

»Ich hab Angst vor Ihnen, Lady«, rief einer von ihnen, sprang auf sein Skateboard und begann in sicherer Entfernung erneut, seine Kreise zu drehen.

»Angst vor zwei älteren Frauen, von denen eine im Rollstuhl sitzt?«, fragte Judy, die plötzlich neben mir stand.

Seine Freunde kicherten. Das war gut – einen Augenblick lang hatte ich ihre Aufmerksamkeit.

»Meine Herren«, wiederholte ich in der Hoffnung, sie würden ihr Benehmen dieser Anrede anpassen, »heute Morgen haben Tausende von Menschen ihr Leben verloren, weil verbrecherische Menschen das Gesetz gebrochen und für so etwas wie Autorität lediglich Verachtung haben.« Mein Gesicht rötete sich, in meinen Augen standen Tränen. »Wie können Sie, die Sie dieses furchtbare Geschehen mit ansehen mussten, Ihrerseits dermaßen ungerührt gegen ein Gesetz – diese Vorschrift – verstoßen?« Ich wies mit meinen Augen auf das Schild über ihnen.

Die Jungen hörten zu – ein paar von ihnen sahen mich aufmerksam, fast erleichtert an, andere blickten zu Boden. »Mit Ihrem Verhalten beleidigen Sie die Menschen, die gestorben sind, und die, die versucht haben, sie zu retten.«

Stille breitete sich aus. »Bitte, kommen Sie her zu mir«, fuhr ich fort, »wir wollen für die Familien beten. Kommen Sie näher. Neigen Sie Ihren Kopf mit mir.«

Sie schlurften heran, und dann nahmen diese Kinder mit Irokesenhaarschnitt, Tattoos und Ohrringen ihre Skateboards in die Hand und hörten zu – oder vielleicht beteten sie ja auch mit –, wie ich Gott bat, die Familien zu trösten, die Rettungsmannschaften zu beschützen und den Verletzten beizustehen. Ich schloss mit der Bitte, dass er in die Herzen dieser jungen Männer einziehen und ihnen helfen möge, gute Bürger zu sein, gute Vorbilder für ihre Freunde.

»Amen«, sagte ich. Dann dankte ich ihnen, und sie nickten und gingen in unterschiedliche Richtungen davon. Für den Augenblick war das Band, das sie zusammenhielt, zerrissen.

Als Judy und ich eingekauft hatten und den Supermarkt verließen, rechneten wir fast damit, wieder den Lärm der Skateboards zu hören. Doch auf dem Parkplatz war niemand zu sehen. Judy ließ den Motor an und ich fragte mich laut: »Was sollen wir tun, wenn sie wiederkommen?«

»Dann wirst du wieder mit ihnen reden«, sagte sie und lächelte mir im Rückspiegel zu.

Diese seltsame Begegnung machte mir noch deutlicher, dass sich das Leben nach dem 11. September verändert hatte – urplötzlich und dramatisch verändert. Einerseits war ich voller Kraft und Energie, gespannt darauf, die Kühnheit, die ich in mir spürte, auf die Probe zu stellen und auch andere zu ermutigen, in diesen nie da gewesenen Zeiten Gott zu suchen.

Andererseits wurde die unheilvolle Wolke immer dunkler und versetzte mich in eine schreckliche Weltuntergangsstimmung. Insgeheim machte ich mir große Sorgen wegen dieses neuen, fremden Feindes – so große Sorgen, dass ich nachts keinen Schlaf mehr fand. In mir tobte ein Kampf zwischen Mut und Feigheit, als ich über die Frage nachsann: *Wenn sie Los Angeles angreifen, wird dann auch unser Viertel in Gefahr sein?* Mit den gleichen Gefühlen beobachtete ich den Ansturm auf die Supermärkte und den Anstieg des Benzinpreises – dasselbe war 1994 nach dem Northridge-Erdbeben geschehen, bei dem unser Haus wie ein Puppenhaus durchgeschüttelt worden war. Aber das war eine Naturkatastrophe gewesen. Was wir jetzt erlebten, war so anders, so von Grund auf böse, so unnatürlich. *Wird das Leben je wieder normal sein?*, fragte ich mich, und daraufhin drängte sich natürlich der Gedanke auf: *Was wird, wenn die Wirtschaft zusammenbricht? Was, wenn wir unser Büro schließen müssen?*

Am nächsten Morgen fuhr ich im Rollstuhl in die Garage, um in mein speziell für meine Bedürfnisse umgebautes Auto zu steigen und selbst zur Arbeit zu fahren. Ich warf einen Blick auf den Dreivierteltonnen-Ford-Econoline und erstarrte. Da stand er, eine monströse Maschine, eine Massenvernichtungswaffe, die nur darauf wartete, gezündet zu werden. Ich fühlte mich plötzlich so verletzlich neben ihm, dass mir die Luft wegblieb. Ich hatte nur noch das Bild vor Augen, wie ich die Schnellstraße hinunter- und frontal in einen Wolkenkratzer hineinfuhr. Ich schauderte, machte kehrt, rief im Büro an und bat darum, dass mich jemand abholte.

Je mehr man über terroristische Zellen hörte, die entschlossen waren, den Großen Satan – die USA – um jeden Preis auszulöschen, desto näher kam mir die dunkle Wolke, desto finsterer wurde sie und desto höher türmte sie sich vor mir auf. Das war kein normaler Feind mehr, der uns diesmal bedrohte. Es war ein Feind ohne Gesicht und ohne Namen, und er besaß nicht das kleinste Fünkchen moralischen Bewusstseins.

In dieser Nacht und in der folgenden fiel es mir schwer, allein zu beten. Etwas anderes war es, wenn ich mit meinen Freunden im Büro betete oder wenn wir gemeinsam vor dem Fernseher saßen und beteten. Doch nachts, wenn ich im Bett lag und in der Stille und Dunkelheit ganz allein Gott gegenüberstand, hatte ich das Gefühl zu ersticken. Wieder einmal stand mein Vertrauen auf Gott und seine Allmacht auf dem Spiel. Ich mochte nicht daran denken, dass er den 11. September hätte verhindern können ... und es nicht getan hatte.

Präsident Bush bat alle Kirchen, am Donnerstag, den vierzehnten, um zwölf Uhr ihre Türen für einen landesweiten Gottesdienst zu öffnen. Als ich in unsere Kirche kam – ein kleines, schlichtes, mit Klappstühlen bestücktes Gebäude –, war zunächst nur eine Hand voll Menschen da, größtenteils Leute, die ohnehin immer kamen. Doch kurze Zeit später war der Raum plötzlich gefüllt mit Lehrern aus den umliegenden Schulen und mit den Angestellten des Wasser- und Stromkraftwerks direkt gegenüber. Lastwagenfahrer und Bauarbeiter kamen herein, streiften ihre dicken Schutzhandschuhe ab und setzten sich neben Sekretärinnen und Kellnerinnen.

Unser Pastor eröffnete den Gottesdienst mit einer kurzen Begrüßung und einem Gebet und übergab die Leitung dann mir. Als ich anhob *God bless America* zu singen, fielen alle ein. Danach bat ich mehrere Leute, vorzutreten und für die Familien und Rettungsmannschaften zu beten. Wir sangen *America the Beautiful* und *Amazing Grace*. Dann beteten wir wieder.

Am nächsten Morgen spähte ich in die Garage. Da stand die gelbe Massenvernichtungswaffe, still und friedlich geparkt, und wartete, dass ich einstieg und sie wegfuhr. Ich schloss die Tür und rollte zum Telefon, um noch einmal darum zu bitten, dass mich jemand abholte. Die Angst, die mich gepackt hatte, hatte ihre Krallen nicht über Nacht eingezogen. Den ganzen Weg zum Büro wiederholte ich: *Gott ist der Herr, Gott ist gut. Gott ist der Herr, Gott ist gut.* Dennoch musste ich unentwegt auf die Autos starren, die an uns vorbeisausten – jedes eine Rakete, jeder Lastwagen ein Torpedo.

Ich wusste genügend über Angst, um zu wissen, dass ich nicht vor ihr davonlaufen und sie auch nicht unterdrücken oder ignorieren durfte. Das hatte Vater mich gelehrt – in den Wellen von Bethany Beach. »Siehst du die große, die da gerade kommt, Joni?«, sagte er. »Schwimm darauf zu, nicht vor ihr davon. Sieh zu, dass du sie erreichst, bevor sie sich bricht, und dann tauche unter ihr hindurch!«

Wir schwammen auf die riesige Mauer am Horizont zu, als hinge unser Leben davon ab. Mit jedem Schwimmzug stieß ich meine Ängste von mir fort, setzte alles daran, die Welle zu erreichen, bevor sie sich brach. Und immer – ich kann mich nicht erinnern, dass wir je zu spät gekommen wären – tauchten wir genau in dem Augenblick hinein, indem sich das erste weiße Schaumgekräusel auf dem Wellenkamm zeigte.

So war es auch jetzt. Ich musste nur die Welle erreichen.

Wir riefen unser Joni and Friends-Team in Ost-Pennsylvania an und überlegten gemeinsam, wie wir den Überlebenden helfen konnten, die von nun an behindert sein würden. Die Berichte waren immer noch sehr dürftig, aber es war klar, dass Hunderte von Menschen durch die Einstürze und die Brände im

Pentagon und im World Trade Center verletzt worden waren. Innerhalb von Tagen sammelten wir Hunderte von Bibeln, verteilten meine Bücher über den Himmel und das Leiden und beantworteten Unmengen von Anfragen aus Kirchengemeinden in New York und Washington. Außerdem unternahm ich eine Reise in den Osten, um mit Freunden und Angehörigen der Opfer zu sprechen, um Krankenhäuser und Rehabilitationszentren zu besuchen, um unsere Teams zu begleiten, die die Bibeln und Bücher an Freiwillige verteilten, und um sie anzuleiten, wie sie den Menschen mit Gottes Wort Mut machen konnten.

Sobald wieder Flugzeuge starten durften, buchte ich einen United-Flug nach New York. Es war seltsam, in einem fast leeren Flugzeug zu sitzen. »Es tut mir Leid, dass Sie so viele Kolleginnen und Kollegen verloren haben«, sagte ich zu einer Flugbegleiterin, die vor Müdigkeit gerötete Augen hatte. Während der Erklärung der Sicherheitsmaßnahmen sprach oder las niemand, und ich merkte, dass meine Augen immer wieder zu einer Gruppe dunkelhäutiger Passagiere hinüberwanderten. Den ganzen Flug über schienen wir den Atem anzuhalten, bis wir schließlich an der Ostküste landeten.

In New York waren die Menschen angespannt und voller Angst. Unsere Veranstaltung in einer Kirche in Manhattan begann mit der Nachricht von einer Bombendrohung ganz in der Nähe, doch das hielt die Menschen nicht davon ab, in Scharen zu kommen – Menschen, die viele Fragen hatten. »Sie sitzen doch im Rollstuhl, Sie sind querschnittgelähmt«, sagte ein New Yorker zu mir, »wie können Sie noch sagen, dass Gott gut ist? Wenn er gut ist, warum hat er das hier dann nicht verhindert?«

Diese Frage stellten sich alle, vom Rundfunkredakteur bis zu den Schülern auf dem Lower Manhattan Campus des Nyack College. Sogar Larry King fragte die Nation: »Wo ist Gott?«

Bei dieser Veranstaltung und bei anderen, ähnlichen Versammlungen in New York und Washington befand ich mich auf vertrautem Gebiet. Ich sprach wie immer von dem, was ich in vielen Jahren aus der Bibel gelernt hatte – dass Gott uns nicht einfach unserem Schicksal überlässt, nach dem Motto »Das Leben kann nicht immer glatt gehen« und »Manche haben eben besonderes Pech«. Im Gegenteil, alle Bedrängnisse, die uns ereilen, müssen den schützenden Schirm seiner Gnade passieren. Er ist der blinde Passagier in Satans Bus, der unsichtbare Schutzwälle gegen den Feind errichtet und selbst aus dem Bösen noch Gutes erwachsen lässt.

»Wie schafft er das bloß?«, fragte ich auf einer gut besuchten Gemeindeversammlung. »Willkommen in der Welt der endlichen Menschen, die versuchen, einen unendlichen Gott zu verstehen. Klar ist, dass Gott vieles zulässt, was er ganz und gar nicht billigt. Das passt uns nicht, aber denken Sie einmal an die Alternative. Stellen Sie sich einen Gott vor, der dem Bösen auf der Welt freie Bahn ließe. Dann wäre alles noch viel, viel schlimmer als jetzt. Gott sei Dank hält er es wenigstens in Schach.«

Wir nahmen jede sich bietende Gelegenheit wahr, das Wort Gottes zu verkündigen und Zeugnis für den Frieden Christi abzulegen, und wo wir auch hinkamen, spürten wir, wie die Menschen wieder Mut fassten und die Angst wich. Durch Gottes Gnade tauchten wir unter der Welle hindurch.

»Ich bin kein Fachmann«, schickte ich meinen Ansprachen stets voraus. »Es gibt Tage, da wache ich auf und denke: *Ich kann das nicht. Ich kann nicht mehr. Ich kann keinen einzigen Tag mehr aushalten, an dem ich vollständig gelähmt bin.* Aber dann bitte ich: *Herr, du besitzt die Kraftquelle, die mir fehlt. Ich kann es nicht, aber du kannst es.* Und er tut es. Die wirklich Behinderten unter uns sind die, die den Tag mit der Uhr in der Hand beginnen und Gott nicht brauchen. Aber wer Kraft braucht und ihn darum bittet, dem gibt er Kraft. Wer sind also die Schwachen und Bedürftigen? Wer braucht seine Hilfe?« Eine kurze Pause im dunklen Schatten der jüngsten Ereignisse ließ die Antwort von selbst kommen. »Wir sind es, Sie und ich.«

Bittersüß waren die Begegnungen mit Menschen, die einen Freund, Kollegen oder einen geliebten Menschen verloren hatten: mit dem Bruder eines Feuerwehrmannes, der Frau eines Börsenmaklers, einer Joggerin, die ihre Geldbörse und ihre Brieftasche auf dem Schreibtisch hatte liegen lassen und ihren Morgenlauf absolvierte, als es geschah, einem kleinen Jungen, der seinen Onkel verloren hatte, einer Frau, deren Mann noch vermisst wurde und hinter deren Tränen die Dankbarkeit hindurchschimmerte, dass jemand ihr den Mut gab, dem nächsten Tag ins Auge zu sehen.

Nach dem Gottesdienst in einer überfüllten Kirche in Queens sah ich ein kleines hispanisches Mädchen, das mir viel zu jung vorkam, um sich bei uns anzustellen. Als sie vorn war und eine Bibel erhielt, beugte ich mich zu ihr hinunter und fragte sie: »Wird in deiner Familie jemand vermisst?«

Einen Augenblick lang erstarrte sie. »Die Bibel ist für meinen Vater.«

»Wirklich?«, fragte ich freundlich.

»Ja, er hat AIDS.«

Ich blickte in ihre dunklen, schmerzerfüllten Augen und las die Angst darin. Jeder Mensch hat eine Geschichte ganz privater Angst. Immer lauert irgendwo ein Feind – ob auf Maria im verarmten Rumänien oder Dario im vom Krieg verwüsteten Bosnien oder auf die behinderten Albaner, die seit Jahren in abgelegenen Dörfern in winzigen Betonhäusern ans Bett gefesselt sind. Oder auf Liu Qiaoling in China, ein kleines Mädchen mit Spina bifida, die ihre Tage und Nächte auf einer Pritsche aus einer Spanplatte am Fenster verbrachte, bis wir ihr einen Rollstuhl schenkten. Sie alle lebten mit der Ungewissheit, ja mit dem Schrecken – Tag für Tag für Tag. Auch dieses hispanische Kind aus Queens, New York.

»Hab keine Angst, Kleine«, sagte ich, lächelte ihr zu und zog sie an mich. »Ich werde deinem Vater eine Widmung in die Bibel schreiben.« Sie sah mit großen Augen zu, wie eine Mitarbeiterin mir einen Stift in den Mund steckte und ich einen Vers aufschrieb. Ich weiß nicht mehr genau, was ich schrieb, vielleicht war es Epheser 6,16: »Setzt den Glauben als einen Schutzschild ein, um die feurigen Pfeile des Satans abzuwehren.«

Es gibt nur ein einziges Mittel, das immer – wirklich immer – gegen die Angst hilft: der Glaube.

Der Krieg ist nicht vorbei.

Soweit das überhaupt möglich ist, ist er sogar schrecklicher als je zuvor. Es gab Todesfälle durch Anthrax. In einem Flugzeug wurde ein Bombenleger entdeckt. Dann gab es einen geplanten Anschlag, bei dem eine so genannte »schmutzige Bombe« gezündet werden sollte. Es gab Alarm bis zur höchsten Stufe in allen möglichen Bereichen, Tanklastzüge und Containerhäfen,

Cyber-Terrorismus und Atomkraftwerke betreffend. Ich wäre nicht überrascht, wenn irgendwann etwas geschähe, neben dem die Katastrophe des 11. September wie eine Kleinigkeit wirkt.

Es klingt apokalyptisch – und das ist es auch.

Während ich dies schreibe, höre ich, dass vergangene Nacht in Jerusalem wieder ein Selbstmordattentat verübt wurde. Ich weiß gar nicht, wie viele solche Anschläge schon begangen wurden und wie viele Opfer inzwischen in Israel und im Gazastreifen zu beklagen sind. Ich weiß nur, dass Jan, unser holländischer Freund, heute Morgen anrief, um mir zu sagen, dass die junge Frau, die uns begrüßte, als wir damals in Israel aus dem Flugzeug stiegen, in jenem Bus getötet wurde, zusammen mit achtzehn anderen. »Sie stehen alle unter Schock«, sagte er. »Alle fühlen sich so hilflos, keiner hat mehr Hoffnung.«

Ich frage mich, wie Fanny, unsere ältere jüdische Reiseführerin, das alles verkraftet. Und ich staune über ihre Freundschaft mit der Araberin in dem kleinen Geschenkladen. Als die beiden sich an jenem Tag umarmten, bildete die Zuneigung, die zwischen ihnen so deutlich zu spüren war, einen so beeindruckenden Gegensatz zu dem tief verwurzelten Hass zwischen den Völkern, denen sie angehörten, dass ihre Liebe über die Geschichte zu siegen und uns allen Hoffnung auf die Zukunft zu machen schien. *Hat eine von ihnen vielleicht einen Sohn verloren? Einen Neffen oder Bruder?*, überlegte ich. *Was wohl aus ihrer Liebe und Freundschaft geworden ist?*

Noch nie schien die Linie zwischen den Kräften der Finsternis und den Kräften des Lichts, zwischen Gut und Böse, so klar und deutlich abgegrenzt. Noch nie schien die Welt, gebeutelt und beschädigt, wie sie ist, so verletzlich und zerbrechlich – so un-heil.

In den Monaten nach dem 11. September 2001 wurde mir allmählich etwas bewusst. Ich hatte es schon früher gespürt; es war fern am Horizont erschienen und zeichnete sich nun mit jedem Tag deutlicher ab, mit jeder Rede, die ich hielt, mit jeder Träne, die getrocknet wurde, wenn wir einen Rollstuhl oder eine Bibel übergaben, mit jeder Umarmung, die wir empfingen.

Ich hatte Augen bekommen zu sehen ... und sie sahen das Abenteuer schlechthin.

In dem langen Schatten, den mein Rollstuhl warf – sechsunddreißig Jahre war ich nun gelähmt –, war mir das Privileg zuteil geworden, in einer Zeit wie der heutigen zu leben. Noch nie in der Geschichte der Erde war, so schien es, ein gewaltigerer Schatten geworfen worden. Die Gegenwart, die Zeit nach dem 11. September, war eine Auffahrt zu einer sich immer mehr verbreiternden Autobahn. Eine Gelegenheit, inmitten so vieler plötzlich sichtbar gewordener Schwächen und Grenzen den Menschen Gottes Gnade deutlich zu machen, das Evangelium zu verkünden. Es war eine Chance, ein Auftrag – der Auftrag, an die Allerverletzlichsten auf der Welt, die Behinderten, zu denken, während die Drahtzieher der Geschichte der Welt ein völlig anderes Aussehen verleihen. Es war die Gelegenheit, ja das Geschenk, zusehen zu dürfen, wie sich der Plan eines gnädigen Gottes entfaltete, der den Schwachen beisteht, den Bedrängten hilft und denen, die ihn am meisten brauchen, groß erscheint. Es war eine noch größere Auffahrt ins Abenteuer.

Und mein Rollstuhl war das Vehikel, das mich dorthin brachte.

Das Abenteuer, in das er mich hineingeführt hatte, wurde immer größer: Die Liebe zu meinem Mann Ken, zu meinen Freunden, meiner Familie, meinen Nachbarn, meinen Mitarbeitern bei Joni and Friends, die Fähigkeit, zu malen und zu schreiben, zu singen und zu sprechen – das alles lag auf dem Weg, den er mir vor so vielen Jahren gezeigt hatte.

Wenn ich heute die Ereignisse im Nahen Osten verfolge, denke ich an Israel, das staubige kleine Land, das der Dreh- und Angelpunkt des Weltfriedens ist. Und ich denke an den ganz besonderen, persönlichen Frieden, meinen Frieden, den ich dort gefunden habe, an jenem trockenen, heißen, windigen Tag, an dem wir mit Fanny die Altstadt von Jerusalem besuchten.

Nachdem wir Fannys arabische Freundin kennen gelernt hatten, besuchten wir noch den Basar. Hier befanden wir uns mit einem Mal in einem ruhigeren, weniger überfüllten Teil der Stadt. Wir bummelten die mit Kopfstein gepflasterte Gasse entlang zum Schaftor. Zu unserer Rechten sahen wir die Wipfel der Zedern, die sich im Wind über dem Tempelberg wiegten. Wir bogen nach links ab und folgten einem Steinweg, vorbei an einer Kirche aus der Zeit der Kreuzzüge, durch einen kleinen Olivenhain. Der warme Wind ließ die Blätter rauschen. Neben dem Weg wuchsen Blumen. Wir waren ganz allein, und es war völlig still.

Plötzlich öffnete sich der Weg auf einen großen, tiefer gelegenen Platz mit weißen Steinruinen. Auf einer Tafel am Schutzgeländer war zu lesen: »Innerhalb der Stadtmauern, in der Nähe des Schaftores, befindet sich ein Teich mit fünf Säulenhallen, der auf Hebräisch Bethesda genannt wird. Scharen von kranken Menschen – Blinde, Gelähmte oder Verkrüppelte – lagen in den Hallen ...«

Lange Zeit starrte ich den Vers an. Dann blickte ich hinab zu den halb zerfallenen Säulen. Der Platz war verlassen. Ken beschloss hinunterzuklettern; er wollte nachschauen, ob sich in den Zisternen noch Wasser befand. Fanny, Bunny und Judy entdeckten etwas weiter entfernt einen Felsen und setzten sich dorthin, um sich auszuruhen. Ich blieb bei der Tafel am Geländer.

Eine warme, trockene Brise erhob sich, zerzauste mein Haar und wirbelte eine Staubwolke um meine Füße auf. Meine Augen füllten sich mit Tränen. Ich schluckte schwer, als ich mir vorstellte, wie die Blinden sich an der Mauer drängten und die Kranken an den Säulen lehnten. Ich sah die Gelähmten auf Matten und Tragen liegen, mit suchenden Augen und bittend ausgestreckten Händen. Und ich sah mich selbst mitten unter ihnen – wie ich es mir vor so vielen Jahren vorgestellt hatte –, in Fetzen gekleidet, auf einer Matte liegend, zwischen der schattigen, kühlen Mauer und dem gelähmten Mann, der seit achtunddreißig Jahren hier wartete.

Der warme trockene Wind berührte meine nasse Wange. *O Herr, du hast über dreißig Jahre gewartet – fast so lange, wie der Gelähmte warten musste, den du an jenem Tag geheilt hast –, ehe du mich an diesen Ort gebracht hast.*

Wieder musste ich schlucken beim Gedanken an die Zeit, als ich depressiv und wie betäubt in meinem Krankenhausbett lag und hoffte und betete, dass Jesus mich heilen möge, dass er an mein Bett treten würde, wie er zu dem Mann auf der Strohmatte trat, dass er mich sehen und nicht an mir vorübergehen würde. Ich dachte an die Marmorstatue im Johns Hopkins. Und an Jacque, die neben mir im Dunkeln lag und *Man of Sorrows* sang.

Ken winkte mir von den Ruinen aus zu.

»Du glaubst nicht, wie viele Male ich mir vorstellt habe, dass ich hier bin«, rief ich, und meine Stimme hallte über die Trümmer und Säulenreste. Ken nickte. Er suchte weiter dort unten herum, und ich stützte meinen Arm auf das Geländer und flüsterte: »Und jetzt ... nach dreißig Jahren ... bin ich hier ... ich habe es geschafft. Jesus ist nicht an mir vorbeigegangen. Er hat mich nicht übersehen. Er ist zu mir gekommen und hat mein Gebet erhört ... er hat Nein gesagt.«

Ich wandte meine Gedanken, meine Worte, himmelwärts.

»Herr, dein Nein zu meiner körperlichen Heilung bedeutete das Ja zu einer tieferen, besseren Heilung. Deine Antwort hat mich mit anderen Gläubigen zusammengebracht und mich viel über mich selbst gelehrt. Sie hat mein Leben von der Sünde gereinigt, hat meine Hingabe an dich vertieft, hat mich gezwungen, mich ganz auf deine Gnade zu verlassen. Deine weisere Antwort hat meine Hoffnung beflügelt, meinen Glauben geläutert und mir geholfen, dich besser kennen zu lernen. Und du bist gut. Du bist so gut.«

Jetzt liefen mir die Tränen übers Gesicht.

»Ich weiß, dass ich dich nicht kennen würde – dass ich dich nicht lieben und dir nicht vertrauen würde ... wenn nicht ...«

Ich sah auf meine gelähmten Beine hinunter.

»Wenn dieser Rollstuhl nicht wäre.«

Ken kam zurück. Er atmete schwer und hielt etwas in der hohlen Hand. »Sieh mal, ich habe etwas für dich«, rief er aufgeregt und streckte mir die Hand entgegen. »Wasser aus dem Teich von Bethesda. Ich habe es ganz unten, am Fuß der vielen Stufen, gefunden. Es war pechschwarz – richtig unheimlich. Aber ich habe dir etwas davon mitgebracht.«

Eine Böe blähte unsere T-Shirts auf, als Ken mir seine nasse Hand auf die Stirn legte. »Herr, ich danke dir für meine Frau.«

Ich weinte und lachte gleichzeitig. Kens Gebet war wie ein Schlussstein, ein Siegel auf einem bedeutsamen Tag. Wir verabschiedeten uns von dem Teich von Bethesda, und als wir weitergingen zum Löwentor, blickte ich zurück und schüttelte staunend den Kopf.

Ich hatte Gottes Motive nur selten durchschaut, aber diesmal verstand ich ihn. Er hatte mich hierher, zum Teich von Bethesda, gebracht, damit ich aus den Ruinen einen Altar der Erinnerung baute. Damit ich die weisere Wahl, die bessere Antwort, den schwereren, aber erfüllteren Weg erkannte und ihm dafür dankte.

Das ist der Gott, den ich liebe. Der Mittelpunkt, der Friedensstifter, der Passierschein ins Abenteuer, die Antwort auf unsere tiefsten Sehnsüchte. Die Antwort auf all unsere Ängste, der Schmerzensmann und Herr der Freude, der zulässt, was er hasst, um zu erreichen, was er liebt. Er hatte mich hierher gebracht, den ganzen langen Weg von zu Hause, um die halbe Erde, damit ich den Menschen auf der ganzen Welt, jedem, der es hören wollte, sagen konnte, dass es – dass es wichtigere Dinge im Leben gibt, als gehen zu können.